Studium Jura

Herausgegeben von
Dr. Marco von Münchhausen

Sachenrecht I

von

Heike Schaffrin

Rechtsanwältin

Verlag C.H. Beck München 2001

Die Deutsche Bibliothek – CIP-Einheitsaufnahme

Sachenrecht. – München : Beck
  (Studium Jura)

  1. / Von Heike Schaffrin. – 2001
  ISBN 3 406 40154 6

ISBN 3 406 40154 6

© 2001 Verlag C.H. Beck 2001
Wilhelmstr. 9, 80801 München

Druck: Nomos Verlagsgesellschaft,
In den Lissen 12, 76547 Sinzheim

Satz und Graphik: Herbert Kloos, München

Gedruckt auf säurefreiem, alterungsbeständigem Papier
(hergestellt aus chlorfrei gebleichtem Zellstoff)

Vorwort

Die Reihe „Studium Jura" dient sowohl dem Studienanfänger zum erstmaligen Einordnen der juristischen Materie als auch dem Studenten in der unmittelbaren Examensvorbereitung zur Wiederholung und Vertiefung des prüfungsrelevanten Stoffes. Auch dem Rechtsreferendar bietet sie die Möglichkeit zu einer kompakten und zeitsparenden Wiederholung der Schwerpunkte des materiellen und prozessualen Rechts.

Die Reihe umfaßt den Pflichtstoff des Referendarexamens und ist so konzipiert, daß eine anderweitige Vertiefung nicht mehr erforderlich ist.

Den bekannten Schwierigkeiten des Jurastudiums wird gezielt abgeholfen:

❏ Statt Stoffülle – Konzentration auf das examensrelevante Wissen.
❏ Statt Abstraktion – bildhafte, verständliche und einprägsame Darstellung.
❏ Statt Komplexität – Strukturen und Schemata.

Die Stoffdarstellung erfolgt sowohl induktiv (anhand von Fällen) als auch deduktiv (theoretisch mit Beispielen). Sie lernen rezeptiv (durch Verarbeitung des neuen Stoffes) und aktiv (durch Lösung und Wiederholung der Kontrollfragen).

Der Herausgeber

Inhaltsverzeichnis

                              Seite

Vorwort V
Abkürzungsverzeichnis XIII
Literaturverzeichnis XV

Kapitel 1. Einführung

§ 1. Begriff des Sachenrechts 1
    A. Rechtsbeziehungen im Sachenrecht 1
    B. Unterschied zum Schuldrecht 1
    C. Systematik des Sachenrechts 2
        I. Bewegliche und unbewegliche Sachen 2
        II. Allgemeine Vorschriften 2
        III. Übersicht 3
    D. Dingliche Rechte 3
        I. Eigentum 4
        II. Beschränkt dingliche Rechte 4
        III. Besitz als Rechtsfigur tatsächlicher Natur 4
        IV. Dingliche Ansprüche 5
    E. Sachbegriff 5
        I. Körperliche Gegenstände 5
        II. Einzelsachen 5
        III. Vertretbare und verbrauchbare Sachen 5

§ 2. Prinzipien des Sachenrechts 6
    A. Absolutheit 6
    B. Typenzwang 7
        I. Zahl der Sachenrechte 7
        II. Form und Inhalt 8
    C. Publizität 8
        I. Bei beweglichen Sachen 8
        II. Bei unbeweglichen Sachen 9
    D. Spezialität 9
    E. Abstraktion 9
        I. Trennung von Verpflichtungs- und Verfügungsgeschäft 9
        II. Fehlerunabhängigkeit 10
        III. Einschränkungen 11
        IV. Bereicherungsrechtlicher Ausgleich 13

Kapitel 2. Besitz

§ 3. Begriff des Besitzes 15
  A. Übersicht 15
  B. Rechtsnatur des Besitzes 16
      I. Tatsächliche Sachherrschaft 16
      II. Tatsächliche Rechtsfigur 16

§ 4. Funktionen des Besitzes 17
  A. Publizitätsfunktion 17
  B. Schutzfunktion 17
  C. Erhaltungsfunktion 18

§ 5. Arten des Besitzes 18
  A. Übersicht 18
  B. Art der Sachbeziehung 19
      I. Unmittelbarer Besitz 19
      II. Mittelbarer Besitz 27
  C. Umfang der Sachbeziehung 31
      I. Alleinbesitz 31
      II. Mitbesitz 32
  D. Art der Willensrichtung 32
      I. Eigenbesitz 32
      II. Fremdbesitz 33
  E. Sonstige Besitzarten 33
      I. Nach der Berechtigung zum Besitz 33
      II. Nach der Art der Besitzerlangung 34
  F. Besitz bei Gesellschaften 34
      I. Juristische Personen 34
      II. Gesamthandsgemeinschaften 35

§ 6. Besitzschutz 37
  A. Possessorischer Besitzschutz 38
      I. Verbotene Eigenmacht 38
      II. Selbsthilferechte 40
      III. Besitzschutzansprüche 42
  B. Petitorischer Besitzschutz 45
      I. Herausgabeanspruch gegen den bösgläubigen Besitzer .. 46
      II. Herausgabeanspruch bei Abhandenkommen der Sache .. 46
      III. Ausschlußgründe 47
      IV. Rechtsfolgen 48

		Seite
C.	Besitzschutz nach allgemeinen Vorschriften	48
	I. Deliktischer Besitzschutz	48
	II. Besitzkondiktion	48
	III. Prozessual	49
	IV. Im Insolvenzverfahren	49

Kapitel 3. Eigentum

§ 7. Einführung ... 55

- A. Inhalt und Grenzen des Eigentums ... 55
- B. Erwerb und Verlust des Eigentums ... 56
- C. Übersicht ... 56

§ 8. Rechtsgeschäftlicher Eigentumserwerb ... 57

- A. Erwerb vom Berechtigten ... 57
    - I. Einigung ... 59
    - II. Übergabe ... 62
    - III. Übergabesurrogate ... 67
    - IV. Besondere Fallgestaltungen der Übereignung ... 73
    - V. Eigentumsübertragung unter Beteiligung von Stellvertretern ... 78
    - VI. Einigsein im Zeitpunkt der Übergabe ... 79
    - VII. Verfügungsbefugnis ... 80
- B. Gutgläubiger Erwerb vom Nichtberechtigten ... 82
    - I. Übersicht ... 82
    - II. Rechtsgeschäftlicher Eigentumserwerb ... 83
    - III. Übergabe und Übergabesurrogate ... 83
    - IV. Guter Glaube ... 96
    - V. Kein Abhandenkommen ... 99
    - VI. Rechtsfolgen des gutgläubigen Erwerbs ... 103
    - VII. Gutgläubiger lastenfreier Erwerb ... 107

§ 9. Eigentumserwerb durch Gesetz oder kraft Hoheitsakt ... 110

- A. Eigentumserwerb durch Gesetz ... 110
    - I. Ersitzung, §§ 937 - 945 BGB ... 111
    - II. Verbindung, Vermischung, Verarbeitung, §§ 946–952 BGB ... 112
    - III. Erwerb von Erzeugnissen und Bestandteilen, §§ 953–957 BGB ... 127
    - IV. Aneignung, §§ 958 - 964 BGB ... 134
    - V. Fund, §§ 965 - 984 BGB ... 135
- B. Eigentumserwerb kraft Hoheitsakt ... 137
    - I. Zwangsvollstreckung in das bewegliche Vermögen, §§ 816, 817 ZPO ... 137
    - II. Pfändung von Geld, § 815 ZPO ... 137
    - III. Pfändung beweglicher Sachen bei Zwangsvollstreckung in ein Grundstück, § 90 II, 55 II ZVG ... 137

	Seite

  IV. Abgrenzung zur öffentlichen Versteigerung gemäß § 383 III BGB 138
  V. Gerichtliche Zuweisung im Ehescheidungsverfahren 138

§ 10. Sicherungsrechte 140

 A. Sicherungsübereignung 141
  I. Allgemeines 141
  II. Sicherungsübereignung 142
  III. Sicherungsvertrag 143
  IV. Gesicherte Forderung 145
  V. Rechte von Sicherungsnehmer und Sicherungsgeber 146
  VI. Beendigung des Sicherungseigentums 147
  VII. Verwertung des Sicherungseigentums 150
 B. Eigentumsvorbehalt und Anwartschaftsrecht 150
  I. Begründung des Eigentumsvorbehalts 151
  II. Anwartschaftsrecht des Vorbehaltskäufers 154

Kapitel 4. Eigentumsschutz

§ 11. Herausgabeanspruch nach § 985 BGB 168

 A. Anwendbarkeit des § 985 BGB 168
 B. Voraussetzungen des § 985 BGB 169
  I. Eigentum 169
  II. Besitz 174
  III. Kein Recht zum Besitz, § 986 BGB 177
 C. Anwendbarkeit der Regeln des allgemeinen Schuldrechts 185
  I. Anwendbarkeit der Unmöglichkeitsregeln 185
  II. Anwendbarkeit der Verzugsregeln 187
 D. Abtretbarkeit des Herausgabeanspruchs nach § 985 BGB 188
 E. Verjährung des Herausgabeanspruchs nach § 985 BGB 188
 F. Herausgabeort 189
 G. Konkurrenzverhältnisse 189
  I. Besitzrechtliche Herausgabeansprüche 189
  II. Gesetzliche Herausgabeansprüche 189
  III. Vertragliche Herausgabeansprüche 190

§ 12. Eigentümer–Besitzer-Verhältnis 192

 A. Allgemeines 192
  I. Haftungssystem der §§ 987 ff. BGB 192
  II. Ausschlußfunktion der §§ 987 ff. BGB 195
 B. Ansprüche des Eigentümers auf Schadensersatz, §§ 989 ff. BGB . . . 196
  I. Haftung des unrechtmäßigen Besitzers nach §§ 989, 990 I BGB . . 197
  II. Sonderfälle im Rahmen der §§ 989, 990 I BGB 207
  III. Haftung nach §§ 990 II, 286 I BGB 214

Inhaltsverzeichnis   XI

                                                                                               Seite

        IV. Haftung des gutgläubigen Besitzers 215
         V. Deliktsbesitzer, §§ 992, 823 ff. BGB 219
   C. Ansprüche des Eigentümers auf Nutzungsersatz, §§ 987 ff. BGB 221
         I. Herausgabe von Nutzungen nach §§ 987, 990 I BGB 221
        II. Haftung des unrechtmäßigen Fremdbesitzers nach § 991 I BGB 224
       III. Haftung des gutgläubigen unrechtmäßigen Besitzers 225
       IV. Deliktsbesitzer, §§ 992, 823 ff. BGB 231
   D. Ansprüche des Besitzers auf Verwendungsersatz, §§ 994 ff. BGB 231
         I. Verwendungsersatzansprüche des gutgläubigen Besitzers, §§ 994 I, 996
           BGB 232
        II. Verwendungsersatzansprüche des bösgläubigen oder verklagten Besitzers,
           § 994 II i. V. m. §§ 677 ff. BGB 242
       III. Rechtsnachfolge, § 999 BGB 244
       IV. Aufgedrängte Bereicherung 245
        V. Geltendmachung der Verwendungsersatzansprüche, § 1000 BGB 250

§ 13. Unterlassungs- und Beseitigungsanspruch, § 1004 BGB 254
         I. Anwendungsbereich des § 1004 BGB 254
        II. Anspruchsteller 255
       III. Eigentumsbeeinträchtigung 255
       IV. Fortdauernde oder bevorstehende Beeinträchtigung 257
        V. Störer 257
      VI. Duldungspflicht des Eigentümers, § 1004 II BGB 258
     VII. Rechtsfolgen 263

Antworten zu den Kontrollfragen 265
Sachverzeichnis 283

Abkürzungsverzeichnis

Paragraphen ohne Gesetzesangabe sind solche des BGB

aA.(AA.)	andere Ansicht
aaO	am angegebenen Ort
aE.	am Ende
AktG	Aktiengesetz
allg. M.	allgemeine Meinung
Anm.	Anmerkung
Art.	Artikel
BayOLG	Bayrisches Oberlandesgericht
BGB	Bürgerliches Gesetzbuch
BGH	Bundesgerichtshof
BGHZ	Amtliche Sammlung der Entscheidungen des Bundesgerichtshofs in Zivilsachen
BVerwVfG	Bundesverwaltungsverfahrensgesetz
bzw.	beziehungsweise
C.I.C.	culpa in contrahendo
DB	Der Betrieb (Zeitschrift)
ders.	derselbe
dh.	das heißt
e.A.	eine Ansicht
EBV	Eigentümer-Besitzer-Verhältnis
F.	Fall
f. (ff.)	folgende Seite(n) oder Randnummer(n)
ggf.	gegebenenfalls
GoA	Geschäftsführung ohne Auftrag
grds.	grundsätzlich
HGB	Handelsgesetzbuch
hM. (HM.)	herrschende Meinung
HS.	Halbsatz
idR.	in der Regel
i.e.S.	im engen Sinne
InsO	Insolvenzordnung
iSd., iSv.	im Sinne des, von
iVm.	in Verbindung mit
JA	Juristische Arbeitsblätter (Zeitschrift)
JR	Juristische Rundschau (Zeitschrift)
Jura	Juristische Ausbildung (Zeitschrift)
JuS	Juristische Schulung (Zeitschrift

JZ	Juristenzeitung (Zeitschrift)
Kfz.	Kraftfahrzeug
Larenz II	Larenz, Lehrbuch des Schuldrechts. Band 2
LG	Landgericht
Lit.	Literatur
MDR	Monatsschrift für Deutsches Recht (Zeitschrift)
Medicus	Medicus, Bürgerliches Recht
MK	Münchner Kommentar zum Bürgerlichen Gesetzbuch
mwN.	mit weiteren Nachweisen
NJW	Neue Juristische Wochenschrift
NJW-RR	NJW-Rechtsprechungs-Report-Zivilrecht
Nr.	Nummer
NStZ	Neue Zeitschrift für Strafrecht
OLG	Oberlandesgericht
Pal.	Palandt, Bürgerliches Gesetzbuch
pVV	positive Vertragsverletzung
Rn.	Randnummer
RG	Reichsgericht
RGZ	Amtliche Sammlung der Entscheidungen des Reichsgerichts in Zivilsachen
Rspr.	Rechtsprechung
ScheckG	Scheckgesetz
s. o.	siehe oben
sog.	sogenannte(r)
StGB	Strafgesetzbuch
st. Rspr.	ständige Rechtsprechung
str.	strittig
s. u.	siehe unten
u. a.	unter anderem
überw.	überwiegend
unstr.	unstreitig
vgl.	vergleiche
vor.	Vorbemerkung
WM	Wertpapier-Mitteilungen (Zeitschrift)
zB.	zum Beispiel
ZPO	Zivilprozeßordnung
zT.	zum Teil

Literaturverzeichnis

Lehrbücher:

Baur/Stürner, Lehrbuch des Sachenrechts, 17. Aufl., München 1999
Larenz, Allgemeiner Teil des deutschen Bürgerlichen Rechts, 8. Aufl., München 1997
Larenz, Lehrbuch des Schuldrechts, Band II, 13. Aufl., München 1994 (zit. Larenz II)
Medicus, Bürgerliches Recht, 18. Aufl., Köln/Bonn/Berlin/München 1999
Schwab/Prütting, Sachenrecht, 29. Aufl., München 2000
Westermann, Lehrbuch des Sachenrechts, Band I, 6. Aufl., Heidelberg 1990
M. Wolf, Sachenrecht, 15. Aufl., München 1999

Kommentare:

Baumbach/Hopt, Handelsgesetzbuch, 30. Aufl., München 2000
Erman, Handkommentar zum Bürgerlichen Gesetzbuch, 10. Aufl., Münster 1999
Münchener Kommentar zum Bürgerlichen Gesetzbuch, Band 4, Sachenrecht, 3. Aufl., München 1997 (zitiert: MK)
Palandt, Bürgerliches Gesetzbuch, 60. Aufl., München 2001 (zitiert: Pal.)
Soergel, Bürgerliches Gesetzbuch, Band 6, Sachenrecht, 12. Aufl., Stuttgart/Berlin/Köln 1990

Gesamtkonzeption der Reihe „Studium Jura" – Zivilrecht	
Rechtsgebiet	Inhalt
BGB – Allgemeiner Teil I	u.a. Willenserklärung, Vertragsschluß, AGB
BGB – Allgemeiner Teil II	u.a. Stellvertretung, Anfechtung, Wirksamkeitshindernisse
Schuldrecht – Allgemeiner Teil I	u.a. Leistungsstörungen
Schuldrecht – Allgemeiner Teil II	u.a. Erlöschen des Schuldverhältnisses
Schuldrecht – Allgemeiner Teil III	Schadensrecht
Schuldrecht – Besonderer Teil I, II	Besonderes Vertragsrecht
Schuldrecht – Besonderer Teil III	Bereicherungsrecht
Schuldrecht – Besonderer Teil IV	Deliktsrecht
Sachenrecht I	Mobiliarsachenrecht
Sachenrecht II	Immobiliarsachenrecht
Sachenrecht III	Kreditsicherungsrecht
Familienrecht	u.a. Ehe, Unterhalt, Scheidung
Erbrecht	u.a. gewillkürte und gesetzliche Erbfolge
Handelsrecht	u.a. Kaufmannseigenschaft, Handelsgeschäfte
Gesellschaftsrecht	u.a. BGB-Gesellschaft, OHG, KG, GmbH
Arbeitsrecht	IndividualAR, Grundzüge des KollektivAR
ZPO I	Erkenntnisverfahren
ZPO II	Zwangsvollstreckungsrecht

Die Reihe erscheint fortlaufend

Kapitel 1. Einführung

Literatur: *Eisenhardt*, Die Einheitlichkeit des Rechtsgeschäfts und die Überwindung des Abstraktionsprinzips, JZ 1992, 271; *Jauernig*, Trennungsprinzip und Abstraktionsprinzip, JuS 1994, 721

§ 1. Begriff des Sachenrechts

A. Das Sachenrecht regelt die rechtlichen Beziehungen **einer Person zu einer Sache**. Das Recht an einer Sache kann begründet, erworben, ausgestaltet, geändert, übertragen und aufgehoben werden. In den Vorschriften des Sachenrechts im 3. Buch des BGB (§§ 854–1296) ist enthalten, welche Befugnisse eine Person im einzelnen hat, mit der Sache zu verfahren. Die rechtliche Zuordnung einer Sache zu einer Person geschieht jeweils durch **dingliche Rechte**.

Beispiele:
- ❏ Begründung des Eigentums an einer Sache durch Ersitzung (§ 937)
- ❏ Änderung des Eigentums durch Bestellung eines Nießbrauchs (§§ 1030 ff.)
- ❏ Übertragung des Eigentums durch Einigung und Übergabe (§ 929 S. 1)

Die dinglichen Rechte wirken gegenüber jedermann und werden daher als *absolute Rechte* bezeichnet.

B. Im Vergleich dazu regelt das **Schuldrecht** die rechtlichen Beziehungen **von Person zu Person**. Es geht um das Schuldverhältnis zwischen Gläubiger und Schuldner und die daraus erwachsenden Verpflichtungen in Form von Ansprüchen (vgl. §§ 194, 241). Diese Rechte wirken nur *relativ* zwischen den beteiligten Personen. Am besten läßt sich der Unterschied zwischen absoluten und relativen Rechten verdeutlichen anhand des nachfolgenden **Beispiels** des Kaufvertrages:

- ❏ E und B schließen am Vormittag einen schriftlichen Kaufvertrag über den Pkw des E ab. B will den Kaufpreis von 10.000 DM am nächsten Tag in bar zahlen. Bis dahin bleibt der Wagen im Hof des E. Am Nachmittag kommt ein weiterer Interessent, I. Da dieser sofort einen Kaufpreis von 15.000 DM zahlen kann, verkauft und übergibt E den Pkw an I. Als B davon erfährt, verlangt er von I den Wagen heraus.
  B hat keinen Herausgabeanspruch nach § 985 gegen I. Das Eigentum an dem Pkw ist noch nicht auf ihn übergegangen. Durch den Kaufvertrag ist E lediglich zur Übertragung des Eigentums verpflichtet (§ 433 I). Erst mit der dinglichen Einigung und der Übergabe des Pkw (§ 929 S. 1) erwirbt B das Eigentum. Der Kaufvertrag zwischen E und B entfaltet keine Wirkung gegenüber Dritten. E konnte daher wirksam einen Kaufvertrag mit I abschließen.

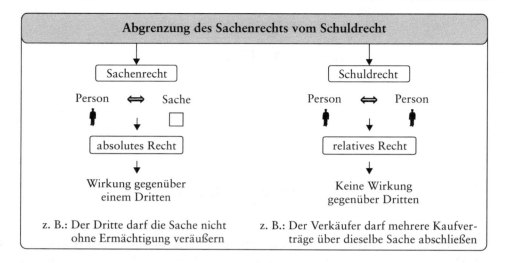

C. Innerhalb des Sachenrechts wird zwischen dem Recht an beweglichen Sachen, dem **Mobiliarsachenrecht**, und dem Recht an unbeweglichen Sachen, dem **Immobiliarsachenrecht**, unterschieden.

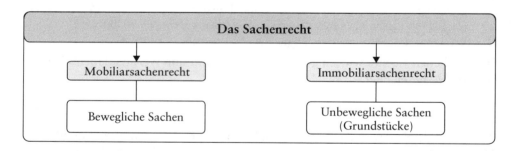

I. **Bewegliche Sachen** sind körperliche Gegenstände, die nicht Grundstücke oder unselbständige Teile eines Grundstücks sind (Pal. vor § 90 Rn. 1). **Unbewegliche Sachen** sind demgegenüber *Grundstücke einschließlich ihrer wesentlichen Bestandteile* (§§ 93 – 95). Ein Grundstück ist ein vermessener und abgegrenzter Teil der Erdoberfläche, der im Bestandsverzeichnis des Grundbuches aufgeführt ist (Baur/Stürner § 15 III 1). (Zum Begriff des wesentlichen Bestandteils s. u. Kapitel 3. § 9. A. I.)

II. Das Sachenrecht enthält **allgemeine** sowohl für bewegliche Sachen als auch für unbewegliche Sachen geltende Vorschriften.

§ 1. Begriff des Sachenrechts

Beispiele:
- Recht des Besitzes (§§ 854–872)
- Eigentumsinhalt (§§ 903, 904)
- Eigentumsschutz (§§ 985–1006)
- Nießbrauch (§§ 1030–1089)

Unterschiedliche Regelungen gelten im Sachenrecht insbesondere bei der *Übertragung und Belastung von Sachen*. Hier sind bewegliche und unbewegliche Sachen auseinander zu halten.

Beispiele:

Eigentumsübertragung an beweglichen Sachen (§§ 929–936)	Eigentumsübertragung an Grundstücken (§§ 925–928 i.V.m. 873 ff.)
Aneignung (§§ 958–964)	Grunddienstbarkeiten (§§ 1018–1029)
Ersitzung (§§ 937–945)	Hypothek (§§ 1113–1203)
Verbindung, Vermischung, Verarbeitung (§§ 946–952)	Besonderheiten beim Nießbrauch an Grundstücken (§ 1048)
Pfandrecht an beweglichen Sachen (§§ 1204–1296)	Besonderheiten beim Eigentumsrecht an Grundstücken (§§ 905–924)

Lernhinweis: Die Systematik des Gesetzes erscheint insoweit unübersichtlich. Lesen Sie die Inhaltsübersicht zum 3. Buch des BGB (§§ 854–1296) und machen Sie sich klar, welche Vorschriften allgemein gültige Regelungen enthalten, welche allein für bewegliche Sachen gelten und welche dem Immobiliarsachenrecht vorbehalten sind!

III. Im vorliegenden Band Sachenrecht I wird das *Mobiliarsachenrecht* einschließlich der allgemeingültigen Vorschriften zum Besitz, dem Eigentumsinhalt und dem Eigentumsschutz behandelt. Das Immobiliarsachenrecht mit seinen Besonderheiten ist Gegenstand des 2. Bandes des Sachenrechts. Das Pfandrecht wird innerhalb des Bandes Kreditsicherungsrechte dargestellt.

Kapitel 1 → Einführung
Prinzipien des Sachenrechts

Kapitel 2 → Besitz

Kapitel 3 → Eigentum

Kapitel 4 → Eigentumsschutz

D. Durch die **dinglichen Rechte** wird die konkrete Rechtsbeziehung einer Person zu einer Sache ausgestaltet. Zu unterscheiden ist zwischen dem dinglichen Recht des Eigentums und den beschränkt dinglichen Rechten.

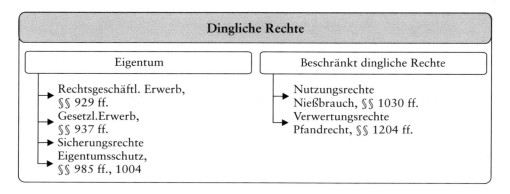

I. Das Eigentum ist das stärkste dingliche Recht. Es gewährt dem Eigentümer eine *umfassende Sachherrschaft*. Er ist befugt, nach Belieben über die Sache zu verfügen und wird vor Eingriffen Dritter geschützt.

> **Hinweis:** Das Eigentumsrecht stellt das dingliche Vollrecht an einer Sache dar.

II. Die **beschränkt dinglichen Rechte** haben hingegen nur *einzelne Befugnisse* des Vollrechts zum Gegenstand. Von dem Vollrecht des Eigentums können einzelne Ausschnitte abgetrennt werden, die auf den Berechtigten übergehen. Die Sachherrschaft des Berechtigten besteht nur eingeschränkt.

Beispiel: Eigentümer E räumt dem N ein Nutzungsrecht an seiner Obstplantage ein, indem er sein Grundstück mit einem Nießbrauch (§ 1032) belastet. N allein ist berechtigt, das Obst zu ernten.

Lernhinweis: Im Mobiliarsachenrecht sind die beschränkt dinglichen Rechte nur von geringer praktischer Bedeutung. Sie kommen lediglich in Form von Nutzungsrechten (Nießbrauch, §§ 1030 ff.) und Verwertungsrechten (Pfandrecht, §§ 1204 ff.) vor.

> **Hinweis:** Die beschränkt dinglichen Rechte beziehen sich auf einzelne Ausschnitte des Vollrechts.

III. Eine weitere Zuordnung des Sachenrechts enthält der **Besitz**. Er ist im ersten Abschnitt des Dritten Buches des BGB (§§ 854–872) neben den dinglichen Rechten aufgeführt. Der Besitz selbst ist jedoch kein dingliches Recht, sondern eine *Rechtsfigur tatsächlicher Natur*.

Beispiel: In der Mietwohnung des M hängt eine Kuckucksuhr. Durch die räumliche Beziehung hat M die tatsächliche Sachherrschaft. Der Besitz des M sagt aber noch nichts über seine Rechtsstellung aus. Er könnte Eigentümer der Uhr sein. Möglich ist aber auch, daß er die Uhr von V geliehen hat und somit nur (Fremd-)besitzer ist.

IV. Die dinglichen Rechte werden gegenüber anderen Personen durch **dingliche Ansprüche** verwirklicht. So gewährt insbesondere das Eigentum umfassenden Schutz vor Beeinträchtigungen. Die dinglichen Ansprüche sind Ausfluß der absoluten Wirkung der dinglichen Rechte.

Beispiel: A hat wie üblich sein Fahrrad im Hausflur abgestellt. Mitbewohner M benutzt das Rad, ohne A zu fragen und bringt es in seinen Keller. A hat gegen M einen Herausgabeanspruch gemäß § 985. Dieser dingliche Anspruch erwächst aus dem dinglichen Recht des Eigentums.

E. Sachbegriff

Im Sachenrecht ist der Begriff der Sache wesentliche Grundlage für die rechtliche Zuordnung. Da die Regelungen über die Sachen für das gesamte bürgerliche Recht gelten, sind sie in den Allgemeinen Teil des BGB (§§ 90 ff.) eingefügt.

I. Gemäß § 90 sind Sachen nur **körperliche Gegenstände**. Um dieses Erfordernis zu erfüllen, muß ein Gegenstand greifbar sein und räumlich abgegrenzt, zumindest aber abgrenzbar (Pal. § 90 Rn. 1 ff.).

Beispiele:
- Steine; Bäume; Holz;
- Sauerstoff, der in einem Behältnis aufbewahrt wird, unabhängig von seiner gasförmigen Struktur.
- Hingegen sind die freie Luft, fließendes Wasser und Licht keine körperlichen Sachen.
- Auch der lebende Körper eines Menschen ist keine Sache.

Die für Sachen geltenden Vorschriften sind auf *Tiere* entsprechend anwendbar (§ 90 a).

II. Die Vorschriften des Sachenrechts finden nur auf **Einzelsachen** Anwendung. Hingegen liegt eine **Sachgesamtheit** vor, wenn mehrere Einzelsachen zu einer wirtschaftlichen Einheit zusammengefaßt werden. Erfaßt werden nur die einzelnen Gegenstände. Es gilt der Bestimmtheitsgrundsatz (s. u. § 2. D.).

Beispiele:
- Eine Einbauküche besteht aus mehreren zusammengesetzten Einzelsachen: Kühlschrank, Gefrierschrank, Herd, Arbeitsplatte, Einbauschränken etc.
- Rechtsanwalt R veräußert seine Kanzlei an seinen jüngeren Nachfolger N. Zu den Büroräumen gehört eine umfangreiche juristische Bibliothek. N möchte die Bibliothek miterwerben. Damit N das Eigentum erlangen kann, muß E ihm jedes einzelne Buch übereignen. Er kann nicht das Eigentum an der Bibliothek als Sachgesamtheit übertragen.

III. Abgesehen von der Unterteilung in bewegliche und unbewegliche Sachen (s. o. C.) ist zu unterscheiden, ob eine Sache **vertretbar** oder unvertretbar ist, oder ob eine **verbrauchbare** Sache vorliegt oder nicht.

1. Eine Sache ist gemäß § 91 **vertretbar,** wenn sie sich von anderen Gegenständen der gleichen Art nicht durch individuelle Merkmale unterscheidet. Sie kann ersetzt oder ausgetauscht werden.

Beispiel: Frau F möchte einen Kuchen backen. Sie hat nicht mehr genügend Eier im Haus und „leiht" sich von ihrer Nachbarin N sechs weiße Eier mittlerer Größe. Es handelt sich um ein Darlehen i. S. d. § 607. F kann N nicht diejenigen Eier wiedergeben, die sie für den Kuchen verwendet hat. Sie ist lediglich verpflichtet, ihr sechs Eier gleicher Güte zurückzugeben.

Weitere Beispiele: Werklieferungsvertrag, § 651 I 2; unechte Verwahrung, § 700

2. Nach § 92 I richtet sich, ob eine Sache **verbrauchbar** ist. Voraussetzung ist, daß sie zum Verbrauch oder zur Veräußerung bestimmt sein muß.

Beispiel: Forsteigentümer F räumt dem N ein Nutzungsrecht an dem in seinem Wald geschlagenen Brennholz ein. Gemäß § 1067 wird der Nießbraucher Eigentümer. Er ist berechtigt, das Brennholz zu verbrauchen. Allerdings ist er zum Wertersatz verpflichtet.

Weitere Beispiele: Nahrungsmittel, Geld

(Zum Begriff der Nutzungen s. u. Kapitel 4. § 12. C. I.).

§ 2. Prinzipien des Sachenrechts

Dem Sachenrecht liegen fünf allgemeine Grundsätze zugrunde. Es ist von entscheidender Bedeutung, daß Sie diese Prinzipien kennen und beherrschen, um sachenrechtliche Problemkonstellationen verstehen und lösen zu können.

A. Absolutheit

Wie bereits ausgeführt, haben dingliche Rechte eine absolute Wirkung. Der dinglich Berechtigte hat hinsichtlich seiner Rechtsstellung einen umfassenden *Rechtsschutz* gegenüber jedermann. Insbesondere kann der Eigentümer Dritte, die beeinträchtigend auf die Sache einwirken, ausschließen.

Beispiel: E ist Eigentümer eines großen Parkgrundstücks, das mitten in einem Naherholungsgebiet gelegen ist. Häufig betreten Spaziergänger sein Grundstück. E ist berechtigt, das Betreten seines Grundstücks zu verbieten. Hierfür steht ihm der Unterlassungsanspruch gemäß § 1004 zur Verfügung.

Dem Schutz des Berechtigten entspricht auf der anderen Seite, daß die dinglichen Rechte auch von jedermann *beachtet* werden müssen.

Beispiel: Rechtsstudent E hat seinen „Palandt" an den Kommilitonen K verliehen. D ist schon seit längerer Zeit an dem Buch interessiert, bisher hatte E sich aber geweigert, es ihm zu veräußern. D möchte es nun zu einem günstigen Kaufpreis von K erwerben. K muß das Eigentumsrecht des E beachten. Er darf den „Palandt" nicht an D übereignen.

§ 2. Prinzipien des Sachenrechts   7

An dieser Stelle sei noch einmal der Unterschied des Sachenrechts zum *Schuldrecht* verdeutlicht. Schuldrechtliche Ansprüche wirken nur *relativ*, das heißt im Verhältnis zu den Vertragsparteien. Dritten gegenüber erwächst keine Verpflichtung.

Beispiel: Rechtsstudent E hat mit D vereinbart, daß D seinen „Palandt" zu einem günstigen Kaufpreis erwerben soll. Am nächsten Tag, noch bevor D den Kaufpreis gezahlt hat, verleiht E das Buch an den Kommilitonen K. D verlangt von K das Buch heraus. K ist jedoch zur Herausgabe nicht verpflichtet. Gemäß § 433 I 1 ist allein Verkäufer E verpflichtet, dem Käufer D das Eigentum an dem Buch zu verschaffen. Der Kaufvertrag wirkt nur zwischen den Vertragsparteien E und D.

> **Hinweis:** Dingliche Rechte wirken gegenüber jedermann, also absolut.

B. Typenzwang

Die dinglichen Rechte sind nach Zahl und Inhalt im Gesetz abschließend geregelt. Dieser Typenzwang ist die Konsequenz aus dem Absolutheitsgrundsatz. Da die dinglichen Rechte gegenüber jedermann wirken, erfordert die Rechtssicherheit, daß sie erkennbar voneinander abgrenzbar sind. Dies kann aber nur dann verwirklicht werden, wenn die Parteien nicht frei über die Ausgestaltung der dinglichen Rechte verfügen dürfen.   5

> **Hinweis:** Der Typenzwang im Sachenrecht ist ein Erfordernis der Rechtssicherheit.

I. Die Zahl der Sachenrechte ist begrenzt auf die im Gesetz geregelten Rechtstypen. Sie beschränken sich auf das Eigentum und die aufgezählten beschränkt dinglichen Rechte. Die Parteien können keine neuen dinglichen Rechte schaffen.

Beispielsfall:
K sieht bei dem Gebrauchtwagenhändler V einen Pkw, der seinen Vorstellungen entspricht. Er kann den Wagen jedoch erst in drei Monaten finanzieren. V verspricht zwar, den Wagen für K zu „reservieren", aber K befürchtet, daß V den Pkw vorher an einen anderen Kunden veräußert. Deshalb vereinbart er mit V ein Vorkaufsrecht. Als V drei Wochen später den Wagen an D verkauft, macht K sein „Vorkaufsrecht" geltend. Zu Recht?
Das dingliche Vorkaufsrecht ist ein beschränkt dingliches Recht, das ein Anrecht des Erwerbers auf den Erwerb einer Sache gewährleistet. Es dient der Sicherung des Vorkaufsberechtigten. Vorkaufswidrige Verfügungen sind relativ unwirksam (§ 1098 II mit § 883 II). Allerdings kann ein Vorkaufsrecht nur an *Grundstücken* begründet werden (§§ 1094–1104). Für bewegliche Sachen ist im Sachenrecht kein dingliches Vorkaufsrecht vorgesehen. Die Parteien können keine neue Form der dinglichen Sicherung entwickeln. Die Formen dinglicher Sicherheit sind abschließend im Gesetz beschrieben. K kann somit kein Vorkaufsrecht geltend machen.

II. Rechte an Sachen können nur in der gesetzlich festgelegten Form begründet, übertragen und aufgehoben werden. **Form und Inhalt** der dinglichen Rechte sind vom Gesetz vorgeschrieben. Die *Gestaltungsfreiheit* der Parteien ist im Sachenrecht ausgeschlossen.

Beispiel: Das Eigentum an einer Sache kann nur in der Form der §§ 929 – 931 durch Einigung und Übergabe bzw. Vereinbarung eines Übergabesurrogats übertragen werden.

Im Gegensatz dazu besteht im Schuldrecht **Typenfreiheit**. Die Parteien sind grundsätzlich in der Gestaltung ihrer Rechtsbeziehungen frei (vgl. § 305). An gesetzliche Vorgaben sind sie nur bei zwingenden Vorschriften gebunden (Pal. vor § 854 Rn. 3).

Beispiel: Bei einem Kaufvertrag über eine Sache können die Vertragsparteien neben dem Kaufgegenstand und dem Kaufpreis auch den Zeitpunkt der Übergabe, die Fälligkeit der Kaufpreisforderung, ein Rücktrittsrecht, Nachbesserungspflicht bei Mängeln und ähnliches mehr vereinbaren.

C. Publizität

6 Wegen der absoluten Wirkung der dinglichen Rechte ist notwendig, daß sie für jedermann erkennbar sind. Es muß **offenkundig** sein, daß konkrete Rechte einer Person an einer Sache bestehen. Dieses Erfordernis wird durch das Prinzip der Publizität (Offenkundigkeit) gewährleistet. Änderungen der dinglichen Rechtslage, insbesondere bei der Bestellung und Übertragung dinglicher Rechte, müssen durch Einhaltung bestimmter Formen der Publizität äußerlich sichtbar gemacht werden.

I. Bei **beweglichen Sachen** verdeutlicht der Besitz als Träger der Publizität das Bestehen dinglicher Rechte. Die Änderung der Rechtslage ist grundsätzlich an einen *Besitzwechsel* geknüpft. Der Besitz als Publizitätsmittel hat folgende Konsequenzen:

- Die Übertragung des Eigentums sowie die Bestellung beschränkt dinglicher Rechte erfolgen grundsätzlich im Wege der Übergabe (§§ 929, 1032). Es findet eine Besitzübertragung statt.
- Gemäß § 1006 wird zugunsten des Besitzers einer beweglichen Sache vermutet, daß er zugleich Eigentümer sei.

Hinweis: Bei der Eigentumsübertragung in Form der Vereinbarung eines Besitzkonstituts gemäß §§ 929, 930 wird die Sache ausnahmsweise nicht übergeben. Vielmehr behält der Veräußerer den unmittelbaren Besitz, der Erwerber wird mittelbarer Besitzer (§ 868). Die Offenkundigkeit des Eigentums durch den Besitz als Publizitätsträger ist hier zwar eingeschränkt, besteht aber dennoch. Voraussetzung für das erforderliche konkrete Besitzmittlungsverhältnis ist, daß der unmittelbare Besitzer nach außen erkennbar für den Erwerber besitzen will.

Außerdem verzichtet der mittelbare Besitzer nur für einen begrenzten Zeitraum auf die tatsächliche Sachherrschaft, so insbesondere bei der Sicherungsübereignung für die Dauer des Sicherungszwecks. (Zur Sicherungsübereignung vgl. unten Kap. 3. § 10. A.)

II. Die an einer **unbeweglichen Sache** bestehenden dinglichen Rechte werden durch die *Eintragung im Grundbuch* (§ 873 I) offenkundig gemacht. Die Übereignung eines Grundstücks sowie die Einräumung und die Übertragung eines beschränkt dinglichen Rechts an einem Grundstück bedürfen zu ihrer Wirksamkeit grundsätzlich der Eintragung im Grundbuch.

Beispiele: Belastung des Grundstücks mit einer Hypothek (§ 1113), Bestellung einer Grundschuld (§ 1191), Einräumung eines Nießbrauchs (§ 1030)

D. Spezialität

Der Grundsatz der Spezialität (Bestimmtheitsgrundsatz) besagt, daß dingliche Rechte sich auf einzelne **bestimmte** Sachen beziehen müssen. Dies ist aus Gründen der Rechtssicherheit erforderlich. Es muß eindeutig feststehen und erkennbar sein, an welchen Sachen dingliche Rechte bestehen. Erfaßt werden nur die einzelnen Gegenstände, keine Sachgesamtheiten (s. o. § 1. E. II.).

Beispiel: Rechtsanwalt R will sich zur Ruhe setzen und seine Kanzlei an den jungen Kollegen K veräußern. Übertragen wird nicht „die Kanzlei" als solche, sondern jeder einzelne Einrichtungsgegenstand, Büromaschinen, Büromaterial, Bücher etc.

Lernhinweis: Für den Nießbrauch ist dieser Grundsatz in § 1085 ausdrücklich klargestellt: Der Nießbrauch an dem Vermögen einer Person kann nur an den einzelnen zu dem Vermögen gehörenden Gegenständen bestellt werden.

> **Hinweis:** Von besonderer Bedeutung ist der Bestimmtheitsgrundsatz bei der Sicherungsübereignung von Sachgesamtheiten, wie Warenlager mit wechselndem Bestand. Hier müssen die zu übereignenden Sachen durch Aussonderung, Aufnahme in ein Verzeichnis, räumliche Eingrenzung oder durch Markierung hinreichend konkretisiert werden. Einzelheiten hierzu s. u. Kapitel 3. § 10. A. II. 4.

E. Abstraktion

I. Das Abstraktionsprinzip besagt, daß das dingliche Rechtsgeschäft unabhängig (abstrakt) von seinem Rechtsgrund wirksam ist. Durch das **dingliche Rechtsgeschäft**, auch Verfügungs- oder Erfüllungsgeschäft genannt, wird eine Sache übertragen, belastet, inhaltlich verändert oder aufgehoben. Das schuldrechtliche Verpflichtungsgeschäft bildet den Rechtsgrund (causa) für die dingliche Verfügung. Es wird deshalb auch als Kausalgeschäft bezeichnet. Das Verfügungsgeschäft und das zugrundeliegende Verpflichtungsgeschäft sind zwei unterschiedliche Rechtsgeschäfte, die in ihrer Wirksamkeit grundsätzlich getrennt voneinander zu beurteilen sind.

Lernhinweis: Lesen Sie zum Abstraktionsprinzip auch im Skript Studium Jura, BGB AT I § 11.!

Folgende vertraglichen Verpflichtungen kommen insbesondere als **Rechtsgrund** in Betracht:
- Kaufvertrag, §§ 433 ff.
- Schenkungsvertrag, §§ 516 ff.
- Darlehensvertrag, §§ 607 ff.

Beispiel: V und K schließen einen Kaufvertrag ab, in dem sich V verpflichtet, den Wagen zum Kaufpreis von 5.000 DM an K zu veräußern. Aus § 433 I 1 ergibt sich, daß V verpflichtet ist, dem K das Eigentum an dem Wagen zu verschaffen. Die Übereignung ist das dingliche Verfügungsgeschäft, mit dem der Verkäufer seine kaufvertragliche Verpflichtung erfüllt.

II. Der Grundsatz der Abstraktion hat zur **Folge**, daß das dingliche Rechtsgeschäft auch dann gültig ist, wenn das Grundgeschäft unwirksam ist. Die Unwirksamkeit des Verpflichtungsgeschäfts zieht also nicht automatisch die Unwirksamkeit des Verfügungsgeschäfts nach sich. Es besteht grundsätzlich **Fehlerunabhängigkeit**.

1. Es kommt nicht darauf an, ob überhaupt jemals eine wirksame schuldrechtliche Verpflichtung zu der dinglichen Verfügung bestand, oder ob das Verpflichtungsgeschäft später weggefallen ist.

Beispiele:
- Anfechtung (§ 123),
- Rücktritt (§ 346),
- Wandlung (§ 459)

2. Mit der Unwirksamkeit des Verpflichtungsgeschäfts fällt das dingliche Recht nicht wieder an den bisherigen Rechtsinhaber zurück. Es findet grundsätzlich **kein Rückerwerb** des ursprünglichen Eigentümers statt. Der Erwerber kann nunmehr selbst als Berechtigter verfügen.

Beispiel: K ficht den mit V geschlossenen Kaufvertrag wegen Täuschung an (§ 123). Der Vertrag ist rückwirkend unwirksam, § 142 I. Die Übereignung als dingliches Verfügungsgeschäft ist dennoch wirksam. Das Eigentum fällt nicht automatisch an V zurück. V kann als Eigentümer weiter über die Sache verfügen.

> **Hinweis:** Die Frage des Rückerwerbs des ursprünglichen Eigentümers stellt ein besonderes Examensproblem dar im Zusammenhang mit der Weiterveräußerung der Sache an einen gutgläubigen Dritten (§§ 932 ff.). Einzelheiten zu dieser Problematik finden Sie unten in Kap. 3. § 8. B. VI. 2.

III. Nur ausnahmsweise erstreckt sich die Unwirksamkeit des Verpflichtungsgeschäfts auch auf das Verfügungsgeschäft. Das Abstraktionsprinzip erfährt **Einschränkungen** in den Fällen der Fehleridentität beider Rechtsgeschäfte, bei Zugrundelegung eines Bedingungsgeschäfts sowie bei der Vereinbarung der Geschäftseinheit von Verpflichtungs- und Erfüllungsgschäft.

1. Fehleridentität beider Rechtsgeschäfte liegt vor, wenn der Mangel, der zur Unwirksamkeit des Verpflichtungsgeschäfts führt, zugleich als Mangel auch das Verfügungsgeschäft erfaßt (vgl. Jauernig, JuS 1994, 724). Dies kommt in folgenden Fällen vor:
- Fehlende Geschäftsfähigkeit (§§ 104 ff.),
- Anfechtung wegen Irrtums oder arglistiger Täuschung (§§ 119 II, 123),
- Wucher (§ 138 II).

Uneinigkeit besteht darüber, ob das dingliche Rechtsgeschäft auch dann wegen Fehleridentität von der Unwirksamkeit des Verpflichtungsgeschäfts erfaßt wird, wenn dieses wegen **Sittenwidrigkeit nach** § 138 I unwirksam ist.

Fall 1:

V hat auf seinem Grundstück ein Bordell betrieben. Er verpachtet es an P. Des weiteren veräußert er ihm die gesamte Inneneinrichtung zu einem Kaufpreis von 200.000 DM. Nunmehr beruft sich V auf die Sittenwidrigkeit sowohl des Pachtvertrages als auch des Kaufvertrages und verlangt von P Rückgabe der Inneneinrichtung. Zu Recht?

Lösung:

(A) **Herausgabe** der Inneneinrichtung nach § 985:
   (I) P ist **Besitzer** der Inneneinrichtung.
   (II) V müßte **Eigentümer** sein.
      (1) Ursprünglich hatte V das Eigentum an der Inneneinrichtung.
      (2) Möglicherweise ist das Eigentum aber durch das **dingliche Rechtsgeschäft** zwischen V und P an P übergegangen. Nach § 929 S. 1 sind Einigung und Übergabe erforderlich.
         (a) Die **Einigung** nach § 929 S. 1 muß sich auf die Eigentumsübertragung beziehen.
            (aa) V und P haben sich dahingehend geeinigt, daß das Eigentum an der Inneneinrichtung des Lokals auf P **übergehen** soll. Es liegen übereinstimmende Willenserklärungen vor.
            (bb) Es dürfen keine **Wirksamkeitshindernisse** vorliegen. In Betracht kommt hier die Unwirksamkeit der Übereignung wegen **Sittenwidrigkeit** gemäß § 138 I. Die Übereignung einer Inneneinrichtung ist grundsätzlich wertneutral und daher nicht unwirksam. Wohl aber ist der zugrundeliegende

Kaufvertrag wegen Sittenwidrigkeit unwirksam nach § 138 I. V ist dann Eigentümer der Inneneinrichtung geblieben, wenn die Nichtigkeit des Verpflichtungsgeschäfts zugleich die Unwirksamkeit des dinglichen Rechtsgeschäfts erfaßt. Das Erfüllungsgeschäft ist grundsätzlich **abstrakt,** das heißt, es ist unabhängig von dem Mangel des Verpflichtungsgeschäfts wirksam. Fraglich ist, ob hier ausnahmsweise der Mangel auf dinglicher Ebene durchschlägt.

- Die **Rechtsprechung** verneint eine Fehleridentität zwischen Verpflichtungs- und Erfüllungsgeschäft. Zur Begründung wird angeführt, daß das Erfüllungsgeschäft grundsätzlich wertneutral ist (BGH NJW 1973, 613).
- Die Nichtigkeit des Verpflichtungsgeschäfts kann aber dann das Erfüllungsgeschäft erfassen, wenn Inhalt und Zweck des dinglichen Rechtsgeschäfts die Sittenwidrigkeit nach § 138 I ergeben, so bei Knebelung des Käufers bei verlängertem Eigentumsvorbehalt (BGH NJW 1993, 1588) oder bei Verleitung zum Vertragsbruch bei Globalzession (BGH NJW 1991, 2147).

Vorliegend ist dies jedoch nicht der Fall. Die dingliche Einigung über den Eigentumsübergang nach § 929 S. 1 war somit wirksam.

(b) V hat die Inneneinrichtung an P übergeben, so daß auch das weitere Erfordernis gemäß § 929 S. 1 erfüllt ist.

Das Eigentum an der Inneneinrichtung ist somit von V auf P durch dingliches Rechtsgeschäft übertragen worden. V hat keinen Anspruch gegen P auf Herausgabe der Inneneinrichtung nach § 985.

(B) **Rückübereignung** der Inneneinrichtung nach § 812 I 1, Fall 1:

(I) P hat **etwas,** nämlich das Eigentum an der Inneneinrichtung, **erlangt.**

(II) Dies geschah **auf Kosten** des V. Denn V hat durch den Verlust der Inneneinrichtung an P einen Vermögensnachteil erlitten.

(III) P hat die Einrichtung des Lokals **ohne Rechtsgrund** erlangt. Das Verpflichtungsgeschäft war unwirksam nach § 138 I.

(IV) Dies hat zur **Rechtsfolge,** daß P gemäß §§ 812 I 1, Fall 1; 818 I zur Rückübereignung und Rückgabe der Inneneinrichtung verpflichtet ist.

(V) Dieser Verpflichtung steht auch nicht § 817 S. 2 entgegen, da mit dieser Vorschrift nur verhindert werden soll, daß der sittenwidrige Leistungszweck mittelbar doch **erreicht** wird. Nicht hingegen soll der Fortbestand des sittenwidrigen Zustands garantiert werden. V kann somit die Inneneinrichtung von P zurückverlangen.

Ergebnis: V hat gegen P keinen Anspruch auf Herausgabe der Inneneinrichtung nach § 985, wohl aber Anspruch auf Rückübereignung nach §§ 812 I 1, Fall 1, 818 I.

2. Die Parteien können die Wirksamkeit des Verpflichtungsgeschäfts zur aufschiebenden oder auflösenden **Bedingung** (§ 158 I) für das Verfügungsgeschäft machen. Stellt sich heraus, daß das Verpflichtungsgeschäft von Anfang an unwirksam war bzw. unwirksam geworden ist, so ist die Bedingung eingetreten. Das dingliche Rechtsgeschäft ist ausnahmsweise ebenfalls unwirksam. Zulässig ist solch ein Bedingungsgeschäft, wenn die Parteien es ausdrücklich vereinbaren (Jauernig, JuS 1994, 723; M. Wolf Rn. 311).

Beispiel: K hat dem V ein Darlehen gewährt. Sie einigen sich dahingehend, daß K dem V zur Sicherheit gegen das gewährte Darlehen seinen Pkw übereignet (§§ 929, 930). Die Wirksamkeit der Sicherungsübereignung soll auflösend bedingt sein durch die Wirksamkeit des zugrundeliegenden Sicherungsvertrages.

Lernhinweis: Die Sicherungsübereignung wird ausführlich in Kap. 3. § 10. A. II behandelt.

3. Die Parteien können das Verpflichtungsgeschäft und das dingliche Rechtsgeschäft in einer Vereinbarung zu einer **rechtlichen Einheit gemäß § 139** verbinden, so daß bei Unwirksamkeit des einen Geschäfts auch das andere ungültig ist. Damit das Abstraktionsprinzip nicht ausgehebelt wird, soll dies allerdings nur in strengen Ausnahmefällen möglich sein. Insbesondere müssen konkrete Anhaltspunkte für einen entsprechenden Parteiwillen vorliegen. Der wirtschaftliche Zusammenhang beider Geschäfte reicht hierfür nicht aus, ebensowenig wie deren Zusammenfassung in einer Urkunde (BGH NJW-RR 1989, 519; vgl. Eisenhardt JZ 1991, 271).

Lernhinweis: Im Fall der Sicherungsübereignung wird jedoch die rechtliche Einheit von Sicherungsübereignung und Sicherungsvertrag angenommen Die Problematik ist ebenfalls ausführlich dargestellt in Kap. 3. § 10. A. II. Lesen Sie den dort aufgeführten Beispielsfall, nachdem Sie sich mit den Grundlagen der Sicherungsübereignung vertraut gemacht haben!

IV. Das Abstraktionsprinzip hat somit die Konsequenz, daß die Erfüllung wirksam ist, auch wenn das Verpflichtungsgeschäft nicht besteht oder später weggefallen ist. Liegt kein wirksamer Rechtsgrund für die Verfügung zugrunde, so kann die Trennung der Wirksamkeit der beiden Rechtsgeschäfte jedoch **bereicherungsrechtlich** ausgeglichen werden. Es besteht grundsätzlich die Verpflichtung zur *Rückabwicklung* der eingetretenen Rechtsänderung nach §§ **812 ff.** Folgende drei Fallgestaltungen kommen dabei in Betracht, dargestellt am Beispiel des Kaufvertrages:

1. Das Verpflichtungsgeschäft ist unwirksam, das dingliche Verfügungsgeschäft wirksam.	→	Der Verkäufer kann den wirksam übereigneten Gegenstand nach § 812 I 1, F. 1 (Leistungskondiktion) von dem Käufer zurückverlangen.
2. Das Verpflichtungsgeschäft ist wirksam, das dingliche Verfügungsgeschäft unwirksam.	→	Der Käufer hat aus dem Kaufvertrag (§ 433 I 1) Anspruch auf eine wirksame Eigentumsübertragung.
3. Sowohl Verpflichtungsgeschäft als auch das dingliche Verfügungsgeschäft sind unwirksam.	→	Der Verkäufer hat Anspruch auf Herausgabe der Sache nach § 985. Darüber hinaus kann er nach § 812 I 1, F. 1 (Leistungskondiktion) Herausgabe des Besitzes verlangen. Der Käufer hat keine Ansprüche gegen den Verkäufer.

Zusammenfassung
Prinzipien des Sachenrechts

A. Absolutheit
Dingliche Rechte wirken gegenüber jedermann.
B. Typenzwang
Die dinglichen Rechte sind nach Zahl und Inhalt abschließend im Gesetz geregelt.
C. Publizität
Sachenrechte müssen offenkundig sein.
D. Spezialität
Dingliche Rechte können nur an genau bestimmten einzelnen Sachen bestehen.
E. Abstraktion
Die Wirksamkeit der dinglichen Verfügung ist unabhängig von dem schuldrechtlichen Verpflichtungsgeschäft.

Kontrollfragen

Zu §§ 1 und 2

1. Welche wesentlichen Unterschiede bestehen zwischen dem Sachenrecht und dem Schuldrecht?
2. Was sind dingliche Rechte, und welche dinglichen Rechte gibt es?
3. Nennen Sie die fünf Prinzipien des Sachenrechts!
4. Was ist der Unterschied zwischen Typenzwang und Typenfreiheit?
5. Wodurch wird der Grundsatz der Publizität verwirklicht?
6. Erläutern Sie das Abstraktionsprinzip!

Kapitel 2. Besitz

Literatur: *Ebenroth/Frank*, Die Übertragung des Besitzes vom Erblasser auf den Erben, JuS 1996, 794; *Kollhosser*, Grundfälle zu Besitz und Besitzschutz, JuS 1992, 215; *Lopau*, Der Rechtsschutz des Besitzes, JuS 1980, 501; *Prütting- Weth*, Die Drittwiderspruchsklage gemäß § 771 ZPO, JuS 1988, 511

§ 3. Begriff des Besitzes

A. Übersicht

Während die rechtliche Zuordnung einer Person zu einer Sache im wesentlichen durch das dingliche Recht des Eigentums erfolgt, stellt der Besitz eine Zuordnung in rein tatsächlicher Hinsicht dar. Durch den Besitz kann das Sachenrecht erst verwirklicht werden. Das Gesetz hat den Besitz daher mit zahlreichen Wirkungen ausgestattet. Der Besitz erfährt darüber hinaus einen umfangreichen Schutz vor Beeinträchtigungen. Im vorliegenden Kapitel lernen Sie die Rechtsnatur des Besitzes kennen sowie seine Funktionen im Gesamtsystem des Sachenrechts. Anschließend werden die unterschiedlichen Arten des Besitzes dargestellt. Wegen seiner erheblichen Bedeutung im Examen wird der Besitzschutz ausführlich behandelt. Kapitel 2. gliedert sich demnach folgendermaßen:

Übersicht zu Kapitel 2. Besitz		
§ 3.	→	Der Begriff und die Rechtsnatur des Besitzes
§ 4.	→	Die Funktionen des Besitzes
§ 5.	→	Die Arten des Besitzes
§ 6.	→	Der Besitzschutz

B. Rechtsnatur des Besitzes

1 **I. Besitz** liegt dann vor, wenn eine Person die tatsächliche Gewalt über eine Sache hat. Man spricht von *tatsächlicher Sachherrschaft*.

Lernhinweis:
- Lesen Sie die Vorschrift des § 854 I! Dort wird der Begriff der tatsächlichen Gewalt über die Sache eingeführt.
- Lesen Sie § 90 über den Begriff der Sache!
- Den Sachen gleichgestellt sind Tiere (§ 90 a).

> **Merke:** Besitz bedeutet die tatsächliche Sachherrschaft einer Person über eine Sache oder ein Tier.

Allerdings erfährt das Erfordernis der tatsächlichen Sachherrschaft auch **Einschränkungen**. Beim *mittelbaren Besitz* etwa übt der Besitzer die Sachherrschaft nur mittelbar durch einen anderen aus, der selbst die unmittelbare Gewalt über die Sache hat und zu dem mittelbaren Besitzer in einem besonderen Besitzmittlungsverhältnis steht (vgl. § 868). Der *Besitzdiener* hat gar die tatsächliche Gewalt über die Sache, ohne selbst Besitzer zu sein (vgl. § 855). Schließlich hat der *Erbbesitzer* nach § 857 den Besitz an den zum Nachlaß gehörenden Sachen, ohne die Sachherrschaft inne zu haben.

II. Der Besitz ist kein dingliches Recht wie das Eigentum. Vielmehr ist der Besitz eine **tatsächliche Rechtsfigur,** die von der Rechtsordnung anerkannt und mit unterschiedlichen Wirkungen ausgestattet ist (Pal. vor § 854 Rn. 1). Die rechtliche Zuordnung einer Person zu einer Sache und die Zuordnung auf rein tatsächlicher Ebene können *auseinanderfallen*.

Beispiele:
- Die Jurastudentin J hat einen „Palandt" erworben und vor sich auf dem Schreibtisch liegen. Sie ist Eigentümerin und übt auch die tatsächliche Sachherrschaft aus.
- Der Kommilitone K, der über geringe finanzielle Mittel verfügt, entwendet J in einem unbemerkten Augenblick den „Palandt". J behält das Eigentum an dem Buch. Die rechtliche Zuordnung bleibt also bestehen. Der Dieb K hat die tatsächliche Sachherrschaft inne, ohne daß ihm der „Palandt" auch rechtlich zugeordnet ist.

§ 4. Funktionen des Besitzes

Im Rechtsverkehr übt der Besitz bestimmte Funktionen aus. Im wesentlichen sind es drei Wirkungen, die von dem Besitz ausgehen: die Publizität, die Erhaltung sowie der Besitzschutz. Grundsätzlich treten diese mit dem Besitz verbundenen Wirkungen unabhängig davon ein, ob ein Recht zum Besitz besteht. Ausnahme ist der deliktische Schutz nach § 823 I. Hier wird nur der berechtigte Besitz als „sonstiges Recht" erfaßt. Zu den Funktionen des Besitzes im einzelnen:

A. Publizitätsfunktion

Der Besitz ist Mittel der Publizität. Er läßt darauf schließen, daß dingliche Rechte an der Sache bestehen. Übt eine Person die tatsächliche Sachherrschaft aus, so verdeutlicht der Besitz, daß die betreffende Sache ihrem Besitzer auch in rechtlicher Hinsicht zugeordnet ist. Eine Änderung der Rechtslage wird äußerlich sichtbar durch den Wechsel des Besitzes. Die Offenkundigkeit des Besitzes ist von Bedeutung:

- ❑ Bei der Eigentumsvermutung nach § 1006:
  Der Besitz läßt darauf schließen, daß der Besitzer auch Eigentümer der Sache ist.
- ❑ Bei der Eigentumsübertragung, §§ 929 ff.:
  Der Übergang des Eigentums ist an die Änderung der Besitzlage geknüpft.
- ❑ Beim Gutglaubenserwerb gemäß §§ 932 ff.:
  Der Besitz ist Rechtsscheinträger.

B. Schutzfunktion

Die Rechtsordnung gewährt dem Besitz besonderen Schutz vor Störungen und Entzug. Dies ist erforderlich, da auch ein nur rein tatsächlich bestehendes Verhältnis einer Person zu einer Sache nicht eigenmächtig beseitigt werden darf. Auf den Rechtsgrund des Besitzes kommt es nicht an. Die Schutzfunktion des Besitzes wird insbesondere verwirklicht durch:

- ❑ Possessorische Besitzansprüche, §§ 858 – 867:
  Der Besitz als solcher wird geschützt. Auf ein Besitzrecht kommt es nicht an.
- ❑ Petitorische Besitzansprüche, § 1007:
  Sie setzen ein Recht zum Besitz voraus.

- Deliktischen Besitzschutz, § 823 I sowie § 823 II i. V. m. § 858:
  Der Besitz ist ein „sonstiges Recht" i. S. d. § 823 I.
- § 812 I 1:
  Der Besitz ist als „etwas" kondizierbar.

C. Erhaltungsfunktion

Der Besitzer hat ein Interesse an der Erhaltung der Rechtslage. Dieses Erhaltungsinteresse wird ebenfalls gesetzlich geschützt. Die Erhaltungsfunktion des Besitzes zeigt sich folgendermaßen:

- Bei Abhandenkommen der Sache nach § 935 ist ein gutgläubiger Erwerb des Eigentums ausgeschlossen.
- Das Recht zum Besitz bleibt bei Veräußerung der Sache bestehen § 986 II. Entsprechendes gilt bei Miete oder Pacht eines Grundstückes, § 571.
- Fortgesetzter Besitz ermöglicht den Eigentumserwerb durch Ersitzung, §§ 937 ff.
- Betreibt ein Gläubiger gegen einen Dritten die Zwangsvollstreckung, so hat der Besitzer das Recht, den Gläubiger zu befriedigen, sofern er Gefahr läuft, durch die Zwangsvollstreckung seinen Besitz zu verlieren, § 268 I 2.

§ 5. Arten des Besitzes

A. Übersicht

Der Besitz läßt sich nach verschiedenen **Gesichtspunkten** unterteilen. Hauptsächlich kann man darauf abstellen, wie die Beziehung des Besitzers zu der Sache ausgestaltet ist. Je nach Intensität der *Sachbeziehung* liegt unmittelbarer oder mittelbarer Besitz vor. Unmittelbarer Besitz (§§ 854–856) ist die tatsächliche Herrschaft einer Person über eine Sache. Beim mittelbaren Besitz ist die Sachbeziehung weniger stark ausgeprägt. Der mittelbare Besitzer hat die tatsächliche Sachherrschaft nicht selbst inne. Vielmehr vermittelt ihm der sog. Besitzmittler den unmittelbaren Besitz aufgrund eines sog. Besitzmittlungsverhältnisses (§ 868). Eine weitere Unterscheidung kann man nach dem *Umfang der Sachherrschaft* treffen. Hier kommt es darauf an, ob der Besitzer die Sache unter Ausschluß anderer Personen im Alleinbesitz (vgl. § 865) hat oder ob mehrere Personen die Sache gemeinsam im Mitbesitz (vgl. § 866) haben und die tatsächliche Sachherrschaft gemeinsam ausüben. Schließlich kann bei der Unterteilung die *Willensrichtung des Besitzers* entscheidend sein. Besitzt jemand die Sache als ihm

§ 5. Arten des Besitzes 19

gehörend, so handelt es sich um Eigenbesitz (§ 872). Hingegen beim Fremdbesitz besitzt eine Person die Sache für einen anderen. Zwischen rechtmäßigem und unrechtmäßigem Besitz ist zu unterscheiden, wenn man die *Berechtigung des Besitzers* (vgl. § 986) zugrunde legt. Darüber hinaus kann es für die Bezeichnung der Besitzart auf die *Art der Besitzerlangung* ankommen. Hiernach kann der Besitz fehlerhaft oder nicht fehlerhaft (vgl. § 858 II 1)sein.

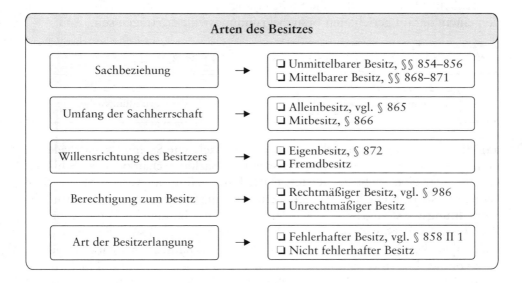

Wegen der unterschiedlichen Blickrichtungen bei der Unterscheidung der Besitzarten kommen in der Regel in einem Fall verschiedene Arten des Besitzes **gleichzeitig** nebeneinander vor.

Beispiel: Die Eheleute M und F haben gemeinsam einen Leasingvertrag über einen Pkw abgeschlossen. Sie sind beide unmittelbare Besitzer des Pkw, und zwar in Form des Mitbesitzes. Aufgrund des Mietverhältnisses sind sie Fremdbesitzer, wohingegen der Eigentümer und Leasinggeber den Eigenbesitz behält. Er ist mittelbarer Besitzer des Wagens.

Besonderheiten gelten beim Besitz der Personengesamtheiten, insbesondere der Gesellschaften. Beachten Sie hierzu im einzelnen den Abschnitt F.!

B. Art der Sachbeziehung

I. Unmittelbarer Besitz

1. Der **Erwerb** des unmittelbaren Besitzes geschieht grundsätzlich in der Weise, daß eine Person die tatsächliche Herrschaft über die Sache erlangt, § 854 I. Dies kann *originär* durch einseitige Besitzergreifung erfolgen, ohne daß ein entsprechender Wille des bisherigen Besitzers vorliegt. Typische Beispiele sind Diebstahl

oder Fund einer Sache. Wirkt hingegen der bisherige Besitzer dabei mit, daß eine andere Person den Besitz erlangt, so findet ein *derivativer (abgeleiteter)* Erwerb statt. Ausnahmsweise kann eine Person den Besitz auch ohne Erlangung der tatsächlichen Sachherrschaft erwerben, und zwar im Falle des § 854 II allein aufgrund rechtsgeschäftlicher Einigung mit dem bisherigen Besitzer.

4 **a)** Der **Besitzerwerb** nach § 854 I setzt nicht nur voraus, daß eine Person die tatsächliche Herrschaft über die Sache erlangt. Darüber hinaus muß der Erwerb von einem darauf gerichteten Besitzbegründungswillen getragen sein.

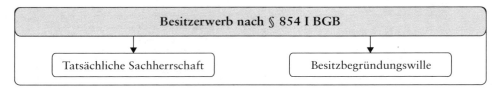

aa) Bisher haben Sie mehrfach den Begriff tatsächliche Sachherrschaft gelesen, ohne zu erfahren, was genau unter **tatsächlicher Sachherrschaft** oder tatsächlicher Gewalt über eine Sache zu verstehen ist. Eine Definition werden Sie im BGB vergeblich suchen. Die Rechtsprechung legt für die Interpretation eine natürliche Betrachtungsweise zugrunde. Nach der Verkehrsanschauung muß eine *räumliche Beziehung* der Person zu der Sache bestehen (BGHZ 101, 186). Die Person muß die Möglichkeit haben, jederzeit auf die Sache tatsächlich einzuwirken und andere von der Einwirkung auf die Sache auszuschließen. Dabei muß nicht unbedingt eine unmittelbare Nähe der Person zu der Sache bestehen (Pal. § 854 Rn. 2).

Beispiele:
- Frau A stellt ihren Pkw im Parkhaus ab, verschließt ihn und erledigt im Stadtzentrum Einkäufe. Sie behält die Sachherrschaft über den Wagen, auch wenn sie räumlich von ihm entfernt ist.
- Eheleute M und F verreisen für drei Wochen ins Ausland. Sie haben dennoch die Sachherrschaft an den Gegenständen, die sich in der Wohnung befinden.

Die Einwirkungsmöglichkeit der Person über die Sache muß auf eine *gewisse Dauer* angelegt sein. Es darf nicht nur eine bloß vorübergehende Sachberührung stattfinden (RGZ 92, 266).

Beispiele:
- An dem Sitzplatz im Kino oder Theater besteht keine Sachherrschaft der Besucher.
- Ebensowenig haben die Gäste in einem Restaurant die Sachgewalt über Geschirr und Besteck.

5 **bb)** Notwendig für den Besitzerwerb ist außerdem der **Besitzbegründungswille**. Der Wille des Erwerbers muß darauf gerichtet sein, die tatsächliche Gewalt über die Sache zu erlangen und auch auszuüben. Der Besitzwille muß nach außen erkennbar sein. Ein Wille im natürlichen Sinne genügt. Die Geschäftsfähigkeit ist daher nicht erforderlich. Ist der Erwerber geschäftsunfähig, so reicht aus, daß er

die genügende Reife besitzt zu erkennen, daß er eine rein tatsächliche Sachherrschaft von gewisser Dauer begründet (BGH NJW 1988, 3260; MK § 854 Rn. 36). Der Besitzbegründungswille muß sich nicht notwendig auf eine konkrete Sache beziehen. Der Erwerber kann den *generellen* Willen haben, die Sachherrschaft über alle Sachen auszuüben, die sich im Herrschaftsbereich einer Person befinden (BGHZ 101, 186; MK § 854 Rn. 10).

Beispiele:
- ❑ Der Besitzwille einer Person ist auf den Empfang aller Sachen gerichtet, die in ihren Briefkasten geworfen werden.
- ❑ Der Besitzwille des Kinobesitzers erstreckt sich auf diejenigen Gegenstände, die seine Besucher auf ihren Sitzplätzen vergessen haben.
- ❑ Hingegen fehlt der Besitzbegründungswille bei einem Touristen, dem heimlich Rauschgift in das Gepäck zugesteckt wurde.

b) Gemäß § 854 II kann der Erwerber den Besitz ausnahmsweise allein aufgrund einer **rechtsgeschäftlichen Einigung** mit dem bisherigen Besitzer erhalten. Er braucht nicht die tatsächliche Sachherrschaft zu erlangen.

aa) Die Sache muß sich allerdings **im Besitz** einer Person befinden. Dies ist in der Regel der Veräußerer.

bb) Voraussetzung für den Besitzerwerb nach § 854 II ist eine **Einigung** des Veräußerers mit dem Erwerber dahingehend, daß der Erwerber berechtigt sein soll, den unmittelbaren Besitz an der Sache auszuüben. Diese Einigung ist nicht bloß Realakt, wie etwa bei der Besitzübertragung nach § 854 I, sondern ein Rechtsgeschäft (Pal. § 854 Rn. 9).

> **Hinweis:** Bitte beachten Sie, daß die Einigung nach § 854 II hinsichtlich der Besitzübertragung rechtlich von der Einigung über den Eigentumsübergang nach § 929 S. 1 zu unterscheiden ist!

cc) Wesentlich für die Besitzübertragung nach § 854 II ist, daß der Erwerber die **Herrschaftsmöglichkeit** über die Sache erlangt. Er muß in die Lage versetzt werden, jederzeit *einseitig* die tatsächliche Gewalt über die Sache zu ergreifen. Hierzu gehört, daß der bisherige Besitzer seinerseits die tatsächliche Gewalt über die Sache aufgibt (BGHZ 27, 360).

Beispiel: Student S trifft seinen Kommilitonen K in der Mensa. K möchte den „Palandt" des S leihen. Da der Kommentar am Arbeitsplatz des S in der Bibliothek liegt, vereinbaren sie, daß K sich das Buch selbst abholen soll. Als K in die Bibliothek kommt, sieht er, wie D das Buch mitnimmt. K läuft hinter ihm her und entreißt ihm das Buch mit Gewalt. Hierzu ist er nach § 859 (Selbsthilfe) berechtigt. K hat den Besitz an dem Kommentar bereits zum Zeitpunkt der Einigung mit S erworben.

7   2. Der unmittelbare Besitz **endet** gemäß § 856 I entweder durch Aufgabe oder durch Verlust der tatsächlichen Sachherrschaft.

8   a) Bei der **Besitzaufgabe** gibt der Besitzer die tatsächliche Gewalt über die Sache mit einem entsprechenden *Besitzaufgabewillen* hin. Die Besitzaufgabe ist Realakt und erfordert lediglich einen Willen im natürlichen Sinne. Der Besitzer hat die Möglichkeit, den Besitz zu beenden, indem er die Sachherrschaft auf eine andere Person überträgt. Er kann den Besitz aber auch nach außen erkennbar einseitig beenden, etwa indem er die Sache wegwirft.

Beispiele:
- A überträgt den Besitz an seinem Pkw auf B.
- C beendet einseitig den Besitz an seiner Zeitung, indem er sie wegwirft.
- D bringt seinen kaputten Kühlschrank zur Müllentsorgungsstelle.

9   b) **Besitzverlust** bedeutet hingegen, daß der Besitzer die tatsächliche Gewalt über die Sache *unfreiwillig* einbüßt. Der Besitzer darf allerdings nicht bloß vorübergehend in der Ausübung der Sachherrschaft verhindert sein. Dies ist ausdrücklich in § 856 II geregelt.

Hinweis: Die Regelung in § 856 II bezieht sich nur auf den Besitzverlust!

Beispiele:
- Das Fahrrad des A, das vor der Haustür an einer Laterne befestigt war, wurde gestohlen. A hat den Besitz an dem Rad verloren.
- B verliert seine Taschenuhr auf dem Weg zur Arbeit.
- C läßt seinen Regenschirm in der Straßenbahn Nr. X stehen. Er fährt zur Endhaltestelle. Als der Straßenbahnzug Nr. X dort eintrifft, nimmt A seinen Schirm von dem Fahrer in Empfang. C war nur vorübergehend in der Ausübung seiner Sachherrschaft verhindert. Er hat den Besitz an dem Schirm nicht gemäß § 856 verloren.

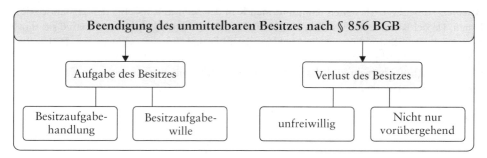

§ 5. Arten des Besitzes

3. Als **Sonderfälle** des unmittelbaren Besitzes können die Ausübung der tatsächlichen Sachherrschaft durch einen Besitzdiener (§ 855) sowie der Erbenbesitz (§ 857) bezeichnet werden. Bei beiden Formen fallen Besitzereigenschaft und tatsächliche Sachherrschaft auseinander.

a) Unmittelbarer Besitz besteht auch dann, wenn der Besitzer die tatsächliche Gewalt über die Sache nicht selbst innehat, sondern durch einen **Besitzdiener** (§ 855) ausübt. Der Besitzdiener hat selbst keinen Besitz an der Sache. Er übt lediglich die Sachherrschaft *für einen anderen* aus.

aa) Der Besitzdiener steht in einem nach außen erkennbaren **sozialen Abhängigkeitsverhältnis** zu seinem Besitzherrn. Er ist ihm innerhalb eines *tatsächlichen Weisungsverhältnisses* untergeordnet. Das Rechtsverhältnis, das dem Weisungsverhältnis zugrundeliegt, braucht nicht wirksam zu sein. Andererseits reicht aber auch eine bloß wirtschaftliche Abhängigkeit nicht aus (BGHZ 27, 360; Pal. § 855 Rn. 1).

Beispiele:
- ❑ Arbeitnehmer, Hausangestellte etc. sind Besitzdiener hinsichtlich ihrer Arbeitsgeräte.
- ❑ Boten sind Besitzdiener an den Gegenständen, die sie überbringen.
- ❑ Gepäckträger sind Besitzdiener an den Gepäckstücken, die sie auftragsgemäß transportieren.

bb) Der Besitzdiener übt die tatsächliche Gewalt über die Sache nur dann für seinen Besitzherrn aus, wenn er **im Rahmen** seines sozialen Abhängigkeitsverhältnisses tätig wird. Solange sich der Besitzdiener innerhalb des Aufgabenbereiches hält, der ihm übertragen wurde, kommt es auf seinen Willen zum Besitz nicht an. Das bedeutet, der Besitzdiener erlangt keinen Besitz an denjenigen Sachen, die auf ihn übertragen werden. Mit Übergabe der Sache an den Besitzdiener erlangt allein der *Besitzherr* den unmittelbaren Besitz.

Beispiel: Rechtsanwalt R bestellt für sein Büro eine Schreibmaschine. Seine Auszubildende A soll darauf das Maschineschreiben lernen. Bei Lieferung nimmt A die Maschine in Empfang. Sie stellt sie auf ihren Schreibtisch. R ist Besitzer geworden, unabhängig davon, daß A die Schreibmaschine ausschließlich für sich nutzen soll.

> **Hinweis:** Der Besitz ist von dem Gewahrsam i. S. d. § 808 ZPO zu unterscheiden. Der Besitzdiener hat lediglich den Gewahrsam an der Sache inne. Den Besitz übt er für seinen Besitzherrn aus.

cc) Etwas anderes gilt dann, wenn der Besitzdiener einen **entgegenstehenden Willen** nach außen zu erkennen gibt und selbst die tatsächliche Sachherrschaft nach seinen eigenen Vorstellungen ausüben will. Dann begeht er verbotene Eigenmacht, § 858 (BGHZ 8, 130; Pal. § 855 Rn. 4). Wenn der Besitzdiener die Sache ohne Einverständnis des Besitzherrn im eigenen Namen an einen Dritten weiter veräußert, stellt sich des weiteren die Frage, ob dem Besitzherrn die Sache nach § 935 abhanden gekommen ist.

Fall 2:

Im vorangegangenen Beispiel stellt A die Schreibmaschine nicht auf ihren Schreibtisch im Büro, sondern nimmt sie mit nach Hause. Bald darauf veräußert sie die Maschine an ihre Freundin F. Diese glaubt, A sei die Eigentümerin. Als Rechtsanwalt R davon erfährt, verlangt er von F die Schreibmaschine heraus. Mit Erfolg?

Lösung:

Herausgabeanspruch des R gegen F nach § 985:
  (I) F ist **Besitzerin** der Schreibmaschine.
  (II) R müßte **Eigentümer** sein.
    (1) Ursprünglich hatte R das Eigentum an der Maschine.
    (2) Möglicherweise hat er das Eigentum durch die **rechtsgeschäftliche Veräußerung** von A an F verloren. Da A selbst nicht Eigentümerin war, kommt allenfalls gutgläubiger Erwerb nach §§ 929 S.1, 932 I in Betracht.
      (a) Die Voraussetzungen für einen **gutgläubigen Eigentumserwerb** liegen unzweifelhaft vor.
      (b) Der Erwerb ist aber gemäß § 935 ausgeschlossen, wenn die Sache dem bisherigen Besitzer **abhanden gekommen** ist. Das ist dann der Fall, wenn R unfreiwillig den Besitz verloren hat. Stellt man auf den Besitzaufgabewillen des R ab, so liegt Abhandenkommen vor, da R die Schreibmaschine nicht freiwillig weggegeben hat. Hält man hingegen den Willen der A für maßgeblich, so liegt kein Abhandenkommen vor.
        ❑ **Zum Teil** wird die Ansicht vertreten, daß es für die Beurteilung auf den Willen des Besitzdieners ankommt (M. Wolf Rn. 431; MK § 855 Rn. 23).
        Argument: Der Besitzdiener, der sich den Weisungen seines Besitzherrn entzieht, tritt nach außen selbst wie ein Besitzer auf und kann in tatsächlicher Hinsicht auf die Sache einwirken. Nach außen ist das Besitzdienerverhältnis nicht erkennbar. Der Erwerber wird in seinem Vertrauen auf den Weggabewillen des Besitzdieners geschützt.
        ❑ Demgegenüber ist nach **h. M.** allein der Wille des Besitzherrn maßgebend. Die Veruntreuung durch den Besitzdiener stellt einen unfreiwilligen Besitzverlust und somit ein Abhandenkommen dar (OLG München NJW 1987, 1830; Pal. § 935 Rn. 4; Baur/Stürner § 52 V 2 a bb).
        Argument: Es kommt allein auf die objektive Besitzlage an. Im Gesetz gibt es keine Regelung, wonach man im Rechtsverkehr

bei der Ermittlung der Besitzlage jemanden nach dem äußeren Anschein für den Besitzer halten kann.

Ergebnis: Da somit der gutgläubige Eigentumserwerb der F ausgeschlossen ist, ist R Eigentümer der Schreibmaschine geblieben. Er kann von F die Herausgabe nach § 985 verlangen.

b) Eine weitere Besonderheit bei dem Erwerb des unmittelbaren Besitzes stellt der **Erbenbesitz** nach § 857 dar.

aa) Der Erbe erlangt mit Eintritt des Erbfalls **dieselbe besitzrechtliche Stellung**, die der Erblasser innehatte, und zwar unabhängig davon, ob der Erbe die tatsächliche Sachherrschaft hat oder einen Besitzbegründungswillen erkennbar macht. Der Erbe braucht nicht einmal Kenntnis von dem Erbfall zu haben (MK § 857 Rn. 7).

Beispiel: E ist auf Urlaubsreise mit unbestimmtem Aufenthaltsort im Ausland, als sein Vater V verstirbt. E erfährt erst nach seiner Rückkehr von dem Tod des V. Es stellt sich heraus, daß V dem E unter anderem eine kostbare Münzsammlung hinterlassen hat, die er in einem Banksafe deponiert hatte. Zum Zeitpunkt des Todes des V ist E unmittelbarer Besitzer der Münzsammlung geworden, obgleich er von dem Erbfall noch nicht wußte.

Lernhinweis: Mit dem Tod des Erblassers tritt der Erbe im Wege der Gesamtrechtsnachfolge in dessen Rechtsstellung ein. Lesen Sie hierzu § 1922! Die Vorschrift des § 857 dient der Klarstellung, daß dies auch für den Besitz gilt, der ja kein im Gesetz geregeltes Recht ist.

bb) In der rechtlichen Fallösung ist der Erbenbesitz von Bedeutung bei folgender **Problemstellung**, die Sie sich vergegenwärtigen sollten:

Die Erbschaft kann durch bestimmte Umstände wegfallen, und zwar durch:
- Ausschlagen der Erbschaft, § 1953
- Erbanfechtung, §§ 1957, 2078
- Erbunwürdigkeitserklärung, § 2344

In all diesen Fällen gilt *der Erbfall als nicht eingetreten*. An die Stelle des bisherigen Erben tritt der wahre Erbe. Ebenso wie die Rechtsstellung, die der bisherige Erbe gemäß § 1922 erlangt hatte, fällt auch der Erbenbesitz weg. Fraglich ist, ob der wahre Erbe auch den Besitz mit Rückwirkung (§ 142 I) erlangt.

Fall 3:

Erblasser E hat seinen Freund A testamentarisch als Erbe eingesetzt. A veräußert ein wertvolles Gemälde aus dem Nachlaß an den Galerist G. Kurz darauf ficht der Neffe N des E das Testament erfolgreich an. Er verlangt von G die Herausgabe des Gemäldes. Zu Recht?

Lösung:

Anspruch des N gegen G auf **Herausgabe** nach § 985:
  (I) G ist **Besitzer** des Gemäldes.
  (II) N als Anspruchsteller müßte **Eigentümer** sein.
   (1) Zunächst war das Eigentum bei dem Erblasser E. Mit Eintritt des **Erbfalls** ist das Eigentum auf A übergegangen (§ 1922). Durch die Anfechtung der Erbschaft ist das Erbe des A rückwirkend **weggefallen** (§§ 1957, 2078). Damit ist der tatsächliche Erbe N an die Stelle des A getreten. N ist somit Eigentümer des Gemäldes.
   (2) Möglicherweise ist das Eigentum an dem Gemälde aber infolge **rechtsgeschäftlicher Übereignung** zwischen A und G auf G übergegangen. Da die Erbschaft des A als von Anfang an als nicht bestehend anzusehen ist, konnte A allenfalls als **Nichtberechtigter** das Gemälde veräußern. In Betracht kommt deshalb ein **gutgläubiger Eigentumserwerb** des G gemäß §§ 929 S. 1, 932 I.
     (a) Ein **Veräußerungsgeschäft** zwischen A und N liegt vor. Mangels anderweitiger Anhaltspunkte kann hier unterstellt werden, daß G bei Erwerb des Bildes **gutgläubig** war.
     (b) Das Gemälde könnte dem wahren Erben N aber gemäß § 935 **abhanden gekommen** sein. Dann müßte er unfreiwillig den Besitz verloren haben. Zum Zeitpunkt der Veräußerung an G war A, und nicht N, der Besitzer des Gemäldes. Mit Eintritt des Erbfalls war A gemäß § 857 in die besitzrechtliche Stellung des Erblassers E eingetreten. Aufgrund seines vermeintlichen Erbrechts hat er den unmittelbaren Besitz an dem Gemälde ergriffen und auf G weiter übertragen. Der wahre Erbe N könnte nur dann den Besitz inne gehabt haben, wenn er infolge der Erbschaftsanfechtung **rückwirkend** (§ 142 I) auch den Besitz an den Nachlaßgegenständen erlangt hat. Dies ist im einzelnen umstritten.
       ❏ **Zum Teil** wird angenommen, daß die Rückwirkung des Erbschaftsanfalls auch den Erbenbesitz (§ 857) mit erfaßt (MK § 857 Rn. 12).
       Argument: Der hauptsächliche Zweck des § 857 besteht in dem Schutz des wahren Erben vor Veräußerung von Nachlaßgegenständen. Wenn aber der nichtberechtigte Erbenbesitzer ohne Wissen des wahren Erben Gegenstände aus dem Nachlaß weiter veräußert, ist dem tatsächlichen Erben der Nachlaßgegenstand abhanden gekommen (§ 935). Der gutgläubige Eigentumserwerb ist ausgeschlossen.
       ❏ Nach **anderer Ansicht** kommt es auf die tatsächlichen Besitzverhältnisse zur Zeit der Besitzübertragung an (Ebenroth/Frank JuS 1996, 794).

§ 5. Arten des Besitzes

Argument: Die §§ 857, 1953 schaffen eine doppelte Fiktion. Diese Konstruktion muß hinter den tatsächlichen Umständen zurücktreten. Der bisherige Erbe hatte bei Übertragung des Besitzes den Erbenbesitz tatsächlich inne. Es liegt kein Abhandenkommen vor.

Wenn Sie rechtlich exakt sein wollen, argumentieren Sie mit der erstgenannten Auffassung. Demnach ist der wahre Erbe N als Besitzer des Gemäldes zur Zeit der Eigentumsübertragung anzusehen. Durch die Weiterveräußerung des vermeintlichen Erben A ist N das Bild abhanden gekommen. Als Folge davon konnte G nicht gutgläubig Eigentum erwerben.

Ergebnis: N kann von G Herausgabe des Gemäldes gemäß § 985 verlangen.

> **Hinweis:** Der wahre Erbe verliert unfreiwillig den Besitz, wenn der Erbschaftsbesitzer aufgrund eines vermeintlichen Erbrechts Gegenstände aus dem Nachlaß veräußert. Der gutgläubige Dritte kann nach § 935 nicht Eigentum erwerben.
>
> Anders verhält es sich, wenn der Erbschaftsbesitzer durch einen **Erbschein** legitimiert ist. Der Dritte erwirbt sodann das Eigentum gemäß § 2366.

II. Mittelbarer Besitz

1. Der mittelbare Besitz gemäß § 868 ist dadurch **gekennzeichnet**, daß der Besitzmittler in seiner besitzrechtlichen Stellung dem mittelbaren Besitzer *untergeordnet* ist. Voraussetzung des mittelbaren Besitzes ist, daß der mittelbare Besitzer die tatsächliche Sachherrschaft durch einen anderen, eben den Besitzmittler, vermittelt erhält. Des weiteren muß der Besitzmittler den entsprechenden Fremdbesitzerwillen haben. Und der mittelbare Besitzer muß gegen den Besitzmittler einen durchsetzbaren Herausgabeanspruch haben.

a) Zwischen dem mittelbaren Besitzer und dem Besitzmittler muß ein **Besitzmittlungsverhältnis** bestehen. Erforderlich ist ein *konkret bestimmtes Rechtsverhältnis*, aufgrund dessen der Besitzmittler seinen unmittelbaren Besitz vom mittelbaren Besitzer ableitet. Mit dem unmittelbaren Besitz sind Herausgabe- und Sorgfaltspflichten des Besitzmittlers verbunden. Eine bloß abstrakte Abrede, für einen anderen besitzen zu wollen, erfüllt diese Anforderungen nicht.

Beispiel: E ist Besitzer einer Hauskatze. Als er in Urlaub fährt, bittet er seinen Nachbarn N, regelmäßig nach der Katze zu sehen und ihr Futter zu geben. Außerdem soll N ab und zu die Blumen des E gießen. E und N haben nur eine allgemeine Abrede getroffen, daß N vorübergehend für E den Besitz ausüben soll. Dies reicht für die Begründung eines konkreten Besitzmittlungsverhältnisses i. S. d. § 868 nicht aus.

Der Besitzmittler zieht eine **zeitlich begrenzte Besitzberechtigung** aus dem Besitzmittlungsverhältnis. Es genügt ein *vermeintliches* Rechtsverhältnis, es braucht also nicht rechtswirksam zu sein (Pal. § 868 Rn. 10).

Beispiel: M hat die Wohnung des V gemietet, ohne zu wissen, daß V entmündigt ist. Der Mietvertrag ist unwirksam (§ 105 I). Dennoch ist M aufgrund des vermeintlich wirksamen Rechtsverhältnisses mittelbarer Besitzer der Wohnung.

Lernhinweis: Lesen Sie die Vorschrift des § 868! Achten Sie auf den genauen Wortlaut! Der Ausdruck „auf Zeit" verdeutlicht den begrenzten Zeitraum, für den das Besitzmittlungsverhältnis eingegangen wird. Die Formulierung „**als** Nießbraucher" kennzeichnet, daß ein vermeintlich gültiges Rechtsverhältnis ausreicht.

Bestimmte Besitzmittlungsverhältnisse sind vom Gesetz vorgesehen und in § 868 aufgeführt, als da sind:
- Miete oder Pacht, §§ 535 ff.
- Verwahrung, §§ 688 ff.
- Nießbrauch, §§ 1030 ff.
- Pfandgläubiger, §§ 1204 ff.

Hierbei handelt es sich lediglich um eine beispielhafte Aufzählung. Von § 868 werden darüber hinaus auch *„ähnliche Verhältnisse"* erfaßt. Gemeint sind diejenigen Rechtsverhältnisse, durch die der unmittelbare Besitzer dem mittelbaren Besitzer den Besitz in vergleichbarer Weise vermittelt. In Betracht kommen alle Rechtsverhältnisse, bei denen die Rechte und Pflichten der Parteien durch Vertrag oder aufgrund Gesetzes feststehen, insbesondere:
- Leihe, §§ 598 ff.
- Auftrag, §§ 662 ff.
- Eigentumsvorbehalt, § 455
- Sicherungsvertrag bei der Sicherungsübereignung, § 305 i. V. m. §§ 929 S. 1, 930
- Eheliche Lebensgemeinschaft, § 1353
- Vermögenssorge aus dem Eltern- Kind- Verhältnis, § 1626
- Pfändung durch den Gerichtsvollzieher als staatlicher Hoheitsakt, § 809 ZPO

14 b) Der **Fremdbesitzerwillen** setzt voraus, daß der Besitzmittler den tatsächlichen Willen hat, dem mittelbaren Besitzer die tatsächliche Herrschaft über die Sache zu mitteln. Er muß das übergeordnete Verhältnis zu dem mittelbaren Besitzer anerkennen. Sobald sich der mittelbare Besitzer nach außen erkennbar *zum Eigenbesitzer aufschwingt*, endet der mittelbare Besitz.

§ 5. Arten des Besitzes

c) Der mittelbare Besitzer muß einen **durchsetzbaren Herausgabeanspruch** gegen den Besitzmittler haben. Durchsetzbar ist der Anspruch auf Herausgabe, wenn er *nicht verjährt* ist. Er kann sich aus dem Besitzmittlungsverhältnis selbst ergeben, insbesondere aus:
- Miete oder Pacht, § 556
- Verwahrung, § 604
- Nießbrauch, § 1055
- Pfandrecht, § 1223.

Bei Vorliegen eines vermeintlichen Rechtsverhältnisses genügt ein *gesetzlicher Herausgabeanspruch*. Hier kommen folgende Anspruchsgrundlagen in Betracht:
- Der dingliche Herausgabeanspruch gemäß § 985
- Bereicherungsrecht, § 812
- Deliktsrecht, § 823 i. V. m. § 249
- Geschäftsführung ohne Auftrag (GoA), § 681 S. 2 i. V. m. § 667

Beispiel: Der Mietvertrag zwischen V und M ist unwirksam, da V geschäftsunfähig ist (s. o.). V hat gegen M keinen vertraglichen Herausgabeanspruch nach § 556. Er kann jedoch Herausgabe der Wohnung gemäß § 985 verlangen, da auch die Übereignungserklärung unwirksam ist und er Eigentümer geblieben ist. Und er hat Anspruch nach § 812 I 1, F. 1 auf Herausgabe des Besitzes.

> **Hinweis:** In der rechtlichen Fallbearbeitung brauchen Sie auf die einzelnen Voraussetzungen des mittelbaren Besitzes nur dann ausführlich einzugehen, wenn deren Vorliegen zweifelhaft ist, z. B. wenn der Fremdbesitzerwillen nicht eindeutig ist. Ansonsten können Sie die Frage des mittelbaren Besitzes mit Vorliegen eines anerkannten Besitzmittlungsverhältnisses kurz „abhaken".

2. Gemäß § 871 ist auch **mehrstufiger mittelbarer Besitz** möglich. Es liegen mehrere mittelbare Besitzverhältnisse vor. Die Besitzer sind einander jeweils in einem Stufenverhältnis nachgeordnet. Häufigstes Beispiel ist die Untermiete.

Beispiel: V vermietet sein Einfamilienhaus an M. Dieser schließt mit der Studentin U einen Untermietvertrag über die Mansarde ab. U ist unmittelbare Besitzerin. M ist mittelbarer Besitzer 1. Grades, V mittelbarer Besitzer 2. Grades und zugleich Eigentümer.

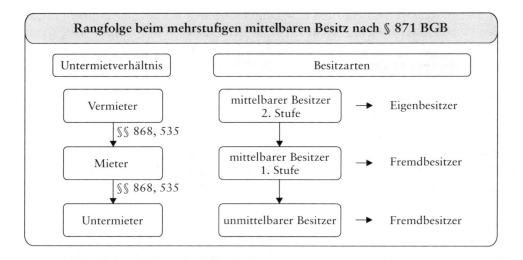

3. Die Vorschriften §§ 868, 871 über den mittelbaren Besitz haben den **Zweck**, den mittelbaren Besitz dem unmittelbaren im Hinblick auf Besitzschutz *gleichzustellen*. Der mittelbare Besitzer hat die tatsächliche Sachherrschaft nur für einen begrenzten Zeitraum aufgegeben, indem er dem Besitzmittler den unmittelbaren Besitz überlassen hat. Er hat die Gewalt über die Sache nicht auf Dauer aufgegeben. Aus diesem Grund sollen ihm die Besitzschutzansprüche (§§ 859, 861 und 862) zustehen, sofern die erforderliche verbotene Eigenmacht (§ 858) gegen den unmittelbaren Besitzer begangen wurde.

16 4. **Übertragen** wird der mittelbare Besitz gemäß § 870 durch Abtretung des Herausgabeanspruchs. Erforderlich ist eine *wirksame Abtretungsvereinbarung nach § 398* zwischen dem bisherigen mittelbaren Besitzer und dem Erwerber des mittelbaren Besitzes.

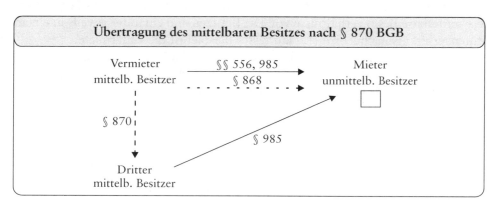

5. Der mittelbare Besitz kann auf verschiedene Weise **beendet** werden. Folgende Fälle sind denkbar:

- ❏ Der mittelbare Besitzer überträgt seinen Besitz gemäß § 870 an einen Dritten.
- ❏ Der Besitzmittler gibt seinen Fremdbesitzerwillen nach außen erkennbar auf.

    Beispiele: E hat sein Fahrrad an M vermietet. M, der dringend Geld benötigt, verkauft das Fahrrad an den gutgläubigen D (§§ 929 S. 1, 932 I).
    L wirft das von E geliehene Buch weg.

- ❏ Der Besitzmittler verliert die Sache.

    Beispiel: M hat den Pkw des E geleast. Er parkt den Wagen vor seinem Haus. Am nächsten Morgen ist der Wagen verschwunden. D hat ihn aufgebrochen und gestohlen.

- ❏ Das Besitzmittlungsverhältnis fällt weg.

    Beispiel: V hat seine Wohnung an M vermietet. M möchte mit seiner Verlobten zusammenziehen und kündigt das Mietverhältnis mit V.

C. Umfang der Sachbeziehung

I. Alleinbesitz

Hat eine Person allein die tatsächliche Gewalt über eine Sache inne, das heißt *unter Ausschluß anderer Personen*, so besteht Alleinbesitz an der Sache. Der Alleinbesitz kann in Form des Vollbesitzes vorliegen. Dann bezieht sich der Besitz auf die gesamte Sache. Demgegenüber ist von Teilbesitz (§ 865) die Rede, wenn die tatsächliche Sachherrschaft lediglich einen realen Teil der Sache erfaßt. Teilbesitz ist in allen Besitzarten möglich. Er kann auch an wesentlichen Bestandteilen einer Sache bestehen. Im Gesetz ist zwar geregelt, daß wesentliche Bestandteile nicht Gegenstand besonderer Rechte sein können; der Besitz ist jedoch kein Recht i. S. d. § 93.

Beispiel: M hat die Wohnung im Hochhaus des V gemietet. Die Wohnräume sind ein realer Sachteil des Grundstücks und des darauf befindlichen Wohnhauses. M ist Teilbesitzer.

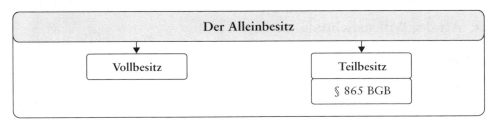

> **Hinweis:** Der Teilbesitz ist vom Mitbesitz zu unterscheiden. Beim Mitbesitz üben mehrere Personen die tatsächliche Sachherrschaft gemeinschaftlich aus. Jede Person hat den Besitz an der ganzen Sache inne. Demgegenüber übt beim Teilbesitz eine einzelne Person die Sachgewalt über einen realen Teil der Sache aus.

II. Mitbesitz

18 Beim Mitbesitz haben *mehrere Personen gemeinsam* die tatsächliche Herrschaft über eine Sache (vgl. § 866). Hierbei ist zwischen dem einfachen und dem qualifizierten Mitbesitz zu unterscheiden. Beim einfachen oder schlichten Mitbesitz hat jeder der Mitbesitzer selbständig Zugriff auf die Sache. Können die Mitbesitzer die Sache hingegen nur alle gemeinschaftlich nutzen, so liegt qualifizierter Mitbesitz vor (Pal. § 866 Rn. 2).

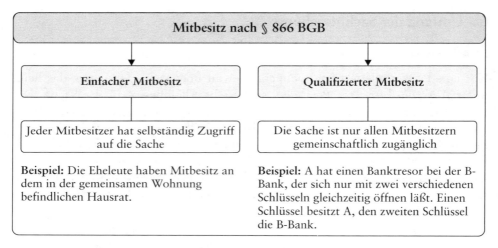

D. Art der Willensrichtung

I. Eigenbesitz

19 Eigenbesitzer ist nach § 872, wer die Sache *als ihm gehörend* besitzt. Die Sache muß nicht tatsächlich im Eigentum des Besitzers stehen. Es kommt allein auf die Willensrichtung des Besitzers an.

Beispiel: X hat von D ein Fahrrad erworben. Er weiß nicht, daß D das Rad zuvor dem A entwendet hat. X kann aufgrund § 935 nicht gutgläubig Eigentum erwerben. Er geht aber davon aus, daß er Eigentümer des Fahrrads geworden ist. Er will es als ihm gehörend besitzen. X ist somit Eigenbesitzer.

§ 5. Arten des Besitzes

Lernhinweis: Der Eigenbesitz ist von Bedeutung für die Eigentumsvermutung nach § 1006 sowie für die Haftung des unrechtmäßigen Besitzers, § 991. Bei den gesetzlichen Erwerbstatbeständen ist der Eigenbesitz des Erwerbers sogar Voraussetzung für den Eigentumserwerb. Lesen Sie hierzu bitte die folgenden Vorschriften:
- § 937, Ersitzung
- § 955, gutgläubiger Erwerb von Erzeugnissen und sonstigen Bestandteilen
- § 958, Aneignung

II. Fremdbesitz

Der Fremdbesitzer besitzt die Sache nicht als ihm gehörend, sondern *für einen anderen*. Typischer Fall des Fremdbesitzers ist der Besitzmittler, der dem mittelbaren Besitzer die tatsächliche Sachherrschaft vermittelt. Voraussetzung für das Besitzmittlungsverhältnis nach § 868 ist gerade der Fremdbesitzerwillen des Besitzmittlers. 20

E. Sonstige Besitzarten

I. Nach der Berechtigung zum Besitz

Eine weitere Unterscheidung in den Besitzarten läßt sich nach der Berechtigung zum Besitz treffen. Der Besitz ist rechtmäßig, wenn der Besitzer gemäß § 986 dem Eigentümer gegenüber ein Recht zum Besitz hat. Das Besitzrecht kann insbesondere in einem dinglichen Recht bestehen. 21

Beispiel: E bestellt an seinem Lkw einen Nießbrauch für N und übergibt ihm den Lkw (§§ 1030, 1032). N ist gemäß § 1036 dem E gegenüber zum Besitz berechtigt. Er ist rechtmäßiger Besitzer.

Die Rechtmäßigkeit des Besitzes kann sich auch aus einem schuldrechtlichen oder gesetzlichen Rechtsverhältnis ergeben.

Beispiel: P hat die Gaststätte des Brauereibesitzers B gepachtet. Aufgrund des Pachtvertrages ist P berechtigter Besitzer.

Demgegenüber ist der Besitz *unrechtmäßig*, wenn der Besitzer dem Eigentümer gegenüber kein Recht zum Besitz hat.

Beispiel: Dieb D stiehlt das Fahrrad des E. Als E am darauffolgenden Tag das Fahrrad vor dem Haus des D stehen sieht, verlangt er von D die Herausgabe (§ 985). D kann die Herausgabe nicht verweigern, da er nicht gemäß § 986 besitzberechtigt ist.

(Zu den Voraussetzungen des § 986 im einzelnen s. u. Kap. 4. § 11. B.III.).

Bedeutung hat die Unterteilung in rechtmäßigen und unrechtmäßigen Besitz für die Ansprüche aus dem Eigentümer–Besitzer-Verhältnis gemäß §§ 987 ff. (s. u. Kap. 4. § 12.).

II. Nach der Art der Besitzerlangung

22 Stellt man für die Unterscheidung auf die Art der Besitzerlangung ab, so kann der Besitz fehlerhaft oder nicht fehlerhaft sein. Der Besitz ist dann *fehlerhaft*, wenn er durch verbotene Eigenmacht erlangt wurde (§ 858 I, II 1). Bedeutung hat die Unterscheidung im Hinblick auf die Besitzschutzansprüche nach §§ 858 ff.

Beispiel: M hat bei der Firma L ein Fernsehgerät geleast. D steigt in die Wohnung des M ein und entwendet den Fernseher. M hat gegen D Anspruch auf Herausgabe des Gerätes gemäß § 861 I. D hat das Gerät durch verbotene Eigenmacht erlangt. Er hat dem M den Besitz an dem Gerät ohne dessen Willen entzogen. Der Besitz ist somit fehlerhaft.

(Zu den Besitzschutzansprüchen im einzelnen s. u. § 6.).

> **Hinweis:** Folgende Fälle des fehlerhaften Besitzes sind möglich:
> - Der Besitzer hat ihn durch verbotene Eigenmacht erlangt und ist noch im Besitz der Sache, § 858 II 1.
> - Der Nachfolger im Besitz hat durch Erbschaft den Besitz erlangt, § 858 II 2.
> - Der Nachfolger im Besitz hatte zum Zeitpunkt des Besitzerwerbs positive Kenntnis von der Fehlerhaftigkeit des Besitzes, § 858 II 2.

F. Besonderheiten beim Besitz von Gesellschaften

I. Juristische Personen

23 Auch juristische Personen können Sachen in Besitz haben. Da sie *körperschaftlich strukturiert* sind, bedarf es jedoch natürlicher Personen, die stellvertretend tätig werden. Üblicherweise üben die Vertretungsorgane, also der Vorstand und die verfassungsgemäß gewählten Vertreter (vgl. § 31) die tatsächliche Sachherrschaft für die juristische Person aus. Man spricht deshalb von *Organbesitz*. Vertretungsorgane von juristischen Personen sind insbesondere:
- Der Vorstand einer AG (§ 76 AktG),
- Der Geschäftsführer einer GmbH (§ 35 GmbHG),
- Der gewählte Vorstand eines rechtsfähigen Vereins (§ 26 BGB)

1. Hat das **Vertretungsorgan** mit dem entsprechenden Besitzbegründungswillen die tatsächliche Sachherrschaft inne, so wird der Besitz unmittelbar der juristischen Person *zugerechnet*. Das Organ selbst ist weder Besitzmittler, noch Besitzdiener (BGHZ 57, 166; Pal. § 854 Rn. 12).

Beispiel: V ist Vorstand des Sportvereins „TC Rot- blau e. V.". Als eine Lieferung Sportgeräte ankommt, nimmt V sie entgegen und verstaut sie im Geräteraum. V hat mit dem erforderlichen Besitzbegründungswillen die tatsächliche Sachherrschaft über die Sportgeräte erlangt. Da er als

Vorstand jedoch Organ des eingetragenen und damit rechtsfähigen Vereins ist, ist der Verein „TC Rot- blau e. V." Besitzer geworden.

2. Das Vertretungsorgan selbst ist **nicht Besitzer** der Sache. Verliert das Organ ohne seinen Willen den unmittelbaren Besitz an der Sache, so ist die Sache der juristischen Person i. S. d. § 935 abhanden gekommen. Etwas anderes gilt dann, wenn das Vertretungsorgan die Sache unterschlägt oder veräußert. Es handelt insofern *außerhalb seiner Geschäfts- und Vertretungsbefugnis* und schwingt sich gleichermaßen zum Besitzer auf. Es liegt kein Abhandenkommen vor (MK § 855 Rn. 23).

Beispiel: Wie im vorangegangenen Beispiel nimmt Vorstand V des Sportvereins „TC Rot-blau e. V." die gelieferten Sportgeräte in Empfang. Statt sie im Geräteraum zu verstauen, packt er sie jedoch in seinen Kleintransporter und stellt sie in seiner Garage unter. Später veräußert er sie an den gutgläubigen G. Dieser erwirbt gutgläubig Eigentum (§§ 929 S. 1, 932 I), da die Geräte dem Sportverein nicht gemäß § 935 abhanden gekommen sind.

II. Gesamthandsgemeinschaften

Gesamthandsgemeinschaften sind Personengesellschaften und im Gegensatz zu den juristischen Personen *nicht körperschaftlich strukturiert*. Die wichtigsten Gesamthandsgemeinschaften sind die im Bürgerlichen Gesetzbuch aufgeführte BGB-Gesellschaft sowie die handelsrechtlich geregelten offene Handelsgesellschaft (OHG) und die Kommanditgesellschaft (KG). Die Besitzlage bei Gesamthandsgemeinschaften ist im einzelnen umstritten. 24

1. Bei einer **BGB-Gesellschaft** haben sich mehrere Personen zusammengeschlossen, um die Erreichung eines gemeinsamen Zwecks zu födern (vgl. § 705). Die Gesellschaft selbst ist nicht rechtsfähig. Durch ihre gesamthänderische Bindung üben die Gesellschafter gemeinsam den Besitz aus. Sie sind grundsätzlich (qualifizierte) Mitbesitzer nach § 866. Es ist *kein Organbesitz* für die BGB-Gesellschaft möglich (BGHZ 86, 340). Das jedenfalls ist die Ansicht der h. M. Eine moderne, aber von einer Minderheit vertretene Auffassung hält die BGB- Gesellschaft für eine *teilrechtsfähige Personengruppe*. Hiernach soll die Gesellschaft selbst Besitz erwerben können, wenn einer der Gesellschafter die tatsächliche Sachherrschaft mit Besitzbegründungswillen erlangt (MK § 718 Rn. 27). 25

Beispiel: Rechtsanwälte R und A führen ihre gemeinsame Sozietät in Form einer BGB- Gesellschaft. R veräußert ohne Wissen des A die neue Computeranlage an den gutgläubigen G. Nach der h. M. kann G nicht gutgläubig das Eigentum erwerben, da dem A der Mitbesitz abhanden gekommen ist (§ 935). Nach der Mindermeinung übt R hingegen Organbesitz aus. Der Fall ist rechtlich genau so zu beurteilen wie im voranstehenden Beispiel des eingetragenen Vereins. Es liegt kein Abhandenkommen vor. Gutgläubiger Eigentumserwerb ist möglich.

Weitere Gesamthandsgemeinschaften, bei denen jedoch unstreitig Mitbesitz der einzelnen Mitglieder besteht, sind:
- ❑ Die Erbengemeinschaft (§§ 2032 ff.),
- ❑ Eheleute in Gütergemeinschaft (§§ 1415 ff.),
- ❑ der nichtrechtsfähige Verein (§ 54)

26 2. Die rechtliche Stellung von **OHG** bzw. **KG** unterscheidet sich insofern von der BGB-Gesellschaft, als diese Personengesellschaften den juristischen Personen *weitgehend angenähert* sind.

Lernhinweis: Lesen Sie hierzu die Vorschriften § 124 I sowie § 161 II HGB! Für das Sachenrecht ist insbesondere von Bedeutung, daß die Personengesellschaften unter ihrer Firma Eigentum und andere dingliche Rechte erwerben können.

Aus diesem Grund nimmt die h. M. in der Literatur an, daß bei Personengesellschaften auch die Besitzstellung wie bei juristischen Personen zu beurteilen ist. Die geschäftsführenden Gesellschafter, die die tatsächliche Sachherrschaft mit dem entsprechenden Besitzbegründungswillen für die Gesellschaft ausüben, haben *Organbesitz* (MK § 854 Rn. 38; a. A. Pal. § 854 Rn. 16).

Beispiel: A und B betreiben gemeinsam eine Druckerei in Form einer OHG. Beide Gesellschafter sind geschäftsführungs- und vertretungsberechtigt. Als A in Urlaub ist, erwirbt B bei X eine neue Druckmaschine. X liefert die Maschine und übergibt sie dem B. Die tatsächliche Sachherrschaft des B wird der OHG zugerechnet.

Der BGH hat zu dieser Frage bisher nicht eindeutig Stellung bezogen. Er hat lediglich für die Kommanditgesellschaft klargestellt, daß die *Kommanditisten einer KG* jedenfalls *nicht* den Besitz für die Gesellschaft ausüben. Da die Kommanditisten nicht zur Geschäftsführung befugt sind, können sie auch nicht die tatsächliche Sachherrschaft innehaben (BGHZ 57, 166).

Beispiel: C und D sind die geschäftsführenden Gesellschafter der C und D- KG. Kommanditist ist K. Als K allein im Betrieb anwesend ist, liefert F ein Faxgerät. K nimmt es in Empfang. Da K nicht geschäftsführungsbefugt ist, kann er nicht für die KG den Besitz ausüben. Der Kommanditist ist auch nicht Besitzdiener (§ 855) der KG. Mit der Übergabe an K ist das Faxgerät noch nicht in das Betriebsvermögen der KG gefallen.

Hinweis: Achten Sie darauf, daß Sozietäten von Rechtsanwälten auch als Partnerschaften nach dem Partnerschaftsgesellschaftsgesetz organisiert sein können. Auf diese Gesamthandsgemeinschaften finden grundsätzlich die Vorschriften über BGB-Gesellschaften Anwendung (§ 1 IV PartGG). Für die Vertretung gelten allerdings die §§ 125 I, II, IV; 126, 127 HGB entsprechend, ebenso wie § 124 I HGB. Lesen Sie hierzu § 7 PartGG!

Kontrollfragen

Zu §§ 3 bis 5

1. Welche Funktionen hat der Besitz?
2. Unter welchen Voraussetzungen wird der unmittelbare Besitz erworben?
3. Welche Voraussetzungen müssen beim mittelbaren Besitz vorliegen?

4. Was ist ein Besitzdiener?
5. Welche Funktion hat die Vorschrift des § 857?
6. Erklären Sie, ob und in welcher Form juristische Personen Besitz innehaben können!
7. Wie ist die Besitzstellung von Gesamthandsgemeinschaften rechtlich zu beurteilen?

§ 6. Besitzschutz

Der Besitz erfährt besonderen Schutz vor Beeinträchtigungen, und das obgleich es kein subjektives Recht ist, sondern lediglich das tatsächliche Verhältnis einer Person zu einer Sache kennzeichnet. Die Rechtsordnung hat den Besitz als tatsächliche Rechtsfigur anerkannt und ihn mit Abwehrrechten ausgestattet, um ihn in seinem Bestand zu schützen. Für die Besitzschutzansprüche kommt es deshalb allein auf die *Besitzlage* an. Der Besitzer muß nicht zugleich Eigentümer der Sache sein. Das Sachenrecht enthält sog. possessorische Ansprüche (§§ 858 ff.) des Besitzers gegen Störungen und Entzug seines Besitzes. Der possessorische Besitzschutz stellt allein auf den Besitz ab, ohne daß der Besitzer auch ein Recht zum Besitz haben muß. Sog. petitorische Besitzschutzansprüche (§ 1007 I, II) kann der Besitzer geltend machen, wenn er sich gegenüber dem Dritten auf ein Besitzrecht stützen kann. Darüber hinaus stehen dem Besitzer nach allgemeinen Vorschriften Ansprüche aus seinem Besitz zu, und zwar aus dem Deliktsrecht (§ 823 I und § 823 II i. V. m. § 858), dem Bereicherungsrecht (§ 812 I 1) sowie prozessual nach § 771 ZPO und im Insolvenzverfahren nach § 47 InsO.

27

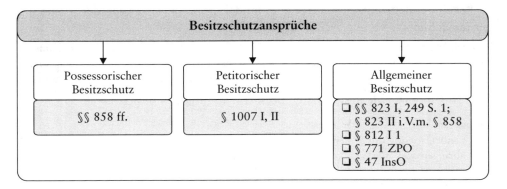

A. Possessorischer Besitzschutz

28 Die possessorischen Besitzschutzansprüche sind auf *möglichst rasche Wiederherstellung* der beeinträchtigten Besitzlage ausgerichtet. Sie schaffen *vorläufiges Recht,* im Gegensatz zu den petitorischen Besitzschutzansprüchen, die darauf zielen, die endgültige Rechtslage herzustellen. Der Besitzer kann Herausgabe der Sache verlangen, wenn sie ihm entzogen wurde (§ 861) bzw. Beseitigung und Unterlassung (§ 862), wenn eine Störung des Besitzes vorliegt. Einer lediglich spontanen Abwehr einer Beeinträchtigung dienen die Selbsthilferechte (§§ 859, 860). Allen possessorischen Besitzschutzansprüchen ist gemeinsam, daß sie an die eigenmächtige widerrechtliche Beeinträchtigung des Besitzes durch verbotene Eigenmacht (§ 858 I) anknüpfen.

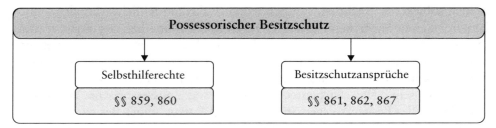

I. Verbotene Eigenmacht

29 Die verbotene Eigenmacht wird in § 858 I definiert als Entziehung oder Störung des Besitzes ohne den Willen des Besitzers und ohne Gestattung durch das Gesetz.

Lernhinweis: Lesen Sie die Legaldefinition der verbotenen Eigenmacht in § 858 I!

1. Bei einem **Besitzentzug** schließt der Handelnde den Besitzer von der Ausübung der tatsächlichen Sachherrschaft aus.

Beispiel: M hat die Wohnung des V gemietet. Als V die Wohnung selber nutzen will, damit ein Familienmitglied darin wohnen kann, läßt er kurzerhand die Türschlösser auswechseln, so daß M keinen Zutritt mehr zu der Wohnung hat. V hat dem M den Besitz an der Wohnung entzogen.

Besitzstörung ist jede andersartige Beeinträchtigung des Besitzes.

Beispiele:
- ❏ Lärmbelästigung durch den Rasenmäher des Nachbarn,
- ❏ Anbringen von Werbeplakaten an einem Bauzaun,
- ❏ Einschlagen von Fensterscheiben sowie jede andere Beschädigung der Sache,
- ❏ Immissionen durch Staub u. ä.,
- ❏ Trompetenspiel während der Mittagszeit.

Lernhinweis: Die beiden Tatbestände der verbotenen Eigenmacht in § 858 I korrespondieren mit den Besitzschutzansprüchen nach § 861 bzw. § 862. Der Herausgabeanspruch nach § 861 ist anzuwenden, wenn der Besitz entzogen wurde. Der Beseitigungs- bzw. Unterlassungsan-

… § 6. Besitzschutz 39

spruch aus § 862 gilt bei der Besitzstörung. Lesen Sie hierzu die Vorschriften § 861 und § 862 und vergleichen Sie sie mit § 858 I!

In beiden Alternativen reicht die *objektive* Beeinträchtigung aus. Es muß kein Verschulden des Handelnden vorliegen.

2. Verbotene Eigenmacht kann nur gegen den **unmittelbaren Besitzer** begangen werden. § 858 I betrifft daher nur den unmittelbaren Besitzer (RGZ 55,55; Pal. § 858 Rn. 1). Es ist nicht erforderlich, daß der Besitzer ein Recht zum Besitz hat.

3. Die Beeinträchtigung des Besitzes muß **ohne Willen des Besitzers** geschehen sein. Dies bedeutet *nicht unbedingt gegen* den Willen des Besitzers. Der Besitzer braucht die Beeinträchtigung nicht einmal zu bemerken.
Beispiel: E stellt sein Fahrrad vor der Hautsür ab. In der Nacht nimmt Dieb D das Rad weg. D hat dem E den Besitz an dem Fahrrad durch verbotene Eigenmacht entzogen.

Nur wenn der unmittelbare Besitzer seine *Zustimmung* erteilt, ist die verbotene Eigenmacht ausgeschlossen. Mit der Zustimmung bringt der Besitzer seinen natürlichen Willen zur Besitzübertragung bzw. zur Besitzstörung deutlich erkennbar zum Ausdruck (Pal. § 858 Rn. 2; Kohlhosser JuS 1992, 567).
Beispiel: D möchte von seinem Freund F ein Fahrrad erwerben. F erzählt ihm, er hätte ein Fahrrad für ihn, das aber noch dem E gehöre. E wolle es ihm, dem F, veräußern. E sei damit einverstanden, daß F das Rad an D weiter veräußere. D dürfe das Rad schon mitnehmen. Am darauffolgenden Tag holt D das Fahrrad aus dem Keller des E. Tatsächlich weiß E nichts davon. D hat ohne Willen des E den Besitz an dem Fahrrad entzogen. Unerheblich ist, daß D gutgläubig von der Zustimmung des E ausging.

4. Die Besitzbeeinträchtigung darf nicht durch Gesetz **gestattet** sein. Vorschriften, die eine Gestattung enthalten, sind insbesondere:
❏ Hoheitsakte, §§ 758, 808 ZPO, § 150 ZVG,
❏ Notwehr- und Selbsthilferechte, §§ 227, 229, 859, 904.

5. Die verbotene Eigenmacht hat zur Rechtsfolge, daß der auf diese Weise erlangte Besitz dem bisherigen Besitzer gegenüber **fehlerhaft** ist. Dies gilt nicht nur für den Fall, daß der Anspruchgegner selbst die verbotene Eigenmacht begangen hat (§ 858 II 1). Der Besitz des Rechtsnachfolgers, dessen Vorgänger den Besitz durch verbotene Eigenmacht erlangt hat, ist gemäß § 858 II 2 ebenfalls fehlerhaft. Hier sind zwei Fallgruppen zu unterscheiden:

❏ Der Besitznachfolger ist Erbe.	→ Er muß die Fehlerhaftigkeit ohne weiteres gegen sich gelten lassen.
❏ Der Besitznachfolger hat den Besitz von seinem Vorgänger durch Sondernachfolge erworben. **Beispiel:** Dieb D überträgt den Besitz an einer gestohlenen Uhr auf den Hehler H.	→ Nur wenn der Besitznachfolger die Fehlerhaftigkeit des Besitzes kennt (bösgläubig ist), muß er die Fehlerhaftigkeit des Besitzes gegen sich gelten lassen.

II. Selbsthilferechte

30 Der unmittelbare Besitzer darf sich gegenüber der verbotenen Eigenmacht mit Gewalt wehren und sich die Sache wiederbeschaffen. Hierfür stehen ihm die Ansprüche auf Besitzwehr nach § 859 I sowie auf Besitzkehr nach § 859 II, III zur Verfügung. Die Selbsthilferechte gewähren dem Besitzer keine selbständigen Ansprüche gegen den Störer. Sie stellen vielmehr *Rechtfertigungsgründe* für die Verteidigung des Besitzes dar und sind Sonderfälle der allgemeinen Selbsthilfe- und Notwehrrechte nach §§ 227, 229.

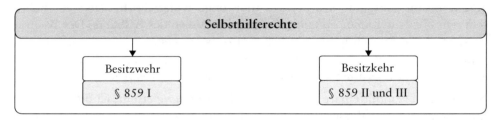

31 1. Die **Besitzwehr** nach § 859 I bietet eine weitergehende Verteidigungsmöglichkeit als das Selbsthilferecht nach §§ 227, 229. Insbesondere ist nicht erforderlich, daß polizeiliche Hilfe oder gerichtlicher Schutz nicht rechtzeitig zu erlangen und ohne sofortiges Eingreifen die Verwirklichung von Rechten und Ansprüchen gefährdet ist (Pal. § 859 Rn. 2). Zu beachten ist jedoch, daß der Besitzer bei der Abwehr *nicht das erforderliche Maß der Gewaltanwendung überschreiten* darf. Die Besitzwehr ist dann unangemessen, wenn der durch die Verteidigung drohende Schaden in einem *Mißverhältnis* zu der Besitzstörung steht (BayOLG NJW 1965, 163).

Beispiel: A überquert verbotenerweise die eingezäunte Wiese des B. Als B daraufhin mit dem Gewehr auf ihn zielt, schlägt A ihm die Waffe mit einem Stock aus der Hand. B kann nicht Schadensersatz nach § 823 I für das beschädigte Gewehr verlangen, da A in Notwehr (§ 227) handelte. Der Angriff des B war unzulässig. Er war nicht durch Besitzwehr nach § 859 I gerechtfertigt. B hat das erforderliche Maß der Gewaltanwendung überschritten.

32 2. Wird dem unmittelbaren Besitzer der Besitz *entzogen*, so hat er das Recht, ihn sich durch **Besitzkehr** nach § 859 II, III wieder zu beschaffen. Auch bei der Besitzkehr ist im Gegensatz zu §§ 229, 230 nicht notwendig, daß obrigkeitliche Hilfe nicht rechtzeitig zu erlangen ist. Des weiteren darf der Besitzer das erforderliche Maß der Besitzkehr nicht überschreiten. Die Besitzkehr muß darüber hinaus in einem *zeitlichen Zusammenhang* mit dem Besitzentzug stehen. Keinesfalls darf die Entziehung des Besitzes bereits abgeschlossen sein. Hinsichtlich der zeitlichen Begrenzung ist danach zu unterscheiden, ob es sich um eine bewegliche oder um eine unbewegliche Sache handelt.

a) Bei beweglichen Sachen ist nach § 859 II erforderlich, daß der Besitzer den Täter auf frischer Tat betroffen oder unmittelbar nach der Tat verfolgt hat, sog.

Nacheile. Der Besitzer muß den Täter nicht notwendig beobachtet haben. Es reicht aus, daß er unverzüglich nach Entdeckung der Tat die Verfolgung aufnimmt (MK § 859 Rn. 13).

Beispiel: Dieb D ist in ein Juweliergeschäft eingebrochen. A, der zufällig auf dem Bürgersteig entlang geht, sieht D aus dem Geschäft heraus rennen, wobei ihm ein Diamantarmband auf den Boden fällt. A läuft hinter D her und verfolgt ihn bis zu dessen Wohnung, wo er ihn festhält und einen Nachbarn informiert, der die Polizei verständigt.

b) Bei **unbeweglichen Sachen** muß sich der Besitzer nach § 859 III der Sache „sofort" bemächtigen. „Sofort" ist hier nicht gleichbedeutend mit „unverzüglich" i. S. d. § 121. Vielmehr muß die Besitzkehr *so schnell wie möglich* erfolgen. Dies ist an einem objektiven Maßstab zu bemessen (Pal. § 859 Rn. 4; LG Frankfurt, NJW 1984, 183).

Beispiel: E hat vor seinem Haus einen privaten Abstellplatz für seinen Pkw, der auch als solcher besonders ausgezeichnet ist. A stellt seinen Wagen unbefugt dort ab. E wartet zwei Stunden und läßt dann das Fahrzeug abschleppen, ohne zuvor die Polizei hinzuzuziehen.

3. Nicht nur der unmittelbare Besitzer selbst ist zur Ausübung der Selbsthilferechte nach § 859 berechtigt. Auch der **Besitzdiener** darf aufgrund § 860 Besitzwehr und Besitzkehr für den unmittelbaren Besitzer ausüben. Der Besitzdiener ist nicht befugt, Besitzwehr bzw. Besitzkehr *gegen seinen Besitzherrn* zu richten (Pal. § 860 Rn. 1).

Beispiel: B liefert für seinen Arbeitgeber A mit dem Firmenwagen Ware an Kunden aus. Als er zu dem Wagen zurückkommt, sieht er, wie der Dieb D mit einem Karton aus dem Auto davon rennt. B läuft hinter ihm her und entreißt ihm den Karton.

Fraglich ist, ob auch der *mittelbare Besitzer* die Selbsthilferechte des § 859 ausüben darf. Nach dem Wortlaut des § 860 ist hierzu lediglich der Besitzdiener berechtigt. Nach § 869 stehen dem mittelbaren Besitzer aber die Besitzschutzrechte nach §§ 861 und 862 zu. Möglicherweise ist § 869 analog anwendbar.

Beispiel: V ist Eigentümer eines Wohnhauses. Die Erdgeschoßwohnung hat er an M vermietet. Als M verreist ist, beobachtet V, wie D in die Wohnung des M einbricht und eine wertvolle Kamera entwendet. Er stellt sich dem D vor der Haustür in den Weg und entreißt ihm die Kamera.

❑ Nach einer **zum Teil** in der Literatur vertretenen Auffassung wird die analoge Anwendung des § 869 abgelehnt (MK § 869 Rn. 7).
   Argumente: Der Wortlaut des Gesetzes ist eindeutig. Der mittelbare Besitzer übt nicht die tatsächliche Sachherrschaft aus. Er erfährt ausreichenden Schutz durch die Vorschriften der §§ 227 ff.

❑ Die **h. M.** hält hingegen eine analoge Anwendung des § 869 im Fall der Gewaltrechte des § 859 für zulässig (Pal. § 860 Rn. 1).
   Argument: Auf diese Weise ist ein lückenloser Besitzschutz gewährleistet. Auch der mittelbare Besitzer bedarf des Schutzes. Er wird durch die Besitzstörung ebenfalls betroffen, da der unmittelbare Besitzer nicht mehr ungestört

den Besitz für ihn ausüben kann. Das Selbsthilferecht des mittelbaren Besitzers ist allerdings nur auf Wiederherstellung der alten Besitzlage gerichtet. Das heißt, der mittelbare Besitzer muß die Sache dem Besitzmittler übergeben.

III. Besitzschutzansprüche

35 Der possessorische Besitzschutz beinhaltet gerichtlich durchsetzbare Ansprüche des Besitzers auf eine möglichst rasche Wiederherstellung der Besitzlage. Die Ansprüche des Besitzers auf Herausgabe der Sache nach § 861 und der Beseitigungs- und Unterlassungsanspruch nach § 862 werden ergänzt durch den Anspruch des Besitzers auf Abholung der Sache nach § 867.

36 1. Der unmittelbare Besitzer kann gemäß § 861 I die Wiedereinräumung des Besitzes verlangen, wenn ihm sein Besitz durch verbotene Eigenmacht **entzogen** wurde.

> **Hinweis:** Bei Besitzentzug hat der Besitzer sowohl das Selbsthilferecht nach § 859 II, III als auch den gerichtlich durchsetzbaren Besitzverschaffungsanspruch nach § 861 I.

a) Der Besitz des Antragsgegners muß **fehlerhaft** sein. Dies ist nach § 858 II 1 immer dann der Fall, wenn der Anspruchsgegner selbst die verbotene Eigenmacht begangen hat. Wurde hingegen die verbotene Eigenmacht durch einen Dritten verübt, so kommt es auf eine Zurechnung nach § 858 II 2 an (s. o. I. 5.).

b) Demgegenüber darf kein fehlerhafter Besitz des Antragstellers vorliegen. Anderenfalls wäre der Herausgabeanspruch gemäß § 861 II **ausgeschlossen**.

> **Klausurhinweis:** Prüfen Sie die verbotene Eigenmacht im Rahmen des Besitzschutzanspruches nach § 861 sorgfältig anhand des Gesetzes!

37 c) Dem Herausgabeanspruch des bisherigen Besitzers nach § 861 darf **keine Einwendung** entgegenstehen.

aa) Gegen die possessorischen Besitzschutzansprüche kann der Anspruchsgegner gemäß § 863 nur die Einwendung erheben, daß **keine verbotene Eigenmacht**

§ 6. Besitzschutz

vorlag. Materielle Einwendungen aus einem Recht zum Besitz (petitorische Einwendungen) sind ausgeschlossen. Dies folgt aus dem Grundgedanken, daß durch die possessorischen Besitzschutzansprüche der beeinträchtigte Besitzstand möglichst umgehend wieder hergestellt werden soll. Über den Anspruch aus § 861 soll so bald wie möglich entschieden werden. Müßte das Prozeßgericht erst über Gegenansprüche entscheiden, so würde dies die Entscheidungsreife des Besitzschutzanspruches verzögern. Der Besitzschutz geht insofern dem Eigentum vor (Pal. § 863 Rn. 1).

Beispiel: M hat die Wohnung des V gemietet. V kündigt die Wohnung wegen Eigenbedarfs fristgerecht zum 30.6. M erhebt Klage gegen die Wirksamkeit der Kündigung. V, der nicht abwarten möchte, läßt kurzerhand am 4.7. die Schlösser zu der Wohnung auswechseln. M erhebt daraufhin Klage auf Wiedereinräumung des Besitzes nach § 861 I. Die Klage hat Aussicht auf Erfolg, da V dem M den Besitz an der Wohnung durch verbotene Eigenmacht (§ 858 I) entzogen hat. Auf Herausgabeansprüche (§ 556 bzw. § 985) kann V sich nicht berufen.

Lernhinweis: Machen Sie bei der Fallösung nur dann Ausführungen zu § 863, wenn der Anspruchsgegner sich auf eine petitorische Einwendung stützt. Die Prüfung von possessorischen Einwendungen erfolgt bereits im Rahmen der verbotenen Eigenmacht, wenn es um die Frage geht, ob der Besitz des Anspruchsgegners fehlerhaft ist (§ 858 II).

bb) Etwas anderes gilt, wenn der Anspruchsgegner das Bestehen eines materiellen Besitzrechts nicht als Einwendung in das Gerichtsverfahren einbringt, sondern im Wege einer **petitorischen Widerklage** gemäß § 33 ZPO. Nach prozessualem Recht hat der Beklagte die Möglichkeit, seinen Gegenanspruch als *eigenständige Klage* einzubringen, über die im Zusammenhang mit der zuerst erhobenen Klage verhandelt und entschieden wird. Der Antragsgegner muß den Antrag stellen, festzustellen, daß ihm ein Recht zum Besitz zusteht (BGH NJW 1979, 1358; Pal. § 863 Rn. 3). 38

Beispiel: Im vorangegangenen Beispiel erhebt V gegen die Besitzschutzklage des M (§ 861) Widerklage und beantragt festzustellen, daß er aufgrund der fristgerechten Kündigung des Mietverhältnisses zum Besitz berechtigt ist.

Die ganz h. M. hält die petitorische Widerklage gegen die Besitzschutzklage des Besitzers deshalb für zulässig, weil das Prozeßgericht *durch Teilurteil* (§ 301 ZPO) vorab getrennt über die Besitzschutzklage entscheiden kann, wenn sie entscheidungsreif ist. Dadurch kommt es nicht zu einer Aushöhlung der Vorschrift des § 863.

Beispiel (wie vorher): Das Gericht verurteilt den V durch Teilurteil (§ 301 ZPO), dem M den Besitz an der Wohnung wieder einzuräumen.

Sind beide Klagen zur gleichen Zeit entscheidungsreif, so stellt sich für das Prozeßgericht die Frage, welche Entscheidung es treffen soll.

❏ Eine in der **Literatur** vertretene Ansicht will auch hier den materiellen Gegenanspruch nicht gelten lassen und der Besitzschutzklage stattgeben (MK § 864 Rn. 9).

Argumente: Dies ergibt sich aus dem Sinn und Zweck der §§ 861, 863, die Besitzlage möglichst rasch wieder herzustellen. Außerdem ziehen die Vertreter dieser Auffassung den Umkehrschluß aus § 864 II.

❏ Die **h. M.** sowie die **Rspr.** sind dafür, die Besitzschutzklage entsprechend § 864 II abzuweisen, wenn Besitzschutzklage und Widerklage gleichzeitig entscheidungsreif sind. Nach dieser Vorschrift erlischt der Besitzschutzanspruch nach Ablauf eines Jahres, und zwar auch dann, wenn durch rechtskräftiges Urteil festgestellt wird, daß dem Täter ein Besitzrecht an der Sache zusteht (BGHZ 53, 166; NJW 1979, 1358; Pal. § 863 Rn. 3).
Argument: Auf diese Weise werden einander widersprechende Verurteilungen vermieden.

Lernhinweis: Verschließen Sie sich nicht vor dieser prozessualen Thematik. Die Prüfer im Staatsexamen sind häufig Praktiker. Sie erwarten von Ihnen, daß Sie sich die Durchsetzung von Ansprüchen im Zusammenhang mit dem Ablauf eines Gerichtsverfahrens vorstellen können.

39 d) Weitere Voraussetzung für die Durchsetzung des Besitzschutzanspruches nach § 861 ist, daß der Anspruch nicht gemäß § 864 I **erloschen** ist. Das bedeutet, der Besitzer muß binnen eines Jahres nach Verübung der verbotenen Eigenmacht seinen Herausgabeanspruch *im Wege einer Klage geltend machen*, damit er ihn nicht verliert. Ergeht nach Ausübung der verbotenen Eigenmacht ein rechtskräftiges Urteil, wonach dem Täter ein Recht zum Besitz zusteht, so tritt ebenfalls Erlöschen des Besitzschutzanspruchs ein, und zwar nach § 864 II.

40 2. Liegt eine durch verbotene Eigenmacht i. S. d. § 858 I begangene Besitzstörung vor, so hat der Besitzer nach § 862 Anspruch auf **Beseitigung und Unterlassung.**

> **Hinweis:** Bei Störung des Besitzes korrespondiert der Beseitigungs- und Unterlassungsanspruch nach § 862 mit dem Selbsthilferecht gemäß § 859 I.

a) Der Anspruchsgegner muß **Störer** sein. Das heißt, der beeinträchtigende Zustand muß mit seinem Willen bestehen oder die Beseitigung von seinem Willen abhängen (Pal. § 862 Rn. 4).

Beispiel: M ist Mieter im Wohnhaus des V. Seine Wohnung ist in der ersten Etage gelegen. Im Erdgeschoß betreibt Pächter P eine Gaststätte. P läßt auch nach 22.00 Uhr die Fenster und die Eingangstür geöffnet, so daß erheblicher Lärm bis in die Wohnung des M dringt. M fühlt sich durch die Geräusche und die Musik aus der Gaststätte erheblich belästigt. Er verlangt von P, daß er nach 22.00 Uhr Fenster und Tür geschlossen hält und die Lautstärke der Musikanlage herunterstellt.

b) Der Anspruch darf nicht nach § 862 II **ausgeschlossen** sein. Es darf mithin kein fehlerhafter Besitz des Anspruchstellers gegenüber dem Störer oder seinem Rechtsvorgänger vorliegen.

c) Auch gegen den Anspruch auf Beseitigung und Unterlassung nach § 862 dürfen **keine Einwendungen** bestehen, § 863. Der Anspruch darf auch nicht aufgrund § 864 erloschen sein.

3. Ergänzend zu den Ansprüchen nach §§ 861 und 862 auf Herausgabe bzw. Beseitigung und Unterlassung hat der Besitzer gemäß § 867 einen **Abholungsanspruch**, wenn die Sache auf ein Grundstück gelangt ist, das sich im Besitz eines anderen befindet. Der Besitzer der Sache darf allerdings das Grundstück nicht eigenmächtig betreten, sondern muß seinen Anspruch notfalls *klageweise durchsetzen*. Die Sache darf auch noch nicht vom Grundstückseigentümer oder einem Dritten in Besitz genommen worden sein.

Beispiel: D hat aus dem Haus des E wertvollen Schmuck entwendet. Auf der Flucht wird er von einem Passanten beobachtet. Er läßt daraufhin den Schmuck in den Vorgarten des Nachbarn N fallen. E hat ein Abholungsrecht nach § 867.

4. Auch der **mittelbare Besitzer** darf die possessorischen Besitzschutzansprüche nach §§ 861, 862 und 867 geltend machen, wenn der Anspruchsgegner die verbotene Eigenmacht gegen den unmittelbaren Besitzer begangen hat.

Beispiel: V hat dem Studenten S ein möbliertes Zimmer vermietet. In dem Zimmer steht auch ein Fernsehapparat, der dem Sohn des V gehört. Als S in den Semesterferien zu Hause ist, entwendet Dieb D den Fernseher aus dem Zimmer. V verlangt von D die Herausgabe. Grundsätzlich kann er nur Herausgabe an den unmittelbaren Besitzer verlangen (§ 869 II, 1. HS). Da S selbst die Sache aber nicht zurückverlangen kann, ist D ausnahmsweise zur Herausgabe an V verpflichtet (§ 869 II, 2. HS).

> **Hinweis:** Die possessorischen Besitzansprüche nach §§ 861, 862 und 867 stehen im Gegensatz zu den Selbsthilferechten nach § 859 nicht dem Besitzdiener (§ 855) zu.

B. Petitorischer Besitzschutz

Der petitorische Besitzschutz dient dazu, die Besitzlage *endgültig* wieder herzustellen. In der Vorschrift des § 1007 sind zwei selbständige Ansprüche enthalten, nämlich der Herausgabeanspruch des bisherigen Besitzers gegen den bösgläubigen jetzigen Besitzer der Sache (§ 1007 I) sowie der Herausgabeanspruch des bisherigen Besitzers, dem die Sache abhanden gekommen ist (§ 1007 II). Voraussetzung für die petitorischen Besitzschutzansprüche ist, daß der bisherige Besitzer gegenüber dem derzeitigen Besitzer der Sache ein *besseres Besitzrecht* hat. Die beiden Anspruchsgrundlagen können auch *nebeneinander* bestehen.

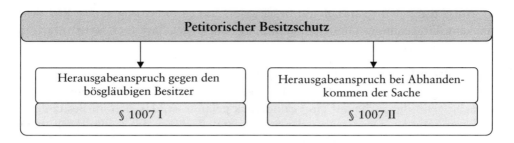

I. Herausgabeanspruch gegen den bösgläubigen Besitzer

44 1. Für das Herausgabeverlangen nach § 1007 I ist erforderlich, daß der Antragsteller der **frühere** unmittelbare oder mittelbare Besitzer einer beweglichen Sache ist. Die Art des Besitzes ist dabei unerheblich. Der frühere Besitzer kann also Eigen- oder Fremdbesitz, Allein- oder Teilbesitz oder gar Mitbesitz inne gehabt haben (Pal. § 1007 Rn. 2).

2. Der Antragsgegner ist der **jetzige** unmittelbare oder mittelbare Besitzer der Sache.

3. Der jetzige Besitzer muß bei Besitzerwerb **bösgläubig** gewesen sein. Der Gutglaubensmaßstab richtet sich nach § 932 II. Demnach ist der jetzige Besitzer bösgläubig, wenn er gewußt hat oder infolge grober Fahrlässigkeit nicht gewußt hat, daß er gegenüber dem früheren Besitzer kein Besitzrecht hat.

II. Der Herausgabeanspruch bei Abhandenkommen der Sache

45 1. Der Besitzschutzanspruch nach § 1007 II setzt ebenfalls voraus, daß der Anspruchsteller der **frühere Besitzer** der Sache ist und der Anspruchsgegner der derzeitige Besitzer.

2. Dem früheren Besitzer muß die Sache **abhanden gekommen** sein. Das heißt, er muß den unmittelbaren Besitz unfreiwillig verloren haben (vgl. § 935).

3. Der derzeitige Besitzer darf **kein Eigentum** an der Sache haben. Auch darf ihm nicht seinerseits die Sache abhanden gekommen sein, bevor der frühere Besitzer Besitz erlangt hat (§ 1007 II 1, 2. HS).

Beispiel: Dieb D entwendet im Haus des E eine wertvolle Uhr. Unterwegs verliert er die Uhr in einer Seitengasse. F findet die Uhr einige Tage später. Er zeigt den Fund bei der zuständigen Ordnungsbehörde an (§ 965). Nach einem Jahr meldet sich plötzlich E bei F und verlangt die Uhr heraus. E hat keinen Herausgabeanspruch gegen F gemäß § 985, da F nach Ablauf von sechs Monaten nach Anzeige des Funds das Eigentum erworben hat (§ 973). Ein Anspruch auf Herausgabe gemäß § 1007 II ist ebenfalls ausgeschlossen, weil der derzeitige Besitzer F Eigentum an der Sache hat (§ 1007 II 1, 2. HS).

§ 6. Besitzschutz

4. Darüber hinaus ist § 1007 II nicht anwendbar **bei Geld und Inhaberpapieren** (§ 1007 II 2).

III. Ausschlußgründe

1. Der petitorische Anspruch auf Herausgabe darf nicht nach § 1007 III ausgeschlossen sein. Der Grund für den Ausschluß des Anspruchs kann in der Person des **früheren Besitzers** liegen, so nach § 1007 III 1, wenn der frühere Besitzer zum Zeitpunkt des Besitzerwerbs selbst bösgläubig war (1. HS), oder wenn er den Besitz freiwillig aufgegeben hat (2. HS).

2. Der Ausschluß des Herausgabeanspruchs nach § 1007 kann aber auch in der Person des **derzeitigen Besitzers** begründet sein. Hier kommt allein ein *besseres Recht zum Besitz* gemäß §§ 1007 III 2, 986 in Frage. Das Besitzrecht gibt dem derzeitigen Besitzer eine *Einwendung*, die er dem petitorischen Herausgabeanspruch des Antragstellers entgegenhalten kann (Pal. § 1007 Rn. 8).

Beispiel: E bringt sein Motorrad in die Werkstatt des U zur Reparatur. Da er den Werklohn nicht zahlen will, holt E das Motorrad heimlich nachts aus der Werkstatt. E hat zwar als Eigentümer ein Recht zum Besitz. Dem derzeitigen Besitzer U steht aber das bessere Besitzrecht aufgrund des Unternehmerpfandrechts gemäß § 647 zu.

> **Hinweis:** Das Besitzrecht des derzeitigen Besitzers darf erst nach Besitzerwerb entstanden sein. Hatte der derzeitige Besitzer bereits zum Zeitpunkt des Besitzerwerbs ein Besitzrecht, so scheitert der Anspruch bereits wegen fehlender Bösgläubigkeit (§ 1007 III 1, 1. HS).

3. Teilweise wird befürwortet, den weiteren Ausschlußgrund des § 1007 II 1, 2. HS **entsprechend** anzuwenden auf den Anspruch nach § 1007 I, wenn dem Antragsgegner die Sache *abhanden* gekommen ist. Aus dem eindeutigen Wortlaut des Gesetzes und der Gesetzessystematik ergibt sich jedoch, daß § 1007 II 1, 2. HS allein Anwendung findet auf den Anspruch nach § 1007 II (vgl. Pal. § 1007 Rn. 12).

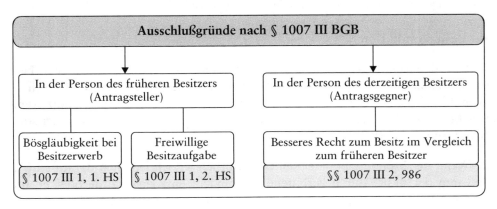

IV. Rechtsfolgen

Der petitorische Besitzschutz ist auf die endgültige Wiederherstellung der Besitzlage gerichtet. Der frühere Besitzer erhält den Besitz an der Sache zurück. Darüber hinaus kann er Ersatz für entgangene Nutzungen verlangen, §§ 1007 III 2 i. V. m. §§ 987 ff. Der jetzige Besitzer hat dementsprechend Anspruch auf Verwendungsersatz gemäß §§ 994 ff. (Vgl. zu den Anspruchsgrundlagen im einzelnen die ausführliche Darstellung zum Eigentümer–Besitzer-Verhältnis in Kap. 4. § 12.!)

> **Hinweis:** Die petitorischen Besitzschutzansprüche schaffen endgültiges Recht. Im Gegensatz dazu wird durch den possessorischen Besitzschutz nach §§ 861 ff. nur vorläufiges Recht gewährt.

C. Besitzschutz nach allgemeinen Vorschriften

I. Deliktischer Besitzschutz

47   1. Neben den aufgeführten sachenrechtlichen Besitzschutzansprüchen hat der Besitzer Anspruch auf Herausgabe des Besitzes in Form des Schadensersatzes aus Deliktsrecht **gemäß § 823 I i. V. m. § 249 S. 1**. Der Besitz stellt ein *sonstiges Recht* im Sinne dieser Vorschrift dar. Er hat wie das Eigentum eine negative Ausschlußfunktion (vgl. § 862) sowie eine positive Zuweisungsfunktion (vgl. § 861). Allerdings ist § 823 I nur anwendbar auf den *rechtmäßigen* nutzungsbefugten Besitzer (Pal. § 823 Rn. 13; Med. Rn. 607).

2. Des weiteren gewährt § 823 II deliktischen Besitzschutz. Hierbei ist *§ 858 I als Schutzgesetz* anerkannt, da auch Individualinteressen geschützt werden (BGHZ 79, 232; NJW 1991, 2420).

Beispiel: E hat vor seinem Haus einen privaten Fahrzeugstellplatz. A parkt unberechtigt seinen Pkw darauf. E läßt daraufhin den Wagen des A abschleppen. Er kann von A Erstattung der Abschleppkosten nach § 823 I i. V. m. § 249 S. 1 bzw. nach §§ 823 II i. V. m. 858 I verlangen.

II. Besitzkondiktion

48   1. Das Bereicherungsrecht gewährt Besitzschutz unstreitig in Form der **Leistungskondiktion** nach § 812 I 1, Fall 1. Derjenige, der den Besitz durch rechtsgrundlose Leistung des bisherigen Besitzers erlangt hat, kann ihn kondizieren. Der *Besitz* ist als *Bereicherungsgegenstand* anerkannt. Man spricht von der *sog. Besitzkondiktion* (Pal. § 812 Rn. 19).

2. Wenn der bisherige Besitzer seinen Anspruch jedoch lediglich darauf stützt, daß ihm der Besitz durch verbotene Eigenmacht entzogen wurde oder er auf sonstige Weise den Besitz unfreiwillig verloren hat, ist fraglich, ob als berei-

cherungsrechtlicher Besitzschutzanspruch auch die **Eingriffskondiktion** nach § 812 I 1, Fall 2 in Betracht kommt. Denn in diesen Fällen hat der Anspruchsteller bereits den Herausgabeanspruch nach § 861.

❏ **Zum Teil** wird angenommen, daß die Eingriffskondiktion neben § 861 anwendbar ist (BGH WM 1987, 181; Baur § 9 V 2).
Argument: Dies ergibt sich aus der Zuordnungsfunktion des Besitzes.

❏ Nach **anderer Auffassung** ist die Eingriffskondiktion nach § 812 I 1, Fall 2 ausgeschlossen (Pal. § 861 Rn. 12).
Argument: §§ 861, 1007 bilden eine abschließende Regelung und gehen im Fall der Besitzentziehung als Sonderregelung vor. Der Besitzschutz ist vom Gesetz nicht als Regelungsgegenstand des Bereicherungsrechts vorgesehen. Die Eingriffskondiktion soll nur dann zulässig sein, wenn der Eingriff in die von der Rechtsordnung zugewiesene Rechtsposition erfolgte. Daran fehlt es, wenn der Besitz unberechtigt ist.

III. Prozessual

Nach h. M. gewährt der Besitz ein die Veräußerung hinderndes Recht, so daß die Drittwiderspruchsklage gemäß § 771 ZPO zulässig ist (vgl. hierzu Prütting-Weth JuS 1988, 511).

IV. Im Insolvenzverfahren

Im Insolvenzverfahren stellen die Besitzschutzansprüche nach § 861, 862 sowie § 1007 Aussonderungsansprüche i. S. d. § 47 InsO dar (Pal. § 861 Rn. 2).

Fall 4:

Student S möchte seine Examenshausarbeit mit Hilfe eines Computers erstellen, um sie in eine ansprechende Form zu bringen. Sein Zimmergenosse und Kommilitone K hat auf seinem Schreibtisch einen Laptop stehen. Als K in Urlaub ist, nimmt S kurzerhand ohne dessen Wissen den Laptop an sich. Bald darauf gerät S in Geldschwierigkeiten und veräußert das Gerät an D. Er behauptet, K sei mit dem Verkauf einverstanden. Als K davon erfährt, bricht er in die Wohnung des D ein und holt sich den Laptop wieder. Welche Ansprüche hat D gegen K?

Lösung:

(I) Anspruch des D gegen K auf **Herausgabe** des Laptops nach § 985:
  (1) K ist unmittelbarer **Besitzer** des Laptops.
  (2) D müßte **Eigentümer** sein.
    (a) Ursprünglich hatte K Eigentum an dem Gerät.
    (b) Er könnte es durch **rechtsgeschäftliche Übereignung** gemäß § 929 S. 1 von S an D verloren haben.

(aa) S und D haben sich dahingehend **geeinigt**, daß das Eigentum auf D übergehen sollte.

(bb) S hat dem D auch den Laptop **übergeben**.

(cc) Es fehlt jedoch an der **Berechtigung** des S zur Eigentumsübertragung.

(c) Es kommt daher allenfalls ein **gutgläubiger Eigentumserwerb** des D nach §§ 929 S. 1, 932 in Betracht.

(aa) K war **gutgläubig** i. S. d. § 932 II.

(bb) Der Eigentumsübergang scheitert aber an § 935. Die Sache ist dem K **abhanden gekommen**. Er hat den unmittelbaren Besitz unfreiwillig verloren.

K ist somit Eigentümer des Laptops geblieben. Ein Herausgabeanspruch des D gegen K gemäß § 985 ist ausgeschlossen.

(II) Anspruch des D gegen K auf **Herausgabe** des Laptops gemäß § 861 I:

(1) K müßte den Besitz des D durch verbotene Eigenmacht entzogen haben.

(a) **Besitzentzug** liegt vor. Dadurch, daß K in die Wohnung des D eingebrochen ist und den Laptop weggenommen hat, hat er den D von der Ausübung der tatsächlichen Herrschaft über die Sache ausgeschlossen.

(b) Dies muß durch **verbotene Eigenmacht** nach § 858 I geschehen sein.

(aa) Der Besitzentzug erfolgte **ohne den Willen** des Besitzers D, d. h. ohne dessen irgendwie kundgegebene Zustimmung (Pal. § 858 Rn. 2).

(bb) Es lag auch keine **gesetzliche Gestattung** zugrunde.

(2) Der Besitz des Anspruchsgegners K war **fehlerhaft**. Da K selbst die verbotene Eigenmacht begangen hat, ist hier § 858 II 1 maßgeblich.

(3) Demgegenüber darf der Besitz des Anspruchstellers D **nicht fehlerhaft** gewesen sein (§ 861 II).

(a) § 858 II 1 scheidet aus. D hat selbst keine verbotene Eigenmacht begangen.

(b) Jedoch muß sich D als Nachfolger des S dessen fehlerhaften Besitz nach § 858 II 2 **zurechnen** lassen.

(aa) S hat sich den Besitz durch **verbotene Eigenmacht** nach § 858 I verschafft. Sein Besitz war fehlerhaft.

(bb) Hiervon hatte D jedoch **keine positive Kenntnis**. Das Einverständnis des K war vorgetäuscht.

Der Herausgabeanspruch ist somit nicht nach § 861 II ausgeschlossen.

(4) Des weiteren dürfen **keine Einwendungen** vorliegen.

(a) Nach § 863 sind petitorische Einwendungen **ausgeschlossen**. Zulässig sind nur possessorische Einwendungen mit dem Inhalt, daß keine verbotene Eigenmacht vorlag. Hier hatte aber S verbotene Ei-

genmacht begangen, so daß eine Einwendung nach § 863 ausscheidet.
- (b) Das Herausgabeverlangen des D könnte **rechtsmißbräuchlich** nach § 242 sein. Denn D müßte den Laptop sogleich nach § 985 wieder an K herausgeben. Die Zulassung der Einwendung nach § 242 würde aber zu einer Umgehung des § 863 führen. Sinn und Zweck des § 863 ist es, die rasche Wiedererlangung des Besitzes sichern und vor willkürlicher Eigenmacht des rechtmäßigen Eigentümers zu schützen. Da § 861 nur einen vorläufigen Anspruch gewährt, besteht auch für den Eigentümer ein hinreichender Schutz.
- (c) Der Anspruch nach § 861 I ist auch **nicht** aufgrund § 864 **erloschen**. Demnach hat D gegen K Anspruch auf Herausgabe des Laptops gemäß § 861 I.

(III) Petitorischer Besitzschutz des D, § 1007:
- (1) D hat Anspruch gegen K auf **Herausgabe** des Laptops gemäß § 1007 I, wenn er ein besseres Recht zum Besitz hat.
  - (a) D war **früherer** Besitzer einer beweglichen Sache.
  - (b) K ist **jetziger** unmittelbarer Besitzer (§ 854 I).
  - (c) K müßte bei Besitzerwerb **bösgläubig** gewesen sein. Bösgläubigkeit liegt entsprechend § 932 II vor bei Kenntnis bzw. grobfahrlässiger Unkenntnis des jetzigen Besitzers hinsichtlich seines Rechts zum Besitz. K ging davon aus, ein Besitzrecht aufgrund seines Eigentums zu haben.

  Der Anspruch aus § 1007 I entfällt somit.
- (2) Für den Herausgabeanspruch nach § 1007 II müssen die folgenden Voraussetzungen erfüllt sein.
  - (a) D war **früherer** Besitzer.
  - (b) K ist **jetziger** Besitzer.
  - (c) Dem früheren Besitzer D ist der Laptop **abhanden gekommen**, § 935.
  - (d) Allerdings darf der derzeitige Besitzer weder Eigentümer sein noch darf ihm die Sache seinerseits abhanden gekommen sein, § 1007 II 1, 2. HS. Dies ist jedoch bei K der Fall. Er ist Eigentümer geblieben, und ihm ist selbst der Laptop abhanden gekommen, bevor D den Besitz inne hatte.

  Der Anspruch nach § 1007 II ist daher ebenfalls ausgeschlossen.

(IV) **Schadensersatzanspruch** des D gegen K gemäß § 823 I i. V. m. § 249 S. 1:
- (1) Der Besitz wird als **sonstiges Recht** i. S. d. § 823 I geschützt.
- (2) Aber die Vorschrift gilt nur für den **rechtmäßigen Besitzer** (Pal. § 823 Rn. 13).

  D ist nicht zum Besitz berechtigt. Ein Schadensersatzanspruch entfällt somit.

(V) **Schadensersatzanspruch** des D gegen K gemäß §§ 823 II i. V. m. § 858 I:
Zwar ist § 858 I als Schutzgesetz anerkannt (BGHZ 79, 232). Aber auch in diesem Fall kann der Schadensersatzanspruch nur für den berechtigten Besitzer bestehen. Da D nicht berechtigt ist, scheidet auch dieser Anspruch aus.

(VI) Anspruch des D gegen K auf **Herausgabe** des Laptops nach § 812 I 1, Fall 2:
Fraglich ist bereits, ob die Eingriffskondiktion neben einem Herausgabeanspruch aus § 861 **anwendbar** ist. Dies kann jedoch letztlich dahin stehen. Denn jedenfalls ist der Anspruch deshalb ausgeschlossen, weil kein Eingriff in den Zuweisungsgehalt einer Rechtsposition des Entreicherten besteht (vgl. BGH WM 1987, 181; Pal. § 812 Rn. 10). Denn D ist nicht berechtigter Besitzer. Somit besteht auch kein Anspruch des D nach § 812 I 1, Fall 2.

Ergebnis: D hat Anspruch gegen K auf Herausgabe des Laptops gemäß § 861 I.

Zusammenfassung
Besitzschutz

A. Possessorischer Besitzschutz
    I. Voraussetzungen
       1. Verbotene Eigenmacht, § 858 I
       2. Bei Besitzentzug: § 861 I
          a) Fehlerhafter Besitz des Antragsgegners
             aa) Verbotene Eigenmacht selbst begangen, § 858 II 1
             bb) Verbotene Eigenmacht durch einen Dritten begangen, § 858 II 2
          b) Kein fehlerhafter Besitz des Antragstellers, § 861 II
       3. Bei Besitzstörung: § 862
          a) Antragsgegner ist Störer
          b) Kein Ausschluß des Anspruchs nach § 862 II
       4. Keine Einwendungen gemäß § 863
          ❏ Petitorische Einwendungen grds. ausgeschlossen
          ❏ Aber petitorische Widerklage (§ 33 ZPO) zulässig
       5. Kein Erlöschen des Anspruchs, § 864
          a) Geltendmachung binnen Jahresfrist, § 864 I
          b) Rechtskräftiges Urteil, § 864 II
    II. Rechtsfolgen
       1. Wiedereinräumung des Besitzes, § 861, bzw.
       2. Beseitigung bzw. Unterlassung der Störung, § 862

Fortsetzung nächste Seite

Fortsetzung der Zusammenfassung

B. Petitorischer Besitzschutz
    I. Voraussetzungen
        1. Antragsteller ist der frühere gutgläubige Besitzer
        2. Antragsgegner ist der derzeitige Besitzer
        3. Bei Bösgläubigkeit des derzeitigen Besitzers: § 1007 I
            ❑ Maßgeblich ist der Zeitpunkt des Besitzerwerbs
        4. Kein Abhandenkommen beim derzeitigen Besitzer: § 1007 II 1, 2. HS
    II. Kein Ausschluß des Anspruchs nach § 1007 III
        1. In der Person des Antragstellers
            a) Bösgläubigkeit bei Besitzerwerb, § 1007 III 1, 1. HS
            b) Freiwillige Besitzaufgabe, § 1007 III 1, 2. HS
        2. In der Person des Antragsgegners
            ❑ Bei besserem Besitzrecht gemäß §§ 1007 III 2, 986
    III. Rechtsfolge
        ❑ Endgültige Verschaffung des Besitzes
C. Besitzschutz nach allgemeinen Vorschriften
    I. Deliktsrecht
        1. § 823 I i. V. m. § 249 S. 1:
            ❑ Besitz als sonstiges Recht
        2. § 823 II i. V. m. § 858 I als Schutzgesetz
    II. Besitzkondiktion, § 812 I 1, Fall 1
    III. Drittwiderspruchsklage gemäß § 771 ZPO
        Besitz als ein „die Veräußerung hinderndes Recht"
    IV. § 47 InsO i. V. m. §§ 861, 862 sowie § 1007 als Aussonderungsansprüche

Kontrollfragen

Zu § 6

1. Was ist der Unterschied zwischen possessorischen und petitorischen Besitzschutzansprüchen?
2. Welche dinglichen Herausgabeansprüche gibt es?
3. Wie ist die Prüfungsreihenfolge bei dem Anspruch nach § 861?
4. Welchen Inhalt hat die Vorschrift des § 863?

Kapitel 3. Eigentum

Literatur: *Brox*, Das Anwartschaftsrecht des Vorbehaltskäufers, JuS 1984, 657; *Gursky*, Die neuere höchstrichterliche Rechtsprechnung zum Mobiliarsachenrecht, JZ 1991, 496; *Hoffmann*, Die Formen des Eigentumsvorbehalts, Jura 1995, 457; *Hromodka*, Sicherungsübereignung und Publizität, JuS 1980, 89; *Jauernig*, Die Akzessorietät bei der Sicherungsübereignung, NJW 1982, 268; *Marotzke*, Der Eigentumsvorbehalt im neuen Insolvenzrecht, JZ 1995, 803; *Müller-Laube*, Die Konkurrenz zwischen Eigentümer und Anwartschaftsberechtigtem um die Drittschutzansprüche, JuS 1993, 529; *Musielak*, Eigentumserwerb an beweglichen Sachen nach §§ 932 ff. BGB, JuS 1992, 713; *Schreiber*, Eigentumserwerb durch Fund, Jura 1990, 446; *Schreiber/Burbulla*, Der gutgläubige Erwerb von beweglichen Sachen, Jura 1990, 150; *Serick*, Kollisionsfälle im Bereiche der Verarbeitungsklauseln, BB 1975, 381; *Tiedtke*, Sicherungsabtretung beim Fehlen des zu sichernden Anspruchs, DB 1982, 1709; *Wadle,* Das Problem der fremdwirkenden Verarbeitung, JuS 1982, 477; *Weber*, Der rechtsgeschäftliche Erwerb des Eigentums an beweglichen Sachen gemäß §§ 929 ff. BGB, JuS 1998, 577; *ders.* Gutgläubiger Erwerb des Eigentums an beweglichen Sachen gemäß §§ 932 ff. BGB, JuS 1999, 1

§ 7. Einführung

A. Inhalt und Grenzen des Eigentums

Das Eigentum stellt das *wichtigste dingliche Recht* dar und prägt wesentlich das Sachenrecht. Der **Inhalt des Eigentums** wird durch § 903 bestimmt. Nach dieser Vorschrift darf der Eigentümer nach Belieben mit der Sache verfahren und andere von jeder Einwirkung ausschließen, sofern nicht das Gesetz oder Rechte Dritter entgegenstehen. Insbesondere ist der Eigentümer befugt, *über die Sache zu verfügen*. Er darf die Sache also auf eine andere Person übertragen oder sie mit einem beschränkt dinglichen Recht belasten. Er darf die Sache gebrauchen, verarbeiten oder auch zerstören.

> **Hinweis:** Das Eigentum gewährt dem Eigentümer eine umfassende Herrschaft über die Sache.

Darüber hinaus wird der Eigentümer vor Eingriffen in sein Eigentum *geschützt*. Von maßgeblicher Bedeutung sind hier die Ansprüche aus dem Eigentümer–Besitzer-Verhältnis nach §§ 987 ff. sowie der Eigentumsschutz nach § 1004. Allerdings ist der Eigentümer auch verpflichtet, bestimmte Eingriffe in sein Eigentum zu dulden (§§ 906 ff.). Die Duldungspflichten kennzeichnen die Grenzen des Eigentums.

Lernhinweis: Die Duldungspflichten nach §§ 906 ff. sind im einzelnen im Zusammenhang mit dem Unterlassungs- und Beseitigungsanspruch gemäß § 1004 dargestellt, vgl. unten Kap. 4, § 13 VI. 2.

B. Erwerb und Verlust des Eigentums

Der Eigentümer kann das Eigentum an der Sache *durch dingliches Rechtsgeschäft* auf der Grundlage der §§ 929 ff. auf eine andere Person **übertragen**. Das Eigentum kann auch unmittelbar *durch Gesetz oder kraft Hoheitsakt* von einer anderen Person erworben werden. Im Gegensatz zum rechtsgeschäftlichen Eigentumserwerb geschieht hier der Eigentumsübergang unabhängig vom Willen des Eigentümers.

C. Übersicht

Wegen der maßgeblichen Bedeutung des Eigentums innerhalb des Sachenrechts muß die Darstellung in diesem Band entsprechend umfangreich ausfallen. Nachdem in der vorliegenden Einführung zunächst Inhalt und Grenzen des Eigentums sowie die Möglichkeiten seines Erwerbs und Verlusts kurz aufgezeigt wurden, soll Ihnen die nachfolgende Übersicht eine Orientierungshilfe zu den nächsten Abschnitten des 3. Kapitels geben. Wie Sie sehen, erfolgt in § 8 eine ausführliche Darstellung des rechtsgeschäftlichen Eigentumserwerbs durch Verfügungsgeschäft, §§ 929 – 936. Der Eigentumserwerb durch Gesetz, §§ 937 ff., 946 ff., 953 ff. sowie aufgrund Hoheitsakt ist Gegenstand des § 9. Auf die wesentlichen Sicherungsrechte am Eigentum, nämlich Eigentumsvorbehalt und Anwartschaftsrechte sowie die Sicherungsübereignung, wird in § 10 eingegangen. Der Eigentumsschutz ist einem gesonderten Kapitel vorbehalten (vgl. unten Kapitel 4.).

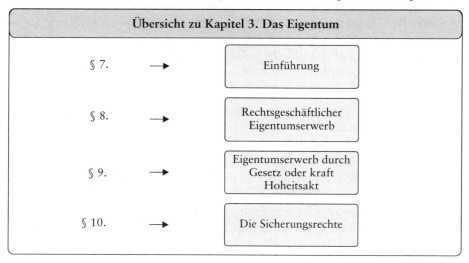

§ 8. Rechtsgeschäftlicher Eigentumserwerb

Bei der rechtsgeschäftlichen Übertragung des Eigentums auf den Erwerber kommt es auf die Unterscheidung an, ob auf der Veräußererseite der Eigentümer steht oder ob ein Nichtberechtigter über die Sache verfügt. Grundsätzlich hat der Eigentümer die Verfügungsbefugnis. Es findet ein Erwerb vom Berechtigten statt auf der Grundlage der §§ 929 ff. Verfügt jedoch ein Nichtberechtigter über die Sache, kommt allenfalls ein gutgläubiger Erwerb vom Nichtberechtigten gemäß §§ 932 ff. in Betracht.

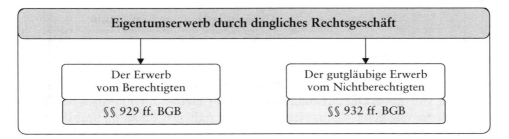

A. Erwerb vom Berechtigten

Die rechtsgeschäftliche Eigentumsübertragung an beweglichen Sachen setzt sich immer aus zwei Grundkomponenten zusammen. Der Eigentumserwerb gemäß § 929 S. 1 beinhaltet **Einigung und Übergabe**. Diese Vorschrift stellt jedoch nur die *Grundform* der Eigentumsübertragung dar. Es gibt darüber hinaus drei *Sonderformen* der Übereignung, bei denen sich jeweils der Bestandteil der Übergabe unterscheidet. Bei der Übereignung „kurzer Hand" nach § 929 S. 2 reicht allein die rechtsgeschäftliche Einigung über den Eigentumsübergang aus. Eine Übergabe der Sache ist entbehrlich. Im Fall der Eigentumsübertragung nach §§ 929, 930 wird die Übergabe durch die Vereinbarung eines Besitzkonstituts ersetzt, so daß der Veräußerer den Besitz an der Sache behalten darf. Das Eigentum kann nach §§ 929, 931 durch Abtretung des Herausgabeanspruchs von Veräußerer an Erwerber übertragen werden, wenn ein Dritter im Besitz der Sache ist.

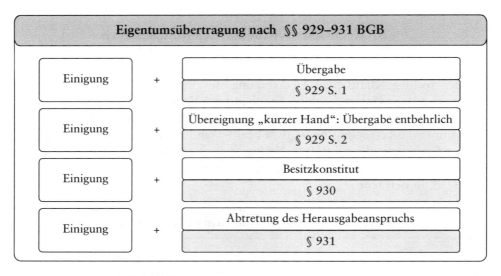

Die verschiedenen Übereignungsformen variieren nur hinsichtlich der Komponente der Übergabe. Die Einigung ist als Voraussetzung allen Formen der Eigentumsübertragung gemeinsam. Neben den Bestandteilen Einigung und Übergabe bzw. Übergabesurrogate ist für die Eigentumsübertragung nach §§ 929 ff. weiterhin erforderlich, daß die Beteiligten sich auch zum Zeitpunkt der Übergabe noch einig sind. Das heißt, die Einigung darf nicht widerrufen worden sein. Und der Veräußerer muß zur Verfügung berechtigt sein, indem er Eigentümer ist oder – vor allem – nach § 185 I ermächtigt wurde. Fehlt es an der Berechtigung, so kommt allenfalls ein gutgläubiger Erwerb vom Nichtberechtigten gemäß §§ 932 ff. in Frage. Die Voraussetzungen der rechtsgeschäftlichen Eigentumsübertragung nach §§ 929 ff. bilden den Grundaufbau für alle Verfügungsgeschäfte im Sachenrecht.

Voraussetzungen des Eigentumserwerbs nach §§ 929 ff. BGB

I. Einigung i.S.d. § 929 S. 1
  1. rechtsgeschäftliche Einigung
     ❏ bzgl. Eigentumsübertragung
     ❏ an bestimmter Sache
  2. keine Wirksamkeitshindernisse
II. Übergabe oder Übergabesurrogat
  1. Übergabe i.S.d. § 929 S. 1
  2. oder entbehrliche Übergabe nach § 929 S. 2
  3. oder Besitzkonstitut, § 930
  4. oder Abtretung des Herausgabeanspruchs, § 931
III. Einigsein im Zeitpunkt der Übergabe bzw. des Übergabesurrogats, d.h. kein Widerruf
IV. Verfügungsbefugnis des Veräußerers
  1. Eigentümer ohne Verfügungsbeschränkung
  2. oder Verfügungsbefugnis (insbesondere nach § 185 I)
  3. oder gutgläubiger Erwerb vom Nichtberechtigten, §§ 932 ff.

§ 8. Rechtsgeschäftlicher Eigentumserwerb 59

I. Einigung

Die Einigung gemäß § 929 S. 1 ist ein dingliches Rechtsgeschäft zwischen dem 4
Veräußerer und dem Erwerber der Sache. Der Willen der Beteiligten muß sich auf den Eigentumsübergang beziehen. Mit der Abgabe seiner Willenserklärung verfügt der Veräußerer über die Sache. Die Einigung ist deshalb ein Verfügungsgeschäft.

> **Definition:** Ein Verfügungsgeschäft ist ein dingliches Rechtsgeschäft, das inhaltlich darauf gerichtet ist, eine Sache zu übertragen, zu belasten, inhaltlich zu verändern oder aufzuheben.

1. Die Einigung nach § 929 S. 1 ist **abstrakt** von ihrem Rechtsgrund. Die Eigentumslage soll zweifelsfrei feststehen, unabhängig von der Wirksamkeit des schuldrechtlichen Verpflichtungsgeschäfts, das der Übereignung zugrunde liegt (s. o. Kap. 1. § 2. E.).

2. Die Einigung zwischen Veräußerer und Erwerber muß spätestens zum **Zeitpunkt der Übergabe** vorliegen. Ist die Übergabe entbehrlich (§ 929 S. 2) oder haben die Parteien die Übergabe ersetzt (§ 930 bzw. § 931), so ist der Zeitpunkt der *Vereinbarung* des Übergabesurrogats maßgeblich (Pal. § 929 Rn. 6).

3. Als dinglicher Vertrag erfordert die Einigung übereinstimmende **Willenserklärungen** von Veräußerer und Erwerber hinsichtlich der Eigentumsübertragung. Grundsätzlich gelten die Vorschriften des Allgemeinen Teils des BGB. Besonders hervorzuheben ist die Anwendbarkeit folgender Regelungen:
- ❑ Geschäftsfähigkeit, §§ 104 ff.
- ❑ Zugang der Willenserklärung, §§ 145 ff.
- ❑ Bedingung, Befristung, §§ 158 – 163
- ❑ Vertretung, §§ 164 ff.

Beispielsfall:
Der 14-jährige A veräußert einige seiner Computerspiele an den gleichaltrigen B mit den Worten: „Sie sollen dir gehören. Ich will sie nicht mehr." Nachdem A dem B die Spiele übergeben hat, erfahren seine Eltern davon und verlangen sie namens des A zurück.
A hat Anspruch auf Herausgabe der Computerspiele gemäß § 985. Denn er ist Eigentümer geblieben. Er ist beschränkt geschäftsfähig und konnte ohne Zustimmung seiner Eltern keine wirksame Einigungserklärung abgeben (§ 107). Die Verfügung war für A nicht lediglich rechtlich vorteilhaft, weil er selbst das Eigentum verlieren würde.

Anmerkung: Für den Erwerber B ist die Einigungserklärung über den Eigentumsübergang jedoch rechtlich vorteilhaft, so daß seine Einigungserklärung wirksam war.

> **Hinweis:** Die Regeln des Schuldrechts (§§ 305 ff.) finden auf die dingliche Einigung i. S. d. § 929 S. 1 keine Anwendung. Denn durch die Einigung wird keine schuldrechtliche Verpflichtung begründet.

5   4. Die ausdrücklich abgegebenen Einigungserklärungen des Veräußerers und des Erwerbers müssen auf ihren Willen zur Eigentumsübertragung schließen lassen. Ist der Inhalt der Erklärungen nicht eindeutig, so muß er im Wege der Auslegung nach §§ 133, 157 ermittelt werden. Die Einigung kann allerdings auch **konkludent** erfolgen.

Beispiel: V und K schließen einen Kaufvertrag über einen Computer des V ab. K zahlt den Kaufpreis sofort in bar. In der Zahlung des Kaufpreises ist die konkludente Einigung über den Eigentumsübergang an K zu sehen.

6   Eine konkludente Einigung kommt insbesondere bei **tatsächlichen Warenangeboten** in Betracht. In solchen Fällen versendet der Veräußerer unaufgefordert Waren oder stellt sie in Warenautomaten bzw. Selbstbedienungsläden zum Verkauf bereit. Hier ist genau zu prüfen, unter welchen Voraussetzungen das dingliche Verfügungsgeschäft zustande kommt.

a) Mit der **Zusendung unbestellter Ware** gibt der Zusender eine sog. *Realofferte* ab. Er erklärt konkludent das Angebot zur Übereignung und zugleich das Angebot zum Abschluß des Kaufvertrages. Das Übereignungsangebot erfolgt unter der aufschiebenden Bedingung, daß der Kaufvertrag zustande kommt. Erst dann, wenn der Erwerber seinen Annahmewillen kundtut, kommt die Einigung zustande. Dies kann insbesondere durch Ingebrauchnahme der Sache geschehen (Erman § 139 Rn. 23). Allein mit der Zusendung der unbestellten Ware wird ein Anspruch des Zusenders gegen den Empfänger nicht begründet. Dies ist nun ausdrücklich in § 241 a I als Rechtsfolge geregelt.

Beispiel: Der Verlag V sendet K unaufgefordert einen Kunstbildband zu. K nimmt das Buch in Gebrauch, indem er die Schutzfolie entfernt, seinen Namen in das Deckblatt hineinschreibt und das Buch in sein Regal stellt. K hat das Angebot zur Übereignung angenommen.

b) Stellt der Veräußerer einen **Warenautomaten** auf, so stellt dies ebenfalls eine *Realofferte* zur Übereignung der Ware und zum Abschluß des Kaufvertrages dar. Hier erfolgt das Angebot unter der Bedingung, daß die Ware vorhanden ist, der Automat funktioniert, und der Erwerber ihn ordnungsgemäß bedient. Die Einigung nach § 929 S. 1 kommt konkludent zustande, wenn der Kunde die Ware durch Münzeinwurf bezahlt hat (Larenz BGB AT § 27 I a).

Beispiel: V hat in einem Lokal einen Zigarettenautomaten aufgestellt. Damit hat er das Angebot zum Kauf und zur Eigentumsübertragung an den darin befindlichen Zigaretten abgegeben. K möchte eine Packung der Marke X erwerben. Durch Einwerfen des Zahlungsbetrages nimmt er das Angebot des V konkludent an.

§ 8. Rechtsgeschäftlicher Eigentumserwerb

c) Das Bereitstellen von Ware in **Selbstbedienungsläden** beinhaltet die *Aufforderung* des Veräußerers an den Kunden, *ein Angebot abzugeben* (invitatio ad offerendum). Sofern der Erwerber die Ware an der Kasse vorlegt, gibt er konkludent sein Angebot zum Abschluß des Kaufvertrages und zum Eigentumserwerb ab. Mit dem Feststellen des Rechnungsbetrages durch die Kassiererin kommt die Einigung zustande.

Beispiel: Kunde K hat im Supermarkt des V eine Packung Kaffee und 1 L Milch in seinem Einkaufswagen. Indem er die Sachen an der Kasse auf das Fließband legt, gibt er ein Kaufangebot und das Angebot zum Eigentumserwerb ab.

d) Auch an **Selbstbedienungstankstellen** gibt der Veräußerer mit dem Bereitstellen des Kraftstoffes die Aufforderung zur Abgabe einer Willenserklärung ab. Umstritten ist jedoch, zu welchem Zeitpunkt die Einigung zustande kommt. Bedeutung hat die Streitfrage dann, wenn der Erwerber nach dem Tanken davon fährt, ohne gezahlt zu haben.

❑ **Teilweise** wird die Auffassung vertreten, das Angebot des Kunden zum Kauf und zum Eigentumserwerb der Sache erfolgt erst an der Kasse. Fährt der Kunde ohne zu zahlen davon, hat er hiernach noch kein Eigentum an dem Kraftstoff erworben (Otto JZ 1985, 21; Seelmann JuS 1985, 199).
Argument: Wie beim Kauf in Selbstbedienungsläden äußert der Erwerber erst zu diesem Zeitpunkt seinen Erwerbswillen.

❑ Nach **anderer Ansicht** kommt die Einigung über Kauf und Übereignung des Kraftstoffes bereits an der Zapfsäule zustande. Allerdings geschieht dies unter der stillschweigenden Vereinbarung eines Eigentumsvorbehalts. Der Erwerber wird erst mit Zahlung des Kaufpreises unbedingter Eigentümer. Fährt er nach dem Tanken ohne zu zahlen davon, hat er dieser Ansicht zufolge lediglich ein Anwartschaftsrecht, aber noch kein Volleigentum an dem Kraftstoff erlangt (OLG Hamm NStZ 1982, 249).
Argument: Der Tankstelleninhaber bedarf besonderen Schutzes.

❑ Ein **Teil von Rspr. und Literatur** lassen hingegen das unbedingte Eigentum bereits mit Einfüllen des Benzins übergehen. Der Kunde gibt das Angebot zu Kauf und Übereignung an der Zapfsäule ab (OLG Düsseldorf NStZ 1982, 249; JR 1985, 207; Herzberg NStZ 1983, 251)
Argument: Es besteht kein Anlaß, die Vereinbarung eines Eigentumsvorbehalts anzunehmen.

5. Die Einigung muß sich auf den Eigentumswechsel an einer **bestimmten Sache** beziehen. Es gilt der im gesamten Sachenrecht übliche Bestimmtheitsgrundsatz. Die Parteien müssen den Gegenstand, der übereignet werden soll, *genau bezeichnen*. Die Einigung ist dann hinreichend bestimmt, wenn für einen Dritten als objektiven Betrachter *ohne weiteres erkennbar* ist, welche Sache übereignet werden soll (BGH NJW 1996, 2654).

7

Lernhinweis: Beachten Sie die Problematik der hinreichenden Bestimmtheit der zu übereignenden Sachen bei der Sicherungsübereignung von Warenlagern mit wechselndem Bestand (s. u. § 10. A. II. 4.)!

II. Übergabe

8   1. Die Übergabe der Sache ist die weitere Voraussetzung der Eigentumsübertragung nach § 929 S. 1. Im Gegensatz zur dinglichen Einigung ist die Übergabe ein **Realakt**. Geschäftsfähigkeit ist daher nicht erforderlich, vielmehr reicht der natürliche Wille der Parteien zur Übertragung des unmittelbaren Besitzes aus. Die Übergabe muß sich auf eine bestimmte Einigung zwischen den Parteien beziehen. Sie setzt voraus, daß der Veräußerer jeglichen Besitz aufgibt und der Erwerber den Besitz erlangt.

a) Auf Veräußererseite ist eine **Besitzaufgabe** erforderlich. Der Veräußerer darf keinen Rest von unmittelbarem oder mittelbarem Besitz behalten. Er muß seine besitzrechtliche Position vollständig aufgeben (BGHZ 27, 360; NJW 1979, 714).

b) Der Erwerber muß den **Besitz erlangen**. Dies geschieht grundsätzlich durch Übertragung der tatsächlichen Sachherrschaft vom Veräußerer auf den Erwerber (§ 854 I). Die Besitzübertragung kann aber auch nach § 854 II aufgrund rechtsgeschäftlicher Einigung erfolgen. Hier muß der Erwerber die *Herrschaftsmöglichkeit* über die Sache erlangen. Das heißt, der Veräußerer muß ihn in die Lage versetzen, jederzeit einseitig die tatsächliche Gewalt über die Sache zu ergreifen.

Beispielsfall:
E ist Eigentümer einer wertvollen Schmucksammlung, die er in seinem Safe aufbewahrt. Den Schlüssel für den Safe hat er bei sich, ein weiterer Schlüssel befindet sich bei der Haushälterin H. Als E sich wegen einer schweren Erkrankung ins Krankenhaus begeben muß, schenkt er seiner Enkelin B die Schmucksammlung und übergibt ihr seinen Schlüssel, damit sie sich den Schmuck aus dem Safe nehmen kann. Die Haushälterin H weist er an, B in die Wohnung zu lassen und ihr den Zugang zum Safe zu ermöglichen. Kurz bevor B den Schmuck holen kann, stirbt E. H will den Schmuck nicht an B herausgeben. Hat B Anspruch auf Herausgabe?
B kann von H Herausgabe des Schmucks nach § 985 verlangen, wenn sie Eigentümerin geworden ist. Sie könnte das Eigentum von E durch dingliches Rechtsgeschäft gemäß § 929 S. 1 erworben haben. Eine Einigung i. S. d. § 929 S. 1 liegt vor. E und B haben sich darüber geeinigt, daß das Eigentum an dem Schmuck auf B übergehen soll. Fraglich ist, ob eine Übergabe vorliegt. Es kommt eine Besitzübertragung nach § 854 II durch rechtsgeschäftliche Einigung in Betracht, da E der B nicht den unmittelbaren Besitz nach § 854 I übertragen hat. Er hat den Besitz nicht vollständig aufgegeben. E hat ihr lediglich den Mitbesitz an dem Schmuck übertragen. Denn ein weiterer Schlüssel zu dem Safe befand sich bei der Besitzdienerin (§ 855) H. Die Erfordernisse der rechtsgeschäftlichen Einigung i. S. d. § 854 II sind erfüllt. E und B haben sich darüber geeinigt, daß der Besitz an dem Schmuck auf B übergehen soll. Dadurch, daß E der B den Schlüssel für den Safe übergeben und H davon in Kenntnis gesetzt hat, hat er B in die Lage versetzt, sich den Schmuck aus der Wohnung zu holen. E hat somit sein Einverständnis zur einseitigen Besitzergreifung durch B gegeben. B hat jedoch den Schmuck nicht mehr in Besitz nehmen können. Sie hat daher kein Eigentum an dem Schmuck nach § 929 S. 1 erworben.

Ergebnis: B hat gegen H keine Anspruch auf Herausgabe des Schmucks nach § 985.

§ 8. Rechtsgeschäftlicher Eigentumserwerb

c) Der Wechsel der tatsächlichen Sachherrschaft muß **auf Veranlassung** des Veräußerers erfolgen. Er muß den Besitz gerade in Vollziehung der Übereignung auf den Erwerber übertragen.

Lernhinweis: Gehen Sie nur dann auf die Voraussetzungen der Übergabe (Besitzaufgabe, Besitzerwerb, auf Veranlassung des Veräußerers) ein, wenn der Sachverhalt dazu Anlaß gibt! Wenn die einzelnen Merkmale eindeutig vorliegen, ist eine ausführliche Erörterung überflüssig und verärgert den Korrektor. Es reicht aus, wenn Sie die Voraussetzungen im Urteilsstil kurz „abhaken".

2. Bei der Übergabe nach § 929 S. 1 können auf beiden Seiten **Hilfspersonen** mitwirken. Der Veräußerer braucht nicht selbst den Besitz zu übertragen. Auch muß die Sache nicht an den Erwerber persönlich übergeben werden, damit dieser den Besitz erlangt. In Betracht kommt die Einschaltung eines Besitzdieners nach § 855, eines Besitzmittlers i. S. d. § 868 oder die Beteiligung einer Geheißperson, die auf Veranlassung einer der Parteien tätig wird.

a) Der **Besitzdiener** (§ 855) steht in einem sozialen Abhängigkeitsverhältnis zu seinem Besitzherrn und übt für ihn die tatsächliche Sachherrschaft aus.

Lernhinweis: Vergegenwärtigen Sie sich die einzelnen Voraussetzungen der Besitzdienerschaft, indem Sie oben den Abschnitt Kapitel 2. § 5. B. I. 3.) nochmals lesen!

Mit der Übergabe der Sache an einen Besitzdiener erlangt zugleich der *Erwerber* den unmittelbaren Besitz und das Eigentum an der Sache. Voraussetzung ist allerdings, daß sich Veräußerer und Erwerber *zuvor* über den Eigentumsübergang geeinigt haben. Bei der Übergabe kann *auf beiden Seiten* zugleich jeweils ein Besitzdiener tätig werden.

Beispiel: Rechtsanwalt R hat bei dem Büromaschinenhändler B ein Kopiergerät bestellt. B läßt das Gerät durch seinen Mitarbeiter M liefern. Die Anwaltsgehilfin A des R nimmt den Kopierer entgegen. Die Übergabe erfolgte unter Mitwirkung von Besitzdienern auf beiden Seiten. Sowohl M als auch A sind von ihren Geschäftsherrn sozial abhängig und sind Weisungen unterworfen. Mit der Übertragung des unmittelbaren Besitzes auf die Besitzdienerin A hat R den unmittelbaren Besitz und zugleich das Eigentum an dem Gerät erlangt.

> **Hinweis:** Die Übergabe an den Besitzdiener (§ 855) ist gleich Übergabe an den Erwerber.

b) Veräußerer und Erwerber können bei der Übergabe nach § 929 S. 1 einen **Besitzmittler** einschalten. Der Besitzmittler übt den unmittelbaren Besitz aufgrund eines wirksamen Besitzmittlungsverhältnisses gemäß § 868 für den Veräußerer bzw. den Erwerber aus.

aa) Auf der **Veräußererseite** wirkt der Besitzmittler bei der Übergabe dergestalt mit, daß er auf Veranlassung des Veräußerers dem Erwerber entweder den unmittelbaren oder den mittelbaren Besitz an der Sache verschafft.

> **Hinweis:** Für eine wirksame Übergabe nach § 929 S. 1 reicht die Erlangung des mittelbaren Besitzes durch den Erwerber aus.

Beispiel für die Übertragung des **unmittelbaren Besitzes** durch den Besitzmittler:
V hat sein Rennpferd auf dem Reiterhof bei R untergestellt. Bald darauf verkauft er das Pferd an K. R transportiert das Pferd auf Anweisung des V direkt an K.

Beispiel für die Übertragung des **mittelbaren Besitzes** durch den Besitzmittler:
V hat sein Rennpferd auf dem Reiterhof bei R untergestellt. Bald darauf verkauft er das Pferd an K. Das Pferd soll weiterhin bei R untergestellt bleiben. V weist deshalb den R an, das Pferd künftig nicht mehr für ihn, sondern für K zu besitzen. K schließt mit R einen neuen Unterbringungsvertrag ab.

Auch wenn ein Besitzmittler auf der Veräußererseite mitwirkt, ist eine *völlige Besitzaufgabe* des Veräußerers notwendig. Der Besitzmittler muß selbst den unmittelbaren Besitz an der Sache vollständig aufgeben. Er muß erkennbar nicht mehr für den Veräußerer besitzen wollen.

Beispiel:
V hat sein Rennpferd auf dem Reiterhof bei R untergestellt. Bald darauf verkauft er das Pferd an K. Das Pferd soll weiterhin bei R untergestellt bleiben. V weist deshalb den R an, das Pferd künftig nicht mehr für ihn, sondern für K zu besitzen. K schließt mit R einen neuen Unterbringungsvertrag ab. R hat mit Abschluß des Vertrages mit K deutlich kundgetan, daß er das Pferd nicht mehr für den Veräußerer V besitzen will. Er hat erkennbar den unmittelbaren Besitz für V aufgegeben.

bb) Bei der Mitwirkung eines Besitzmittlers auf der **Seite des Erwerbers** ist erforderlich, daß die Sache in den *Herrschaftsbereich* des Erwerbers gelangt. Eine wirksame Übergabe liegt dann vor, wenn der Besitzmittler erkennbar für den Erwerber den Besitz ausüben will.

Beispiele:
- V ist Eigentümer eines Rennpferdes. Er verkauft es an K. Dieser möchte es in dem Reitstall des R unterstellen. V bringt deshalb das Rennpferd direkt zu R. Mit der Übergabe an R, der dem Erwerber K den Besitz vermittelt, ist das Pferd in den Herrschaftsbereich des K gelangt.
- K ist mit V verfeindet, möchte aber dessen Rennpferd erwerben. K beauftragt daher seinen Freund F, das Pferd im eigenen Namen gegen Barzahlung bei V zu erwerben. F hat den unmittelbaren Besitz an dem Rennpferd erhalten. Er will aber nicht selbst besitzen, sondern den Besitz für K ausüben. Vielmehr hat K mit der Übertragung des Rennpferdes an F den mittelbaren Besitz und damit zugleich das Eigentum erworben.

Lernhinweis: Auch bei der Übereignung nach § 930 erhält der Erwerber den mittelbaren Besitz an der Sache durch Vereinbarung eines Besitzmittlungsverhältnisses (§ 868). Jedoch behält der Veräußerer den unmittelbaren Besitz; lediglich das Eigentum an der Sache wird übertragen. Hat der Veräußerer selbst den mittelbaren Besitz inne, so kommt ebenfalls eine Eigentumsübertragung nach § 931 durch Abtretung des Herausgabeanspruchs (§ 870) in Betracht. Welche Übergabemöglichkeit die Beteiligten bei der Übertragung des mittelbaren Besitzes gewollt haben, ist jeweils durch Auslegung des Parteiwillens (§ 133) zu ermitteln.

c) Bei der Übergabe nach § 929 S. 1 kann jede Partei eine sog. **Geheißperson** einschalten. Ein Dritter, der den unmittelbaren Besitz an der Sache inne hat, wird entweder auf Veranlassung des Veräußerers oder auf Veranlassung des Erwerbers tätig. Möglich ist auch, daß *auf beiden Seiten* eine Geheißperson eingeschaltet wird (sog. doppelter Geheißerwerb). Der Dritte ist weder Besitzdiener noch Besitzmittler.

12

aa) Wirkt der Dritte **auf Veräußererseite** mit, so überträgt er auf Geheiß des Veräußerers den unmittelbaren Besitz auf den Erwerber. Der Veräußerer selbst hat keinen Besitz an der Sache. Er erteilt lediglich die Weisung an den Dritten, die Sache zu übergeben. Dadurch hat der Veräußerer eine Besitzverschaffungsmacht, die einen dem Besitz gleichwertigen Rechtsscheintatbestand darstellt. Indem die Geheißperson die Anweisung ausführt, zeigt sie nach außen deutlich erkennbar, daß der Veräußerer die Herrschaft über die Sache auszuüben vermag. Dies genügt für die Besitzübertragung (Pal. § 929 Rn. 17; BGHZ 36, 56; NJW 1974, 1132).

Beispiel: E betreibt einen Gebrauchtwagenhandel. Er steht in Verkaufsverhandlungen mit dem Kunden K über den Verkauf eines Porsche. Bald darauf wird ihm der Wagen gestohlen. E entdeckt den Pkw einige Tage später bei seinem Konkurrenten X. E verkauft den Pkw an K und verspricht dem X keine weitere Konsequenzen aus dem Diebstahl, wenn er den Wagen direkt an K ausliefere. X stimmt zu und übergibt den Porsche am nächsten Tag an K.

Hinweis: Eine unmittelbare Übergabe durch den Veräußerer ist für § 929 S. 1 BGB nicht erforderlich. Es reicht aus, daß ein Dritter, der unmittelbarer Besitzer ist, auf Veranlassung des Veräußerers dem Erwerber den Besitz verschafft.

bb) Eine Geheißperson kann auch auf **Erwerberseite** eingeschaltet werden. Der Dritte erhält vom Veräußerer den unmittelbaren Besitz auf Geheiß des Erwerbers. Der Erwerber selbst erlangt keinen Besitz an der Sache (BGH NJW 1973, 141).

Beispiel: K kauft bei dem HiFi-Händler V eine Stereoanlage der Marke X. Da diese Anlage bei V nicht vorrätig ist, bestellt er sie bei seinem Händler H. Dieser liefert die Stereoanlage auf Anweisung des V direkt an K.

cc) Beim **doppelten Geheißerwerb**, wird sowohl auf Veräußererseite als auch auf der Seite des Erwerbers je eine Geheißperson bei der Übergabe tätig. Auf diese Weise ist eine Übereignung möglich, ohne daß eine der Parteien jemals den unmittelbaren Besitz an der Sache hatte (Pal. § 929 Rn. 19).Der Erstverkäufer bzw. Hersteller liefert die Sache unmittelbar an den Endabnehmer. Tatsächlich sind also mehrere Veräußerer und Erwerber beteiligt. Es entsteht eine *Kette* von Übereignungen. Man spricht von sog. Streckengeschäften.

13

Beispiel: K kauft bei dem HiFi-Händler V eine Stereoanlage der Marke X und veräußert sie alsbald an D weiter. V bestellt die Anlage bei seinem Großhändler H und weist ihn auf Veranlassung des K an, die Anlage direkt an D zu liefern. Der Großhändler H liefert die Sache auf

Geheiß des Veräußerers V an D unmittelbar. V ist selbst nicht im Besitz der Sache. Der Erwerber K erlangt ebenfalls keinen Besitz, sondern weist die Geheißperson D an, die Sache in unmittelbaren Besitz zu nehmen.

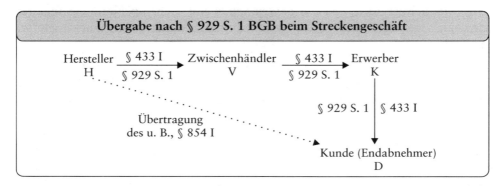

14 **Bei Streckengeschäften** finden jeweils soviel Übereignungen statt wie Rechtsbeziehungen zwischen den Beteiligten bestehen. Durch die unmittelbare Übergabe des Herstellers an den Enderwerber erfolgt zwischen den einzelnen Vertragsparteien jeweils die Übereignung. Jede Partei kommt ihrer Verpflichtung zur Eigentumsverschaffung aus dem Kaufvertrag zu ihrem *jeweiligen Vertragspartner* nach (BGH NJW 1974, 1132; 1986, 1166). In der dargestellten Grafik liegen drei Übereignungen vor:

Vertragsverhältnis:	
H → V	❑ Durch die direkte Lieferung des H an D erfüllt H seine Verpflichtung aus dem Kaufvertrag mit V. ❑ V wird für eine logische (juristische) Sekunde lang Eigentümer. ❑ H ist Geheißperson des V.
V → K	❑ Durch die Veranlassung des V an H erfüllt V seine Eigentumsverschaffungspflicht gegenüber K. ❑ K wird nach V für eine logische (juristische) Sekunde Eigentümer.
K → D	❑ D ist Geheißperson des K. ❑ D erwirbt Eigentum von K durch Übergabe seitens H.

Lernhinweis: Bei Streckengeschäften haben die Parteien weitere Möglichkeiten, die Übereignung zu gestalten. Lesen Sie hierzu im einzelnen die Darstellung unten IV. 2.!

§ 8. Rechtsgeschäftlicher Eigentumserwerb

III. Übergabesurrogate

Ausnahmsweise kann die Übergabe entbehrlich sein, so im Fall des § 929 S. 2. **15**
Veräußerer und Erwerber können die Übergabe aber auch ersetzen durch Vereinbarung eines sog. Übergabesurrogats (§ 930 bzw. § 931). Im Gegensatz zu der Übergabe, die ein Realakt ist, geschieht die Vereinbarung eines Übergabesurrogats durch *Rechtsgeschäft*.

1. Bei der **Übereignung „kurzer Hand"** (brevi manu traditio) nach § 929 S. 2 genügt die *bloße dingliche Einigung* des Veräußerers mit dem Erwerber. Die Sache befindet sich bereits im Besitz des Erwerbers. Die Besitzlage, wie sie nach § 929 S. 1 herbeigeführt werden soll, besteht also bereits (BGHZ 56, 130). **16**

Beispiel: Der Musiker M möchte ein gebrauchtes Keyboard von V erwerben. Damit M das Instrument testen kann, gibt V es ihm mit. Nachdem M das Keyboard ausprobiert hat, ist er damit zufrieden. V und M einigen sich darüber, daß das Instrument von nun an M gehören soll.

a) Im Zeitpunkt der Einigung muß der Erwerber im **Besitz** der Sache sein. Unerheblich ist, welche Art von Besitz an der Sache besteht. Der Erwerber kann unmittelbarer oder mittelbarer Besitzer sein oder Mitbesitz haben.

Beispiel: Die Eheleute M und F haben von V ein Einfamilienhaus gemietet. V hat im Keller eine Sauna eingebaut, die M und F erwerben wollen. V einigt sich mit M und F dahingehend, daß das Eigentum an der Sauna auf sie übergehen soll. M und F sind Mitbesitzer. Durch die dingliche Einigung sind sie gemäß § 929 S. 2 Eigentümer geworden.

Die **Art der Besitzerlangung** ist ebenfalls gleichgültig. So kann der Erwerber den Besitz von dem Veräußerer erlangt haben oder von einem Dritten. Er kann auch einseitig Besitz ergriffen haben. Eine Übereignung durch bloße Einigung ist nach h. M. auch bei einer *besitzlosen Sache* möglich, da der Veräußerer keinen Besitz an der Sache hat (MK § 929 Rn. 11).

b) Der Veräußerer darf auch bei der Übereignung „kurzer Hand" **keinerlei Besitz** an der Sache behalten.

2. Die **Vereinbarung eines Besitzkonstituts** gemäß §§ 929, 930 stellt ein Übergabesurrogat dar. Erforderlich ist die Vereinbarung eines Besitzmittlungsverhältnisses (§ 868) zwischen den Parteien. Diese Form der Übereignung ist dann angebracht, wenn der Veräußerer im Besitz der Sache bleiben will, das Eigentum an der Sache aber bereits auf den Erwerber übertragen werden soll. **17**

Beispiel: K kauft bei dem Gebrauchtwagenhändler V einen sog. Vorführwagen. K zahlt den vollständigen Kaufpreis, und V überträgt ihm das Eigentum an dem Pkw. V möchte jedoch den Wagen noch so lange nutzen, bis er vom Hersteller ein anderes Vorführmodell erhält. Sie vereinbaren daher, daß V den Besitz an dem Pkw nunmehr für K ausüben soll.

a) Veräußerer und Erwerber müssen ein **konkretes Besitzmittlungsverhältnis** i. S. d. § 868 begründen. Die Aufzählung in § 868 hat allerdings nur beispielhaften Charakter. Für die Begründung eines Besitzmittlungsverhältnisses kommt jedes Rechtsverhältnis in Betracht, aufgrund dessen der Erwerber mittelbaren Besitz erlangt. Insbesondere reicht bei der Sicherungsübereignung, die auf der Grund- **18** lage des § 930 erfolgt, die Sicherungsabrede aus, ohne daß die Parteien zusätzlich einen Leih- oder Verwahrungsvertrag oder einen ähnlichen Vertrag abschließen müssen (Pal. § 868 Rn. 15). Des weiteren genügt nach allgemeiner Meinung für die Übereignung nach § 930 ein *gesetzliches* Besitzmittlungsverhältnis, für das keine besondere Vereinbarung notwendig ist:

- ❏ Die eheliche Lebensgemeinschaft, § 1353 (BGH NJW 1979, 976).

  Beispiel: Frau F gehört ein antiker Sekretär, der im Wohnzimmer der Ehewohnung aufgestellt ist. F schenkt das Möbelstück ihrem Ehemann M zu seinem 50. Geburtstag. Beide Eheleute sind Mitbesitzer der in der Ehewohnung befindlichen Haushaltsgegenstände. Auch nach der Übereignung des Sekretärs an M bleibt F Mitbesitzerin. Denn nach § 1353 sind die Eheleute verpflichtet, sich gegenseitig die Benutzung der Sachen zu gestatten. F vermittelt nunmehr ihrem Ehemann M den Besitz an dem Möbelstück.

- ❏ Die elterliche Vermögenssorge, § 1626 (BGH NJW 1989, 2542).

  Beispiel: Im Haus der Familie F steht ein Klavier. Da die 8-jährige Tochter T das Klavierspiel erlernen soll, wollen ihr die Eltern das Klavier schenken. Sie vereinbaren, daß das Instrument nunmehr der T gehören soll. Die Übergabe wird ersetzt durch das gesetzliche Besitzmittlungsverhältnis der Vermögenssorge der Eltern gegenüber ihrem Kind.

Für die Begründung eines konkreten Besitzmittlungsverhältnisses sind außerdem **Fremdbesitzerwillen** sowie ein **durchsetzbarer Herausgabeanspruch** des Veräußerers erforderlich. (Einzelheiten zu den Voraussetzungen des § 868 s. o. Kap. 2. § 5 B. II.).

b) Der Veräußerer muß den Besitz auch nach der Übereignung gemäß §§ 929, 930 behalten. Es findet **kein vollständiger Besitzverlust** statt. Der Veräußerer kann zum Zeitpunkt der Übereignung unmittelbarer oder mittelbarer Besitzer sein oder Mitbesitzer.

> **Hinweis:** Bei dem Ersatz der Übergabe durch Besitzkonstitut gemäß §§ 929, 930 BGB wird der Eigenbesitz des Veräußerers in Fremdbesitz umgewandelt.

aa) Bei der Übereignung durch den **unmittelbaren** Besitzer behält – wie oben beschrieben – der Veräußerer den unmittelbaren Besitz an der Sache. Er übt nunmehr den Besitz *für den Erwerber* aus. Der Erwerber wird mittelbarer Besitzer der Sache.

bb) Die Übereignung durch den **mittelbaren Besitzer** erfolgt durch Begründung *abgestufter Besitzmittlungsverhältnisse*. Der Erwerber wird mittelbarer Fremdbesitzer 1. Grades. Der Zweiterwerber wird mittelbarer Eigenbesitzer 2. Grades. Der Veräußerer, für den der Erwerber den Besitz mittelt, behält den unmittelbaren Besitz an der Sache. Er ist ebenfalls Fremdbesitzer (Pal. § 930 Rn. 5).

Beispiel (Abwandlung zu dem Beispiel oben): K erwirbt gemäß §§ 929 S. 1, 930 bei dem Gebrauchtwagenhändler V einen sog. Vorführwagen. K übereignet den Pkw unter Vereinbarung eines Besitzkonstituts gemäß §§ 929, 930 zur Sicherheit gegen ein gewährtes Darlehen an seine Bank B weiter. V möchte jedoch den Wagen noch so lange nutzen, bis er vom Hersteller ein anderes Vorführmodell erhält. K und V vereinbaren daher, daß V den Besitz an dem Pkw nunmehr für K ausüben soll. Veräußerer V übt den unmittelbaren Besitz für den Erwerber K aus. K ist mittelbarer Besitzer 1. Grades, die Bank als Zweiterwerberin mittelbare Besitzerin 2. Grades.

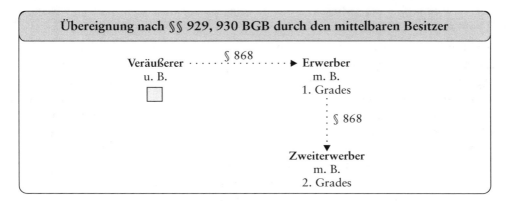

cc) Befindet sich die Sache aufgrund eines gesetzlichen Besitzmittlungsverhältnisses im **Mitbesitz** von Veräußerer und Erwerber, so kann die Übereignung *ohne besondere Abrede* nach §§ 929, 930 durchgeführt werden. Beide Parteien behalten in diesem Fall jeweils ihren Mitbesitz (Beispiele s. o. unter a).

c) Die Beteiligten können die Vereinbarung des Besitzmittlungsverhältnisses vorwegnehmen, wenn der Veräußerer selbst noch nicht im Besitz der Sache ist, sog. **antizipiertes Besitzkonstitut**. Es ist dann angebracht, wenn die Sache erst noch hergestellt oder repariert werden muß, bevor sie in Besitz des Veräußerers gelangt.

Beispiel: K hat bei dem Automobilhersteller A einen Neuwagen bestellt. Den Kaufpreis finanziert er über ein Darlehen der Bank B. Als Sicherheit für das Darlehen verlangt B die Sicherungsübereignung des Pkw. K und B vereinbaren, daß K den Wagen, sobald er geliefert wird, behalten darf, aber für B besitzen soll.

aa) Die **Einigung** gemäß § 929 S. 1 über den Eigentumsübergang wird *ebenfalls antizipiert*, also vorweggenommen, sofern der Veräußerer noch nicht Eigentümer der Sache ist. Spätestens bei Besitzerlangung durch den Erwerber müssen sich die Parteien noch über den Eigentumsübergang einig sein.

Beispiel: K, ein begeisterter Kunstfreund, will von dem Kunstsammler V ein bestimmtes Gemälde erwerben. V ist aber noch nicht Eigentümer des Gemäldes, sondern beabsichtigt, es demnächst auf einer Privatauktion zu ersteigern. K und V vereinbaren daraufhin, daß V das Bild, sobald er es ersteigert hat, für K verwahrt. Die Absprache zwischen A und F stellt eine antizipierte Einigung (§ 929 S. 1) über den Eigentumsübergang dar. Die Übergabe haben V und K durch Besitzkonstitut (§§ 930, 868) ersetzt.

bb) Der Erwerber erlangt dann das Eigentum, wenn die Sache in den unmittelbaren Besitz des Veräußerers gelangt. Es findet ein sog. **Durchgangserwerb** statt.

Der Veräußerer wird für eine logische juristische Sekunde Eigentümer, bevor das Eigentum auf den Erwerber übergeht.

Beispiel: Im vorangegangenen Beispiel hat F für eine logische Sekunde das Eigentum an dem Gemälde gemäß § 929 S. 1 erlangt. Sodann ist es auf A übergegangen. A und F haben sich zuvor durch antizipiertes Besitzkonstitut über den Eigentumsübergang geeinigt (§§ 929 S. 1, 930). Der Verwahrungsvertrag zwischen A und F stellt das konkrete Besitzmittlungsverhältnis (§ 868) dar.

Nach heute allgemein vertretener Ansicht braucht der Veräußerer **keine zusätzliche Ausführungshandlung** vorzunehmen. Aufgrund der vorweggenommenen Einigung steht fest, welche Sachen auf den Erwerber übergehen sollen. Und es ist davon auszugehen, daß der Fremdbesitzerwillen des Veräußerers im Zeitpunkt der Besitzerlangung fortbesteht. Eine Offenlegung des Eigentumsübergangs ist allenfalls dann vorauszusetzen, wenn die Bestimmtheit der Sache besonders in Frage steht, was insbesondere bei der Übereignung eines Warenlagers der Fall sein kann (Pal. § 930 Rn. 9). Anders verhält es sich übrigens beim sog. *Insichkonstitut* oder Insich- Geschäft, bei dem der Veräußerer als mittelbarer Stellvertreter die Sache im eigenen Namen erwirbt und anschließend an den Erwerber weiter veräußert. Von dem Selbstkontrahierungsverbot des § 181 ist der Veräußerer befreit. Im Gegensatz zum antizipierten Besitzkonstitut ist zusätzlich eine besondere Ausführungshandlung erforderlich (Pal. § 868 Rn. 20).

> **Hinweis:** Beim antizipierten Besitzkonstitut findet ein zweifacher Eigentumswechsel statt. Der Veräußerer erhält das Eigentum gemäß § 929 S. 1 für eine logische juristische Sekunde von dem Dritten. Sodann geht das Eigentum gemäß §§ 929, 930 auf den Erwerber über.

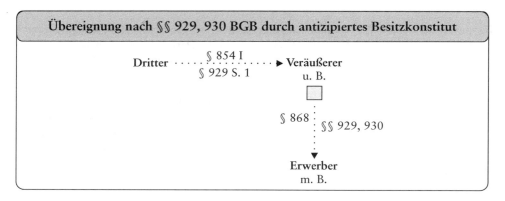

cc) **Hauptanwendungsfall** des antizipierten Besitzkonstituts ist die Sicherungsübereignung eines Warenlagers mit ständig wechselndem Warenbestand. Durch die vorweggenommene Vereinbarung können Veräußerer und Erwerber auch *spätere Lagerzugänge*, die derzeit noch nicht im Besitz des Veräußerers sind, bei der Übereignung mit erfassen.

Fall 5:

V ist Buchhändler. Er erwirbt seine Bücher im wesentlichen bei den Verlagen X, Y und Z. Als V eine Investition in seinem Geschäft vornehmen möchte, nimmt er im April bei der Bank B einen Kredit auf. Zur Sicherheit übereignet er B seinen gesamten Warenbestand, einschließlich der noch neu zu erwerbenden Bücher. Im Juni erhält V eine Lieferung Neuerscheinungen von X. Seinen Ratenzahlungen an B kommt er nicht mehr nach. B kündigt daher im Juli das Darlehen und verlangt von V die Herausgabe sämtlicher vorhandener Lagerbestände. Zu Recht?

Lösung:

Herausgabeanspruch der B gegen V gemäß § 985:
- (I) **Alter Lagerbestand**
  - (1) V ist unmittelbarer **Besitzer** des bis einschließlich April vorhandenen Lagerbestandes.
  - (2) B müßte **Eigentümerin** sein.
    - (a) Ursprünglich war V Eigentümer der Bücher.
    - (b) Möglicherweise hat B das Eigentum gemäß §§ 929, 930 durch Vereinbarung eines **Besitzkonstituts** von V erhalten.
      - (aa) V und B haben sich über den Eigentumsübergang gemäß § 929 S. 1 **geeinigt**.
      - (bb) Sie haben die Übergabe des Warenbestandes ersetzt, indem sie ein **konkretes Besitzmittlungsverhältnis** gemäß § 868 vereinbart haben.
        - ❑ Die **Sicherungsabrede** bei der Sicherungsübereignung erfüllt nach allgemeiner Ansicht die Erfordernisse eines konkreten Besitzmittlungsverhältnisses i. S. d. § 868.
        - ❑ V hat **Fremdbesitzerwillen**, da er die Bücher für seinen Kreditgeber B besitzen will. Somit ist das Eigentum an den im April vorhandenen Lagerbeständen auf B übergegangen.
      - (cc) Die Übereignung an B erfolgte **zur Sicherheit**. Der Sicherungszweck ist nicht erfüllt worden, da V nicht das vollständige Darlehen an B zurückgezahlt hat. Das Eigentum ist daher nicht wieder an V zurückgegangen.
- (II) **Neuerscheinungen:**
  - (1) V ist auch unmittelbarer **Besitzer** der im Juni gelieferten Neuerscheinungen.
  - (2) Fraglich ist, ob B auch das **Eigentum** an den Neuerscheinungen hat.
    - (a) Ursprünglich war der Verlag X Eigentümer der Bücher.
    - (b) Das Eigentum ist möglicherweise auf V übergegangen durch **rechtsgeschäftliche Übereignung** von X auf V gemäß § 929 S. 1.

(aa) X und V haben sich gemäß § 929 S. 1 darüber **geeinigt**, daß das Eigentum an den Büchern auf V übergehen sollte.

(bb) X hat die Bücher auch an V geliefert. Die **Übergabe** ist erfolgt. Demnach hätte V das Eigentum an den gelieferten Neuerscheinungen erworben.

(c) Da jedoch V und B zuvor vereinbart haben, daß B den gesamten Warenbestand zur Sicherheit erhalten soll, könnte das Eigentum auf B übergegangen sein.

(aa) Eine **unmittelbare** Eigentumsübertragung von X auf B hat nicht stattgefunden.

(bb) Es kommt jedoch eine Eigentumsübertragung durch **antizipiertes Besitzkonstitut** gemäß §§ 929, 930 von V auf B in Betracht.

❏ V und B haben sich über den Eigentumsübergang gemäß § 929 S. 1 geeinigt. Da V im April noch nicht Eigentümer der Bücher war, haben V und B die Einigung vorweggenommen. B sollte zum frühestmöglichen Zeitpunkt, d. h. mit Erwerb des Eigentums des V von X, Eigentum erwerben.

❏ V und B haben die Begründung eines konkreten Besitzmittlungsverhältnisses i. S. d. § 868 vereinbart. Da V zum Zeitpunkt der Einigung noch nicht im Besitz der Neuerscheinungen war, vereinbarten sie ein antizipiertes Besitzkonstitut.

❏ Sobald die neuerschienenen Bücher in den unmittelbaren Besitz des V gelangten, hat B das Eigentum und zugleich den mittelbaren Besitz erworben. Es fand ein Durchgangserwerb statt. V hatte seinerseits lediglich für eine logische juristische Sekunde lang das Eigentum von X gemäß § 929 S. 1 erworben.

B ist somit auch Eigentümerin der Neuerscheinungen.

Ergebnis: B kann von V die Herausgabe des gesamten Warenbestandes gemäß § 985 verlangen.

3. Die Übergabe kann durch **Abtretung des Herausgabeanspruchs** nach §§ 929, 931 ersetzt werden, wenn der Veräußerer einen Anspruch auf Herausgabe der Sache gegen einen Dritten hat. Veräußerer und Erwerber treffen eine *Abtretungsvereinbarung i. S. d. § 398*, die den Zweck hat, dem Erwerber den mittelbaren Besitz an der Sache zu übertragen (§ 870).

Beispiel: V möchte seinen gebrauchten Pkw privat weiter veräußern. Er setzt ein entsprechendes Inserat in die Zeitung. Kurz darauf verleiht er den Wagen an seinen Freund F, dessen Pkw in Reparatur ist. Nunmehr meldet sich der Interessent K auf die Anzeige des V. Schließlich veräußert V seinen Gebrauchtwagen an K unter Abtretung seines Herausgabeanspruchs nach § 605 gegen F.

§ 8. Rechtsgeschäftlicher Eigentumserwerb

a) Die Sache muß sich im **Besitz eines Dritten** befinden. Dabei ist unerheblich, ob der Dritte unmittelbarer oder mittelbarer Besitzer ist.

Im vorangegangenen Beispiel: Der Dritte F hat seinerseits den Pkw an seinen Bruder weiter verliehen. V tritt seinen Herausgabeanspruch gegen F an K ab (§§ 929 S. 1, 931, 398).

b) Der Veräußerer muß gegen den Dritten einen **Herausgabeanspruch** haben, den er nach § 398 an den Erwerber abtreten kann. Der Inhalt der Abtretungsvereinbarung richtet sich nach der Art des Herausgabeanspruchs.

aa) Ist der Veräußerer **mittelbarer Besitzer,** so hat er einen *schuldrechtlichen Herausgabeanspruch* gegen den Dritten aufgrund des zwischen ihnen bestehenden Besitzmittlungsverhältnisses. Im Rahmen der Eigentumsübertragung nach § 931 muß der Veräußerer den mittelbaren Besitz gemäß § 870 an den Erwerber übertragen (BGH NJW 1959, 1536; Pal. § 930 Rn. 3).

Beispiele für schuldrechtliche Herausgabeansprüche: §§ 556, 604, 695.

bb) Besteht zwischen dem Veräußerer und dem Dritten **kein Besitzmittlungsverhältnis,** so hat der Veräußerer gegen den Dritten einen *gesetzlichen Herausgabeanspruch*. Der Veräußerer kann nur diesen gesetzlichen Anspruch an den Erwerber abtreten. In Betracht kommt insbesondere ein Anspruch aus § 812, falls zwischen Veräußerer und Erwerber zwar ein Besitzmittlungsverhältnis bestand, dieses aber unwirksam ist (BGH NJW 1959, 1536; Pal. § 931 Rn. 3).

Beispiel: V hat sein Motorrad an den unerkannt geisteskranken M vermietet. Bald darauf erhält er von A ein lukratives Kaufangebot. V möchte das Motorrad an A weiter veräußern. Da der Mietvertrag mit M wegen Geschäftsunfähigkeit unwirksam ist, hat V gegen ihn einen Herausgabeanspruch nach § 812. Diesen kann er an A abtreten.

Weitere Beispiele für gesetzliche Herausgabeansprüche: §§ 861; 823 i. V. m. § 249; 687 II, 681 S. 2, 667.

> **Klausurhinweis:** Die Unterscheidung, ob der Veräußerer mittelbarer oder unmittelbarer Besitzer ist, ist von maßgeblicher Bedeutung für die Frage des gutgläubigen Erwerbs von einem Nichtberechtigten gemäß § 934 BGB.

cc) In den Fällen, in denen der Veräußerer gegen den Dritten allein den **dinglichen Herausgabeanspruch** nach § 985 hat, ist eine Abtretung nach § 398 *ausgeschlossen*. Denn der Anspruch nach § 985 ist Folge des Eigentums und als solcher nicht isoliert abtretbar. Es reicht daher die bloße Einigung über den Eigentumsübergang (BGH NJW 1959, 1536; Pal. § 931 Rn. 3).

IV. Besondere Fallgestaltungen der Übereignung

Der folgende Abschnitt ist der Darstellung unterschiedlicher Fallkonstellationen vorbehalten, bei denen den Parteien *mehrere Übereignungsmöglichkeiten* zur Verfügung stehen, so etwa bei der Eigentumsübertragung durch einen mittelbar besitzenden Veräußerer. Auch die Übereignung einer besitzlosen Sache ist auf mehrere Weisen möglich. Verschiedene Gestaltungsmöglichkeiten haben die beteiligten Veräußerer und Erwerber bei Streckengeschäften.

23 **1.** An dieser Stelle sollen Sie zusammenfassend eine Gegenüberstellung der verschiedenen Übereignungsformen erhalten, die ein **mittelbarer Besitzer** bei der Veräußerung einer Sache hat. Der mittelbare Besitzer hat die Möglichkeit, die Sache entweder nach § 929 S. 1, nach §§ 929, 930 oder nach §§ 929, 931 zu übereignen. Es ist jeweils durch *Auslegung* zu ermitteln, welche Übertragungsform die Parteien tatsächlich gewollt haben.

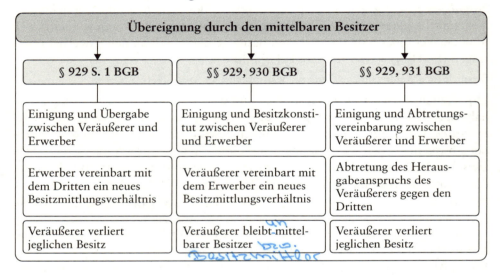

Lernhinweis: Die Übereignung im Wege der Abtretung des Herausgabeanspruchs gemäß §§ 929, 931 durch einen mittelbaren Besitzer ist zu unterscheiden von der Übereignung durch Vereinbarung eines Besitzkonstituts nach §§ 929, 930. In beiden Fällen ist die Eigentumsübertragung mit dem Bestehen bzw. der Begründung eines Besitzmittlungsverhältnisses verbunden. Im Gegensatz zu § 930 erfordert die Eigentumsübertragung nach § 931 jedoch die **völlige Besitzaufgabe** durch den Veräußerer.

24 **2.** Ein **Streckengeschäft** besteht aus einer Kette von Übereignungen, wobei mehrere Veräußerer und Erwerber beteiligt sind. Aus Kostengründen soll die Lieferung der Sache *direkt vom Erstverkäufer an den Endabnehmer* stattfinden (s. o. II. 2. c). Den Parteien stehen mehrere Übereignungsmöglichkeiten zur Verfügung, nämlich die Eigentumsübertragung nach § 929 S. 1, die Vereinbarung eines Besitzkonstituts nach §§ 929 S. 1, 930 sowie die Abtretung des Herausgabeanspruchs nach §§ 929 S. 1, 931.

§ 8. Rechtsgeschäftlicher Eigentumserwerb

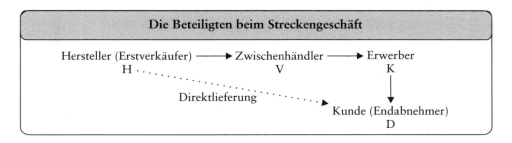

a) Die Übergabe gemäß § 929 S. 1 kann durch **doppelten Geheißerwerb** auf Veranlassung des Erstverkäufers H erfolgen. Auf Veräußererseite wird H als Geheißperson des Zwischenhändlers V tätig und auf Erwerberseite der Endabnehmer D als Geheißperson des Käufers K.

b) Eine weitere Möglichkeit der Übereignung der Sache besteht in der Vereinbarung eines **Besitzkonstituts nach §§ 929, 930**. Hersteller H und Verkäufer V vereinbaren ein konkretes Besitzmittlungsverhältnis. Dieses kann insbesondere in einem Auftrag i. S. d. §§ 662 ff. von V an H liegen, die Sache direkt an D zu liefern. Auch im Verhältnis von V zu K und von K zu D werden jeweils abgestufte Besitzmittlungsverhältnisse vereinbart, und zwar folgendermaßen:
- ❑ H unmittelbarer Besitzer
- ❑ V mittelbarer Besitzer 1. Stufe
- ❑ K mittelbarer Besitzer 2. Stufe
- ❑ D mittelbarer Besitzer 3. Stufe

c) Schließlich haben die Beteiligten die Möglichkeit, die Vereinbarung eines Besitzkonstituts nach §§ 929, 930 und die Abtretung des Herausgabeanspruchs nach §§ 929, 931 zu **kombinieren**. H und V vereinbaren wie beschrieben ein Besitzkonstitut gemäß §§ 929, 930. Die Weiterveräußerung von V zu K sowie von K zu D erfolgt jeweils gemäß §§ 929, 931 durch Abtretung des Herausgabeanspruchs aus dem Besitzmittlungsverhältnis (gemäß § 667) zwischen H und V.

d) Welche Übergabemöglichkeit die Parteien tatsächlich gewollt haben, ist durch **Auslegung** zu ermitteln. Mangels anderweitiger Anhaltspunkte ist *im Zweifelsfalle* davon auszugehen, daß die Übergabe nach § 929 S. 1 gewollt war. Denn in der Regel machen sich die Vertragsparteien, die juristische Laien sind, keine Gedanken über eine Übereignung durch Übergabesurrogate (BGH NJW 1973, 41; 1982, 2371).

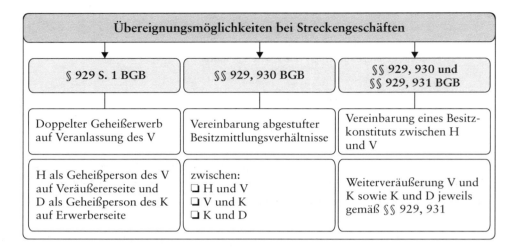

Fall 6:

K geht in das Geschäft des Möbelhändlers V und kauft dort einen Vitrinenschrank. Es soll ein Geschenk für seine Tochter D sein. Da V den Schrank nicht mehr vorrätig hat, bestellt er ihn bei dem Hersteller H. Auf Wunsch des K liefert H den Vitrinenschrank direkt an D. Als V die Zahlung des Kaufpreises von K verlangt, stellt sich heraus, daß K zur Zeit des Kaufs geisteskrank war. V verlangt nunmehr von D den Vitrinenschrank heraus. Zu Recht?

Lösung:

Herausgabeanspruch des V gegen D gemäß § 985:

V hat dann Anspruch auf Herausgabe des Vitrinenschrankes nach § 985, wenn er Eigentümer ist und D Besitzerin.
- (I) D ist **Besitzerin**. Sie hat den unmittelbaren Besitz an dem Schrank von H erhalten.
- (II) Fraglich ist, ob der Möbelhändler V **Eigentümer** des Schrankes ist.
    - (1) Ursprünglich war der Hersteller H Eigentümer.
    - (2) Der Möbelhändler V könnte Eigentümer geworden sein durch **Übertragung** des Eigentums von H gemäß § 929 S. 1. Hierfür sind Einigung und Übergabe erforderlich.
        - (a) Eine wirksame **Einigung** zwischen V und H kann mangels gegenteiliger Angaben unterstellt werden. Vorliegend handelt es sich um ein Streckengeschäft. In einem solchen Fall erfolgt die Einigung in der Regel stillschweigend mit Abschluß des Kaufvertrages (BGH NJW 1986, 1166; Pal. § 929 Rn. 20).
        - (b) Zweifelhaft ist, ob eine **Übergabe** von H an V stattgefunden hat, da H den Schrank direkt an D geliefert hat.

§ 8. Rechtsgeschäftlicher Eigentumserwerb

(aa) Voraussetzung für eine wirksame Übergabe nach § 929 S. 1 ist grundsätzlich die Übertragung des **unmittelbaren** Besitzes (§ 854 I). Eine unmittelbare Übergabe des Schrankes von H an V ist nicht erfolgt. V hat keinen unmittelbaren Besitz an dem Schrank erlangt.

(bb) Die unmittelbare Übergabe durch den Veräußerer ist jedoch für § 929 S. 1 nicht erforderlich. Es genügt vielmehr, wenn ein unmittelbar besitzender Dritter die Sache **auf Geheiß** des Veräußerers an den Erwerber übergibt. Der Hersteller H, der den unmittelbaren Besitz an der Vitrine hatte, hat sie auf Veranlassung des Möbelhändlers V an die Enderwerberin D übergeben. Somit könnte eine Übergabe nach § 929 S. 1 vorliegen.

(cc) Fraglich ist jedoch, ob möglicherweise die Endabnehmerin D selbst Eigentümerin des Schrankes geworden ist durch die **direkte** Lieferung von H. Das ist unter anderem dann der Fall, wenn H mit der Lieferung des Schrankes die unmittelbare Übereignung an D gewollt hat. Dies ist im Wege der Auslegung des Parteiwillens zu ermitteln. Nach allgemeiner Meinung ist in der Regel eine unmittelbare Übereignung vom Erstverkäufer an den Endabnehmer nicht gewollt (BGH NJW 1974, 1132; NJW 1986, 1166).

Argumente:
- ❏ Wenn die Rechtsbeziehungen der Parteien nicht offenliegen, weiß der Veräußerer nicht, ob der Dritte mit der direkten Lieferung Eigentum erwerben oder ob er die Sache lediglich zur Miete oder einem ähnlichen Rechtsverhältnis erhalten soll.
- ❏ Regelmäßig will jede Partei ihrer eigenen Verpflichtung zur Eigentumsverschaffung aus dem Kaufvertrag zu ihrem jeweiligen Vertragspartner nachkommen.

Im vorliegenden Fall wußte der Hersteller nicht, welche Rechtsbeziehungen zwischen V und D bestehen. Insbesondere wußte er nicht, ob D Eigentum an dem Schrank erhalten sollte. Er handelte lediglich auf Anweisung des V, den Schrank unmittelbar an D zu liefern. Da H und V keine anderweitigen Absprachen getroffen haben, ist davon auszugehen, daß H mit der Lieferung an D seine Verpflichtung aus dem Kaufvertrag mit V erfüllen wollte. Eine unmittelbare Übereignung von H an D war somit nicht gewollt. Mit der Lieferung an D wurde somit V Eigentümer.

(3) V hat das Eigentum auch nicht an seinen Kunden K verloren. Zwar geht das Eigentum grundsätzlich für eine **logische juristische Sekunde** an den Erwerber über, wenn der Erstkäufer die Sache an den Endab-

nehmer übergibt. Vorliegend war aber die Übereignung von V auf K wegen der Geschäftsunfähigkeit des K unwirksam (§§ 104 ff.).

(4) Ebenso konnte K nicht wirksam das Eigentum an D übertragen. V ist daher Eigentümer des Schrankes geblieben.

(III) D hat kein Recht zum Besitz nach § 986, so daß alle Voraussetzungen erfüllt sind.

Ergebnis: V hat gegen D Anspruch auf Herausgabe des Vitrinenschrankes gemäß § 985.

> **Klausurhinweis:** Geht es bei der Fallösung um die Frage des Eigentumserwerbs und ist der Eigentümer zu ermitteln (so insbesondere bei den Anspruchsgrundlagen § 985 BGB oder § 771 ZPO), so ist der historische Aufbau anzuwenden.

V. Eigentumsübertragung unter Beteiligung von Stellvertretern

27 Sowohl der Veräußerer als auch der Erwerber können bei der Eigentumsübertragung Stellvertreter einschalten.

1. Die Vorschrift des § 164 I ist unzweifelhaft auf die **Einigung nach § 929 S. 1** anwendbar, da die Einigung ein dingliches Rechtsgeschäft ist.

2. Bei den **Übergabesurrogaten** müssen Veräußerer und Erwerber neben der Einigung *weitere rechtsgeschäftliche Willenserklärungen* abgeben. Die Übergabeform nach §§ 929, 930 erfordert zusätzlich die Vereinbarung eines konkreten Besitzmittlungsverhältnisses (§ 868). Wählen die Parteien die Übereignung durch Abtretung des Herausgabeanspruchs nach §§ 929, 931, müssen sie eine Abtretungsvereinbarung i. S. d. § 398 abschließen. Diese Willenserklärungen können ebenfalls durch Stellvertretung nach § 164 I erfolgen.

3. Die **Übergabe nach § 929 S. 1** selbst ist hingegen *Realakt*. Die schuldrechtlichen Vorschriften über die Stellvertretung finden keine Anwendung. Die Vertreter der Parteien können lediglich aufgrund besitzrechtlicher Vorschriften eingeschaltet werden. Im übrigen ist zu unterscheiden, ob der Vertreter für den Veräußerer oder für den Erwerber tätig wird.

28 **a)** Der **Veräußerer** kann sich bei der Übergabe einer *Geheißperson* bedienen. Da es allein auf den natürlichen Willen ankommt, kann diese Hilfsperson die Sache anstelle des Veräußerers übergeben. Der Wechsel in der tatsächlichen Sachherrschaft findet auf Veranlassung des Veräußerers statt. Er selbst muß jeglichen Besitz an der Sache aufgeben.

§ 8. Rechtsgeschäftlicher Eigentumserwerb

b) Der **Erwerber** hat die Möglichkeit, beim Eigentumserwerb eine *Geheißperson*, einen *Besitzdiener (§ 855)* oder einen *Besitzmittler (§ 868)* als Vertreter einzuschalten. Ist ein Besitzdiener bei der Übergabe beteiligt, so erlangt der Erwerber den unmittelbaren Besitz nicht bereits dann, wenn die Sache an den Besitzdiener übergeben wird, sondern erst, wenn der Besitzdiener seinerseits ihm die Sache *aushändigt*. Ebenso verhält es sich, wenn auf Erwerberseite eine Geheißperson auftritt. Besteht hingegen zwischen dem Veräußerer und dem Erwerber ein Besitzmittlungsverhältnis i. S. d. § 868, so wird der Erwerber in dem Zeitpunkt mittelbarer Besitzer, in dem die Sache an den Besitzmittler ausgehändigt wird. Das Eigentum geht *unmittelbar* vom Veräußerer auf den Erwerber über, ein Durchgangserwerb beim Vertreter findet nicht statt.

29

4. Will der Vertragspartner nach außen nicht in Erscheinung treten, so ist **mittelbare Stellvertretung** möglich. Der Stellvertreter handelt sodann im eigenen Namen, aber im Interesse des Vertretenen.

30

a) Der mittelbare Stellvertreter, der vom **Veräußerer** beauftragt wird, die Sache im eigenen Namen zu veräußern, handelt mit *Ermächtigung* des Eigentümers. Der Erwerber erwirbt gemäß §§ 929 S. 1, 185 I das Eigentum.

Beispiel: Der verarmte Adlige A hat seinen Pkw Marke Jaguar an seinen Freund F verliehen. Als A in Geldschwierigkeiten kommt, bittet er F, den Wagen zu verkaufen. Da A nicht möchte, daß davon etwas an die Öffentlichkeit dringt, übereignet F den Pkw im eigenen Namen an E. F ist nicht Eigentümer des Pkw. Aber der Veräußerer V ist mit der Übereignung einverstanden, so daß die Übereignung gemäß § 185 I wirksam ist.

b) Die Beteiligung eines mittelbaren Vertreters auf **Erwerberseite** geschieht in der Praxis häufig bei *Bargeschäften des täglichen Lebens*. Dem Veräußerer ist es regelmäßig gleichgültig, wer das Eigentum an der Sache erwerben soll. Er schließt ein *Geschäft für den, den es angeht*. Will der Stellvertreter die Sache nicht für sich, sondern für den Auftraggeber erlangen, so findet ein unmittelbarer Eigentumserwerb des Auftraggebers statt. Auf den Grundsatz der Offenkundigkeit nach § 164 I wird ausnahmsweise verzichtet (Pal. § 929 Rn. 25).

Beispiel: F ist ein begeisterter Heimhandwerker. Als er am Samstag wieder einmal in den Baumarkt fahren will, bittet ihn sein Nachbar N, ihm einen bestimmten Werkzeugkasten mitzubringen. Den Kaufpreis gibt er dem F mit. F erwirbt im Baumarkt B den Werkzeugkasten im eigenen Namen und bezahlt bar. In dem Augenblick der Übergabe des Werkzeugkastens von B an F erwirbt der Auftraggeber N gemäß §§ 164 I, 929 S. 1 unmittelbar das Eigentum.

VI. Einigsein im Zeitpunkt der Übergabe

Die Übergabe bzw. das Übergabesurrogat muß nicht unbedingt zeitlich mit der dinglichen Einigung zusammenfallen. Erforderlich ist allerdings, daß die Parteien sich noch im Zeitpunkt der Übergabe über den Eigentumsübergang einig sind.

31

Lernhinweis: Lesen Sie noch einmal genau den Wortlaut der Vorschrift § 929 S. 1! Dort heißt es: „... übergibt und beide darüber **einig sind** ..."

32 1. Fraglich ist, ob Veräußerer und Erwerber an die vor der Übergabe erklärte Einigung gebunden sind, oder ob sie ihre Erklärungen widerrufen können. Für die Beantwortung kommt es darauf an, wann die **Bindungswirkung der Einigung** eintritt.

- Eine **Minderheit** ist der Auffassung, die einmal erklärte Einigung ist bindend und kann nicht mehr widerrufen werden (Schrödermeier-Woopen JA 1985, 622).
  Argument: Der Erklärende hat die Möglichkeit, die Einigung nach § 812 zu kondizieren.

- Nach **ganz h. M.** hingegen ist die Einigung bis zum Zeitpunkt der Vollendung des Rechtserwerbs frei widerruflich. Für den Erwerbenden muß der Widerruf eindeutig erkennbar sein (BGH NJW 1978, 696; Pal. § 929 Rn. 6; MK § 929 Rn. 99, 100).
  Argumente: Anders als ein schuldrechtlicher Vertrag erzeugt der dingliche Vertrag keine Verpflichtung. Des weiteren läßt sich der Umkehrschluß aus §§ 873 II, 956 I 2 ziehen. Danach kann beim Erwerb von Grundstücken und Erzeugnissen die Einigung nur ausnahmsweise unter bestimmten Voraussetzungen nicht mehr widerrufen werden. Ist aber bei der Eigentumsübertragung von Grundstücken die Einigung frei widerruflich, so muß dies auch für bewegliche Sachen gelten.

> **Hinweis:** Der Widerruf der Einigung hat zur Folge, daß kein Eigentumsübergang stattfindet.

2. Tritt nach der Einigung, aber vor der Übergabe der **Tod bzw. die Geschäftsunfähigkeit** des Erklärenden ein, so bleibt die Einigung wirksam, analog § 130 II. Der Erbe bzw. der gesetzliche Vertreter hat die Möglichkeit, die Einigung zu widerrufen (Pal. § 929 Rn. 6).

VII. Verfügungsbefugnis

33 1. Letzte Voraussetzung für den rechtsgeschäftlichen Eigentumserwerb ist die Befugnis des Veräußerers, über die Sache zu verfügen. Grundsätzlich ist der **Rechtsinhaber** verfügungsbefugt. Rechtsinhaber ist der Eigentümer der Sache.

34 2. Dem Veräußerer fehlt die Berechtigung, über die Sache zu verfügen, wenn er in seiner Verfügungsmacht beschränkt ist. Solche **Verfügungsbeschränkungen** sind insbesondere:
- §§ 135, 136 I (Veräußerungsverbote)
- § 161 I (Bedingung)
- §§ 1365, 1369 (Eheleute)
- § 2113 I (Vorerbe)

§ 8. Rechtsgeschäftlicher Eigentumserwerb

- § 2211 (Erbe)
- § 81 I InsO (Insolvenzschuldner)

3. Unter bestimmten Voraussetzungen kann auch ein anderer als der Rechtsinhaber zur Verfügung befugt sein. **Verfügungsberechtigte** sind:
- Der gemäß § 185 I Ermächtigte
- Insolvenzverwalter, § 80 I InsO
- Testamentsvollstrecker, § 2205 BGB
- Nachlaßverwalter, § 1985 BGB

4. Die Verfügungsmacht des Nichteigentümers ist von der **Vertretungsmacht** (§§ 164 ff.) zu *unterscheiden*.

Verfügungsmacht (z.B. § 185 I)	Vertretungsmacht (§§ 164 ff.)
❏ Der verfügungsberechtigte Nichteigentümer sowie der nach § 185 I Ermächtigte handeln im eigenen Namen.	❏ Der Vertreter handelt im fremden Namen.
❏ Die Verfügungsmacht liegt beim Verfügenden.	❏ Die Verfügungsmacht liegt beim Vertretenen.

5. Als **Nichtberechtigter** verfügt über die Sache, wer nicht Rechtsinhaber ist, sich aber als solcher ausgibt. Veräußert ein Nichtberechtigter die Sache, so findet grundsätzlich kein Eigentumsübergang statt. Es kommt allenfalls ein gutgläubiger Eigentumserwerb gemäß §§ 932 ff. in Betracht (vgl. unten B. IV.).

Beispiel: E hat ihren Schmuck dem D in Verwahrung gegeben. D verkauft den Schmuck an die G, die D für den Eigentümer hält. G erwirbt gutgläubig Eigentum nach § 932 I.

Ist der Veräußerer Nichteigentümer und auch **nicht verfügungsberechtigt**, geriert er sich aber als verfügungsbefugt, so ist ein gutgläubiger Eigentumserwerb grundsätzlich nicht möglich. Denn der gute Glaube an die Verfügungsmacht wird generell nicht geschützt. Ausnahme ist § 366 HGB (Einzelheiten s. u. B. IV.).

Beispiel: E hat ihren Schmuck dem D in Verwahrung gegeben. D verkauft den Schmuck an die G. Er behauptet, E habe ihn zur Veräußerung des Schmucks ermächtigt. D erwirbt kein Eigentum nach § 932 I. Sie weiß, daß D nicht Eigentümer ist. Ihr guter Glaube an die Verfügungsbefugnis des D ist unerheblich.

B. Gutgläubiger Erwerb vom Nichtberechtigten

I. Übersicht

39 Veräußert ein Nichtberechtigter eine bewegliche Sache, so kann der Erwerber gutgläubig das Eigentum auf der Grundlage der §§ 932 ff. erwerben. Die fehlende Berechtigung des Veräußerers, der sich als Eigentümer ausgibt, wird durch den guten Glauben des Erwerbers überwunden. Der Erwerber erlangt das Eigentum an der Sache, wenn er hinsichtlich des Eigentums guten Glaubens war (§ 932 II) und die Sache dem Eigentümer nicht abhanden gekommen ist (§ 935).

1. Zweck der Vorschriften über den gutgläubigen Erwerb ist, einen *Ausgleich* zwischen den schützenswerten Interessen des gutgläubigen Erwerbers und denen des Eigentümers zu schaffen. Der Erwerber erbringt im Vertrauen auf das Eigentum des Veräußerers eine Gegenleistung, ohne in der Lage zu sein, die Verfügungsberechtigung des Veräußernden zu überprüfen. Gäbe es keinen Vertrauensschutz des Erwerbers, so müßte dieser befürchten, für seine Gegenleistung kein Eigentum zu erlangen. Demgegenüber soll der Eigentümer vor dem Verlust des Eigentums geschützt werden, wenn ein Nichtberechtigter über die Sache verfügt.

> **Hinweis:** Die Vorschriften über den gutgläubigen Eigentumserwerb nach §§ 932 ff. dienen der Sicherheit des Rechtsverkehrs und sollen einen Interessenausgleich zwischen Erwerber und Eigentümer herstellen.

40 2. Gemeinsame Voraussetzung aller Tatbestände des Gutglaubenserwerbs ist der **Rechtsschein des Besitzes**. Er wird durch die Übergabe bzw. die Übergabesurrogate erfüllt. Die Erwerbstatbestände der §§ 932 ff. finden jeweils ihre *Entsprechung* in den Übergabeformen der §§ 929 ff.

> **Voraussetzungen des gutgläubigen Eigentumserwerbs nach §§ 932 ff. BGB**
> I. Rechtsgeschäft i. S. e. Verkehrsgeschäftes
> II. Rechtsscheintatbestand des Besitzes
>   1. Bei § 929 S. 1 → Vollständige Besitzaufgabe des Veräußerers, § 932 I 1
>   2. Bei § 929 S. 2 → Besitzerlangung des Erwerbers, § 932 I 2
>   3. Bei § 930   → Vereinbarung des Besitzkonstituts und Übergabe, § 933
>   4. Bei § 931   → Abtretung des Herausgabeanspruchs, § 934 Fall 1
>   → Zzgl. Besitzerlangung durch den Dritten, § 934 Fall 2
> III. Guter Glaube hinsichtlich des Eigentums des Veräußerers, § 932 II
> IV. Kein Abhandenkommen, § 935

41 3. Darüber hinaus ist gemäß § 936 der **gutgläubige lastenfreie Erwerb** möglich, sofern die Sache mit dem Recht eines Dritten belastet ist.

II. Rechtsgeschäftlicher Eigentumserwerb

Die Vorschriften über den gutgläubigen Erwerb nach §§ 932 ff. sind nur auf den rechtsgeschäftlichen Eigentumserwerb im Sinne eines Verkehrsgeschäfts anwendbar. 42

1. Hingegen besteht kein Vertrauensschutz auf der Grundlage der §§ 932 ff. beim **gesetzlichen Eigentumserwerb** (§§ 946 ff., § 1922).

Beispiel: E erwirbt von V ein Grundstück. Gemäß § 946 erlangt er außerdem das Eigentum an den mit dem Grundstück verbundenen beweglichen Sachen. Der Eigentumserwerb findet unabhängig davon statt, ob E hinsichtlich des Eigentums des V gutgläubig war, ob die Sache dem wahren Eigentümer abhanden gekommen war und ob V berechtigt war, über die beweglichen Sachen zu verfügen.

Auch beim Erwerb kraft **Hoheitsakt** kommt es nicht auf die Gutgläubigkeit des Erwerbers an. Gemäß § 90 ZVG tritt der Eigentumserwerb in der Zwangsvollstreckung mit dem Zuschlag ein.

2. Es handelt sich um ein **Verkehrsgeschäft**, wenn durch das Rechtsgeschäft ein Wechsel des Rechtssubjekts stattfindet. Veräußerer und Erwerber müssen *bei wirtschaftlicher Betrachtungsweise personenverschieden* sein. Das bedeutet, auf Erwerberseite muß mindestens eine Person beteiligt sein, die nicht zur Veräußererseite gehört (BGH NJW 1991, 1415; Pal. § 932 Rn. 1; MK § 932 Rn. 24). 43

Beispiel: Die V-GmbH ist Inhaberin einer Computer-Firma. E hat der V-GmbH eine Computeranlage zur Reparatur überlassen. Die GmbH veräußert die Anlage an den geschäftsführenden Alleingesellschafter V, der nichts von dem Eigentum des E weiß. V und die V-GmbH sind wirtschaftlich identisch. Mangels eines Verkehrsgeschäfts erwirbt V kein Eigentum gemäß § 932 I.

III. Übergabe oder Übergabesurrogate

Um das Vertrauen des Erwerbers in das Eigentum zu begründen, muß ein normaler Erwerbstatbestand mit den Übergabeformen der §§ 929 – 931 vorliegen. Indem der Veräußerer den Besitz an der Sache überträgt, entsteht der äußere Anschein, daß er Eigentümer der Sache ist und als Berechtigter über sie verfügt. Neben der Einigung über den Eigentumsübergang nach § 929 S. 1 muß der Veräußerer den Besitz so übertragen, daß er seine besitzrechtliche Stellung vollständig verliert. Der Erwerber muß den unmittelbaren oder mittelbaren Besitz erlangen. 44

> **Hinweis:** Der Besitz ist Rechtsscheinträger (vgl. § 1006) und begründet das Vertrauen des Erwerbers in die Eigentümerstellung des Veräußerers.

1. Beim gutgläubigen Erwerb **nach §§ 929 S. 1, 932 I 1** wird der Rechtsscheintatbestand des Besitzes durch *die Übergabe* begründet. Der nichtberechtigte 45

Veräußerer muß die Sache dergestalt an den gutgläubigen Erwerber übergeben, daß er den Besitz *vollständig aufgibt.*

Beispiel: E hat seinem Freund F sein Fahrrad geliehen. F benötigt dringend Geld und veräußert das Fahrrad gegen Barzahlung an D. Dieser glaubt, daß F der Eigentümer sei. Mit der Übergabe des Fahrrads verliert F jeglichen Besitz an dem Fahrrad, D erwirbt den unmittelbaren Besitz. Somit hat D gutgläubig Eigentum nach §§ 929 S. 1, 932 I 1 erworben.

46 a) Auch bei der Eigentumsübertragung nach §§ 929 S. 1, 932 kann die Übergabe unter Mitwirkung einer **Geheißperson** erfolgen. Die *Besitzverschaffungsmacht* des Veräußerers begründet einen dem Besitz gleichwertigen Rechtsscheintatbestand. Denn sie löst das Vertrauen des Erwerbers in die Eigentümerstellung des Veräußerers aus (BGHZ 36, 56; Pal. § 929 Rn. 17). Streitig ist die rechtliche Einordnung, wenn eine **vermeintliche Geheißperson** die Sache übereignet. In einem solchen Fall hat der übertragende Dritte tatsächlich keine Weisung von dem Veräußerer erhalten. Er wirkt lediglich *aus der Sicht des Erwerbers* wie eine Geheißperson. Der Erwerber geht gutgläubig davon aus, daß eine Weisung des Veräußerers vorliegt. Die Problematik soll anhand des folgenden Falles verdeutlicht werden, der einem vom BGH entschiedenen Fall nachgebildet ist (vgl. BGH NJW 1974, 1132):

Fall 7 (Hemdenliefer-Fall):

Der Hemdenhersteller H ist in Zahlungsschwierigkeiten geraten und will sein Geschäft sanieren. Er bittet deshalb seinen Bekannten V, für ihn Aufträge zu vermitteln. V schließt daraufhin mit dem Kaufmann K im eigenen Namen einen Kaufvertrag über einen größeren Posten Hemden ab. K holt die Hemden bei H ab. H geht bei der Herausgabe der Ware davon aus, daß V die Hemden in seinem, des H Namen verkauft hat. K zahlt kurz darauf den Kaufpreis an V. Als H von V keine Zahlung erhält, verlangt er von K Zahlung, hilfsweise Herausgabe der Hemden. Zu Recht?

Lösung:

(I) Anspruch des H gegen K auf **Zahlung des Kaufpreises** gemäß § 433 II:
Der Zahlungsanspruch des H gegen K scheidet aus, da zwischen H und K kein Kaufvertrag zustande gekommen ist. V hat den Kaufvertrag mit K nicht im Namen des H (§ 164 I), sondern im eigenen Namen abgeschlossen.

(II) Anspruch des H gegen K auf **Herausgabe der Hemden** nach § 985:
(1) K ist **Besitzer** der Hemden.
(2) H müßte **Eigentümer** sein.
(a) Ursprünglich war H Eigentümer. Er könnte das Eigentum jedoch durch **eigenes Rechtsgeschäft** an K verloren haben nach § 929 S. 1. Stellt man jedoch auf einen objektiven Empfängerhorizont ab, so

§ 8. Rechtsgeschäftlicher Eigentumserwerb

lag aus der Sicht des K kein Angebot des H, sondern des V vor. Eine Eigentumsübertragung von H auf K scheidet somit aus.

(b) Das Eigentum könnte aber auf K übergegangen sein durch **Rechtsgeschäft** zwischen V und K gemäß §§ 929 S. 1, 932 ff., § 366 HGB.

(aa) V und K haben sich über den Eigentumsübergang an den Hemden gemäß § 929 S. 1 **geeinigt**. In der Erfüllung des zugrundeliegenden Kaufvertrages erfolgte die konkludente Einigung.

(bb) Des weiteren ist die **Übergabe** der Sache erforderlich. Für die Übergabe genügt es, wenn ein Dritter auf Geheiß des Veräußerers tätig wird, sofern der Dritte weiß, daß er an der für ihn fremden Veräußerung mitwirkt (Pal. § 929 Rn. 17; MK § 929 Rn. 141).

Hier stellt sich jedoch das Problem, daß V nicht wirklich auf Geheiß des H gehandelt hat. Vielmehr wurde H nur durch Täuschung des V zur Lieferung an K veranlaßt. Er glaubte, seine eigene Kaufvertragsverpflichtung gegenüber K zu erfüllen, wohingegen aus Sicht des K die Übertragung des Besitzes auf Veranlassung des H erfolgte. Umstritten ist, ob für den Eigentumserwerb die Übergabe durch eine solche **vermeintliche Geheißperson** ausreicht.

❑ Von einer in der **Lit.** vertretenen Ansicht wird dies verneint (Pal. § 932 Rn. 4; MK § 929 Rn. 145).
Argument: Der gute Glaube an die Weisungsmacht des Veräußerers genügt nicht. Die Geheißperson muß sich tatsächlich dem Willen des Veräußerers unterordnen. Nur dann schafft die Weisungsmacht denselben Rechtsscheintatbestand wie der Besitz selbst.

❑ **Nach h. M.** ist dagegen für den gutgläubigen Erwerb der Rechtsschein der Besitzverschaffungsmacht des Veräußerers ausreichend (BGH NJW 1974, 1132; Musielak JuS 1992, 713).
Argument: Dies ist aus Gründen der Rechtssicherheit und Rechtsklarheit geboten. Für den Erwerber ist nicht erkennbar, ob es sich um eine wirkliche Geheißperson handelt oder nicht. Es genügt daher, daß die Lieferung „objektiv betrachtet aus der Sicht des Erwerbers" als Leistung des Veräußerers erscheint. Der Erwerber ist in seinem Vertrauen schützenswert.

Aus Gründen des Vertrauensschutzes ist der h. M. zu folgen. Es liegt eine Übergabe i. S. d. § 929 S. 1 vor.

(c) V war zur Übereignung der Hemden **nicht berechtigt**. Es kommt daher ein gutgläubiger Erwerb in Betracht.

(aa) Mangels anderweitiger Anhaltspunkte ist davon auszugehen, daß K im Zeitpunkt der Besitzübertragung **gutgläubig** gemäß § 932 II war. Da er Kaufmann gemäß § 1 I, II HGB ist, kann auch seine Gutgläubigkeit an die Verfügungsbefugnis des V gemäß § 366 HGB unterstellt werden.

(d) Die Vorschrift des § 935 steht dem gutgläubigen Eigentumserwerb des K nicht entgegen, da H freiwillig, wenn auch aufgrund einer Täuschung, den Besitz an den Hemden aufgegeben hat.

K hat somit gutgläubig das Eigentum an den Hemden nach §§ 929 S. 1, 932 I 1 erworben. H hat das Eigentum verloren. Er hat daher keinen Anspruch gegen K auf Herausgabe der Hemden nach § 985.

(III) Anspruch des H gegen K auf **Herausgabe der Hemden** gemäß § 812 I 1, Fall 1:

(1) K hat **etwas erlangt**, nämlich den Besitz und das Eigentum an den Hemden.

(2) Dies müßte durch **Leistung** des H geschehen sein. Leistung in diesem Sinne ist die bewußte und zielgerichtete Vermehrung fremden Vermögens. Indem H dem K die Hemden lieferte, hat er das Vermögen des K vermehrt. Er tat dies in der Annahme, seine eigene Kaufverpflichtung gegenüber K zu erfüllen. Hier ist jedoch auf die Sicht des Empfängers abzustellen (BGHZ 40, 272). Aus der Sicht des K erfolgte die Übergabe der Hemden durch Leistung des V. Mangels Leistung des H entfällt ein Anspruch aus Bereicherungsrecht.

(IV) Ein Anspruch des H aus § 812 I 1, Fall 2 ist ebenfalls nicht gegeben, da die Nichtleistungskondition des H subsidiär ist gegenüber der Leistungskondiktion. Die Leistung an K erfolgte durch V.

Ergebnis: H hat gegen K weder Anspruch auf Zahlung des Kaufpreises, noch auf Herausgabe der Hemden.

Klausurhinweis: Die h. M. über den gutgläubigen Geheißerwerb führt in der Praxis zu der Konsequenz, daß der Dritte unbilligerweise bevorteilt wird. Obwohl er sowohl den Veräußerer als auch den Erwerber getäuscht hat, erhält er den Verkaufserlös. Der Veräußerer hingegen verliert sein Eigentum infolge des gutgläubigen Eigentumserwerbs. Mit guter Begründung können Sie daher auch die Ansicht der Literatur vertreten.

---

47 b) Ein gutgläubiger Eigentumserwerb nach §§ 929 S. 1, 932 I 1 ist auch bei der Übereignung durch einen nichtberechtigten Veräußerer **mit Zustimmung des Besitzers** möglich. Der Erwerber weiß, daß der Veräußerer nicht verfügungsbefugt ist, hält aber *den zustimmenden Besitzer für den Eigentümer*.

§ 8. Rechtsgeschäftlicher Eigentumserwerb

aa) Allerdings muß der zustimmende Dritte **unmittelbarer oder mittelbarer Besitzer** der Sache sein. Denn nur dann beruht der Rechtsschein des Eigentums auf dem Besitz des Veräußerers (BGHZ 10, 86; 56, 123).

> **Beispiel:** D hat von E ein Kopiergerät gemietet. Er verleiht das Gerät an seinen Freund V. Dieser veräußert es an K. D, der behauptet, der Eigentümer zu sein, stimmt der Übereignung zu.
>
> D ist mittelbarer Besitzer des Fotokopierers. K hält den zustimmenden D für den Eigentümer und darf ihn auch dafür halten. K erwirbt somit gutgläubig Eigentum.

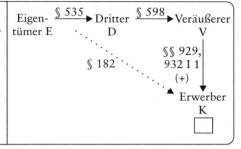

bb) Hat hingegen der zustimmende Dritte überhaupt **keinen Besitz** an der Sache, so fehlt es an dem erforderlichen Rechtsscheintatbestand.

> **Beispiel:** E hat sein Kopiergerät an V vermietet. V veräußert das Gerät an K und behauptet, D sei der Eigentümer. D gibt seine Zustimmung zu der Übereignung.
>
> Hier hat der zustimmende Dritte D keinerlei Besitz an dem Fotokopierer. Der gute Glaube des K an das Eigentum des D reicht nicht aus. Es fehlt an dem weiterhin erforderlichen Rechtsschein des Besitzes.

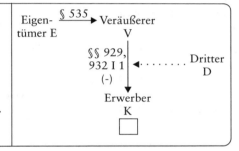

2. Der gutgläubige Erwerb durch Übereignung „kurzer Hand" nach §§ 929 S. 2, 932 I 2 setzt voraus, daß sich die Sache bereits *im Besitz des Erwerbers* befindet. 48

a) Zu der bloßen dinglichen Einigung über den Eigentumsübergang muß *hinzukommen*, daß der Erwerber den Besitz gerade **vom Veräußerer** erhalten hat. Erst dann ist der Rechtsscheintatbestand erfüllt. Die Besitzerlangung von einem Dritten oder durch einseitige Besitzergreifung reicht nicht aus.

> **Hinweis:** Der gutgläubige Erwerb nach §§ 929 S. 2, 932 I 2 „kurzer Hand" erfordert die Personenidentität von:
> ❏ Vermeintlicher Eigentümer
> ❏ Veräußerer
> ❏ Früherer Besitzer

b) Es genügt allerdings, daß der Veräußerer **mittelbarer Besitzer** der Sache war. Der Erwerber erlangt sodann den unmittelbaren Besitz von einem an der Veräußerung unbeteiligten Dritten (Baur/Stürner § 52 II. 2.).

Beispiel: E hat sein Kopiergerät an V vermietet. V verleiht das Gerät weiter an seinen Freund D. Dieser vermietet es an K weiter. K hält V für den Eigentümer. Er möchte das Gerät gerne erwerben und einigt sich mit V über den Eigentumsübergang.

Das Kopiergerät befand sich bereits im Besitz des Erwerbers K. Es hat es von dem mittelbar besitzenden Veräußerer V erworben. Denn mit ihm erfolgte die Einigung über den Eigentumsübergang und ihn hielt K für den Eigentümer.

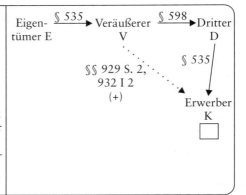

49 3. Für den gutgläubigen Erwerb **nach** §§ 929, 930, 933 reicht es nicht aus, daß sich die Parteien lediglich einigen und ein Besitzkonstitut vereinbaren. Vielmehr ist erforderlich, daß der Veräußerer den Besitz auf den Erwerber übergibt. Gemeint ist die Übergabe i. S. d. § 929 S. 1. Der Veräußerer muß also *jeglichen Besitz an der Sache aufgeben* (BGHZ 67, 207; NJW 1996, 2654).

Beispiel: Der Galerist V hat ein wertvolles Gemälde des E in Verwahrung. Er veräußert es an K, der von dem Eigentum des E nichts weiß. Da V das Bild noch eine Weile in seinem Ausstellungsraum hängen lassen möchte, überläßt K es ihm für die Dauer der Ausstellung. Als E von der Veräußerung erfährt, verlangt er sofort das Gemälde von V heraus. E ist Eigentümer geblieben. K hat nicht gutgläubig Eigentum an dem Gemälde erworben, da V es ihm noch nicht übergeben hatte.

Hinweis: Bei dem gutgläubigen Erwerb nach §§ 929, 930, 933 muß zu den Voraussetzungen der Einigung und des Besitzkonstituts die Übergabe der Sache i. S. d. § 929 S. 1 hinzukommen. Nur dann besteht der Rechtsschein des Besitzes und des damit verbundenen Eigentums.

50 a) Der Erwerber kann auch durch **einseitige Wegnahme** gutgläubig das Eigentum an der Sache gemäß §§ 930, 933 erwerben. Allerdings muß *im Augenblick der Wegnahme* das *Einverständnis* des Veräußerers vorliegen. An dem erforderlichen Übergabewillen des Veräußerers fehlt es bei einer im voraus erteilten Ermächtigung (BGH aaO; Pal. § 933 Rn. 4).

Fall 8:

Die Baufirma V-KG erhielt ihr Baumaterial für ein bestimmtes Bauvorhaben von der Firma K. Zur Sicherheit für das im voraus gelieferte Baumaterial übereignete V zwei Baumaschinen an K. Sie vereinbarten, daß K berechtigt sein sollte, die Maschinen in unmittelbaren Besitz zu nehmen, wenn die V-KG in Zahlungsverzug geriet. K wußte nicht, daß die V-KG die Baumaschinen bereits zuvor an die

§ 8. Rechtsgeschäftlicher Eigentumserwerb

B-Bank übereignet hatte, und zwar zur Sicherung eines gewährten Kredits. Als die V-KG bald darauf ihre Arbeiten an dem Bauvorhaben einstellte, holte K ohne Wissen der V-KG die Baumaschinen von der Baustelle und nahm sie in Besitz. Nunmehr verlangt die B-Bank von K die Herausgabe der Baumaschinen. Zu Recht?

Lösung:

Herausgabeanspruch der B gegen K nach § 985:
- (I) K ist unmittelbarer **Besitzer** der Baumaschinen.
- (II) Die B-Bank müßte **Eigentümerin** sein.
  - (1) Ursprünglich war V Eigentümerin.
  - (2) Aber B hat das Eigentum von V an B erlangt gemäß §§ 929, 930.
  - (3) Fraglich ist, ob das Eigentum der B untergegangen ist durch Übereignung von V an K gemäß §§ 929, 930.
    - (a) V und K haben sich über eine Übereignung durch Besitzkonstitut **geeinigt**.
    - (b) V war jedoch **nicht berechtigt**, über die Maschinen zu verfügen. Daher kommt allenfalls gutgläubiger Erwerb des K gemäß §§ 930, 933 in Betracht. Voraussetzung ist die **Übergabe** der Maschinen vom Veräußerer V an den Erwerber K. Die Übergabe muß auf der Grundlage des § 929 S. 1 erfolgen. Vorliegend hat K die Baumaschinen selbst ohne Wissen der V in Besitz genommen. Die einseitige Besitzergreifung durch den Erwerber reicht grundsätzlich nur dann aus, wenn sie mit Einverständnis des Veräußerers erfolgte (BGHZ 67, 207). Streitig ist, ob dies auch gilt, wenn der Veräußerer den Erwerber zuvor **ermächtigt** hat.
      - ❑ Nach **einer Ansicht** soll die Besitzergreifung aufgrund einer zuvor erteilten Ermächtigung des Veräußerers ausreichen (Musielak JuS 1992, 713).
        Argument: Die zuvor erteilte Ermächtigung des Veräußerers zur Inbesitznahme ist der einverständlichen Übergabe gleichzusetzen.
      - ❑ Nach **h. M.** hingegen reicht die eigenmächtige Besitzergreifung bei zuvor erteilter Ermächtigung für einen gutgläubigen Erwerb nach §§ 930, 933 nicht aus (BGHZ 67, 207; NJW 1996, 2654; Pal. § 933 Rn. 4).
        Argumente: Die Besitzübertragung erfolgt nicht auf Veranlassung des Erwerbers, denn die tatsächliche *willentliche Mitwirkung* des Veräußerers an der Besitzübertragung fehlt. Außerdem soll die „Selbstbedienung" von Kreditgebern eingedämmt werden.

Da somit nicht die erforderliche Übergabe der Baumaschinen i. S. d. § 929 S. 1 vorliegt, ist ein gutgläubiger Erwerb der K nach §§ 930, 933 ausgeschlossen. B ist Eigentümerin der Baumaschinen geblieben.

Ergebnis: B hat Anspruch gegen K auf Herausgabe der Baumaschinen nach § 985.

51 b) Nach der Rspr. kann die Wirkung einer einverständlichen Besitzübergabe auch nicht durch eine **nachträgliche Genehmigung** der Wegnahme durch den Veräußerer herbeigeführt werden. In dem Zeitpunkt, in dem die Besitzverschaffung *tatsächlich* erfolgt ist, lag kein Einverständnis des Veräußerers vor. Dieser Mangel kann nicht durch nachträgliche Zustimmung gemäß § 184 I rückwirkend geheilt werden (BGH JZ 1978, 104).

Beispiel: Im vorangegangenen Fall hat V dem K die Baumaschinen ohne Vereinbarung einer Ermächtigung zur Sicherheit übereignet. Nachdem K die Maschinen von der Baustelle geholt und in Besitz genommen hatte, stimmte V der Inbesitznahme nachträglich zu. Es liegt keine einverständliche Besitzübertragung durch die Veräußerin V vor. K konnte somit nicht gutgläubig Eigentum nach §§ 929, 930, 933 erwerben.

c) Eine Besonderheit im Zusammenhang mit dem gutgläubigen Erwerb nach §§ 930, 933 besteht bei der Übereignung von **Kraftfahrzeugen** durch einen Nichtberechtigten.

aa) Hier muß der Veräußerer zusätzlich zu der Übergabe des Wagens den **Kfz-Brief** aushändigen. Da Kraftfahrzeuge häufig zur Sicherheit übereignet werden, reicht der Besitz als Rechtsscheinträger allein nicht aus (BGH NJW 1994, 2022).

bb) Ebensowenig genügt es für den gutgläubigen Erwerb eines Kraftfahrzeuges nach §§ 930, 933, daß der Veräußerer **lediglich den Kfz-Brief** übergibt. Die Besitzübertragung an dem Fahrzeug muß hinzukommen. Der Kfz-Brief allein begründet nicht den Rechtsschein des Eigentums (BGH NJW 1996, 2226).

Beispielsfall:
V hat einen Pkw gekauft. Den Kaufpreis hat er mit einem Darlehen der B-Bank finanziert. Zur Sicherheit übereignet er den Wagen der B-Bank und übergibt ihr den Kfz-Brief. Obwohl V das Darlehen noch nicht vollständig zurückgezahlt hat, erhält er durch ein Versehen den Kfz-Brief von B zurück. Er übereignet den Pkw nunmehr an K zur Sicherheit und übergibt ihm den Kfz-Brief. Als V mit seinen letzten Darlehensraten in Verzug geraten ist, verlangt die B-Bank von K Herausgabe des Pkw. Zu Recht?
B hat einen Herausgabeanspruch nach § 985 gegen K, wenn sie Eigentümerin ist. Sie hat das Eigentum von V erlangt durch Sicherungsübereignung gemäß §§ 929, 930. Möglicherweise hat B das Eigentum an K verloren durch rechtsgeschäftliche Übereignung. V und K haben sich über den Eigentumsübergang geeinigt und ein Besitzkonstitut vereinbart (§§ 929 S. 1, 930). Da V nicht verfügungsberechtigt war, kommt allenfalls gutgläubiger Erwerb des K gemäß §§ 929, 930, 933 in Betracht. K war hinsichtlich der Eigentümerstellung des V gutgläubig (§ 932 II). Weitere Voraussetzung ist die Übergabe des Pkw sowie die Aushändigung des Kfz-Briefes. Vorliegend hat V dem K lediglich den Kfz-Brief übergeben. Dies allein reicht nach der Rspr. für

§ 8. Rechtsgeschäftlicher Eigentumserwerb

den gutgläubigen Erwerb nach §§ 930, 933 nicht aus. Der Kfz-Brief sichert das Eigentum nur in dem Sinne, daß die fehlende Vorlage regelmäßig den guten Glauben des Erwerbers ausschließt. Er ist hingegen kein Rechtsscheinträger. Anderenfalls würde die Vorschrift des § 933, wonach das Besitzkonstitut allein für den gutgläubigen Erwerb nicht ausreicht, unterlaufen (BGH NJW 1996, 2226; 1978, 1854). Das Eigentum der B-Bank ist somit nicht durch gutgläubigen Eigentumserwerb des K untergegangen.
Ergebnis: Die B-Bank hat gegen K einen Anspruch auf Herausgabe des Pkw gemäß § 985.

4. Veräußert ein Nichtberechtigter die Sache durch **Abtretung des Herausgabeanspruchs,** so ergeben sich für einen gutgläubigen Erwerb **nach §§ 931, 934** zwei Alternativen. Es ist zu unterscheiden, ob der Veräußerer mittelbarer Besitzer der Sache ist oder nicht. 52

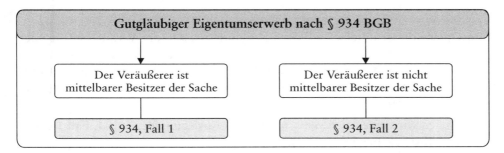

a) Ist der nichtberechtigte Veräußerer **mittelbarer Besitzer,** so steht ihm notwendigerweise auch ein *schuldrechtlicher Herausgabeanspruch* aus dem Besitzmittlungsverhältnis gegen den Dritten zu. Für den gutgläubigen Erwerb genügen Einigung und Abtretung des Herausgabeanspruchs (§ 934, Fall 1). Der gutgläubige Erwerber erlangt unmittelbar mit Abtretung des Herausgabeanspruchs (§ 870) das Eigentum. 53

Beispiel: E hat dem Galeristen V hat ein wertvolles Gemälde in Verwahrung gegeben. V lagert es bei L ein. K möchte bald darauf das Bild von V erwerben. V tritt ihm seinen Herausgabeanspruch gegen L ab. Bevor K das Gemälde bei L abholen kann, verlangt E es heraus. E hat keinen Herausgabeanspruch gegen K oder L, da K bereits gutgläubig Eigentum an dem Gemälde erworben hat.

Hinweis: Für den gutgläubigen Eigentumsübergang nach §§ 931, 934, Fall 1 genügt der Erwerb des mittelbaren Besitzes. Die zusätzliche Übergabe der Sache durch den Veräußerer ist nicht erforderlich.

Dies führt zu einem **Wertungswiderspruch** des gutgläubigen Eigentumserwerbs nach § 934, Fall 1 zu dem nach § 933. In beiden Fällen erlangt der Erwerber mittelbaren Besitz. Es bestehen aber unterschiedliche Regelungen bezüglich der *Übergabe der Sache.* Für den Erwerbstatbestand nach §§ 931, 934, Fall 1 reicht der Erwerb des mittelbaren Besitzes aus. Hingegen muß für den gutgläubigen Erwerb nach §§ 930, 933 die Übergabe der Sache hinzukommen. 54

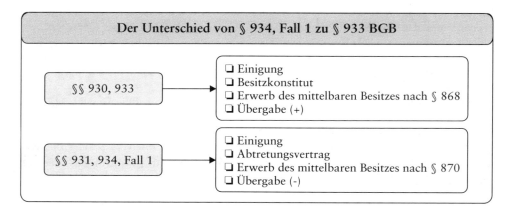

Konsequenz dieser unterschiedlichen Regelung ist, daß der Veräußerer die nach § 933 erforderliche Übergabe umgehen kann, indem er die Sache bei einem Dritten einlagert und dem Erwerber den Herausgabeanspruch gegen den Dritten abtritt. Umstritten ist, ob aus diesem Grund eine *Angleichung* der beiden Gutglaubensvorschriften erfolgen soll.

- ❑ **Zum Teil** wird eine solche einschränkende Auslegung des § 934, Fall 1 gefordert (Musielak JuS 1992, 713).
  Argument: Anderenfalls würde bei der Übereignungsform Abtretung des Herausgabeanspruchs durch einen Nichtberechtigten der Rechtsschein des Besitzes völlig fehlen. Für den gutgläubigen Erwerb nach § 934, Fall 1 soll daher ebenfalls die Übergabe der Sache erforderlich sein.

- ❑ Nach der **h. M.** hingegen soll der Wertungswiderspruch bestehen bleiben (BGHZ 50, 45).
  Argument: Die unterschiedliche Behandlung der Erwerbstatbestände ist gerechtfertigt. Bei der Übereignung durch Besitzkonstitut nach § 930 wollen die Parteien gerade, daß der Veräußerer den Besitz behält. Bei der Abtretung des Herausgabeanspruchs nach § 931 hingegen gibt der Veräußerer jegliche besitzrechtliche Position zur Sache auf. Insofern ist die Übertragung des mittelbaren Besitzes ein ausreichender Rechtsscheintatbestand. Eine einschränkende Auslegung des § 934, Fall 1 wäre gesetzeswidrig.

55 **b)** Ist der Veräußerer **nicht mittelbarer Besitzer** der Sache, so muß er einen *gesetzlichen (§ 812 bzw. § 823)* oder einen nur *vermeintlichen Herausgabeanspruch* an den Erwerber abtreten. Neben der Abtretung des Herausgabeanspruchs ist erforderlich, daß der Erwerber zusätzlich den Besitz von dem Dritten erlangt (§ 934, Fall 2).

aa) Es genügt, daß der unmittelbar besitzende Dritte ein neues Besitzmittlungsverhältnis mit dem Erwerber begründet und dieser lediglich **mittelbaren Besitz** erlangt.

Beispiel: E hat seine wertvolle Münzsammlung bei dem Kunsthändler D in Verwahrung gegeben. V, der sich als Eigentümer ausgibt, veräußert die Sammlung an K, indem er ihm einen angeblichen Herausgabeanspruch gegen D abtritt. K wendet sich an D und schließt mit ihm einen neuen Verwahrungsvertrag ab.

Mit der Abtretung des Herausgabeanspruchs durch V hat K noch nicht Eigentum erworben. Erst als er mit D ein neues Besitzmittlungsverhältnis abschließt, hat er gutgläubig Eigentum nach § 934, Fall 2 erworben. Er hat den mittelbaren Besitz von dem Dritten erhalten.

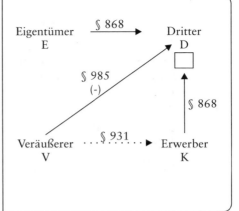

bb) Umstritten ist, ob in einem solchen Fall **Nebenbesitz** des Erwerbers anzunehmen ist, mit der Folge, daß ein gutgläubiger Eigentumserwerb ausgeschlossen ist. Denn der Dritte als unmittelbarer Besitzer betreibt quasi ein „*Doppelspiel*". Er vermittelt dem Erwerber den Besitz und hält zugleich seine besitzrechtliche Beziehung zum ursprünglichen Eigentümer aufrecht. Die Problematik soll Ihnen anhand des nachstehenden Klausurfalles vermittelt werden.

Lernhinweis: Wie Sie sehen werden, handelt es sich um einen umfangreichen Klausurfall, wie er für Examensklausuren typisch ist. Wichtig ist, daß Sie besonders in solchen Fällen, in denen mehrere Eigentumsübertragungen stattfinden, bei der Eigentumsprüfung den historischen Aufbau anwenden!

Lassen sie sich nicht von der Problematik der Sicherungsübereignung irritieren. Sie ist an dieser Stelle eingefügt, da die Übereignung durch Besitzkonstitut (§ 930) im Zusammenhang mit der Sicherungsübereignung am häufigsten vorkommt und beliebte Standardproblematik in Klausuren ist. Einzelheiten zur Sicherungsübereignung erfahren Sie unten in § 10.

Fall 9:

Der Motorradhändler E veräußert ein Motorrad unter Eigentumsvorbehalt an V und übergibt es ihm. Bald darauf nimmt V bei X einen Kredit auf. Zur Sicherheit übereignet V ihm das Motorrad. Sie vereinbaren, daß V das Motorrad weiterhin behalten und benutzen darf. Als X in Zahlungsschwierigkeiten gegenüber seinem Gläubiger Y gerät, veräußert er das Motorrad an ihn weiter, indem er ihm alle Ansprüche aus dem Rechtsverhältnis mit V abtritt. Nunmehr gerät V mit seinen Ratenzahlungen an E in Verzug. E verlangt daher von V die Herausgabe des Motorrads. Zu Recht?

Lösung:

Anspruch des E gegen V auf **Herausgabe** des Motorrads nach § 985:
  (I) V ist unmittelbarer **Besitzer**.
  (II) Fraglich ist, ob E **Eigentümer** des Motorrads ist. Ursprünglich war E Eigentümer. Er könnte das Eigentum jedoch durch rechtsgeschäftliche Übereignung verloren haben.
    (1) In Betracht kommt eine Eigentumsübertragung gemäß § 929 S. 1 von E an V. Die Parteien haben einen **Eigentumsvorbehalt** vereinbart. Das heißt, die Übereignung erfolgte unter der Bedingung der vollständigen Zahlung des Kaufpreises (§ 158). Diese Bedingung ist nicht eingetreten. V hat somit kein Eigentum erworben.
    (2) Das Eigentum könnte auf X übergegangen sein durch die **Sicherungsübereignung** nach §§ 929, 930 von V an X.
      (a) Eine **Einigung** der Parteien über den Eigentumsübergang liegt vor.
      (b) Des weiteren haben sie ein **Besitzkonstitut** vereinbart. Denn der Sicherungsvertrag stellt ein konkretes Besitzmittlungsverhältnis nach § 868 dar.
      (c) Allerdings fehlt es an der Verfügungsberechtigung des V. Es kommt daher allenfalls gutgläubiger Erwerb des X nach § 933 in Betracht. Voraussetzung ist, daß der Veräußerer die Sache an den Erwerber übergibt. Eine solche **Übergabe** i. S. d. § 929 S. 1 ist nicht erfolgt. X hat somit kein Eigentum an dem Motorrad erworben.
    (3) Möglicherweise hat E das Eigentum an Y verloren, indem X seinen Herausgabeanspruch gegen V nach §§ 929, 931 an Y **abgetreten** hat.
      (a) X und Y haben sich über den Eigentumsübergang i. S. d. § 929 S. 1 **geeinigt**.
      (b) Die Übergabe i. S. d. § 929 S. 1 könnten X und Y gemäß § 931 durch die Abtretung eines Herausgabeanspruchs ersetzt haben. Sie haben den erforderlichen **Abtretungsvertrag** (§ 398) abgeschlossen. Weitere Voraussetzung ist ein **durchsetzbarer Herausgabeanspruch** des X. Dieser ergibt sich aus dem Sicherungsvertrag zwischen X und V. Der Sicherungsvertrag bildet eine Teilabrede der Sicherungsübereignung. Die Sicherungsübereignung zwischen V und X ist wegen der fehlenden Übergabe gescheitert. Möglicherweise führt diese Nichtigkeit dazu, daß die zugrundeliegende Sicherungsabrede gemäß § 139 **nichtig** ist.
        (aa) Nach Ansicht des **BGH** ist dies der Fall. Sicherungsvertrag und Sicherungsübereignung bilden eine rechtliche Einheit i. S. d. § 139, da das Besitzmittlungsverhältnis auf dem Sicherungsvertrag beruht. Die Nichtigkeit der Sicherungsübereignung als Teilabrede führt zur Unwirksamkeit auch des Sicherungsvertrages (BGHZ 50, 48; Pal. § 930 Rn. 14 a).

(bb) Die gescheiterte Sicherungsübereignung kann aber gemäß § 140 in eine wirksame Sicherungsübertragung des Anwartschaftsrechts auf Erwerb des Eigentums **umgedeutet** werden. Dadurch bleibt der Sicherungsvertrag wirksam.

Es besteht somit ein Herausgabeanspruch des X gegen V, der als Übergabesurrogat i. S. d. § 931 an Y abgetreten werden konnte.

(c) X hatte jedoch keine Verfügungsberechtigung. Es kommt somit nur **gutgläubiger Erwerb** des Y nach § 934, Fall 1 in Betracht. Der Veräußerer X war mittelbarer Besitzer des Motorrads. Daher genügt für den gutgläubigen Erwerb die Abtretung des Herausgabeanspruchs gemäß § 870. Gegen dieses Ergebnis könnte jedoch sprechen, daß ein **Wertungswiderspruch** zu § 933 besteht. Für den Eigentumserwerb nach §§ 930, 933 ist nämlich zusätzlich die Übergabe der Sache i. S. d. § 929 S. 1 erforderlich. Dies ist bei der Übereignung nach §§ 931, 934, Fall 1 nicht notwendig. In beiden Fällen erlangt der Erwerber aber mittelbaren Besitz.

(aa) **Zum Teil** wird deshalb eine einschränkende Auslegung des § 934, Fall 1 gefordert in der Form, daß hier ebenfalls die Übergabe der Sache erforderlich sein soll. Anderenfalls würde bei der Übereignungsform Abtretung des Herausgabeanspruchs durch einen Nichtberechtigten der Rechtsschein des Besitzes völlig fehlen. Der Veräußerer könnte das Erfordernis der Übergabe bei § 933 umgehen (Musielak JuS 1992, 713).

(bb) Nach **h. M.**, der zu folgen ist, ist die einschränkende Auslegung des § 934, Fall 1 gesetzeswidrig. Die unterschiedliche Behandlung der Erwerbstatbestände ist gerechtfertigt. Es ist darauf abzustellen, daß der Veräußerer bei einem gutgläubigen Erwerb auf jeden Fall jeglichen Besitz an der Sache verlieren muß. Die Übertragung des mittelbaren Besitzes reicht hierfür als Rechtsscheintatbestand aus (BGHZ 50, 45).

(d) Fraglich ist jedoch, ob ein gutgläubiger Erwerb des Y deshalb ausgeschlossen ist, weil er lediglich **Nebenbesitz** erworben hat.

❏ Nach einer in der **Literatur** vertretenen Ansicht erlangt der Erwerber neben dem ursprünglichen Eigentümer gleichstufigen mittelbaren Nebenbesitz (Baur § 52 II 4 c).
Argument: Der unmittelbare Besitzer betreibt ein „Doppelspiel", indem er dem Erwerber den Besitz vermittelt und zugleich seine besitzrechtliche Beziehung zum ursprünglichen Eigentümer aufrechterhält. Der Erwerber erlangt keine bessere Besitzposition als der ursprüngliche Eigentümer. Beide stehen der Sache gleich nahe. Der Erwerber kann daher nicht gutgläubig Eigentum erwerben.

❏ Die **h. M.** lehnt hingegen das Rechtsinstitut des Nebenbesitzes ab (BGHZ 50, 45; Pal. § 868 Rn. 2; MK § 868 Rn. 10).

Argumente: Die Regelungen über den Besitz sind abschließend. Einen Nebenbesitz kennt das Gesetz nicht. Durch den Abschluß des neuen Besitzmittlungsverhältnisses dokumentiert der unmittelbare Besitzer nach außen, daß er nicht mehr für den Eigentümer besitzen will. Er gibt seinen Fremdbesitzerwillen auf. Ein etwaiger davon abweichender innerer Wille ist unbeachtlich. Dies hat zur Folge, daß der ursprüngliche Eigentümer seinen Besitz vollständig verliert. Der Erwerber erlangt alleinigen mittelbaren Besitz und somit gutgläubig Eigentum.

Somit ist der gutgläubige Eigentumserwerb des Y nicht ausgeschlossen. E hat sein Eigentum an dem Motorrad verloren.

Ergebnis: E hat keinen Anspruch gegen V auf Herausgabe des Motorrads nach § 985.

IV. Guter Glaube

57 Als weitere Voraussetzung muß die Gutgläubigkeit des Erwerbers hinsichtlich der Eigentümerstellung des Veräußerers hinzukommen. Gegenstand des guten Glaubens ist das Eigentum des Veräußerers, nicht hingegen seine Verfügungsbefugnis. Gutglaubensmaßstab nach § 932 II ist Kenntnis oder grob fahrlässige Unkenntnis des Erwerbers. Der gutgläubige Eigentumserwerb ist ausgeschlossen, wenn der Erwerber weiß oder infolge grober Fahrlässigkeit nicht weiß, daß die Sache nicht dem Veräußerer gehört. Maßgeblicher Zeitpunkt für das Vorliegen der Gutgläubigkeit des Erwerbers ist die Vollendung des Eigentumserwerbs, also grundsätzlich die Übergabe. Die drei Gesichtspunkte der Gutgläubigkeit nach § 932 II gelten für alle Erwerbstatbestände der §§ 932 – 934.

58 **1. Gutglaubensgegenstand** ist grundsätzlich nur das Eigentum des Veräußerers. Der gute Glaube in die Verfügungsbefugnis des Veräußerers wird bis auf wenige Ausnahmefälle nicht geschützt.

a) Ist der Veräußerer Eigentümer der Sache, aber aufgrund eines **relativen Veräußerungsverbotes** in seiner Verfügungsmacht beschränkt, so ist gutgläubiger Eigentumserwerb durch *gesetzliche Verweisungen* auf die §§ 932 ff. möglich. Der Erwerber verdient Schutz, da das Veräußerungsverbot nur im Verhältnis des Veräußerers zu einem Dritten gilt, nicht aber ihm, dem Erwerber, gegenüber.

> **Hinweis:** Ein relatives Veräußerungsverbot liegt vor, wenn die Verfügung nur einzelnen Personen gegenüber unwirksam ist.

Bei einem gesetzlichen oder behördlichen Veräußerungsverbot finden die §§ 932 ff. über § 135 II entsprechende Anwendung.

Beispiel: K hat von V einen antiken Schrank gekauft. Als V bald darauf den Schrank auch an X verkauft, erwirkt K eine einstweilige Verfügung. Trotz Zustellung der einstweiligen Verfügung übereignet V den Schrank an den gutgläubigen X. Die einstweilige Verfügung enthält nach

§ 8. Rechtsgeschäftlicher Eigentumserwerb

§§ 935, 938 ZPO ein gesetzliches Veräußerungsverbot, das relativ zwischen den Parteien V und K gilt. Über § 135 II konnte X daher gutgläubig Eigentum gemäß §§ 932 ff. erwerben.

Des weiteren kommen folgende **Verweisungsvorschriften** bei fehlender Verfügungsbefugnis des Eigentümers in Betracht:

- § 161 III: Bei Verfügungen über ein bedingtes Recht
- § 2113 III: Bei Verfügungen des beschränkten Vorerben
- § 2211 II: Bei Verfügungen des Erben über Gegenstände, die der Testamentsvollstreckung unterliegen.
- § 1244:   Bei der Veräußerung eines Pfandes
- § 2368 III: Bei der Veräußerung durch den Testamentsvollstrecker

b) Ist der Veräußerer hingegen aufgrund eines **absoluten Veräußerungsverbotes** in seiner Verfügungsbefugnis eingeschränkt, so ist das Verfügungsgeschäft **gemäß § 134** nichtig. Der gutgläubige Eigentumserwerb nach §§ 932 ff. ist ausgeschlossen, da das Veräußerungsverbot auch dem Erwerber gegenüber seine Wirksamkeit entfaltet. 59

Hinweis: Ein absolutes Veräußerungsverbot liegt vor, wenn die Verfügung gegenüber jedermann unwirksam ist.

Zu den absoluten Verfügungsbeschränkungen gehören:

- §§ 1365, 1369: Verfügungsbeschränkungen der Ehegatten
  (vgl. Pal. § 1365 Rn. 1)
- § 1643:   Verfügungsbeschränkungen der Eltern
- § 1812:   Verfügungsbeschränkungen des Vormunds
  (vgl. Pal. §§ 135, 136 Rn. 2)
- § 81 InsO: Verfügungen des Schuldners, wenn über sein Vermögen das Insolvenzverfahren eröffnet wurde
  (Pal. §§ 135, 136 Rn. 2).

c) Verfügt der Nichtberechtigte im eigenen Namen über die Sache, behauptet aber, der Eigentümer habe ihn i. S. d. § 185 I zur Veräußerung *ermächtigt*, so geriert er sich als verfügungsbefugt. Der gute Glaube des Erwerbers in die **Verfügungsbefugnis** des Veräußerers wird im BGB nicht geschützt. Eine *Ausnahme* besteht lediglich gemäß § 366 HGB. 60

Beispiel: E hat seine Gemälde dem Kunsthändler V in Kommission gegeben. Als E mit V nicht mehr zufrieden ist, entzieht er ihm die Verfügungsmacht. Dennoch veräußert V ein Bild des E an den Galeristen K und erklärt, es handele sich um Kommissionsware des E. Die Voraussetzungen für einen gutgläubigen Eigentumserwerb nach § 366 HGB sind erfüllt. Der Veräußerer V ist Kaufmann i. S. d. §§ 1 ff. HGB. Die Übereignung erfolgte aufgrund eines Handelsgeschäfts (§§ 343, 344 HGB). Und K war gutgläubig hinsichtlich der Ermächtigung des E zur Weiterveräußerung durch V.

aa) Fraglich ist, ob § 366 HGB **analog angewendet** werden kann, wenn der veräußernde Kaufmann *im fremden Namen* über die Sache verfügt, tatsächlich aber ohne Vertretungsmacht handelt.

- **Teilweise** wird dies in der Literatur abgelehnt (Tiedtke, Jura 1983, 460).
  Argumente: Es besteht keine Gesetzeslücke für eine analoge Anwendung des § 366 HGB. Die Vorschriften über die Anscheins- und Duldungsvollmacht sowie § 56 HGB (Ermächtigung für Angestellte in einem Laden oder Warenlager) reichen bei fehlender Vertretungsmacht aus. Darüber hinaus ist nur das Handeln im eigenen Namen schutzwürdig, nicht aber das Handeln im fremden Namen.

- Die **h. M.** hingegen bejaht eine analoge Anwendung des § 366 HGB bei mangelnder Vertretungsmacht. Die Vorschrift soll jedoch nur für das dingliche Geschäft entsprechend gelten. Der gutgläubige Erwerber bleibt damit dem Bereicherungsanspruch des Eigentümers ausgesetzt (Baumbach/Hopt § 366 HGB Rn. 5).
  Argument: Dies ist im Interesse der Sicherheit des Handelsverkehrs geboten.

bb) Eine analoge Anwendung des § 366 HGB auf **Nichtkaufleute** ist nach h. M. abzulehnen. Die Vorschrift ist als *Sonderreglung* des Handelsrechts nicht analogiefähig. Sie dient allein dem Schutz des kaufmännischen Verkehrs. Das Handeln im eigenen Namen ist bei der gewerbsmäßigen Veräußerung von Sachen durchaus üblich (MK § 932 Rn. 97).

61 **2. Gutglaubensmaßstab** nach § 932 II ist Kenntnis oder grob fahrlässige Unkenntnis des Erwerbers. Die Gutgläubigkeit wird grundsätzlich *vermutet*. Dies geht aus dem Wortlaut des § 932 II („nicht in gutem Glauben, wenn...") hervor sowie aus der negativen Formulierung in § 932 I 1 („es sei denn, daß ..."). Der Erwerber muß seine Gutgläubigkeit nicht beweisen. Vielmehr trägt derjenige, der sich auf die Bösgläubigkeit des Erwerbers beruft, die Beweislast (BGH NJW 1982, 38; Pal. § 932 Rn. 15).

Lernhinweis: In der Fallbearbeitung können Sie getrost die Gutgläubigkeit des Erwerbers als gegeben unterstellen, sofern keine Anhaltspunkte dafür vorliegen, daß er die fehlende Eigentümerstellung des Veräußerers kannte oder infolge grober Fahrlässigkeit nicht kannte.

a) Mit **Kenntnis** ist das positive Wissen des Erwerbers hinsichtlich der *Eigentümerstellung* des Veräußerers gemeint. Die Beurteilung dürfte in der Regel keine Probleme bereiten. Schwierigkeiten können allerdings bei der Frage auftreten, ob der Erwerber grob fahrlässig nicht wußte, daß der Veräußerer kein Eigentum an der Sache hat. **Grob fahrlässige Unkenntnis** des Erwerbers liegt vor, wenn er die im Verkehr erforderliche Sorgfalt in ungewöhnlich hohem Maße verletzt und dasjenige unbeachtet läßt, was im gegebenen Fall jedem hätte einleuchten müssen (BGH NJW 1994, 2022; 1994, 2093; Pal. § 932 Rn. 10). Entscheidend sind jeweils die *Umstände des Einzelfalles*. Den Erwerber trifft grundsätzlich keine allgemeine Nachforschungspflicht. Nur wenn sich konkrete Verdachtsmomente für die fehlende Eigentümerstellung des Veräußerers ergeben, ist der Erwerber verpflichtet, geeignete Erkundigungen einzuziehen (Pal. § 932 Rn. 10; BGH NJW 1975, 735).

aa) Eine Besonderheit besteht beim **Kauf eines Gebrauchtwagens**. Der Erwerber ist insbesondere dann zu Nachforschungen über die Eigentumsberechtigung verpflichtet, wenn
- der Veräußerer den Kfz- Brief nicht vorlegt,
- der Kfz- Brief keinen Halter ausweist, oder
- im Kfz- Brief ein anderer als der Veräußerer aufgeführt ist.

Hat der Erwerber den Pkw von einer *Privatperson* erlangt, die nicht verfügungsbefugt war, und hat der Erwerber entsprechende Nachforschungen unterlassen, so ist grobe Fahrlässigkeit anzunehmen. Dies gilt hingegen nicht, wenn der Erwerber das Fahrzeug von einem *Kfz-Händler* erworben hat, da bei ihm in der Regel von Kommissionsware auszugehen ist (BGH NJW 1996, 314; 1994, 2022; 1975, 732; OLG Düsseldorf NJW- RR 1992, 381; Pal. § 932 Rn. 13).

bb) Bei Gegenständen, die **üblicherweise unter Eigentumsvorbehalt** auf Abzahlung veräußert werden, ist der Erwerber ebenfalls verpflichtet, sich das Eigentum nachweisen zu lassen (OLG Düsseldorf MDR 1994, 473; Pal. § 932 Rn. 12).

b) Beauftragt der Erwerber bei der Eigentumsübertragung einen **Vertreter,** so muß er sich dessen Kenntnis oder grob fahrlässige Unkenntnis nach § 166 I *zurechnen* lassen. Anders verhält es sich, wenn der Vertreter nach bestimmten *Weisungen* des Erwerbers handelt. Dann kommt es gemäß § 166 II auf den guten Glauben des vertretenen Erwerbers an. 62

3. Maßgeblicher **Gutglaubenszeitpunkt** ist die Vollendung des Erwerbstatbestandes. Das ist in der Regel die *Übergabe* der Sache. Haben die Parteien den Eigentumsübergang unter eine Bedingung (§ 158) gestellt, so muß der Erwerber im Zeitpunkt der bedingten Einigung gutgläubig sein. Der gute Glaube muß hingegen nicht bis zum Bedingungseintritt vorhanden sein (Pal. § 932 Rn. 14). 63

Beispiel: Antiquitätenhändler A hat einen wertvollen Schrank des E in Verwahrung. Er veräußert den Schrank im März an K, der den A für den Eigentümer hält. Die Parteien vereinbaren Ratenzahlung und Lieferung unter Eigentumsvorbehalt. K zahlt pünktlich seine monatlichen Raten. Im Dezember, nachdem er die vorletzte Rate an A gezahlt hat, erfährt er von einem Freund, daß der Schrank ursprünglich E gehört hat. Im Januar zahlt er die letzte Rate. K hat gutgläubig das Eigentum erworben. Zum Zeitpunkt der Vereinbarung des Eigentumsvorbehalts (§ 158 I) war K gutgläubig hinsichtlich der Eigentümerstellung des A. Seine spätere Kenntnis schadet nicht.

V. Kein Abhandenkommen

Der gutgläubige Eigentumserwerb ist ausgeschlossen, wenn die Sache dem Eigentümer abhanden gekommen ist. Abhandenkommen bedeutet den unfreiwilligen Verlust des unmittelbaren Besitzes durch den Eigentümer (§ 935 I 1). Ist der 64

Eigentümer lediglich mittelbarer Besitzer, so ist erforderlich, daß der Besitzmittler den unmittelbaren Besitz unfreiwillig verliert (§ 935 I 2). Hingegen ist nach § 935 II trotz Abhandenkommens der gutgläubige Eigentumserwerb möglich bei Geld, Inhaberpapieren und Veräußerung im Wege öffentlicher Versteigerung.

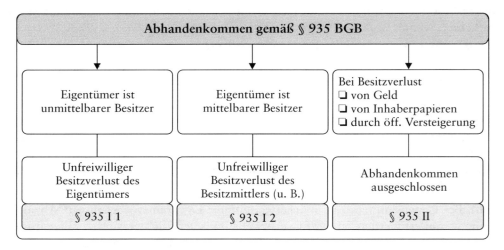

65 **1. Unfreiwillig** ist der Besitzverlust, wenn der Eigentümer den Besitz an der Sache ohne seinen Willen, nicht notwendig gegen seinen Willen verloren hat (Pal. § 935 Rn. 2; OLG München NJW-RR 1993, 1466).

Beispielsfall:
E will seinen Pkw an den Gebrauchtwagenhändler N verkaufen. Er macht mit ihm eine Probefahrt. E sitzt dabei auf dem Beifahrersitz. Anschließend fährt N den Wagen auf sein Firmengelände, um dort mit E über den Kaufpreis zu verhandeln. N schließt Papiere und Schlüssel des Pkw weg. Als sich E und N nicht über den Kaufpreis einigen können, will E seinen Pkw zurück haben. Der Wagen ist jedoch auf dem Gelände des N zugeparkt worden. E kommt am nächsten Tag wieder, um seinen Wagen abzuholen. Doch N hat ihn bereits an den gutgläubigen K weiter verkauft. E verlangt von K den Wagen heraus. Zu Recht?
Der Herausgabeanspruch des E gegen K aus § 985 ist gegeben, wenn E Eigentümer des Pkw ist. Sein ursprüngliches Eigentum könnte E an K verloren haben durch die rechtsgeschäftliche Veräußerung seitens des N. N und K haben sich bzgl. des Eigentumsübergangs geeinigt, und H hat den Wagen übergeben (§ 929 S. 1). N war jedoch Nichtberechtigter, so daß allenfalls ein gutgläubiger Erwerb des K nach § 932 I 1 in Betracht kommt. Dies kann jedoch nur dann der Fall sein, wenn der Wagen dem E nicht nach § 935 abhanden gekommen ist. Voraussetzung ist der unfreiwillige Verlust des unmittelbaren Besitzes. Das Überlassen des Steuers an N stellt noch keinen Verlust der Sachherrschaft dar. Auf dem Beifahrersitz hatte E noch die erforderliche räumliche Beziehung zu dem Fahrzeug. Aber auf dem Firmengelände des N ist schließlich der Besitzverlust eingetreten. Zunächst hat E lediglich die Sachherrschaft über Papiere und Schlüssel des Pkw verloren. Spätestens mit dem Zuparken des Pkw ist auch die Sachherrschaft über den Wagen selbst verloren gegangen. Der Besitzverlust trat auch unfreiwillig, das heißt, ohne den Willen des Eigentümers, ein. E hat zwar keine aktive Gegenwehr geleistet, jedoch ist dieses Verhalten nicht als Einwilligung anzusehen. Denn es ist nicht notwendig, daß der Eigentümer

§ 8. Rechtsgeschäftlicher Eigentumserwerb

den Besitz gegen seinen Willen verloren hat. Der Pkw ist dem E somit gemäß § 935 abhanden gekommen. K konnte nicht gutgläubig Eigentum erwerben.
Ergebnis: E ist Eigentümer geblieben und hat gegen K einen Herausgabeanspruch aus § 985.

a) Maßgeblich ist der **rein tatsächliche Wille** des Eigentümers. Ein Geschäftsunfähiger kann nicht freiwillig den Besitz an der Sache aufgeben. Gibt er die Sache weg, so ist sie abhanden gekommen. Fraglich ist, ob dies auch für die freiwillige Weggabe durch einen beschränkt Geschäftsfähigen gilt.

- Die **h. M.** ist der Auffassung, daß bei freiwilliger Besitzaufgabe durch einen beschränkt Geschäftsfähigen kein Abhandenkommen vorliegt (OLG München NJW 1991, 2571; M. Wolf Rn. 431).
  Argument: Da es bei § 935 nicht auf den rechtsgeschäftlichen Willen ankommt, sondern auf den rein tatsächlichen Willen, kann ein nicht voll Geschäftsfähiger den Besitz aufgeben.

- Die **Gegenansicht** wendet zum Teil §§ 104 ff. entsprechend an oder stellt auf den Einzelfall ab sowie auf das erforderliche Urteilsvermögen des beschränkt Geschäftsfähigen (MK vor § 104 Rn. 61 ff.; Baur/Stürner § 52 V 2).
  Argument: Die Besitzaufgabe stellt eine geschäftsähnliche Handlung dar.

b) Wurde der Wille des Eigentümers die Sache wegzugeben, durch **Täuschung oder Drohung** verursacht, so liegt eine willentliche Übertragung des Besitzes vor. Das Abhandenkommen ist ausgeschlossen. Nur bei Einwirkung durch unwiderstehlichen Zwang ist der Besitzaufgabewille unbeachtlich. Die Sache ist dann abhanden gekommen (BGHZ 4, 10; Pal. § 935 Rn. 3; Tiedtke Jura 1983, 460).

2. Hat der Eigentümer den **mittelbaren Besitz** an der Sache, so ist er nur dann gemäß § 935 I 2 geschützt, wenn sein *Besitzmittler* den Besitz unfreiwillig verliert. Ist der Besitzmittler mit der Wegnahme der Sache einverstanden, so liegt für den mittelbar besitzenden Eigentümer kein Abhandenkommen vor. Dies gilt selbst dann, wenn die Wegnahme gegen den Willen des Eigentümers erfolgt ist. Problematisch ist, ob § 935 I 2 auch dann anwendbar ist, wenn der unmittelbare Besitzer nicht Besitzmittler des Eigentümers ist, sondern *einem Dritten* den Besitz mittelt.

Beispiel: M hat von E ein Fernsehgerät gemietet. Als E erfährt, daß M bei Abschluß des Mietvertrages geisteskrank war, verlangt er den Apparat heraus. M weigert sich. Kurz darauf wird ihm das Fernsehgerät von Dieb D gestohlen. Dieser veräußert es an den gutgläubigen X. Wenn es auf den Besitzaufgabewillen des unmittelbaren Besitzers M ankommt, so ist der Fernsehapparat dem E abhanden gekommen. X konnte nicht gutgläubig Eigentum daran erwerben. Anderenfalls wäre gutgläubiger Erwerb möglich.

- **Zum Teil** wird die Ansicht vertreten, daß § 935 analog auf den unmittelbaren Besitzer, der nicht dem Eigentümer den Besitz vermittelt, anzuwenden ist (Baur/Stürner § 52 V 2 a aa; Musielak JuS 1992, 713).
  Argument: Es liegt eine Regelungslücke vor. Aus dem Sinn und Zweck des § 935 ergibt sich, daß immer dann, wenn beim Eigentümer ein unfreiwilliger Besitzverlust eingetreten ist, die Sache abhanden gekommen ist.

❑ Die **h. M.** lehnt demgegenüber eine analoge Anwendung des § 935 I 2 ab (MK § 935 Rn. 7; Pal. § 935 Rn. 1).
Argument: Der Wortlaut der Regelung ist eindeutig. Darüber hinaus ist die Interessenlage nicht vergleichbar. Im Gegensatz zum Besitzmittler, der dem Eigentümer den Besitz mittelt, steht hier der unmittelbare Besitzer in keinerlei Rechtsverhältnis zu dem Eigentümer.

3. Besondere Aufmerksamkeit verdienen die Fälle der **Veruntreuung** durch eine Person, die die tatsächliche Sachherrschaft für den Eigentümer ausübt. Gemeint sind der Besitzdiener (§ 855), das Organ einer juristischen Person (z. B. nach § 30) sowie der Erbschaftsbesitzer (§ 857). Die Problematik ist bereits weiter oben in diesem Band behandelt worden (s. o. § 5. B. I. 3. sowie F. I.). An dieser Stelle soll die folgende *Gegenüberstellung* der Veranschaulichung im Gesamtzusammenhang mit § 935 dienen.

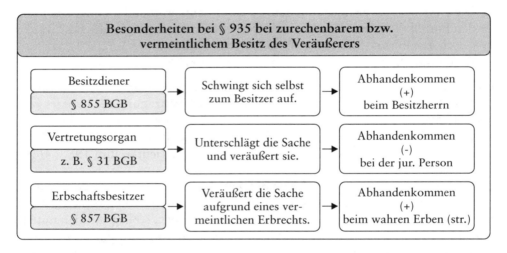

Der *Besitzdiener (§ 855),* der die Sache im eigenen Namen an einen Dritten weiter veräußert, tritt nach außen selbst wie ein Besitzer auf, indem er tatsächlich auf die Sache einwirken kann. Bei Veruntreuung durch den Besitzdiener liegt deshalb ein Abhandenkommen gemäß § 935 beim Besitzherrn vor. Anders verhält es sich bei dem *Organ einer juristischen Person.* Handelt das Vertretungsorgan eigenmächtig und gibt die Sache außerhalb seiner Geschäfts- und Vertretungsbefugnis weg, so ist die Sache der juristischen Person nicht abhanden gekommen. Auch im Falle des *Erbschaftsbesitzers (§ 857),* der aufgrund eines vermeintlichen Besitzrechts über die Sache verfügt, stellt sich die Frage des Abhandenkommens nach § 935. Ergreift der nichtberechtigte Erbschaftsbesitzer ohne Wissen des wahren Erben den Besitz an den Gegenständen aus dem Nachlaß und veräußert sie, so verliert der wahre Erbe unfreiwillig den Besitz.

4. Geld und Inhaberpapiere sowie Sachen, die im Wege öffentlicher Versteigerung veräußert werden, können auf der Grundlage des § 935 II auch dann gutgläubig erworben werden, wenn sie abhanden gekommen sind.

> **Hinweis:** Zweck der Vorschrift des § 935 II ist die Erhöhung der reibungslosen Umlauffähigkeit von Zahlungsmitteln im wirtschaftlichen Verkehr.

Umfaßt werden von der Vorschrift des § 935 II:
- Geldstücke,
- Geldscheine,
- Inhaberaktien (§ 10 I AktG),
- Investmentanteile (§ 18 I 2 KAGG),
- Inhaberschecks (Art. 5, 21 ScheckG).

Ein gutgläubiger Eigentumserwerb von Sachen im Wege der Versteigerung ist nur bei einer **öffentlichen Versteigerung i. S. d. § 383 III BGB** möglich. Hingegen fällt die Zwangsversteigerung nach der ZPO nicht unter die Vorschrift des § 935 II. Dort erlangt der Erwerber das Eigentum kraft *Hoheitsakt*, ohne daß es auf den guten Glauben ankommt (BGH NJW 1990, 899).

Beispiel: E war ein wertvoller Ring gestohlen worden. Der Dieb D beauftragte den bestellten und vereidigten Auktionator A damit, den Ring zu versteigern. K erstand den Ring auf der für jedermann zugänglichen Auktion im Kunsthaus X. K hat gutgläubig das Eigentum erworben.

Lernhinweis: Beachten Sie, daß die Vorschrift des § 935 II nur das Abhandenkommen nach § 935 I überwinden kann, nicht aber andere Voraussetzungen des gutgläubigen Eigentumserwerb, wie etwa die Gutgläubigkeit gemäß § 932 II!

VI. Rechtsfolgen des gutgläubigen Erwerbs

1. Die rechtsgeschäftliche Eigentumsübertragung durch einen Nichtberechtigten nach §§ 932 ff. hat zur Folge, daß der gutgläubige Erwerber uneingeschränktes Eigentum an der Sache erlangt.

a) Der **Erwerber** kann nunmehr als Berechtigter über die Sache verfügen. Insbesondere kann er das Eigentum wirksam weiter übertragen, ohne daß es auf den guten Glauben des nächsten Erwerbers ankommt.

b) Der **Eigentümer** hingegen verliert *vollständig* sein Eigentum. Er hat gegen den Erwerber grundsätzlich keinen Anspruch auf Rückübereignung nach § 812 I 1, Fall 2 aus Eingriffskondiktion. Denn der gutgläubige Erwerber hat das Eigentum durch Leistung des nichtberechtigten Veräußerers erlangt. Es gilt das Prinzip der Subsidiarität der Nichtleistungskondiktion. Ein anderes Ergebnis würde gegen das Wertungssystem der §§ 932 ff. verstoßen. Eine Ausnahme besteht nur nach § 816 I 2, wenn die Verfügung unentgeltlich oder rechtsgrundlos erfolgte (BGH NJW 1974, 1132; Pal. § 932 Rn. 16).

70 **2.** Problematisch ist, ob eine wirksame Eigentumsübertragung durch den gutgläubigen Erwerber auch bei einem **Rückerwerb des Nichtberechtigten** erfolgen kann. Der Erwerber überträgt die Sache an den zuvor Nichtberechtigten zurück, von dem er selbst das Eigentum gutgläubig erworben hat, da das schuldrechtliche Verpflichtungsgeschäft zwischen ihnen von Anfang an unwirksam oder später weggefallen ist. Grund für die Rückübereignung kann eine Anfechtung des Kausalgeschäfts oder ein Rücktritt bzw. Wandelung sein. Bei der Sicherungsübereignung ist der Sicherungsnehmer bei Wegfall des Sicherungszwecks schuldrechtlich zur Rückübereignung verpflichtet. Bei der Rückübereignung kann der Erwerber *als Berechtigter* das Eigentum übertragen. Denn durch den zuvor erfolgten gutgläubigen Erwerb nach §§ 932 ff. hat er das Eigentum an der Sache erlangt. Es stellt sich die Frage, ob der zuvor Nichtberechtigte gemäß §§ 929 ff. Eigentümer wird oder ob der ursprüngliche Eigentümer das Eigentum zurückerlangt. Der Rückerwerb des Nichtberechtigten stellt ein besonderes Examensproblem dar, dessen Fallgestaltung Sie sich vergegenwärtigen sollten. Zur Vertiefung soll der nachfolgende Fall 10 die Problematik verdeutlichen.

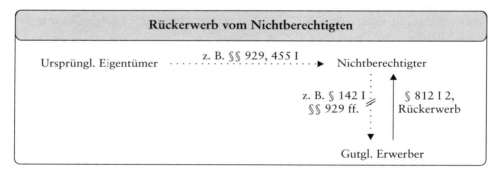

Fall 10:

R, der gerade das Assessorexamen bestanden hat, möchte sich als Rechtsanwalt niederlassen. Um seine Kanzlei angemessen einzurichten, erwirbt er vom Möbellieferanten L unter Eigentumsvorbehalt eine komplette Büroeinrichtung. Unter anderem befindet sich darunter ein wertvoller Designer-Schreibtisch. Als die Mandanten jedoch ausbleiben, gerät R in Zahlungsschwierigkeiten gegenüber seiner Bank. Deshalb veräußert er den Schreibtisch gegen Barzahlung an seinen ehemaligen Studienkollegen S. Kurz darauf ficht S den Kaufvertrag wegen arglistiger Täuschung an und gibt R den Schreibtisch zurück. R ist in der Zwischenzeit auch dem L gegenüber in Zahlungsschwierigkeiten gekommen. Als er mit den letzten beiden Raten in Verzug ist, verlangt L von ihm Herausgabe der Büromöbel, insbesondere des Designer-Schreibtisches. Zu Recht?

§ 8. Rechtsgeschäftlicher Eigentumserwerb

Lösung:

(A) Anspruch des L gegen R auf **Herausgabe** des Schreibtisches nach § 985:
  (I) R befindet sich im **Besitz** des Schreibtisches.
  (II) Fraglich ist, ob L **Eigentümer** des Schreibtisches ist.
    (1) Ursprünglich war L Eigentümer. Er könnte das Eigentum jedoch durch **rechtsgeschäftliche Übertragung** nach § 929 S. 1 an R verloren haben. L und R haben eine Eigentumsübertragung unter **Eigentumsvorbehalt** vereinbart. Die Übereignung erfolgte somit gemäß §§ 929 S. 1, 158 I unter der aufschiebenden Bedingung der vollständigen Zahlung des Kaufpreises. Diese Bedingung ist nicht eingetreten. L ist folglich Eigentümer geblieben.
    (2) Das Eigentum des L könnte aber erloschen sein durch rechtsgeschäftlichen Eigentumserwerb des S von R gemäß §§ 929, 932.
      (a) R und S haben sich über den Eigentumsübergang gemäß § 929 S. 1 **geeinigt**.
      (b) R hat den Schreibtisch an S **übergeben**.
      (c) Zum Zeitpunkt der Übergabe waren sich R und S einig, daß S das Eigentum erwerben soll.
      (d) R hat jedoch als **Nichtberechtigter** verfügt, da er weder Eigentümer war noch anderweitig befugt, über den Schreibtisch zu verfügen. Es kommt daher allenfalls ein gutgläubiger Eigentumserwerb des S gemäß § 932 I in Betracht.
        (aa) Es liegt ein rechtsgeschäftlicher Erwerb im Sinne eines **Verkehrsgeschäfts** vor.
        (bb) Durch die Übertragung des Besitzes an dem Schreibtisch ist der **Rechtsscheintatbestand des Besitzes** erfüllt.
        (cc) Die **Gutgläubigkeit** des S nach § 932 II hinsichtlich des Eigentums des R kann mangels gegenteiliger Anhaltspunkte unterstellt werden.
        (dd) Der Schreibtisch ist dem L auch nicht gemäß § 935 **abhanden gekommen**. S hat somit gutgläubig Eigentum an dem Schreibtisch erworben.
    (3) Möglicherweise ist das Eigentum wieder an L **zurückgefallen** im Wege der Rückabwicklung des Kaufvertrages zwischen R und S. S hat als Berechtigter den Schreibtisch an R rückübereignet. Hier stellt sich das Problem des Rückerwerbs durch den Nichtberechtigten. Umstritten ist, ob das Eigentum an den früheren Eigentümer L zurückfällt der ob der Nichtberechtigte R Eigentum gemäß §§ 929 ff. erlangt.
      ❑ Nach bisher h. M. tritt die ursprüngliche Eigentumslage, wie sie vor dem gutgläubigen Erwerb bestanden hat, wieder ein. Der frühere Eigentümer erwirbt das Eigentum (Lopau JuS 1971, 233; Baur/Stürner § 52 IV 2).

Argument: Es besteht eine rechtliche Einheit zwischen dem gutgläubigen Erwerb und der schuldrechtlichen Rückabwicklung. Anderenfalls würde der Nichtberechtigte eine Rechtsposition erhalten, die er zuvor nicht inne hatte. Die §§ 932 ff. sollen nur den gutgläubigen Erwerber, nicht aber den nichtberechtigten Veräußerer und dessen Gläubiger schützen.
Demnach hätte L gegen R einen Anspruch auf Herausgabe des Schreibtisches nach § 985.

❑ Die Vertreter einer **weit verbreiteten Ansicht** gehen davon aus, daß durch die Rückübereignung der Nichtberechtigte Eigentum nach §§ 929 ff. erwirbt.
Argument: Der automatische Rückerwerb des ursprünglichen Eigentümers verstößt gegen das Abstraktionsprinzip. Der gutgläubige Erwerber hat uneingeschränktes Eigentum erworben. Bei der Rückübereignung verfügt er als Berechtigter. Er hätte ebenso das Eigentum wirksam an einen Dritten übertragen können (MK § 932 Rn. 62 ff.; Wiegand JuS 1971, 62; vgl. Pal. § 932 Rn. 17).
Nach dieser Ansicht hätte L lediglich einen schuldrechtlichen Rückübereignungsanspruch gegen R gemäß §§ 823 I, 249; 812 ff.
Für die letztgenannte Auffassung spricht, daß der gutgläubige Eigentümer uneingeschränktes Eigentum erworben hat. Er hat als Berechtigter verfügt. Die Gegenmeinung vermag den Rückerwerb des früheren Eigentümers nicht überzeugend rechtlich zu konstruieren. Ausschlaggebend aber dürfte sein, daß das Abstraktionsprinzip ein wesentliches und grundlegendes Prinzip im Sachenrecht darstellt, gegen das nicht verstoßen werden sollte.
R hat demzufolge durch die Rückabwicklung des Kaufvertrages mit S das Eigentum an dem Schreibtisch erlangt. L ist nicht wieder Eigentümer geworden. L hat daher keinen Anspruch nach § 985 auf Herausgabe des Schreibtisches gegen R.

(B) Ansprüche des L gegen R auf **Rückübertragung** des Eigentums:
  (I) aus **pVV** des Kaufvertrages:
      R hatte die vertragliche Nebenpflicht, den Schreibtisch sorgsam zu behandeln, solange das Eigentum noch nicht auf ihn übergegangen war. Diese Sorgfaltspflicht hat er durch die Eigentumsübertragung an S verletzt. Dem L ist durch den Verlust des Eigentums ein Schaden entstanden. R ist ihm zum Ersatz des Schadens verpflichtet. Nach § 249 S. 1 muß er dem L das Eigentum zurückübertragen.
  (II) gemäß § 823 I:
      R hat das Eigentum des L verletzt, indem er den Schreibtisch an den gutgläubigen S veräußerte. Dadurch ist dem L ein Schaden entstanden. Diesen Schaden muß R gemäß § 249 S. 1 ersetzen. Er ist zur Rückübereignung des Schreibtisches verpflichtet.

(III) gemäß § 812 I 1:
R hat etwas, nämlich das Eigentum des L, erlangt. Dies geschah auf Kosten des L. Denn L hat dadurch das Eigentum an dem Schreibtisch verloren. R ist zur Herausgabe des Erlangten verpflichtet. Er muß dem L das Eigentum zurückübertragen.

Ergebnis: L hat gegen R keinen Anspruch auf Herausgabe des Schreibtisches. Er kann lediglich die Rückübertragung des Eigentums von R verlangen.

> **Klausurhinweis:** Bei der Fallösung können Sie mit guten Argumenten der Gegenmeinung folgen. Allerdings sollte Ihnen die Problemstellung sowie die beiden vertretenen Auffassungen geläufig sein.

VII. Gutgläubiger lastenfreier Erwerb

Ist die Sache mit dem Recht eines Dritten belastet, so ist gemäß § 936 der gutgläubige lastenfreie Eigentumserwerb möglich. Der Rechtsinhaber verliert dadurch sein beschränkt dingliches Recht. Als beschränkt dingliche Rechte kommen in Betracht:
- Vermieterpfandrecht (§ 559)
- Werkunternehmerpfandrecht (§ 647)
- Nießbrauch (§§ 1030 ff.)
- Pfändungspfandrecht (§ 804 ZPO)

> **Hinweis:** Die Grundpfandrechte fallen wegen der Sonderregelungen in §§ 1120 ff. nicht unter § 936.

1. Der Erwerber kann das Eigentum an der Sache aufgrund rechtsgeschäftlicher Übertragung sowohl gemäß §§ 929 ff. vom Eigentümer als auch nach §§ 932 ff. vom Nichteigentümer erlangen. Seine **Gutgläubigkeit** muß sich auf die Lastenfreiheit der Sache beziehen, **§ 936 II**.

Lernhinweis: Hat der Erwerber das Eigentum durch gutgläubigen Eigentumserwerb gemäß §§ 932 ff. von einem Nichtberechtigten erhalten, so ist doppelte Gutgläubigkeit erforderlich, nämlich gemäß § 932 II hinsichtlich der Eigentümerstellung des Veräußerers sowie gemäß § 936 II bezüglich der Lastenfreiheit der Sache.

2. Bei der Veräußerung der Sache im Wege der Abtretung des Herausgabeanspruchs gemäß §§ 929, 931, 934 ist die **Ausnahme in § 936 III** zu beachten. Hiernach bleibt das beschränkt dingliche Recht *erhalten*, wenn und solange der Rechtsinhaber unmittelbarer oder mittelbarer Besitzer der Sache ist. Hat der Rechtsinhaber den mittelbaren Besitz, so ist allerdings erforderlich, daß ihm der Besitzmittler weiterhin den unmittelbaren Besitz mittelt (MK § 936 Rn. 18).

Beispiel: M hat in die von V gemietete Wohnung eine teure Stereoanlage eingebracht. Wegen Zahlungsschwierigkeiten veräußert M die Stereoanlage an K, indem er ihm seinen Herausgabeanspruch gegen V abtritt. K weiß nicht, daß M bereits seit mehreren Monaten mit seinen Mietzahlungen in Rückstand geraten ist. K hat das Eigentum an der Stereoanlage gemäß §§ 929, 931, 934 erworben. Das Vermieterpfandrecht des V bleibt jedoch gemäß § 936 III erhalten, da V mittelbarer Besitzer geblieben ist. K hat somit nicht lastenfreies Eigentum erworben.

Zusammenfassung
zum rechtsgeschäftlichen Eigentumserwerb nach §§ 929 ff., 932 ff. BGB

A. Voraussetzungen
   I. Einigung i. S. d. § 929 S. 1 bzgl. Eigentumsübertragung
  II. Übergabe oder Übergabesurrogate
     1. Übergabe i. S. d. § 929 S. 1
        a) Vollständige Besitzaufgabe des Veräußerers bzw. seiner Geheißperson
        b) Besitzerlangung des Erwerbers bzw. seiner Geheißperson
        c) Auf Veranlassung des Veräußerers
     2. Übereignung entbehrlich nach § 929 S. 2
     3. Besitzkonstitut, § 930
        a) Vereinbarung eines konkreten Besitzmittlungsverhältnisses nach § 868
        b) Fremdbesitzerwillen des Veräußerers
        c) Durchsetzbarer Herausgabeanspruch des Dritten
        d) Kein vollständiger Besitzverlust des Veräußerers
     4. Abtretung des Herausgabeanspruchs, § 931
        a) Abtretungsvereinbarung nach § 398
        b) Unmittelbarer oder mittelbarer Besitz eines Dritten
        c) Herausgabeanspruch des Veräußerers gegen den Dritten
        d) Vollständige Besitzaufgabe des Veräußerers
        e) Übertragung des mittelbaren Besitzes gemäß § 870
 III. Einigsein im Zeitpunkt der Übergabe bzw. des Übergabesurrogats
 IV. Verfügungsbefugnis des Veräußerers
     1. Eigentümer ohne Verfügungsbeschränkung
     2. Nichteigentümer
        a) Mit Ermächtigung nach § 185 I
        b) Mit Verfügungsberechtigung, z. B. §§ 1985, 2205 BGB, 80 I InsO
  V. Gutgläubiger Eigentumserwerb, §§ 932–935 BGB
     1. Rechtsgeschäft i. S. e. Verkehrsgeschäfts
     2. Rechtsschein des Besitzes
        a) Übergabe bei § 932 I 1 bzw. Besitz des Erwerbers bei § 932 I 2
        b) Vereinbarung des Besitzkonstituts und Übergabe der Sache bei § 933

Fortsetzung nächste Seite

Fortsetzung der Zusammenfassung

        c) Abtretung des Herausgabeanspruchs nach § 870 reicht für § 934 Fall 1 aus
        d) Besitzerlangung durch den Dritten muß bei § 934 Fall 2 hinzukommen
     3. Guter Glaube hinsichtlich des Eigentums des Veräußerers, § 932 II
     4. Kein Abhandenkommen, § 935
  VI. Gutgläubiger lastenfreier Erwerb, § 936
     1. Sache mir dem Recht eines Dritten belastet
     2. Rechtsgeschäftliche Übertragung der Sache
     3. Gutgläubigkeit bzgl. der Lastenfreiheit der Sache, § 936 II
     4. Keine Ausnahme gemäß § 936 III
     5. Kein Abhandenkommen, § 935 entsprechend
B. Rechtsfolgen
  I. Der Erwerber erlangt uneingeschränktes, lastenfreies Eigentum
  II. Der bisherige Eigentümer verliert vollständig sein Eigentum
  III. Im Fall des § 936 verliert der dinglich Berechtigte sein beschränkt dingliches Recht

Kontrollfragen

Zu §§ 7 und 8

1. Benennen Sie Inhalt und Grenzen des Eigentums!
2. Welches sind die Voraussetzungen des rechtsgeschäftlichen Eigentumserwerbs gemäß §§ 929 ff.?
3. Unter welchen Voraussetzungen findet die Einigung i. S. d. § 929 S. 1 statt?
4. Welche Funktion hat die Übergabe nach § 929 S. 1?
5. Welche Voraussetzungen sind für die Übergabe nach § 929 S. 1 erforderlich?
6. In welcher Weise kann beim Eigentumserwerb eine Geheißperson beteiligt sein?
7. Benennen Sie die möglichen Übergabeformen!
8. Was ist ein Streckengeschäft?
9. Wie erfolgt die dingliche Einigung beim Streckengeschäft?
10. In welcher Form kann die Übergabe beim Streckengeschäft durchgeführt werden?
11. Welche Übergabemöglichkeiten hat der mittelbare Besitzer bei der Übereignung der Sache?
12. Was ist unter der Verfügungsbefugnis des Veräußerers zu verstehen?

13. Welches sind die wesentlichen Voraussetzungen des gutgläubigen Eigentumserwerb gemäß §§ 932 ff.?
14. Welche Rechtsscheintatbestände des gutgläubigen Erwerbs gibt es?
15. Erläutern Sie das Problem des Rückerwerbs vom Nichtberechtigten!
16. Ist der gutgläubige Eigentumserwerb von einer vermeintlichen Geheißperson möglich?
17. Nennen Sie die Voraussetzungen des gutgläubigen Erwerbs nach §§ 929, 930, 933.
18. Erklären Sie den Wertungswiderspruch zwischen § 933 und § 934, Fall 1!
19. Was besagt die Theorie vom Nebenbesitz?
20. Worauf muß sich der gute Glaube nach § 932 II beziehen?
21. Warum scheitert im Fall der §§ 932 ff. ein Anspruch des ursprünglichen Eigentümers aus § 812 gegen den gutgläubigen Erwerber?

§ 9. Eigentumserwerb durch Gesetz oder kraft Hoheitsakt

A. Eigentumserwerb durch Gesetz

1 Beim gesetzlichen Eigentumserwerb geht das Eigentum ohne ein auf Eigentumsübertragung gerichtetes Rechtsgeschäft auf den Erwerber über. Die einzelnen gesetzlichen Erwerbsformen unterscheiden sich ganz wesentlich in Voraussetzungen und Rechtsfolgen. Aus Gründen der Übersichtlichkeit sind die Erwerbstatbestände hier in der vom Gesetz vorgegebenen Reihenfolge dargestellt. Die Ersitzung ist in den §§ 937 – 945 geregelt. Von Bedeutung sind die Erwerbsformen Verbindung, Vermischung und Verarbeitung (§§ 946 – 952), einschließlich der Besonderheit bei der Übereignung von Schuldurkunden (§ 952), sowie der Erwerb von Erzeugnissen und Bestandteilen (§§ 953 – 957). Weitere gesetzliche Erwerbstatbestände sind die Aneignung (§§ 958 ff.) und der Fund (§§ 965 ff.).

§ 9. Eigentumserwerb durch Gesetz oder kraft Hoheitsakt   111

Lernhinweis: Der gesetzliche Eigentumserwerb kommt in Klausuren nicht so häufig vor wie der rechtsgeschäftliche Eigentumserwerb gemäß §§ 929 ff. Von Bedeutung sind im wesentlichen der Erwerb von Erzeugnissen und Bestandteilen (§§ 953 ff.) sowie der Komplex Verbindung, Vermischung, Verarbeitung (§§ 946 ff.), deren Systematik Sie sich „einverleiben" sollten. Die Einzelheiten der übrigen gesetzlichen Erwerbsformen können Sie sich erschließen, wenn Sie sorgfältig mit dem Gesetzestext arbeiten.

I. Ersitzung, §§ 937–945 BGB

Fortgesetzter gutgläubiger Eigenbesitz (§ 872) an einer beweglichen Sache über zehn Jahre führt gemäß § 937 zum Eigentumserwerb durch Ersitzung. Die Vorschriften über die Ersitzung dienen der Rechtssicherheit. Das Gesetz stellt klar, daß der Erwerber nicht länger mit Dritten über seine Eigentümerstellung streiten muß, wenn er die Sache über solch einen langen Zeitraum in Eigenbesitz hat (MK § 937 Rn. 24).   2

1. Der Eigentumserwerb ist **originär**, also nicht von einem Rechtsvorgänger abgeleitet. Die Ersitzung kann auch bei gestohlenen oder anderweitig abhanden gekommenen Sachen eintreten.

Beispiel: D stiehlt eine wertvolle Geige des E und verkauft sie an den gutgläubigen X. Zehn Jahre später hat sich E immer noch nicht gemeldet. X hat gemäß § 937 das Eigentum an der Geige erworben. Unerheblich ist, daß das Instrument dem E ursprünglich abhanden gekommen war und X zunächst nicht gutgläubig das Eigentum erlangen konnte (§ 935).

2. Die **Gutgläubigkeit** des Eigenbesitzers muß sich gemäß § 937 II auf sein Recht zum Eigenbesitz beziehen.

3. Nach § 938 wird die **Stetigkeit** des Besitzes über einen Zeitraum von zehn Jahren vermutet. Die Berechnung der Besitzdauer erfolgt nach den allgemein geltenden §§ 187 ff. Mögliche Einflüsse auf den Lauf der Zehnjahresfrist sind in §§ 939 – 942 geregelt. Bei Rechtsnachfolge kann gemäß § 943 die Besitzdauer des Rechtsvorgängers angerechnet werden.

Beispiel: D hat die Geige des E gestohlen und an den gutgläubigen X veräußert. Nach sieben Jahren veräußert X die Geige weiter an Y. Nach weiteren vier Jahren verlangt E das Instrument von Y nach § 985 heraus. Ohne Erfolg, denn Y ist durch Ersitzung nach § 937 Eigentümer geworden. Die Besitzzeit seines Rechtsvorgängers X wird auf seine Besitzdauer angerechnet.

Lernhinweis: Durch Ersitzung können nur bewegliche Sachen erworben werden. Für Grundstücke gelten die Vorschriften §§ 900, 927. Die Ersitzung ist übrigens nur von geringer praktischer Bedeutung.

4. Das Gesetz sieht im Fall der Ersitzung keine Ausgleichsansprüche für den erlittenen Rechtsverlust vor. Jedoch bleibt ein **vertraglicher Rückgabeanspruch** des früheren Eigentümers, etwa nach § 604 aus Leihe, bis zum Ablauf der Verjährungsfrist von 30 Jahren (§ 195) bestehen. Er ist auf Rückübereignung gerichtet.

Die Geltungsdauer der schuldrechtlichen *Verjährungsfrist* wird also von der Ersitzung nicht berührt (Pal. vor § 937 Rn. 2).

Beispiel: E hat seinem Kommilitonen K seine gebundenen Jahrgangsbände der NJW geliehen. K hat die Bände während des Studiums und auch später nicht zurückgegeben. Nach 12 Jahren macht E den K ausfindig und verlangt von ihm die Bände heraus. K ist daher zur Herausgabe verpflichtet. Zwar hat er das Eigentum an der NJW durch Ersitzung gemäß § 937 erworben; doch der vertragliche Herausgabeanspruch des E nach § 604 III ist noch nicht verjährt.

Bereicherungsrechtliche Rückgewähransprüche des früheren Eigentümers gegen den Erwerber aus Eingriffskondiktion gemäß § 812 I 1, Fall 2 sind ausgeschlossen, da die Ersitzung den Rechtsgrund für die Vermögensverschiebung darstellt. Streitig ist allerdings, ob der frühere Eigentümer einen Anspruch auf *Leistungskondiktion* nach § 812 I 1, Fall 1 hat, wenn die Parteien eine rechtsgeschäftliche Eigentumsübertragung gewollt haben, diese aber unwirksam war und der Erwerber das Eigentum an der Sache durch Ersitzung nach § 937 erlangt hat.

Beispielsfall:
Der unerkannt geisteskranke E verkauft dem K ein wertvolles Gemälde. Nach seinem Tod, nämlich 13 Jahre später, verlangen die Erben des E von K Herausgabe des Bildes. Zu Recht?
Die Voraussetzungen für einen Bereicherungsanspruch der Erben gegen K auf Herausgabe des Gemäldes gemäß §§ 1922, 812 I 1, Fall 1 sind gegeben. K hat etwas, nämlich das Gemälde, durch Leistung des E und auf dessen Kosten erworben. Die Übereignung war wegen der Geisteskrankheit des E unwirksam, §§ 104, 105 I. Sie erfolgte somit ohne rechtlichen Grund. Im Schrifttum wird zum Teil angenommen, daß der Bereicherungsanspruch ausgeschlossen ist, wenn das Eigentum nach zehn Jahren durch Ersitzung gemäß § 937 auf den Besitzer übergegangen und damit ein endgültiger Rechtszustand eingetreten ist (Pal. vor § 937 Rn. 2). Im Gegensatz zu anderen gesetzlichen Erwerbstatbeständen enthält die Vorschrift des § 937 auch keine Verweisung auf das Bereicherungsrecht für den Ausgleich des erlittenen Rechtsverlusts (vgl. §§ 951, 977). Die h. M. hingegen nimmt in den Fällen der Leistungskondiktion an, daß der Bereicherungsanspruch auch nach der Ersitzung fortbesteht. Wäre die Übereignung durch den früheren Eigentümer wirksam erfolgt, so hätte der Erwerber das Eigentum sofort erlangt und würde innerhalb der Verjährungsfrist von 30 Jahren (§ 195) auf Herausgabe haften. Nichts anderes kann gelten, wenn das Eigentum erst zehn Jahre später aufgrund Ersitzung auf den Erwerber übergegangen ist (RGZ 130, 69; MK § 937 Rn. 21 ff.).
Ergebnis: Mit der h. M. ist daher ein Bereicherungsanspruch der Erben des E anzunehmen. K muß gemäß § 812 I 1, Fall 1 (Leistungskondiktion) das Gemälde an die Erben des E herausgeben.

Lernhinweis: Hat der Eigenbesitzer die Sache unentgeltlich von einem Nichtberechtigten erhalten, so besteht der Bereicherungsanspruch gemäß § 816 I 2 trotz Ersitzung fort.

II. Verbindung, Vermischung, Verarbeitung, §§ 946–952 BGB

3 Mehrere Sachen können derart miteinander verbunden, vermischt oder verarbeitet werden, daß eine neue Sache entsteht. Stammen die beigefügten Sachen von verschiedenen Eigentümern, so bedarf es einer Regelung der Eigentumsverhältnisse an der neu geschaffenen Sache. Die durch die Verbindung bzw. Vermischung oder Verarbeitung neu hergestellte wirtschaftliche Einheit soll nach Mög-

§ 9. Eigentumserwerb durch Gesetz oder kraft Hoheitsakt   113

lichkeit erhalten bleiben. Wie dies im einzelnen verwirklicht werden kann, ist in den Vorschriften §§ 946–951 geregelt. Das Gesetz unterscheidet, ob die Verbindung zwischen einer beweglichen Sache und einem Grundstück (§ 946) oder zwischen mehreren beweglichen Sachen (§ 947) herbeigeführt wird. Die untrennbare Vereinigung mehrerer beweglicher Sachen miteinander ist Gegenstand des § 948 (Vermischung und Vermengung). Bei der Verarbeitung nach § 950 wird aus mehreren Rohstoffen durch Zusammenfügen eine neue Sache hergestellt. § 951 enthält eine Ausgleichsregelung für eingetretene Rechtsverluste.

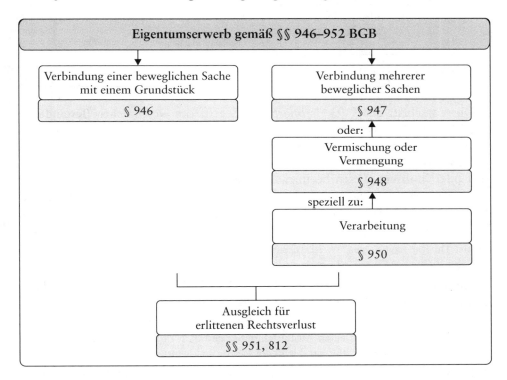

1. Bei der Verbindung einer beweglichen Sache **mit einem Grundstück** erlangt der Grundstückseigentümer gemäß § 946 auch das Eigentum an der beweglichen Sache, sofern sie *wesentlicher Bestandteil* des Grundstücks geworden ist. Die Legaldefinition des wesentlichen Bestandteils ist in § 93 aufgeführt. Für Grundstücke enthält § 94 eine Erweiterung des Begriffs. Eine Sache ist kein wesentlicher Bestandteil, wenn sie Scheinbestandteil (§ 95) oder Zubehör (§ 97) ist. Bevor Sie in der Fallprüfung auf die einzelnen Voraussetzungen der §§ 93, 94 eingehen, müssen Sie zunächst ausschließen, daß keine der Voraussetzungen des § 95 bzw. des § 97 gegeben ist.

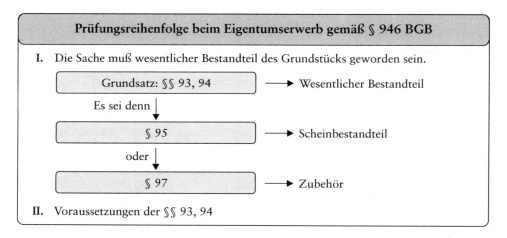

5 **a)** Die Vorschrift des § 93 *definiert* den Begriff des **wesentlichen Bestandteils**. Eine Sache muß dergestalt mit einer anderen Sache verbunden sein, daß die Teile nicht ohne Zerstörung oder Wesensveränderung voneinander getrennt werden können. Abzustellen ist nur auf die *Teile*, nicht darauf, ob die Gesamtsache zerstört oder in ihrem Wesen beeinträchtigt würde. Wesentliche Bestandteile sind *nicht sonderrechtsfähig*. Das bedeutet, die dingliche Rechtslage der Sache und ihrer wesentlichen Bestandteile stimmt überein. Sie teilen dasselbe Schicksal (Pal. § 93 Rn. 2).

Beispiel: Die Karosserie eines Pkw ist wesentlicher Bestandteil. Sie steht im Eigentum derjenigen Person, der auch der Wagen gehört.

Bestandteile, die nicht wesentlich i. S. d. § 93 sind, werden *einfache Bestandteile* genannt. Sie können Gegenstand von Sonderrechten sein.

Beispiel: A ist Eigentümer eines Pkw. Als nach etlichen Jahren der Motor versagt, erwirbt A bei B unter Eigentumsvorbehalt einen Austauschmotor und baut ihn ein. Solange A noch nicht sämtliche Kaufpreisraten gezahlt hat, bleibt der Motor im Eigentum des B.

6 **b)** Für **Grundstücke** wird der Begriff des wesentlichen Bestandteils aus Gründen der Rechtssicherheit durch die Vorschrift des § 94 *erweitert*. Auch Sachen, die mit Grund und Boden fest verbunden sind (§ 94 I) oder die zur Herstellung eines Gebäudes in das Gebäude eingefügt wurden (§ 94 II), sind wesentliche Bestandteile eines Grundstücks und gehören folglich in das Eigentum des Grundstückseigentümers.

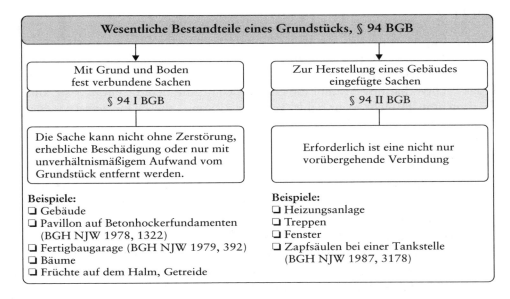

c) Keine wesentlichen Bestandteile sind Sachen, die nur zu einem *vorübergehenden Zweck* mit Grund und Boden verbunden oder in das Gebäude eingefügt werden. Es handelt sich gemäß § 95 um sog. **Scheinbestandteile**. Für die Beurteilung kommt es darauf an, ob nach dem Willen des Einfügenden der spätere Wegfall der Verbindung von vornherein beabsichtigt ist oder nicht. In der Regel wird bei einem zeitlich begrenzten Nutzungsrecht der vorübergehende Zweck vermutet, so etwa, wenn ein Pächter oder ein Mieter eine Sache für die eigene Nutzung während der Vertragsdauer in die gemietete Sache einfügt (BGHZ 92, 74; NJW 1987, 774; Pal. § 95 Rn. 3).

Beispiele:
- Errichtung einer Lagerhalle auf einem gemieteten Lagerplatz
- Werkshallen auf einem gemieteten gewerblichen Grundstück
- Aufstellen einer Bauhütte für die Dauer von Bauarbeiten
- Kegelbahn einer gepachteten Gaststätte

Lernhinweis: Scheinbestandteile werden wie selbständige Sachen behandelt. Ihre Übereignung erfolgt nach §§ 929 ff.

d) Ebenfalls kein wesentlicher Bestandteil ist das **Zubehör nach § 97**. Hierunter fallen Sachen, die dem wirtschaftlichen Zweck einer Sache auf Dauer zu dienen bestimmt sind und die in einem räumlichen Verhältnis zu der Hauptsache stehen. Letztlich entscheidet die Verkehrsauffassung, ob eine Sache wesentlicher Bestandteil oder Zubehör ist (vgl. die Einzelfallaufstellung bei Pal. § 97 Rn. 11, 12). Zubehörteile sind *selbständige* Sachen.

Fall 11:

P hat auf dem Grundstück des E eine Gaststätte gepachtet. H hat ihm die fest im Schankraum installierte Bierschankanlage und das Mobiliar unter Eigentumsvorbehalt geliefert. Als P mit seinen Pachtzinszahlungen in Verzug gerät, kündigt E das Pachtverhältnis. P räumt die Gaststätte mitsamt dem Inventar. Als P auch die Raten an H nicht mehr zahlt, verlangt H von E die Herausgabe der Bierschankanlage sowie des Mobiliars.

Lösung:

(A) Anspruch des H gegen E auf Herausgabe der **Bierschankanlage** gemäß § 985:
   (I) E ist **Besitzer** des Gaststätteninventars einschließlich der Bierschankanlage.
   (II) Ursprünglich war H **Eigentümer**.
     (1) H hat das Eigentum nicht durch **Rechtsgeschäft** an P verloren. Durch die Vereinbarung des Eigentumsvorbehalts hat H das Eigentum **gemäß §§ 929 S. 1, 158 I** unter der Bedingung der vollständigen Kaufpreiszahlung auf P übertragen. Da die Bedingung nicht eingetreten ist, ist das Eigentum an der Anlage nicht auf P übergegangen.
     (2) Möglicherweise hat E das Eigentum durch **gesetzlichen Eigentumserwerb gemäß § 946** erlangt. Voraussetzung ist die **Verbindung** einer beweglichen Sache als wesentlicher Bestandteil mit einem Grundstück.
       (a) Eine Sache wird dann **wesentlicher Bestandteil** eines Grundstücks, wenn sie mit Grund und Boden fest verbunden (**§ 94 I**) oder zur Herstellung in ein Gebäude eingefügt wird (**§ 94 II**). In Betracht kommt die Einfügung der Bierschankanlage zur Herstellung in das Gebäude des E.
       (b) Die Sache darf allerdings **kein Scheinbestandteil nach § 95** sein. Dies ist der Fall, wenn die Sache nur **zu einem vorübergehenden Zweck** in das Gebäude eingefügt wurde. Maßgeblich ist der **Wille des Einfügenden**. P wollte die Anlage **für die Dauer der Pacht** selbst nutzen. Der vorübergehende Zweck wird daher **vermutet** (BGHZ 8, 5). Bei der Bierschankanlage handelt es sich nur um einen Scheinbestandteil. Sie ist nicht wesentlicher Bestandteil des Grundstücks des E geworden. E hat nicht das Eigentum an der Anlage erworben.
   (III) E hat auch **kein Recht zum Besitz nach § 986**. H kann somit von ihm die Herausgabe nach § 985 verlangen.

(B) Anspruch des H gegen E auf Herausgabe des **Mobiliars** gemäß § 985:
   (I) E ist auch **Besitzer** des Mobiliars der Gaststätte.
   (II) H müßte **Eigentümer** des Mobiliars sein. Er könnte sein Eigentum durch gesetzlichen Eigentumserwerb des E **gemäß § 946** verloren ha-

ben. Dann müßte das Mobiliar mit dem Grundstück des E als **wesentlicher Bestandteil** verbunden worden sein.

(1) Das Mobiliar der Gaststätte ist fest mit dem Gebäude verbunden worden, so daß es wesentlicher Bestandteil **gemäß § 94 I** geworden sein könnte.

(2) Die Einrichtung der Gaststätte darf jedoch nicht bloßes **Zubehör gemäß § 97** sein. Zubehör sind Sachen, die dazu bestimmt sind, dem wirtschaftlichen Zweck der Hauptsache auf Dauer zu dienen. Der Pächter verfolgte das wirtschaftliche Ziel, in dem Gebäude eine Gaststätte zu betreiben. Allein zu diesem Zweck wurde das Mobiliar für die Dauer des Betriebes in das Gebäude eingebracht. Es ist daher lediglich Zubehör gemäß § 97. Da das Mobiliar nicht wesentlicher Bestandteil des Gebäudes geworden ist, hat E auch kein Eigentum daran erlangt.

(III) E hat auch hinsichtlich des Mobiliars **kein Recht zum Besitz** gegenüber H gemäß § 986. H kann von E die Herausgabe nach § 985 verlangen.

Ergebnis: H hat gegen E einen Anspruch auf Herausgabe sowohl der Bierschankanlage als auch des Mobiliars gemäß § 985.

> **Hinweis:** Wird eine eingefügte Sache gemäß § 95 oder § 97 nicht wesentlicher Bestandteil, so bleibt das ursprüngliche Eigentum an ihr bestehen. Der Grundstückseigentümer erlangt kein Eigentum.

2. Werden **mehrere bewegliche Sachen** verschiedener Eigentümer zu wesentlichen Bestandteilen einer einheitlichen Sache verbunden, so entsteht nach § 947 entweder Miteigentum (§ 947 I) oder Alleineigentum (§ 947 II).

Lernhinweis: In manchen Büchern finden Sie für die Zusammensetzung mehrerer beweglicher Sachen den heute kaum noch gebräuchlichen Namen der „Fahrnisverbindung".

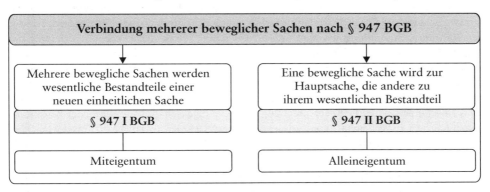

10   a) Eine bewegliche Sache kann derart mit einer anderen verbunden werden, daß sie wesentlicher Bestandteil einer **neuen einheitlichen Sache** wird. Gemäß § 947 I entsteht *Miteigentum* nach Bruchteilen (vgl. §§ 741 ff. sowie §§ 1008 ff.) entsprechend dem Wertverhältnis der Einzelsachen zueinander. Der Begriff des wesentlichen Bestandteils bemißt sich bei Verbindung mehrerer beweglicher Sachen allein nach § 93. Eine bewegliche Sache ist dann wesentlicher Bestandteil einer anderen, wenn eine Trennung nicht möglich ist, ohne daß die einzelnen Teile der Sache zerstört oder in ihrer wirtschaftlichen Funktionsfähigkeit verändert werden (BGHZ 20, 157; Pal. § 93 Rn. 2).

Beispiele:
- Die einzelnen Bestandteile eines Kfz wie Karosserie, Kotflügel, Türen, Fensterscheiben,
- Bretter und Türen, die zu einem Schrank zusammengefügt worden sind,
- Eisenteile und Betonträger, die zu einem Brückenkörper zusammengesetzt werden.

11   b) Wird eine bewegliche Sache mit einer anderen Sache derart verbunden, daß sie wesentlicher Bestandteil einer **Hauptsache** wird, so erwirbt nach § 947 II der Eigentümer der Hauptsache *Alleineigentum* an dem Bestandteil. Eine der zusammengefügten Sachen ist dann Hauptsache, wenn eines der Bestandteile fehlen kann, ohne daß das Wesen dieser Sache beeinträchtigt wird (BGHZ 20, 163; MK § 947 Rn. 7).

Beispiel: Schrauben und Dübel sowie die Farblackierung eines Regals werden mit dem Zusammenfügen wesentliche Bestandteile. Die Hauptsache ist das Regal.

12   c) Auch bei der Verbindung mehrerer beweglicher Sachen miteinander ist zu beachten, daß eine Sache nicht wesentlicher Bestandteil einer anderen wird, wenn sie lediglich **Zubehör** i. S. d. § 97 ist.

Beispiel: Autoradio

d) Die Rechtsfolgen des § 947 sind **nicht abdingbar**, selbst dann nicht, wenn die Beteiligten übereinstimmend etwas abweichendes vereinbaren.

Lernhinweis: Besondere Bedeutung hat die zwingende Vorschrift § 947 beim Kauf unter Eigentumsvorbehalt (§ 455). Die Übereignung erfolgt unter der aufschiebenden Bedingung (§ 158 I) der vollständigen Zahlung des Kaufpreises. Bis dahin behält der Vorbehaltsverkäufer das Eigentum an der Sache. Würde man den Begriff des wesentlichen Bestandteils in § 93 weit auslegen, so hätte das die Konsequenz, daß der Vorbehaltsverkäufer sein (alleiniges) Eigentum an der veräußerten Sache bereits dann verlieren würde, wenn der Vorbehaltskäufer sie mit seiner Sache verbindet. Um die Interessen des Vorbehaltsverkäufers an dem Erhalt seines Eigentums zu schützen, neigt die Rechtsprechung dazu, die Eigenschaft als wesentlicher Bestandteil immer häufiger zu verneinen. Lesen Sie hierzu: Soergel § 947 Rn. 3, 4 m. w. N. Einzelheiten zum Eigentumsvorbehalt finden Sie in diesem Band unter § 10. B.

13   3. Eine **Vermischung bzw. Vermengung** nach § 948 liegt vor, wenn mehrere bewegliche Sachen untrennbar miteinander vereint werden, ohne daß sie wesentliche Bestandteile werden. Die ursprünglichen Eigentümer werden grundsätzlich Miteigentümer im Verhältnis ihrer Wertanteile (§§ 948, 947 I). Nur in dem Fall,

daß eine der Sachen als Hauptsache anzusehen ist, erlangt der Eigentümer der Hauptsache auch das Alleineigentum an der Nebensache (§§ 948, 947 II).

a) Die Vorschrift des § 948 trifft eine begriffliche Unterscheidung. Vermischt werden *Gase und Flüssigkeiten*. Von Vermengung spricht man hingegen, wenn *feste* bewegliche Sachen untrennbar miteinander vereint werden.

Beispiel: Getreide, Sand, Steine

b) Die Sachen sind **untrennbar** miteinander vermischt oder vermengt, wenn ihre Trennung entweder tatsächlich unmöglich ist (§ 948 I) oder wenn sie nur mit unverhältnismäßigen Kosten wieder voneinander getrennt werden können (§ 948 II).

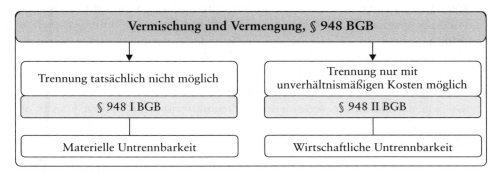

c) Liegt eine Vermischung oder Vermengung vor, so gilt § 947 entsprechend. Grundsätzlich erwerben die bisherigen Eigentümer Miteigentum. Fraglich ist, ob die Vorschriften der §§ 948, 947 I auch anwendbar sind bei der **Vermengung von Geld**.

14

Beispiel: E hat acht Hundertmarkscheine in seiner Geldbörse. Er fügt zwei Hundertmarkscheine seiner Freundin F hinzu. Die Geldscheine werden im Geldbeutel des E vermengt.

❑ Die **h. M.** bejaht dies. Es entsteht Miteigentum an dem Geld, im Beispiel also Miteigentum des E in Höhe von 8/10 sowie Miteigentum der F in Höhe von 2/10 des gesamten Betrages von 1.000 DM. Gemäß §§ 749, 752 kann jeder Miteigentümer Aufhebung und Teilung der Gemeinschaft verlangen (Pal. § 948 Rn. 2).
Argument: Geldstücke und -scheine sind als bewegliche Sachen zu behandeln. Dies ergibt sich aus dem Gesetz, § 935 II.

❑ Nach der demgegenüber vertretenen **Theorie von der Geldwertvindikation** wird eine Anwendung der §§ 948, 947 I bei der Vermengung von Geld abgelehnt. Der Eigentümer des Geldes, das mit anderem Geld vermengt wurde, kann gemäß § 985 Herausgabe des entsprechenden Geldwertes verlangen, im Beispiel könnte also F von E Zahlung von 200 DM geltend machen (Erman § 948 Rn. 4).
Argument: Aus Praktikabilitätsgründen ist beim Geld nicht auf den Sachwert des Papiers bzw. der Münze abzustellen, sondern auf den durch das Geld verkörperten Wert. Bei Vermengung bleibt dieser Wert erhalten.

15 d) **Alleineigentum** entsteht hingegen, wenn eine der vermengten oder vermischten Sachen als **Hauptsache** anzusehen ist, §§ 948, 947 II. Der Begriff der Hauptsache ist auch im Fall des § 948 grundsätzlich nach der Verkehrsauffassung zu beurteilen. Folgerichtig kann man nur dann zwischen Haupt- und Nebensache unterscheiden, wenn es sich um ungleichartige Sachen handelt. Bei dem bloßen zahlen- oder mengenmäßigen Übergewicht gleichartiger Sachen reichen große Mengenunterschiede aus, um eine Haupt- und eine Nebensache anzunehmen (Pal. § 948 Rn. 3; a. A. Baur/Stürner § 53 a III 2).

Beispiel: 98 kg Weizen des A werden mit 2 kg Weizen des B vermengt. A erlangt das Alleineigentum an den 100 kg Weizen.

16 4. Wer aus mehreren beweglichen Sachen durch **Verarbeitung oder Umbildung** eine neue bewegliche Sache herstellt, ohne daß der Wert der Verarbeitung bzw. Umbildung erheblich geringer ist als der Wert des Ausgangsstoffes, erwirbt gemäß § 950 das Eigentum an der neuen Sache. Die Vorschrift ist von Bedeutung bei *Produktionsprozessen*, bei denen mehrere Rohstoffe verschiedener Eigentümer beteiligt sind. Sowohl der Lieferant der Rohstoffe als auch der Hersteller, ebenso wie die Hersteller verschiedener Produktionsstufen, haben jeweils ein Interesse an dem Erhalt des Eigentums an der neu hergestellten Sache. § 950 hat den Zweck, diesen *Interessenkonflikt* zu lösen (BGHZ 56, 88). Liegen die Voraussetzungen der Verarbeitung nach § 950 nicht vor, so erfolgt der Eigentumserwerb an der neu entstandenen Sache gemäß §§ 947, 948 (BGHZ NJW 1995, 2633; Pal. § 947 Rn. 1; § 950 Rn. 1).

> **Hinweis:** Die Regelung des § 950 ist speziell gegenüber den Vorschriften der §§ 947, 948. Das heißt, nur dann wenn keine Verarbeitung nach § 950 vorliegt, sind die Vorschriften über die Verbindung und Vermischung anwendbar.

a) Eine **neue Sache** i. S. d. § 950 liegt nach der Verkehrsanschauung dann vor, wenn das Produkt unter einer anderen Bezeichnung, einer neuen Form oder einer geänderten wirtschaftlichen Funktion auftritt. Im Gegensatz dazu entsteht bei der bloßen Reparatur keine neue Sache (Pal. § 950 Rn. 5).

Beispiele:
- Aus Stoff gefertigte Kleidungsstücke
- Zusammenbau eines Motors aus einem Motorblock und weiteren Teilen (BGH NJW 1995, 2366)
- Herstellen eines Manuskripts durch Beschreiben von Papier (BGH NJW 1991, 1480)

b) **Hersteller** der neuen Sache ist nicht nur, wer sie eigenhändig anfertigt, sondern auch derjenige, der sich für die Arbeitsleistung eines anderen bedient. Die Beurteilung richtet sich auch hier wieder nach der Verkehrsauffassung. Entscheidend ist, wer den Ablauf der Produktion beherrschen und beeinflussen kann und wer das Verwendungsrisiko der hergestellten Sache trägt (BGHZ 14, 117; 20, 163; Pal. § 950 Rn. 8).

Beispiele:
- Der Schreiner, der ein Möbelstück durch seinen Gesellen anfertigen läßt
- Der Fabrikant, in dessen Betrieb die Sache hergestellt wird
- Juristische Personen durch ihre Organe (Vorstand, Geschäftsführer)

c) Der **Verarbeitungswert** darf nicht erheblich geringer sein als der Sachwert der Rohstoffe. Maßgeblich ist der Differenzbetrag, der sich aus dem Vergleich des Wertes der neuen Sache mit dem Verkehrswert der Ausgangsstoffe ergibt. Nach einer Grundsatzentscheidung des BGH ist dies der Fall bei einem Verhältnis von dem Sachwert zu dem Verarbeitungswert von 100 : 60 (BGH NJW 1995, 2633). Es kommt also nicht auf den Wert der tatsächlichen Arbeitsleistung an.

Beispiel: Autofabrikant A stellt aus einem Motorblock im Wert von 3.000 DM und weiteren Teilen im Wert von insgesamt 2.000 DM einen Pkw- Motor her. Der hergestellte Motor hat einen Verkehrswert von 9.000 DM. Der Verkehrswert der Ausgangsstoffe beträgt zusammen 5.000 DM. Der Verarbeitungswert liegt somit bei 4.000 DM. Es liegt keine erhebliche Differenz zwischen dem Sachwert der neuen Sache und dem der verarbeiteten Rohstoffe vor (100 : 44).

d) Gemäß § 950 I erwirbt der Hersteller das Eigentum an der neuen Sache. Die Rechtsfolge der Verarbeitung bzw. Umbildung ist **zwingend**. Der gesetzliche Eigentumserwerb tritt unabhängig davon ein, ob der Ausgangsstoff dem Lieferanten gehörte und der Hersteller nicht in gutem Glauben war, und auch unabhängig davon, ob die Sache dem ursprünglichen Eigentümer abhanden gekommen war. Die Rechte Dritter an den Ausgangsstoffen erlöschen (§ 950 II).

Lernhinweis: Umstritten ist, ob die Beteiligten durch eine vertragliche Abrede festlegen können, wer Hersteller i. S. d. § 950 sein und somit das Eigentum an der herzustellenden Sache erhalten soll. Von Bedeutung ist diese Problematik bei der Vereinbarung einer sog. Verarbeitungsklausel beim verlängerten Eigentumsvorbehalt. Die Parteien einigen sich, daß der Vorbehaltskäufer (und zugleich Verarbeiter) die Herstellung für den Lieferanten vornehmen soll. Das Vorbehaltseigentum des Rohstofflieferanten soll durch die Verarbeitung nicht untergehen, sondern in Höhe des Wertes der Rohstoffe an der neu hergestellten Sache fortbestehen. Einzelheiten hierzu im Skript „Kreditsicherungsrechte".

5. Einen **Ausgleich für den erlittenen Rechtsverlust** sieht § 951 vor. Wer infolge der Verbindung, Vermischung oder Verarbeitung nach §§ 946- 950 das Eigentum an den eingebrachten beweglichen Sachen verliert, kann von demjenigen, zu dessen Gunsten die Rechtsänderung eingetreten ist, Vergütung nach bereicherungsrechtlichen Vorschriften verlangen. Die Wiederherstellung des alten Zustands ist ausgeschlossen (§ 951 I 2).

Hinweis: Sinn der Vorschrift des § 951 ist es, dem Eigentümer den im Eigentum verkörperten Vermögenswert wirtschaftlich zu erhalten. Es handelt sich um einen sog. Rechtsfortwirkungsanspruch.

> **Voraussetzungen des Ausgleichsanspruchs nach §§ 951, 812 ff. BGB**
>
> A. Voraussetzungen
>   I. Rechtsverlust infolge §§ 946–950
>   II. Rechtsgrundverweisung des § 951 I auf §§ 812 ff.
>   1. Nach h.M. § 951 I sowohl auf Eingriffskondiktion nach § 812 I 1, Fall 2 als auch auf Leistungskondiktion nach § 812 I 1, Fall 1 anwendbar.
>   2. Eigentum als „etwas" erlangt
>   3. durch Leistung eines anderen (§ 812 I 1, Fall 1)
>   4. oder in sonstiger Weise (§ 812 I 1, Fall 2)
>   5. auf Kosten eines anderen
>   6. ohne rechtlichen Grund
> B. Rechtsfolgen
>   I. Wertausgleich in Geld gemäß § 951 I 1 i.V.m. §§ 818 II, III, 819
>   II. Oder Wegnahmerecht, § 951 II 2
>   III. Keine Wiederherstellung des bisherigen Zustands, § 951 I 2

a) Die Regelung des § 951 I 1 stellt keine selbständige Anspruchsgrundlage dar, sondern enthält eine **Rechtsgrundverweisung** auf das Bereicherungsrecht. Das heißt, sämtliche Tatbestandsvoraussetzungen der §§ 812 ff. müssen vorliegen. Durch die Rechtsgrundverweisung in § 951 wird klargestellt, daß die gesetzlichen Erwerbstatbestände der §§ 946 – 950 nicht den rechtlichen Grund für den Rechtsverlust darstellen (BGHZ 55, 176; Pal. § 951 Rn. 2). Allerdings ist der Umfang der Rechtsgrundverweisung umstritten. Auf jeden Fall soll die Eingriffskondiktion nach § 812 I 1, Fall 2 erfaßt sein. Uneinigkeit besteht darüber, ob § 951 auch auf die *Leistungskondiktion* gemäß § 812 I 1, Fall 1 verweist.

❑ Nach der **Rspr.** soll sich die Rechtsgrundverweisung des § 951 auch auf die Leistungskondiktion erstrecken mit der Folge, daß § 812 I 1, Fall 1 nur über die Verweisung in § 951 I 1 Anwendung findet (BGHZ 40, 272; 41, 159). **Argumente** hierfür werden nicht angeführt.

❑ Hingegen soll nach Auffassung eines **überwiegenden Teils der Literatur** die Rechtsgrundverweisung auf die Eingriffskondiktion beschränkt sein (Pal. § 951 Rn. 2; Baur § 53 c I 2; M. Wolf Rn. 460).
Argument: Bei einer Leistung erfolgt der Rechtserwerb mit dem Willen des Leistenden, und zwar auch dann, wenn sich der Rechtserwerb nach §§ 946 ff. vollzieht. Erfolgt die Leistung ohne Rechtsgrund, so findet die Rückabwicklung ausschließlich nach § 812 I 1, Fall 1 direkt statt.

Lernhinweis: Der Meinungsstreit hat keine praktische Auswirkung, sondern ist allein von rechtsdogmatischer Bedeutung. Letztlich findet jedenfalls die Rückabwicklung nach § 812 I 1, Fall 1 im Verhältnis zum Leistungserbringer statt.

b) § 951 I verschafft dem früheren Eigentümer für den Rechtsverlust an der eingebrachten Sache einen **Wertausgleich in Geld**. Maßgeblich für die Berechnung ist der objektive Wert der eingebrachten Sache zum Zeitpunkt des Rechtsverlu-

§ 9. Eigentumserwerb durch Gesetz oder kraft Hoheitsakt

stes. Infolge der Verweisung finden die Vorschriften §§ 818 II, III, IV; 819 Anwendung. Der Anspruchsgegner kann sich insbesondere auf den Wegfall der Bereicherung berufen (§ 818 III), sofern er nicht bösgläubig ist (§ 819).

c) Liegt ein Fall der **aufgedrängten Bereicherung** vor, so kann der Erwerber der neu hergestellten Sache seinerseits den Ausgleichsanspruch des früheren Eigentümers *abwehren*, indem er eigene Ansprüche auf Beseitigung aus §§ 823, 249 S. 1 bzw. § 1004 geltend macht. Voraussetzung ist allerdings, daß die Verbindung, Vermischung bzw. Verarbeitung nach §§ 946 ff. rechtswidrig erfolgt ist und die Wertsteigerung infolgedessen nicht im Interesse des Erwerbenden ist.

18

Beispiel: Pächter P betreibt auf dem Grundstück des E eine Minigolfanlage. Laut Vertrag ist er berechtigt, ein Kassenhäuschen auf dem Grundstück zu errichten. Abredewidrig bebaut P jedoch das Grundstück mit einem massiven Wohnhaus. Nach §§ 946, 94 I erwirbt Grundstückseigentümer E das Eigentum an dem Gebäude. E kann gemäß § 1004 I Beseitigung des Bauwerks verlangen. Der Wertersatz des P nach § 951 ist ausgeschlossen. Denn der Grundstückseigentümer soll nicht für etwas zahlen, dessen Beseitigung er verlangen kann (BGHZ 23, 61; NJW 1965, 816).

d) Gemäß § 951 II 1 sind **andere Ausgleichsansprüche** des früheren Eigentümers aus unerlaubter Handlung nach §§ 823, 249 sowie Nutzungsansprüche nach §§ 987–993 nicht ausgeschlossen. Macht der frühere Eigentümer als nichtberechtigter Besitzer Verwendungen auf die Sache, haben die Verwendungsersatzansprüche nach §§ 994 ff. grundsätzlich *Vorrang* vor dem Ausgleichsanspruch nach §§ 951 I 1, 812 ff (BGH NJW 1996, 52).

19

Im vorangegangenen Beispiel hat Pächter P keinen Verwendungsersatzanspruch nach §§ 994, 996 I, da er sein Besitzrecht überschritten hat. Bereicherungsrechtliche Ansprüche des P für den erlittenen Rechtsverlust – und damit auch § 951 I 1 – sind bereits deshalb ausgeschlossen, weil §§ 994 ff. eine abschließende Sonderregelung darstellen (str).

Lernhinweis: Einzelheiten zur aufgedrängten Bereicherung und zum Verhältnis der §§ 951, 812 ff. zum Verwendungsersatzanspruch nach §§ 994 ff. finden Sie im Kapitel zum Eigentümer–Besitzer-Verhältnis unter Kapitel 4. § 12. D. IV.

Darüber hinaus stellt § 951 II 1 klar, daß auch die Ausübung eines **gesetzlich** vorgesehenen Wegnahmerechts nicht ausgeschlossen ist. Diese Klarstellung ist deshalb erforderlich, weil die Geltendmachung eines bestehenden Wegnahmerechts zumindest teilweise eine Wiederherstellung des früheren Zustands ist. Allerdings muß der Wegnehmende, also der frühere Eigentümer der Sache, nach § 258 die Kosten dafür tragen, daß er die Sache wieder in den vorigen Stand setzt.

Beispiele:
- § 547 a I   Mieter
- § 997   Besitzer
- § 500 S. 2   Wiederverkäufer
- § 581 II   Pächter
- § 601 II 2   Entleiher

20 e) Gemäß § 951 II 2 besteht anstelle des Bereicherungsanspruchs nach §§ 951 I, 812 ein **selbständiges Wegnahmerecht** des früheren Eigentümers, wenn die Verbindung der Sache mit der Hauptsache nicht von ihm, sondern von einem Dritten bewirkt wurde. Für die Wegnahme gelten die Regeln des § 997. Nach dieser Vorschrift kann nur der Besitzer selbst das Wegnahmerecht ausüben. Umstritten ist, ob auch der Dritte berechtigt ist, den Anspruch nach § 951 II 2 geltend zu machen. Hierzu der nachfolgende Fall.

Fall 12:

Grundstückseigentümer E beauftragt den Bauunternehmer B, auf seinem Grundstück ein Haus in Fertigbauweise zu errichten. B beauftragt den Handwerker H, die Heizungsanlage in das Haus einzubauen. Kurz nachdem H die Arbeiten ausgeführt hat, fällt B in Insolvenz. H, der noch keine Vergütung von B erhalten hat, verlangt von E Ersatz für den Einbau der Heizungsanlage. Hilfsweise macht er ein Wegnahmerecht geltend. Zu Recht?

Lösung:

(I) Anspruch des H gegen E auf **Wertersatz** gemäß §§ 951 I 1, 812 I 1, Fall 2:
(1) H müßte infolge der Vorschriften der §§ 946 bis 950 einen **Rechtsverlust** erlitten haben. In Betracht kommt ein Verlust des Eigentums durch **Verbindung** einer beweglichen Sache mit einem Grundstück gemäß § 946. Die Heizungsanalage ist in das Gebäude eingebaut worden, das auf dem Grundstück des E errichtet worden war. Sie bildet eine Einheit mit dem Gebäude und ist somit auch mit dem Grundstück verbunden worden.
(a) Die Heizungsanlage des H müßte **wesentlicher Bestandteil** des Grundstücks geworden sein. In Betracht kommt die Vorschrift des § 94 II, wonach die Sache zur Herstellung in das Gebäude eingefügt worden sein muß.
(b) Die Heizungsanlage darf allerdings nicht bloß **Scheinbestandteil** des Grundstücks gemäß § 95 geworden sein. Scheinbestandteile werden nur zu einem **vorübergehenden Zweck** in das Grundstück eingefügt. Eine Heizungsanlage wird jedoch zu dem Zweck installiert, auf Dauer mit dem Gebäude verbunden zu sein. Sie kommt somit nicht als Scheinbestandteil in Betracht.
(c) Die **Voraussetzungen** des § 94 II müßten erfüllt sein. Die Heizungsanlage wurde zur Herstellung des Fertigbauhauses des E in das Gebäude eingefügt. Sie wurde somit wesentlicher Bestandteil des Gebäudes (§ 94 II) und zugleich des Grundstücks. Infolge der Verbindung erwarb Grundstückseigentümer E das Eigentum an der Heizungsanlage.

§ 9. Eigentumserwerb durch Gesetz oder kraft Hoheitsakt

(2) Für den erlittenen Rechtsverlust kann H von E **Vergütung in Geld** nach den Vorschriften des Bereicherungsrechts verlangen. § 951 I 1 enthält eine **Rechtsgrundverweisung** auf das Bereicherungsrecht, so daß die Tatbestandsvoraussetzungen des § 812 I 1, Fall 2 erfüllt sein müssen.

(a) E hat **etwas**, nämlich das Eigentum an der Heizungsanlage, **in sonstiger Weise erlangt**.

(b) Aber die Eingriffskondiktion ist **subsidiär** gegenüber der Leistungskondiktion. Es gilt der **Grundsatz des Vorrangs der Leistungsbeziehungen** (BGHZ 40, 278; 56, 239). Aus der Sicht des E handelte es sich bei dem Einbau der Heizung um eine **Leistung des B**. Ein Anspruch des H auf Wertersatz gemäß §§ 951 I 1, 812 I 1, Fall 2 scheidet folglich aus.

(II) **Wegnahmerecht** des H gemäß § 951 II 2:
Die Verbindung gemäß §§ 946, 94 II wurde nicht von dem Besitzer der Hauptsache, dem E, bewirkt. Vielmehr hat H die Heizungsanlage in das Gebäude eingebaut. Fraglich ist, ob § 951 II 2 auch für den Dritten gilt, der die Sache eingefügt hat und selbst nicht Besitzer ist.

❏ Nach Ansicht der **Rspr.** soll das Wegnahmerecht auf den Besitzer beschränkt sein (BGHZ 40, 272; 41, 157).
Argument: § 951 II 2 begründet kein selbständiges Wegnahmerecht. Vielmehr soll nur der Anwendungsbereich des § 997 ausgedehnt werden auf diejenigen Fälle, in denen ein Dritter die Verbindung herbeigeführt hat. Anderenfalls würde die Vorschrift des § 951 I 2 ausgehöhlt werden.

❏ Der überwiegende Teil in der **Literatur** ist hingegen anderer Auffassung. Auch ein Dritter, der die Sachen miteinander verbunden hat, soll das Wegnahmerecht nach § 951 II 2 haben. Allerdings wird gefordert, daß dieses Wegnahmerecht nur einem Nichtbesitzer zustehen soll, der zumindest dem Grunde nach auch einen Anspruch gemäß § 951 I hat (Pal. § 951 Rn. 25 m.w.N.).
Argument: Die Vorschrift enthält eine bloße Rechtsfolgenverweisung auf § 997 und begründet daher ein selbständiges Wegnahmerecht. Zu einer Aushöhlung des § 951 I 2 kommt es nicht, da der Eigentümer die Möglichkeit hat, die Wegnahme durch Wertersatz gemäß § 997 II abzuwenden.

Der Meinungsstreit kann letztlich dahinstehen. Denn nach beiden Ansichten scheidet ein Wegnahmerecht des H aus. Nach der vom BGH vertretenen Auffassung ist § 951 II 2 nicht anwendbar, da das für § 997 erforderliche Eigentümer–Besitzer-Verhältnis nicht besteht. H ist nicht unrechtmäßiger Besitzer der Heizungsanlage. Nach der Literaturmeinung scheitert ein Anspruch des H an einem alternativen Ausgleichsanspruch nach § 951 I 1.

Ergebnis: H hat keine Ansprüche gegen E auf Wertersatz bzw. Wegnahme der Heizungsanlage.

21   6. Ist über eine Forderung eine **Schuldurkunde** ausgestellt, so steht nach § 952 I 1 das Eigentum an der Schuldurkunde dem Inhaber der darin verbrieften Forderung zu. Die Vorschrift des § 952 ist vom Gesetz her unter dem Titel Verbindung, Vermischung und Verarbeitung eingeordnet, obwohl es sich um eine besondere Art des gesetzlichen Eigentumserwerbs handelt. Systematisch ist § 952 eine *Sondervorschrift* sowohl gegenüber den Vorschriften über den gesetzlichen Eigentumserwerb nach §§ 937 ff. und 946 ff. als auch gegenüber den Vorschriften über die rechtsgeschäftliche Eigentumsübertragung nach §§ 929 ff. Das rechtliche Schicksal der Schuldurkunde ist untrennbar mit dem der Forderung verbunden. Erst wenn die in ihr verkörperte Forderung gemäß § 398 abgetreten wird, geht kraft Gesetzes auch das Eigentum an der Schuldurkunde auf den neuen Gläubiger über.

Beispiel: O möchte ihr Sparbuch an ihre Enkelin verschenken. Hierzu reicht nicht aus, daß sie ihr lediglich das Sparbuch übergibt. Vielmehr muß sie ihr die Forderung gegen die Bank abtreten (§ 398). Das Eigentum an dem Sparbuch geht kraft Gesetzes mit über.

> **Hinweis:** Bei der Schuldurkunde i. S. d. § 952 folgt das Recht an dem Papier dem Recht aus dem Papier.

a) **Schuldurkunden i. S. d. § 952** sind Schuldscheine (§ 952 I), sowie Urkunden, kraft derer eine Leistung gefordert werden kann (§ 952 II).

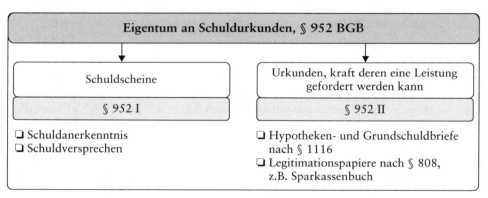

22   b) Nach ganz h. M. ist § 952 II analog anwendbar auf **Kraftfahrzeugbriefe** (BGHZ 34, 134; Pal. § 952 Rn. 2).

Beispielsfall:
E nimmt bei B ein Darlehen auf. Als Sicherheit übergibt er B den Kfz-Brief seines Pkw. Kurze Zeit später betreibt Gläubiger G die Zwangsvollstreckung in das Vermögen des E und läßt den Pkw pfänden. B erhebt Drittwiderspruchsklage gemäß § 771 ZPO und verlangt die Herausgabe des Pkw. Mit Erfolg?
Die Drittwiderspruchsklage des B gegen G nach § 771 ZPO ist zulässig. Insbesondere ist sie statthaft. B ist nicht Vollstreckungsschuldner und macht geltend, daß G einen Gegenstand hat pfänden lassen, der nicht zum Vermögen des Schuldners E gehört. Die Klage des B ist begründet,

wenn B ein die Veräußerung hinderndes Recht i. S. d. § 771 ZPO hat. Damit sind solche Rechte gemeint, die den Dritten dazu berechtigen würden, den Vollstreckungsschuldner, würde er selbst die Sache verwerten, daran zu hindern (BGHZ 72, 141). In Betracht kommt das Eigentum des B an dem Pkw als ein die Veräußerung hinderndes Recht. Ursprünglich war E Eigentümer. Er könnte das Eigentum durch Rechtsgeschäft gemäß § 929 S. 1 auf B übertragen haben durch Übereignung des Kfz-Briefes. Dies ist nur unter der Voraussetzung möglich, daß der Kfz-Brief ein Wertpapier ist, durch das der Inhaber das verbriefte Recht geltend machen kann, ohne seine Berechtigung nachweisen zu müssen. Denn dann ersetzt die Übergabe des Kfz-Briefes die Übergabe der Sache. Nach ganz h. M. stellt der Kfz-Brief jedoch kein solches Wertpapier dar. Vielmehr ist § 952 II auf Kfz-Briefe analog anzuwenden (Pal. § 952 Rn. 7). Das heißt, das Eigentum an dem Kfz-Brief geht mit Einigung und Übergabe des Pkw auf den Erwerber über. E wollte hingegen nicht den Pkw an B übereignen, sondern lediglich den Kfz-Brief zur Sicherheit übergeben. B ist somit nicht Eigentümer des Pkw geworden. Er hat kein die Veräußerung hinderndes Recht i. S. d. § 771 ZPO.

Ergebnis: Die Drittwiderspruchsklage des B gegen G hat keine Aussicht auf Erfolg.

> **Hinweis:** Die Verpfändung oder Sicherungsübereignung eines Kfz-Briefes ist rechtlich nicht möglich.

c) § 952 findet keine Anwendung auf **Inhaber- und Orderpapiere**. Sie werden gemäß §§ 929 ff. durch Einigung und Übergabe übereignet. Die Inhaberschaft dieser Papiere begründet eine Vermutung für die materielle Berechtigung. Der Inhaber muß also seine Berechtigung nicht nachweisen.

> **Hinweis:** Bei Inhaber- und Orderpapieren folgt das Recht aus dem Papier dem Recht am Papier.

Zu den **Inhaberpapieren** gehören insbesondere:
- Inhaberschuldverschreibungen nach §§ 793 ff., z. B. Lotterielose
- Kleine Inhaberpapiere i. S. d. § 807, z. B. Fahrscheine, Theaterkarten
- Inhaberaktien gemäß § 10 I AktG

Bei den **Orderpapieren** ist ein Berechtigter namentlich ausgewiesen. Zu der Übertragung des Papiers nach §§ 929 ff. muß ein *Indossament* hinzukommen. Dies ist ein schriftlicher Vermerk auf der Rückseite der Urkunde, daß die Leistung an einen anderen erfolgen soll. Beispiele für Orderpapiere sind:
- Wechsel, vgl. Art. 11 WG
- Scheck, vgl. Art. 14 ScheckG
- Namensaktien gemäß § 10 II AktG

III. Erwerb von Erzeugnissen und Bestandteilen, §§ 953–957 BGB

Die §§ 953 ff. enthalten Vorschriften über den gesetzlichen Eigentumserwerb von Erzeugnissen und sonstigen Bestandteilen (sog. Fruchterwerb). Solange sie als wesentliche Bestandteile mit der Hauptsache verbunden sind, können sie nicht Gegenstand besonderer Rechte sein (§ 93). Erst wenn sie von der Muttersache getrennt werden, werden sie selbständige Sachen, an denen Eigentum entstehen kann.

Lernhinweis: Die Regelung der §§ 953 – 957 betrifft lediglich die Eigentumsverhältnisse an der abgetrennten Sache. Nicht gleichbedeutend ist die Frage, wem die Sache tatsächlich gebührt. Ob der Erwerber die Sache auch behalten darf, ergibt sich aus den gesetzlichen Bestimmungen, insbesondere aus § 581 sowie §§ 987 ff.

25 1. Erfaßt werden **Bestandteile** (§ 93) sowie **Erzeugnisse i. S. d. § 99 I,** wozu auch die bestimmungsgemäße Ausbeute einer Sache gehört. Die Erzeugnisse und bestimmungsgemäße Ausbeute einer Sache bilden zusammen den Oberbegriff der unmittelbaren Sachfrüchte (§ 99 I).

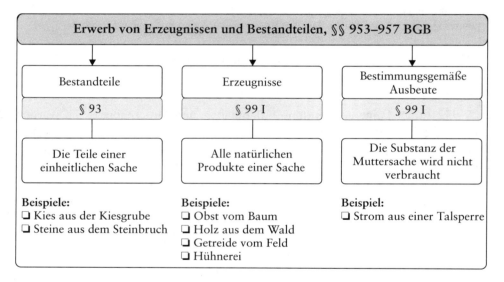

26 2. Der Erwerb von Erzeugnissen und sonstigen Bestandteilen gemäß §§ 953 ff. ist nach einem sog. **Schachtelprinzip** aufgebaut. Grundsätzlich erwirbt der Eigentümer der Muttersache gemäß § 953 das Eigentum an der abgetrennten Sache, es sei denn, daß im Fall eines dinglich Nutzungsberechtigten die Vorschrift des § 954 oder aber einer der Erwerbsgründe nach §§ 955–957 vorgeht.

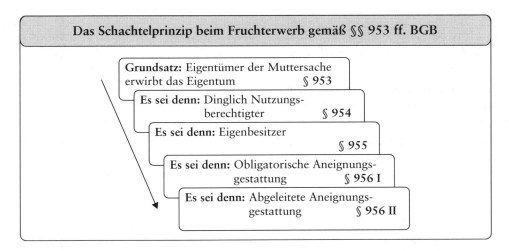

a) Nach dem Grundsatz des § 953 erwirbt der **Eigentümer der Muttersache** das Eigentum an der abgetrennten Sache. Der gesetzliche Eigentumserwerb an den Erzeugnissen und Bestandteilen tritt ohne weiteres mit der *Trennung* ein, sofern der Eigentümer der Muttersache im Besitz der Sache ist, ansonsten mit Besitzergreifung. Unerheblich ist, wie und aus welchem Grund die Trennung von der Hauptsache im einzelnen erfolgt ist und wer die Trennung vorgenommen hat.

Beispiel: E ist Eigentümer einer Obstplantage. D pflückt ohne Wissen des E die Äpfel von den Bäumen. E erwirbt das Eigentum an den Äpfeln.

b) Eine Ausnahmeregelung zu § 953 enthält § 954 für den Fall, daß ein **dingliches Nutzungsrecht** an der Muttersache bestellt ist. Der Dritte, der zur Ziehung der Nutzungen berechtigt ist, erwirbt das Eigentum an der abgetrennten Sache. In Betracht kommen folgende Nutzungsrechte:
- Nießbrauch, §§ 1030 ff.
- Erbbaurecht, § 1013
- Nutzpfandrecht, § 1213

Beispiel: E hat auf seinem Grundstück eine Obstplantage. Er hat dem N ein Nießbrauch eingeräumt. Mit der Ernte erwirbt N das Eigentum an dem Obst.

c) Die **Erwerbsgründe** nach §§ 955 – 957 bilden weitere Ausnahmen zu der Grundsatzregelung des § 953 über den Erwerb von Erzeugnissen und sonstigen Bestandteilen. Sie sind aber auch speziell gegenüber der Regelung des § 954. Sie stehen wiederum in einem Schachtelverhältnis zueinander. § 955 betrifft den berechtigten oder gutgläubigen Eigenbesitzer und stellt den allgemeinen Tatbestand dar. Bei Vorliegen der Voraussetzungen des § 956 über die Aneignungsgestattung tritt § 955 zurück. Die Vorschrift des § 957 enthält eine Erweiterung zu § 956 beim gesetzlichen Eigentumserwerb vom Nichtberechtigten.

> **Hinweis:** Die §§ 955–957 sind spezielle Regelungen sowohl gegenüber § 953 als auch gegenüber § 954.

Der **berechtigte oder unrechtmäßige gutgläubige Eigenbesitzer** erwirbt das Eigentum an den Erzeugnissen und sonstigen Bestandteilen mit der Trennung von der Muttersache, § 955 I. Das gleiche gilt für den Nutzungsberechtigten, § 955 II.

Beispiel: E veräußert seinen Bauernhof an K und übergibt ihn. K ist noch nicht im Grundbuch eingetragen. K erntet das Getreide vom Feld. Nunmehr stellt sich heraus, daß die Auflassung nichtig ist. E verlangt das Getreide von K heraus. Zu Unrecht, denn K als berechtigter Besitzer der Muttersache hat gemäß § 955 I 1 das Eigentum an dem Getreide erworben.

Der **gute Glaube** des unberechtigten, aber gutgläubigen Eigenbesitzers (§ 955 I 2) muß sich auf das entstehende Erwerbsrecht beziehen, das heißt auf das Eigentum an der Muttersache oder auf das dingliche Nutzungsrecht (Baur/Stürner § 53 e IV 2 a). Ist die Muttersache dem Eigentümer abhanden gekommen, so ist nach ganz überwiegender Meinung § 935 nicht entsprechend anwendbar (Pal. § 955 Rn. 1).

Beispiel: D stiehlt die trächtige Zuchtstute des Rennstallbesitzers R und veräußert sie an den gutgläubigen K. Bald darauf kommt das Fohlen zur Welt. K wird gemäß § 955 I 1 Eigentümer des Fohlens. Der Eigentumserwerb ist nicht ausgeschlossen, obwohl dem R das Muttertier abhanden gekommen war. § 935 ist auf die später getrennte Frucht nicht anwendbar. Hingegen behält R das Eigentum an der Stute.

> **Hinweis:** In der Praxis kommt § 955 selten vor.

30 d) Wer sich aufgrund einer persönlichen Gestattung des Eigentümers oder des Nutzungsberechtigten die Sache aneignet, erwirbt gemäß § 956 das Eigentum an der Sache, sog. **Aneignungsgestattung**. Der Eigentumserwerb tritt zum Zeitpunkt der Trennung ein, wenn der Aneignungsberechtigte zu diesem Zeitpunkt Besitzer der Muttersache ist (§ 956 I). Anderenfalls erwirbt er das Eigentum gemäß § 956 II mit der Besitzergreifung, sog. abgeleitete Aneignungsgestattung.

Voraussetzungen des Eigentumserwerbs gemäß § 951 I oder II BGB

    I. Aneignungsgestattung
       1. des Eigentümers, § 956 I
       2. oder des Aneignungsberechtigten, § 956 II
   II. Vollzug durch
       1. Trennung
       2. durch Besitzergreifung
  III. Kein Widerruf der Gestattung, § 956 II
  IV. Berechtigung des Gestattenden
       1. Eigentümer ohne Verfügungsbeschränkung
       2. Ermächtigter i.S.d. § 185 I oder Aneignungsberechtigter nach § 956 II
       3. oder gutgläubiger Erwerb gemäß § 957

§ 9. Eigentumserwerb durch Gesetz oder kraft Hoheitsakt

aa) Die **Aneignungsgestattung** erfolgt in der Regel im Zusammenhang mit einem schuldrechtlichen Vertrag, insbesondere einem Pachtvertrag. Sie setzt eine wirksame rechtsgeschäftliche Erklärung voraus mit dem Inhalt, daß die Aneignung erlaubt sein soll. Umstritten ist die **Rechtsnatur** der Aneignungsgestattung.

❏ Nach der **Aneignungstheorie** (oder Erwerbstheorie) reicht die einseitige Erklärung des Berechtigten aus, damit das Eigentum auf den Gestattungsempfänger übergeht. Die Aneignungsgestattung ist ein einseitiges Verfügungsgeschäft (Erman, § 956 Rn. 4; MK § 956 Rn. 2).
Argument: Mit der Erklärung der Gestattung wird ein Erwerbsrecht des Erwerbers begründet. Dies führt sodann mit der Trennung oder Besitzergreifung zum Eigentum.

❏ Demgegenüber ist nach der **Übertragungstheorie** für den Eigentumserwerb gemäß § 956 ein Vertrag erforderlich. In der Aneignungsgestattung liegt das Angebot zur Übereignung. Die Trennung der Sache von der Hauptsache bzw. die Besitzergreifung stellt die Annahme des Erwerbers und zugleich die Übergabe der Sache dar (BGHZ 27, 360; Pal. § 956 Rn. 2).
Argumente: § 956 ist eine Sonderregelung zu den § 929 ff. hinsichtlich der rechtsgeschäftlichen Übereignung künftiger Sachen. Im übrigen spricht § 956 I 2 gegen die Aneignungstheorie. Im Falle der Verpachtung besteht eine Aneignungspflicht, die der Berechtigte nicht einseitig widerrufen kann.

> **Klausurhinweis:** Auf die Entscheidung des Meinungsstreits kommt es nur in den Fällen an, in denen der Berechtigte zwischen erteilter Aneignungsgestattung und Trennung bzw. Besitzergreifung der Erzeugnisse oder sonstigen Bestandteile geschäftsunfähig oder in seiner Verfügungsmacht beschränkt wird.

bb) Neben der Aneignungsgestattung und dem Vollzug der Aneignung, d. h. der Trennung oder der Besitzergreifung, ist die **Berechtigung** des Gestattenden weitere Voraussetzung. Sie kann sich aus folgenden Tatbeständen ergeben: 31
❏ Der Gestattende ist **Eigentümer** der Muttersache und er unterliegt keiner Verfügungsbeschränkung, § 956 I.
❏ Der Gestattende ist der „**künftige**" **Eigentümer** der Erzeugnisse oder sonstigen Bestandteile, das heißt, ihm selbst gehören die Erzeugnisse und sonstigen Bestandteile erst nach der Trennung, § 956 II.
❏ Der Gestattende ist von dem Eigentümer gemäß § 185 I **ermächtigt** worden.

Der Eigentumserwerb von einem **Nichtberechtigten** ist gleichwohl unter den Voraussetzungen des § 957 möglich. Die Vorschrift des § 956 erfährt insofern eine Erweiterung. Der Gestattende muß im Besitz der Muttersache sein. Dies ist zwar nicht dem ausdrücklichen Wortlaut des § 957 zu entnehmen, entspricht aber dem allgemeinen Rechtsgedanken der §§ 932 ff. Für den Eigentumserwerb von einem Nichtberechtigten ist generell ein objektiver Rechtsscheintatbestand erfor- 32 derlich. Der Gestattungsempfänger muß gutgläubig hinsichtlich des Fruchtziehungsrechts des Gestattenden sein.

Fall 13:

E ist Eigentümer eines 10 ha großen Ackerlandes. Als er in Geldschwierigkeiten gerät, veräußert er das Getreide auf dem Feld an B und gestattet ihm, es selbst zu ernten. Bevor B dazu kommt, wird über das Vermögen des E das Insolvenzverfahren eröffnet. Nun beeilt sich B, erntet das Getreide ab und nimmt es mit. Er veräußert es sodann an X. Der Insolvenzverwalter I des E verlangt von B die Herausgabe des Verkaufserlöses. Zu Recht?

Lösung:

Anspruch des **I gegen B** auf Herausgabe des Erlöses, §§ 816 I 1, 818:
- (A) Da I gemäß § 80 I InsO die alleinige **Verfügungsbefugnis** über das Vermögen des E hat, ist er berechtigt, den Anspruch des E im eigenen Namen geltend zu machen.
- (B) Die Voraussetzungen des Anspruchs nach § 816 I 1 müßten erfüllt sein.
  - (I) B hat eine **Verfügung** getroffen, indem er das Getreide an X veräußert hat.
  - (II) Dies müßte er als **Nichtberechtigter** getan haben. B war dann nicht berechtigt, über die Ernte zu verfügen, wenn er selbst nicht Eigentümer war. Nach dem **Grundsatz des § 953** erwirbt der **Eigentümer des Grundstücks** mit der Trennung auch das Eigentum an den Erzeugnissen und sonstigen Bestandteilen. E ist also Eigentümer des Getreides geworden, wenn nicht ein Eigentumserwerb des B aufgrund der §§ 954–957 vorgreift.
    - (1) Es liegt kein Fall des § 954 vor. Die Vorschrift betrifft den Eigentumserwerb eines **dinglich Nutzungsberechtigten**. Ein Nutzungsrecht wurde zwischen E und B nicht vereinbart.
    - (2) Es ist auch kein Eigentumserwerb nach § 955 I eingetreten. B ist nicht rechtmäßiger oder gutgläubiger **Eigenbesitzer** des Ackerlandes, also der Muttersache.
    - (3) In Betracht kommt jedoch ein Eigentumserwerb des B aufgrund einer **Aneignungsgestattung gemäß § 956 I**.
      - (a) In der Erklärung des E, daß B das Getreide selbst ernten dürfe, liegt die erforderliche Aneignungsgestattung des Eigentümers. Nach der sog. **Aneignungstheorie** wird bereits mit der einseitigen Erklärung ein Erwerbsrecht des Gestattungsempfängers begründet (Erman, § 956 Rn. 4; MK § 956 Rn. 2). Die überwiegend vertretene **Übertragungstheorie** jedoch sieht in dem Eigentumserwerb gemäß § 956 einen konkreten Fall der rechtsgeschäftlichen Übereignung zukünftiger Sachen (§ 929 S. 1)

und verlangt zusätzlich eine Annahmeerklärung des Erwerbenden (BGHZ 27, 360; Pal. § 956 Rn. 1). Nach dieser Auffassung bestehen Annahme und Übergabe jedenfalls in der Trennung der Sache von der Hauptsache bzw. der Besitzergreifung des Erwerbers, so daß nach beiden Theorien eine Aneignungsgestattung vorliegt.

(b) Fraglich ist die **Berechtigung** des E zur Aneignungsgestattung. Grundsätzlich ergibt sich die Berechtigung aus der Eigentümerstellung des E. Hier lag aber zur Zeit der Besitzergreifung eine Verfügungsbeschränkung des E nach § 81 I InsO vor. Die Verfügungsbefugnis muß aber noch zur Zeit der Vollendung des Eigentumserwerbs gegeben sein (BGHZ 27, 360). Es kommt also darauf an, ob der Eigentumserwerb des B schon vor Eröffnung des Insolvenzverfahrens gegen E vollendet war.

- ❑ Der oben genannten **Aneignungstheorie** zufolge reicht für den Eigentumserwerb nach § 956 die einseitige Gestattungserklärung des Eigentümers aus. Eine Einverständniserklärung des B war demnach nicht erforderlich. Jedoch liegt hiernach ein mehraktiger Verfügungstatbestand vor. Nach § 91 I InsO kann ein Dritter dann nicht zur Insolvenzmasse gehörende Gegenstände erwerben, wenn ein **mehraktiger Verfügungstatbestand** vorliegt und sich dieser Erwerbstatbestand nach Eröffnung des Insolvenzverfahrens ohne weitere Willensbetätigung des Insolvenzschuldners vollzieht. Zum Zeitpunkt der Besitzergreifung durch B war das Insolvenzverfahren gegen E bereits eröffnet. Der Eigentumserwerb des B ist somit nach § 91 I InsO unwirksam.

- ❑ Nach der **Übertragungstheorie** ist die Verfügungsbeschränkung, also die Eröffnung des Insolvenzverfahrens, zwischen Gestattung des Eigentümers und der Annahmeerklärung des Erwerbers eingetreten. Gemäß § 81 I InsO sind alle Rechtshandlungen des Gemeinschuldners nach der Eröffnung des Insolvenzverfahrens den Insolvenzgläubigern gegenüber unwirksam. Der Empfang der Annahmeerklärung durch E stellt eine Rechtshandlung nach § 81 I InsO dar. Nach dieser Auffassung ist die Aneignungsgestattung somit gemäß § 81 I InsO unwirksam.

- ❑ **Anmerkung:** Hätte B unverzüglich nach der Gestattung, also noch vor Eröffnung des Insolvenzverfahrens die Annahme erklärt, so wäre auch nach der Übertragungstheorie die Aneignungsgestattung nach § 91 I InsO unwirksam. Denn dann liegt auch nach dieser Theorie ein mehraktiger Verfügungstatbestand vor.

Nach beiden vertretenen Theorien ist die Aneignungsgestattung des E wegen fehlender Berechtigung unwirksam.

(c) Möglicherweise ist die Aneignungsgestattung des E dennoch wirksam gemäß § 161 I 2 analog. Voraussetzung ist, daß B zuvor ein unentziehbares **Anwartschaftsrecht** erworben hat. Eine solche gesicherte Erwerbsposition liegt jedoch nicht vor, da die Gestattungserklärung bis zur Besitzergreifung des späteren Erwerbers **frei widerruflich** ist. Durch den Widerruf könnte der Gestattende die Rechtsposition einseitig aufheben. Dies widerspricht der Annahme eines Anwartschaftsrechts (BGHZ 27, 360; MK § 956 Rn. 12).

(d) B hat auch nicht **gutgläubig** das Eigentum an dem Getreide nach § 957 erworben. Der Gestattende E war zwar im Besitz der Muttersache. B war jedoch nicht gutgläubig hinsichtlich des Fruchtziehungsrechts des E. Die Gutgläubigkeit des B bezog sich allenfalls auf die **Verfügungsberechtigung** des E. Der gute Glaube in die Verfügungsbefugnis wird durch § 957 nicht geschützt.

B hat somit kein Eigentum an dem Getreide erworben. Er hat als Nichtberechtigter verfügt. Er ist zur Herausgabe des erzielten Erlöses (§ 818 I) verpflichtet.

Ergebnis: Insolvenzverwalter I kann von B Herausgabe des Verkaufserlöses gemäß §§ 816 I 1, 818 verlangen.

> **Klausurhinweis:** Beginnen Sie bei der Prüfung der §§ 953 ff. immer mit der Grundnorm des § 953. Sofern ein Eigentumserwerb nach § 953 anzunehmen ist, müssen Sie der Reihe nach weiter prüfen, ob nicht die Erwerbstatbestände der §§ 954–957 vorgreiflich sind (Schachtelprinzip).

III. Aneignung, §§ 958–964 BGB

33 Wer eine herrenlose Sache in Eigenbesitz nimmt, erwirbt gemäß § 958 I das Eigentum an ihr, sofern die Aneignung nicht nach § 958 II ausgeschlossen ist. Die Aneignung ist Realakt. Der natürliche Wille des Erwerbenden zur Begründung des Eigenbesitzes reicht aus.

1. Herrenlos ist eine Sache, wenn sie keinen Eigentümer hat, weil entweder bisher noch kein Eigentum an ihr bestanden hat oder weil der frühere Eigentümer das Eigentum aufgegeben (sog. Dereliktion) hat oder das Eigentum sonstwie erloschen ist.

a) **Ursprünglich** besteht die Herrenlosigkeit insbesondere bei wilden Tieren, so lange sie sich in Freiheit befinden, § 960 I.

Beispiele: Spatzen, Fische, Muscheln.

b) Die **Dereliktion** gemäß § 959 setzt voraus, daß der frühere Eigentümer den Besitz an der Sache in der Absicht aufgegeben hat, auf das Eigentum zu verzichten. Im Gegensatz zur Aneignung ist die Dereliktion eine einseitige nicht empfangsbedürftige Willenserklärung. Geschäftsfähigkeit ist also erforderlich.

Beispiel: A stellt sein stark abgenutztes Mobiliar zum Zweck der Sperrmüllabholung vor die Haustür. Die Möbel des A sind nicht mehr zu gebrauchen. Indem er die Möbel vor die Tür stellt, verzichtet A auf das Eigentum.

c) **Auf sonstige Weise** werden wilde oder gezähmte Tiere (§ 960 II bzw. III) sowie Bienenschwärme (§ 961) herrenlos. Den Tatbeständen ist gemeinsam, daß der frühere Eigentümer jeweils den Besitz an der Sache unfreiwillig verliert.

2. Die Aneignung ist nach § 958 II **ausgeschlossen**, wenn sie gesetzlich verboten ist oder das Aneignungsrecht eines anderen verletzt wird.
- Das **Aneignungsrecht eines Dritten** kann sich insbesondere aus dem Jagdrecht nach §§ 1, 3 BJagdG ergeben.
- **Gesetzliche Verbote** enthält insbesondere das Naturschutzrecht (BNatSchG) für geschützte Pflanzen und Tiere.

IV. Fund, §§ 965–984 BGB

Wer eine verlorene Sache findet und an sich nimmt, erwirbt nach Ablauf von sechs Monaten das Eigentum, vorausgesetzt, daß er den Fund unverzüglich der zuständigen behördlichen Stelle angezeigt hat, §§ 965, 973.

1. a) **Verloren** ist eine Sache, die besitzlos ist, aber nicht herrenlos. Der Besitz muß ohne den Willen des Eigentümers geendet haben (Pal. vor § 965 Rn. 1).

Beispiel: D hat den vor der Haustür geparkten Pkw des E gestohlen. Nachdem er mit dem Wagen eine Spritztour unternommen hat, stellt er ihn auf einem Parkplatz am Stadtrand ab. Nach zwei Monaten erkennt ein Kollege des E den Wagen auf dem Parkplatz und informiert die Polizei. Durch das Abstellen befand sich der Pkw außerhalb des Sachherrschaftsbereichs des E. Neuer Besitz des E wurde nicht begründet. Der Pkw war besitzlos.

b) Das Eigentum erwirbt der **Finder** der Sache. Dies ist nicht notwendig gleichbedeutend mit dem *Entdecker* (BGHZ 8, 130; Pal. vor § 965 Rn. 2).

Beispiel: M fährt mit seiner Frau im Bus. Auf einer Bank entdeckt er eine Handtasche, die offensichtlich jemand vergessen hat. M läßt die Tasche liegen. Aber seine Frau nimmt sie an sich und bringt sie zum Fundbüro des Verkehrsunternehmens. M ist der Entdecker, F die Finderin.

c) Der Finder muß die Sache **an sich nehmen,** § 965 I. Das heißt, er muß den unmittelbaren Besitz ergreifen. Dies braucht nicht notwendig durch den Finder selbst zu geschehen. Vielmehr kann auch ein Besitzdiener (§ 855) die Sache für seinen Besitzherrn innerhalb dessen Geschäftsbereichs in Besitz nehmen (vgl. BGHZ 103, 101).

d) Der Finder ist verpflichtet, dem Verlierer der Sache, ihrem Eigentümer oder einem anderen Empfangsberechtigten unverzüglich **Anzeige** von seinem Fund zu machen, bzw. der zuständigen Behörde, sofern ihm der Empfangsberechtigte nicht bekannt ist (§ 965 I, II).

2. Nach Ablauf von sechs Monaten nach Anzeige des Fundes bei der zuständigen Behörde erwirbt der Finder gemäß § 973 I das Eigentum an der Sache, es sei denn, daß ihm vorher ein Empfangsberechtigter bekannt geworden ist oder der zuständigen Behörde angemeldet wurde. Der Eigentumserwerb ist *originär*. Als weitere Rechtsfolge hat der Finder gemäß § 971 einen Anspruch auf **Finderlohn** gegen den Berechtigten. Allerdings kann der bisherige Berechtigte noch drei Jahre nach Übergang des Eigentums *Bereicherungsansprüche* geltend machen, § 977.

35 **3.** Eine Besonderheit gilt beim sog. **Verkehrsfund** gemäß § 978. Wird eine Sache in öffentlichen Gebäuden, in den Beförderungsmitteln einer Behörde oder in dem öffentlichen Verkehr dienenden Verkehrsmitteln gefunden, so muß sie bei der Behörde oder der Verkehrsanstalt abgeliefert werden (§ 978 I). Der Finder hat lediglich Anspruch auf die Hälfte des Finderlohns. Voraussetzung ist, daß die Sache mindestens hundert DM wert ist (§ 978 II).

36 **4.** Auch bei einem **Schatzfund** besteht nach § 984 eine abweichende Regelung. Wird ein Schatz entdeckt, so erwerben das Eigentum je zur Hälfte der Entdecker und der Eigentümer der Sache, in welcher der Schatz verborgen war. Nach der *Legaldefinition* in § 984 ist ein Schatz eine Sache, die so lange verborgen gelegen hat, daß der Eigentümer nicht mehr zu ermitteln ist. *Entdecker* i. S. d. § 984 ist, wer den Schatz als erster tatsächlich wahrgenommen hat.

Beispiele:
- Das Abbruchunternehmen U ist mit dem Abbruch eines Hauses beauftragt. Der Baggerführer entdeckt bei Aufräumarbeiten zufällig eine alte Schmucksammlung in der Erde. Er ist der Entdecker.
- S betreibt einen Schrotthandel. Er kauft Bauschutt von Abbrucharbeiten auf und durchsucht ihn nach verwertbaren Stoffen. Sein Mitarbeiter M entdeckt dabei wertvolle alte Münzen. In diesem Fall erfolgte die Entdeckung nicht zufällig. Daher ist S als Entdecker anzusehen (vgl. hierzu BGH NJW 1988, 1204).

Der Eigentumserwerb tritt allerdings erst dann ein, wenn der Schatz aufgrund der Entdeckung in Besitz genommen wird. Die *Inbesitznahme* muß also nicht notwendig durch den Entdecker selbst erfolgen.

B. Eigentumserwerb kraft Hoheitsakt

Der Erwerber kann das Eigentum an einer beweglichen Sache durch staatlichen Hoheitsakt im Zwangsvollstreckungsverfahren erlangen. Hat der Gläubiger gegen den Schuldner einen Zahlungsanspruch, dem der Schuldner nicht freiwillig nachkommt, so muß der Gläubiger einen vollstreckbaren Titel gegen den Schuldner erwirken. Mit diesem Titel kann er die Zwangsvollstreckung in das gesamte Vermögen des Schuldners betreiben.

I. Pfändbare **bewegliche Sachen** werden vom Gerichtsvollzieher im Auftrag des Gläubigers beim Schuldner gepfändet und versteigert. Der Meistbietende erhält das Eigentum an der Sache durch *Zuschlag* (§§ 816, 817 ZPO). Der Gerichtsvollzieher weist dem Ersteigerer das Eigentum an der Sache hoheitlich zu.

II. Eine Besonderheit besteht bei der Pfändung von **Geld**. Gemäß § 815 I ZPO geht das Eigentum mit *Ablieferung* durch den Gerichtsvollzieher an den Gläubiger über.

III. Für die Zwangsvollstreckung in das **unbewegliche Vermögen** des Schuldners gilt das Zwangsversteigerungsgesetz (ZVG). Das Eigentum an dem beschlagnahmten Grundstück geht mit *Zuschlag* an den Ersteigerer über (§ 90 ZVG). Außerdem erwirbt er gemäß §§ 90 II, 55 ZVG alle Gegenstände, auf die sich die Versteigerung erstreckt. Dies wiederum sind alle Gegenstände, die der Beschlagnahme unterliegen, folglich zum *Haftungsverband der Hypothek* gehören (vgl. § 20 II ZVG i. V. m. § 1120).

Lernhinweis: Im Rahmen des Haftungsverbandes der Hypothek können auch bewegliche Sachen von der Zwangsvollstreckung in ein Grundstück erfaßt werden. Die maßgebliche Vorschriftenkette, die Sie sich einprägen sollten, lautet: §§ 90 II, 55, 20 II ZVG i. V. m. §§ 1120 ff. BGB. Lesen Sie die genannten Vorschriften und merken Sie sich an dieser Stelle, daß der Haftungsverband der Hypothek ein wichtiges Examensproblem im Zwangsvollstreckungsrecht darstellt. Einzelheiten erfahren Sie im Skript „Studium Jura, Zwangsvollstreckungsrecht".

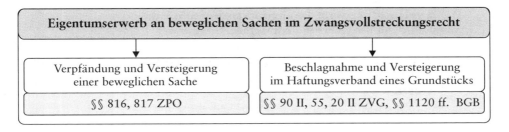

39 **IV.** Mit der Versteigerung im Rahmen der Zwangsvollstreckung nicht zu verwechseln ist die **öffentliche Versteigerung** gemäß § 383 III. Der Eigentumserwerb einer beweglichen Sache durch öffentliche Versteigerung ist im Gegensatz zum Eigentumserwerb kraft Hoheitsakt ein Rechtsgeschäft i. S. d. §§ 929 ff.

40 **V.** Eine weitere Form des Eigentumserwerbs durch staatlichen Hoheitsakt stellt die **richterliche Zuweisung im Ehescheidungsverfahren** dar. Das Familiengericht kann das Eigentum an bestimmten Sachen aufgrund der §§ 8, 9 Hausratsverordnung an einen Ehegatten zuweisen. Dieser erwirbt das Eigentum mit der Zuweisung.

Zusammenfassung zu den bedeutenden gesetzlichen Eigentumserwerbstatbeständen, §§ 946 ff., §§ 953 ff. BGB

A. Verbindung, Vermischung, Verarbeitung, §§ 946–952
  I. Verbindung einer beweglichen Sache mit einem Grundstück, § 946
    1. als wesentlicher Bestandteil
       a) Grundsatz § 93
       b) Erweiterung durch § 94
       c) Kein Scheinbestandteil gemäß § 95
       d) Kein Zubehör gemäß § 97
    2. Rechtsfolge:
       Der Grundstückseigentümer erlangt Eigentum kraft Gesetz
  II. Verbindung, Vermischung und Vermengung, §§ 947, 948
    1. Voraussetzungen
       a) Verbindung mehrerer beweglicher Sachen gemäß § 947 I oder § 947 II
       b) bzw. untrennbare Vermischung oder Vermengung, § 948
    2. Rechtsfolgen:
       Miteigentum nach Wertanteilen, § 947 I, bzw. Alleineigentum, § 947 II
  III. Verarbeitung, § 950
    1. Voraussetzungen
       a) Verarbeitung oder Umbildung
       b) Hersteller
    2. Rechtsfolge:
       Der Hersteller erwirbt das Eigentum an der neuen Sache
  IV. Ausgleich für den erlittenen Rechtsverlust, § 951
    1. Rechtsgrundverweisung des § 951 I auf §§ 812 ff.
    2. Andere Ausgleichsansprüche des früheren Eigentümers, § 951 II 1 i. V. m. §§ 823, 249 S. 1 bzw. § 1004
  V. Besonderheit bei Eigentum an Schuldurkunden, § 952:
     Das Recht an dem Papier folgt dem Recht aus dem Papier

Fortsetzung nächste Seite

Fortsetzung der Zusammenfassung

> B. Der Erwerb von Erzeugnissen und Bestandteilen, §§ 953–957
>   I. Grundsatz § 953: Eigentümer der Muttersache
>   II. Ausnahme § 954: dinglich Nutzungsberechtigter
>   III. Ausnahme § 955: Eigenbesitzer
>   IV. Die Aneignungsgestattung, § 956
>   1. Voraussetzungen
>   a) Aneignungsgestattung
>   b) Vollzug der Aneignungsgestattung
>   c) Kein Widerruf der Aneignungsgestattung, § 956 I 2
>   d) Berechtigung des Gestattenden
>   e) Oder gutgläubiger Erwerb, § 957
>   2. Rechtsfolge:
>   Der Gestattungsempfänger erwirbt das Eigentum an der angeeigneten Sache

Kontrollfragen

Zu § 9

1. Welche Voraussetzungen müssen bei der Verbindung einer beweglichen Sache mit einem Grundstück gemäß § 946 vorliegen?
2. Wer erlangt das Eigentum bei der Verbindung mehrerer Sachen?
3. Wie ist die Vermengung von Geld rechtlich zu beurteilen?
4. Wann liegt eine Verarbeitung i. S. d. § 950 vor?
5. Stellen Sie die Problematik der sog. Verarbeitungsklauseln dar.
6. Erläutern Sie die Rechtsnatur des Anspruchs aus § 951.
7. Wem steht das Wegnahmerecht nach § 951 II 2 zu?
8. Was regeln die §§ 953 ff.?
9. Wie sieht das Prüfungsschema zu §§ 953 ff. aus?
10. Welcher Rechtsnatur ist die Aneignungsgestattung nach § 956?

§ 10. Sicherungsrechte

1 Von Sicherungsrechten an einer Sache spricht man, wenn der Eigentümer dafür, daß ihm ein Kredit gewährt wird, dem Kreditgeber eine Sicherheit an seiner Sache einräumt. Im Gesetz ist nur ein Fall vorgesehen, in dem eine bewegliche Sache als Kreditsicherheit hingegeben wird, nämlich das Pfandrecht (§§ 1204 ff.). Der Eigentümer ist verpflichtet, dem Gläubiger der gesicherten Forderung den Besitz an der Sache einzuräumen. Der Schuldner (also der Eigentümer der Sache) muß den Besitz seinerseits vollständig aufgeben (§§ 1205, 1253 I). Erfüllt der Schuldner die Forderung nicht, die durch das Pfandrecht gesichert sein soll, so hat der Gläubiger ein Verwertungsrecht an der Sache. Diese Art der Kreditsicherung hat sich im Geschäftsleben als unpraktikabel erwiesen, da dem Sicherungsgeber die Möglichkeit genommen wird, die Sache weiterhin zu nutzen und mit ihr zu wirtschaften. Heute kommen im wesentlichen zwei Formen von Kreditsicherungsrechten in Betracht, die im Zusammenhang mit einer Eigentumsübertragung stehen, die Sicherungsübereignung sowie der Eigentumsvorbehalt.

Lernhinweis: Im folgenden werden lediglich die Grundzüge der Sicherungsübereignung und der Eigentumsübertragung unter Eigentumsvorbehalt zusammengefaßt. Eine ausführliche und vertiefte Darstellung einschließlich der wesentlichen klausurrelevanten Problematik erfolgt im Zusammenhang mit den Mobiliarsicherheiten im Skript Studium Jura, „Kreditsicherungsrechte".

Übersicht über die mobiliaren Kreditsicherungsrechte	
Pfandrecht (§§ 1204 ff.)	→ Band „Kreditsicherungsrechte"
Sicherungsübereignung (§§ 929 S. 1, 930):	
→ Grundzüge	→ Band „Mobiliarsachenrecht", § 10. A.
→ Nachträgliche Übersicherung bei revolvierenden Sicherheiten	→ Band „Kreditsicherungsrechte"
Sicherungszession (§§ 398 ff.)	→ Band „Kreditsicherungsrechte"
Eigentumsvorbehalt (§ 455):	
→ Grundzüge	→ Band „Mobiliarsachenrecht", § 10. B.
→ Kollision zwischen verlängertem Eigentumsvorbehalt und Globalzession	→ Band „Kreditsicherungsrechte"
→ Kollision zwischen verlängertem Eigentumsvorbehalt und Factoring	→ Band „Kreditsicherungsrechte"
Factoring (§§ 398 ff.)	→ Band „Kreditsicherungsrechte"

A. Sicherungsübereignung

I. Allgemeines

1. Bei der **Sicherungsübereignung** überträgt der Eigentümer einer beweglichen Sache sein Eigentum zur Sicherung einer Forderung an den Sicherungsnehmer. Die Übereignung geschieht in Form des Besitzkonstituts gemäß §§ 929 S. 1, 930. Das heißt, der Erwerber erlangt lediglich den mittelbaren Besitz an der Sache, wohingegen der Veräußerer die Sache im unmittelbaren Besitz behält, um die Sache *weiter nutzen* zu können. Wenn der Schuldner seine Darlehensverbindlichkeit nicht erfüllt, hat der Sicherungseigentümer ein *Verwertungsrecht* an der Sache (vgl. Hromodka, JuS 1980, 89).

Lernhinweis: Die Sicherungsübereignung ist heute von der Rspr. als eigenständiges Rechtsinstitut gewohnheitsrechtlich anerkannt. Beachten Sie, daß die Parteien bei einer Sicherungsübereignung die rechtliche Zuordnung an der Sache nicht endgültig verändern wollen. Der Sicherungsnehmer soll also nicht dauerhaft Eigentümer bleiben. Der Zweck der Sicherungsübereignung besteht allein in der Sicherung einer Forderung.

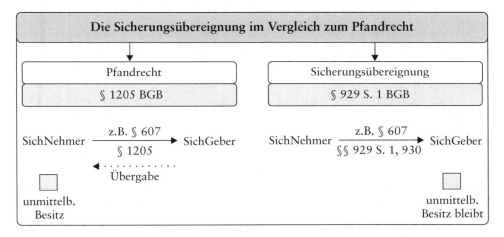

2. Bei der Sicherungsübereignung sind **drei Rechtsverhältnisse** zu unterscheiden, die grundsätzlich *unabhängig voneinander* bestehen. Die Sicherungsübereignung auf der Grundlage der §§ 929 S. 1, 930 ist ein dingliches Rechtsgeschäft. Der Sicherungsvertrag (§ 305) ist der Rechtsgrund für die Sicherungsübereignung. Er beinhaltet die schuldrechtliche Verpflichtung des Sicherungsgebers, das Eigentum zur Sicherung einer Forderung zu übertragen. Schließlich besteht die zugrundeliegende gesicherte Forderung, in der Regel aus Darlehen (§ 607 I). Die gesicherte Forderung ist nicht akzessorisch zu der Sicherungsübereignung.

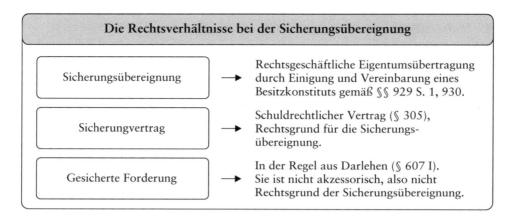

II. Sicherungsübereignung

3   Das dingliche Rechtsgeschäft der Sicherungsübereignung setzt gemäß §§ 929 S. 1, 930 Einigung und Vereinbarung eines Besitzkonstituts voraus.

4   1. Für die **Einigung** i. S. d. § 929 S. 1 gelten die oben (§ 8. A. I.) aufgeführten Grundsätze. Besonders hervorzuheben ist an dieser Stelle der *Bestimmtheitsgrundsatz*. Er ist von Bedeutung, wenn es um die Sicherungsübereignung von Sachgesamtheiten geht. Die zu übereignenden Gegenstände müssen im Zeitpunkt der Einigung so genau bezeichnet sein, daß sie ohne Zuhilfenahme anderer Umstände ermittelt werden können. Nur dann ist das Erfordernis der hinreichenden Bestimmtheit erfüllt (BGH NJW 1996, 2654; Baur/Stürner § 51 II 1 b und § 57 III 2 b; Pal. § 930 Rn. 4). Insbesondere bei Warenlagern mit wechselndem Bestand müssen die Sachen, die übereignet werden sollen, konkretisiert werden. Dies kann durch Aussonderung, Aufnahme in ein Verzeichnis, räumliche Eingrenzung oder durch Markierung geschehen. Folgende Formen der Vereinbarung haben sich in der Praxis bewährt:

5   a) In einem **Raumsicherungsvertrag** werden die zu übereignenden Sachen räumlich eingegrenzt, indem die Parteien festlegen, daß sämtliche in dem Lagerraum bzw. in einem speziellen Teil des Lagers befindlichen Sachen als Sicherheit dienen sollen.

Beispiel: E betreibt ein Warenlager für Kinderspielzeug. Zur Sicherheit gegen ein gewährtes Darlehen übereignet er der B- Bank sämtliches elektronisches Spielzeug, das im Raum A in den dort befindlichen, näher bezeichneten Regalen aufbewahrt wird.

Von dieser Vereinbarung können durch vorweggenommene Einigung auch *spätere Lagerzugänge* erfaßt werden. Das Erfordernis der hinreichenden Konkretisierung gilt in besonderem Maße für diese Sachen, die der Veräußerer noch erwerben muß (BGH NJW 1982, 2371; 1991, 2144; 1992, 1161; 1996, 2654).

Beispiel (Abwandlung): E betreibt ein Warenlager für Kinderspielzeug. Im Mai übereignet er der B- Bank zur Sicherheit sämtliches elektronisches Spielzeug, das im Raum A in den dort befindlichen, näher bezeichneten Regalen aufbewahrt wird. Als im November über das Vermögen des E das Insolvenzverfahren eröffnet wird, sondert B das elektronische Spielzeug aus Raum A aus (§ 48 InsO). Er hat auch das Eigentum an den Gegenständen erworben, die in der Zeit von Mai bis November in das Lager hinzugekommen sind.

b) Wenn nur einzelne Sachen aus dem Lager zur Sicherheit übereignet werden sollen, so müssen diese Gegenstände eindeutig gekennzeichnet werden. Hierzu reicht aus, daß die Parteien einen **Markierungsvertrag** abschließen. 6

Beispiel: E betreibt eine Elektronik- Firma. Zur Sicherheit gegen ein gewährtes Darlehen übereignet er der B-Bank alle Computer der Firma X aus seinem Warenlager. E und B vereinbaren, daß sämtliche zu übereignende Geräte mit einem Aufkleber gekennzeichnet werden sollen.

c) Keine hinreichende Bestimmtheit liegt hingegen vor bei bloßer mengen- oder wertmäßiger Bezeichnung. Derartige **Sammelbezeichnungen** reichen nicht aus (BGH NJW 1984, 803).

Beispiel: E ist Inhaber einer Restaurantkette. Zur Sicherheit gegen ein gewährtes Darlehen übereignet er der Brauerei B 200 Fässer Bier. Diese Bezeichnung reicht für die Übereignung nicht aus. Um hinreichend konkretisiert zu sein, müßten die Fässer markiert oder räumlich eingegrenzt werden.

Weitere Beispiele für nicht ausreichende Bestimmtheit:
- „Alle Sachen des Warenlagers" ohne nähere vertragliche Festlegung eines Raums
- „Das halbe Warenlager"
- „Waren im Wert von …"
- „3 t Weizen" ohne nähere Bezeichnung
- „100 Fässer Bier" ohne weitere Benennung

2. Die Übergabe der Sache wird ersetzt durch die **Vereinbarung eines Besitzkonstituts** (§§ 929, 930). Bei der Sicherungsübereignung stellt der *Sicherungsvertrag* das konkrete Besitzmittlungsverhältnis i. S. d. § 868 dar. Aus der Sicherungsabrede muß hervorgehen, daß der Sicherungsgeber den unmittelbaren Besitz an der Sache (als nunmehriger Fremdbesitzer) bis zur Verwertungsreife behalten darf. Der Sicherungsnehmer soll den mittelbaren Eigenbesitz erhalten und die Sache herausverlangen dürfen, wenn seine gesicherte Forderung nicht befriedigt wird. Auch wenn die Parteien diese Bestandteile nicht ausdrücklich in ihrer Sicherungsabrede festgelegt haben, reicht in der Regel die Abrede *„zur Sicherheit übereignet"* aus, um ein Besitzkonstitut anzunehmen (BGH NJW 1979, 1322; Pal. § 930 Rn. 7). Die Sicherungsübereignung kann im übrigen auch vorweggenommen, also durch antizipiertes Besitzkonstitut erfolgen. 7

III. Sicherungsvertrag

1. Der Sicherungsvertrag ist ein **Vertrag eigener Art (sui generis)** gemäß § 305 und bildet die *schuldrechtliche Grundlage* für die Sicherungsübereignung. Er regelt, für welche Forderung der Sicherungsgeber sein Eigentum als Sicherheit auf den Sicherungsnehmer übertragen soll und hat die Rechte und Pflichten von Sicherungsgeber und Sicherungsnehmer zum Inhalt. 8

a) Der **Sicherungsnehmer** darf den Sicherungsgegenstand nicht veräußern, solange das Sicherungseigentum besteht. Nach Tilgung der Forderung muß er das Eigentum zurück übertragen. Ansonsten hat er einen Herausgabeanspruch bei Verwertungsreife. Das heißt, er darf die Sache verwerten, wenn der Sicherungsgeber die Forderung nicht begleicht.

b) Der **Sicherungsgeber** ist verpflichtet, zur Sicherung der Forderung das Eigentum an der Sache auf den Sicherungsnehmer zu übertragen. Er darf nicht über den Sicherungsgegenstand verfügen und muß sorgfältig mit ihm umgehen.

2. Der Sicherungsvertrag ist der **Rechtsgrund** für die Sicherungsübereignung. Ist der Sicherungsvertrag nichtig, so hat dies nicht zwangsläufig die Unwirksamkeit auch der Sicherungsübereignung zur Folge. Als abstraktes Verfügungsgeschäft ist die Sicherungsübereignung in ihrer Wirksamkeit grundsätzlich unabhängig von der Wirksamkeit des zugrundeliegenden schuldrechtlichen Rechtsgeschäfts. Der Sicherungsgeber hat lediglich einen Anspruch auf *Rückübertragung* des Sicherungseigentums gemäß § 812 I 1 Fall 1. Gegenüber dem Herausgabeanspruch des Sicherungsnehmers nach § 985 steht ihm die Bereicherungseinrede aus § 821 zu. Nur im Einzelfall kann die Unwirksamkeit der Sicherungsabrede auch die Unwirksamkeit der Sicherungsübereignung nach sich ziehen. Zulässig sind insbesondere folgende Parteivereinbarungen:

❑ Die Parteien haben die Wirksamkeit des Sicherungsvertrages zur aufschiebenden oder auflösenden **Bedingung** der Sicherungsübereignung gemacht (**§ 158 I**).

❑ Der Sicherungsvertrag und die Sicherungsübereignung bilden eine **Einheit i. S. d. § 139** (BGHZ 50, 48; Pal. § 930 Rn. 14 a; Tiedtke DB 1982, 1709).

9 a) Die Sicherungsübereignung kann ausnahmsweise dann unwirksam sein, wenn der zugrundeliegende Sicherungsvertrag wegen **Verstoßes gegen die guten Sitten** gemäß § 138 I nichtig ist. Die Rspr. hat hierzu einige Fallgruppen entwickelt (BGH NJW 1991, 353).

❑ **Knebelungsvertrag:** Der Sicherungsgeber wird ganz oder wesentlich in seiner wirtschaftlichen Bewegungsfreiheit eingeschränkt, indem er zur Übertragung seines gesamten Vermögens verpflichtet wird oder zur Einräumung übermäßiger Kontrollrechte (BGH NJW 1993, 1588).

❑ **Kredittäuschung:** Der Kreditnehmer täuscht weitere Gläubiger über die Kreditfähigkeit des Sicherungsgebers (BGHZ 55, 35; Pal. § 138 Rn. 86).

❑ **Anfängliche Übersicherung:** Zwischen dem Marktwert des Sicherungseigentums und der Freigabegrenze, die 150 % des Wertes der gesicherten Forderung beträgt, besteht zum Zeitpunkt der Übereignung ein deutliches Mißverhältnis (BGH NJW 1991, 354; Pal. § 138 Rn. 97).

b) Zu beachten ist, daß eine **nachträgliche Übersicherung** des Sicherungsnehmers im Falle revolvierender („zurückdrehender") Sicherheiten grundsätzlich nicht zu einer Unwirksamkeit der Sicherungsübereignung nach § 138 I führt. Vielmehr hat der Sicherungsgeber einen *Freigabeanspruch* gegen den Sicherungsnehmer, und zwar auch dann, wenn die Parteien in dem zugrundeliegenden Sicherungsvertrag keine Freigabeklausel vereinbart haben. Ist eine bestimmte Deckungsgrenze überschritten (der BGH geht von 110 % der gesicherten Forderung aus), so ist der Sicherungsnehmer auf jeden Fall verpflichtet, das Sicherungsgut zurück zu übertragen (BGHZ 137, 212). Besondere Bedeutung hat diese Entscheidung bei der Sicherungsübereignung von Warenlagern mit wechselndem Bestand. Ausführliche Einzelheiten zu dieser Problematik finden Sie im Skript Studium Jura, „Kreditsicherungsrechte".

c) Verwenden Sicherungsgeber und Sicherungsnehmer bei ihrer Abrede **Allgemeine Geschäftsbedingungen (AGB)**, so richtet sich die Wirksamkeit des Sicherungsvertrages nach § 9 I AGBG. Ist eine Klausel des Sicherungsvertrages aufgrund dieser Vorschrift unwirksam, so bleibt gemäß § 6 I, III AGBG der übrige Sicherungsvertrag und ebenso die Sicherungsübereignung wirksam. Denn die dingliche Rechtslage führt nicht zu einer unangemessenen Benachteiligung des Sicherungsgebers (BGHZ 124, 380; NJW 1995, 2221).

Beispiel: E übereignet der B-Bank zur Sicherheit gegen Darlehen aus laufenden Geschäftsbeziehungen drei Baumaschinen. In den AGB haben A und B vereinbart, daß es im Ermessen der B steht, die Sicherungssachen schon vor der vollständigen Rückzahlung des Darlehens freizugeben. Nachdem E das Darlehen auf Dauer zur Hälfte zurückgezahlt hat, verlangt er von B die Freigabe der Baumaschinen bis auf einen Bagger, der nunmehr als Sicherheit ausreicht. Die genannte Klausel der AGB verstößt gegen § 9 I AGBG. Der Rückgabeanspruch des E wird eingeschränkt. Der Sicherungsvertrag und die Sicherungsübereignung bleiben aber im übrigen nach § 6 I, III AGBG wirksam.

IV. Gesicherte Forderung

1. Die Sicherungsübereignung ist **nicht akzessorisch** zu der gesicherten Forderung. Das heißt, die Forderung ist nicht der Rechtsgrund für die Sicherungsübereignung. Dies ist vielmehr der Sicherungsvertrag. Ist die gesicherte Forderung unwirksam, so behält die Sicherungsübereignung also grundsätzlich ihre Wirksamkeit. Der Sicherungsnehmer ist lediglich aus dem Sicherungsvertrag zur Rückübertragung des Eigentums an den Sicherungsgeber verpflichtet.

2. Auch die **Wirksamkeit des Sicherungsvertrages** ist in der Regel unabhängig von der gesicherten Forderung. Es handelt sich um zwei *getrennt* voneinander bestehende schuldrechtliche Rechtsgeschäfte. Eine *Ausnahme* besteht dann, wenn nach dem Willen der Parteien eine *rechtliche Einheit* von Sicherungsvertrag und gesicherter Forderung gemäß § 139 besteht. Die Unwirksamkeit der gesicherten Forderung zieht die Unwirksamkeit des Sicherungsvertrages nach sich. Eine solche Einheit ist anzunehmen, wenn der Sicherungsvertrag nur der Sicherung einer bestimmten Forderung dient. In einem solchen Fall wäre sonst bei Unwirksamkeit der gesicherten Forderung der Sicherungsvertrag sinnlos (BGH NJW 1994, 2885).

Beispiel: E übereignet seinem Bekannten B zur Sicherheit gegen ein gewährtes Darlehen seinen Konzertflügel. B nutzt die finanziell schwache Lage des E aus und verlangt einen Zinssatz von 20 % auf das Darlehen. Der Darlehensvertrag (§ 607) ist als wucherähnliches Rechtsgeschäft unwirksam nach § 138 I. Da die Sicherungsabrede nur dieser bestimmten Forderung galt, besteht eine rechtliche Einheit nach § 139 zwischen Sicherungsvertrag und gesicherter Forderung. Der Sicherungsvertrag ist somit ebenfalls unwirksam.

V. Rechte von Sicherungsnehmer und Sicherungsgeber

Da bei der Sicherungsübereignung das Eigentum an der Sache nur für die Dauer des Vertragszwecks zur Sicherheit auf den Sicherungsnehmer übertragen wird, bedürfen Sicherungsnehmer und Sicherungsgeber jeweils des Schutzes vor Zugriffen anderer Gläubiger, insbesondere in der Einzelzwangsvollstreckung und im Insolvenzverfahren.

13   1. a) Der **Sicherungsnehmer** erwirbt mit der Sicherungsübereignung das *Volleigentum* an der Sache. Er ist berechtigt, das Eigentum an dem Sicherungsgut weiter zu übertragen (§§ 929 ff.). Häufig ist im Sicherungsvertrag ein *Weiterveräußerungsverbot* vereinbart. Dieses wirkt jedoch gemäß § 137 nur relativ, das heißt im Verhältnis des Sicherungsnehmers zum Sicherunsgeber. Dritten gegenüber ist die Übereignung wirksam. Der Sicherungsnehmer ist außerdem befugt, die gesicherte Forderung gemäß § 398 abzutreten. Das Sicherungseigentum geht nicht gemäß § 401 mit über. Zwischen der gesicherten Forderung und der Sicherungsübereignung besteht keine Akzessorietät. Eigentum und Forderung können folglich auseinanderfallen (Pal. § 930 Rn. 13).

Lernhinweis: Sicherungsnehmer und Sicherungsgeber können dem entgegenwirken, indem sie vereinbaren, daß die gesicherte Forderung nur gemeinsam mit dem Sicherungseigentum abgetreten werden darf. Eine alleinige Abtretung der Forderung durch den Sicherungsnehmer ist dann gemäß § 399 unwirksam. Eine Ausnahme enthält allerdings die Vorschrift des § 354 a HGB.

b) Versucht ein anderer Gläubiger des Sicherungsgebers im Wege der Pfändung Zugriff auf den Sicherungsgegenstand zu nehmen, so kann der Sicherungsnehmer **Drittwiderspruchsklage nach § 771 ZPO** erheben und die Einstellung und Aufhebung der Zwangsvollstreckung verlangen (BGHZ 80, 296; NJW 1991, 353; Pal. § 930 Rn. 23).

c) Bei Insolvenz des Sicherungsgebers hat der Sicherungsnehmer hingegen lediglich ein **Absonderungsrecht nach § 51 Nr. 1 InsO**. Das heißt, der Sicherungsgegenstand gehört zur Insolvenzmasse, und der Sicherungsnehmer hat nur ein vorgehendes Recht auf Befriedigung. Das Sicherungseigentum wird im Insolvenzverfahren wie ein Pfandrecht behandelt (BGHZ 72, 146; Pal. § 930 Rn. 25).

§ 10. Sicherungsrechte

2. a) Dem **Sicherungsgeber** stehen grundsätzlich die Rechte und der Schutz eines Besitzers zu. Im Fall der Zwangsvollstreckung durch einen Gläubiger des Sicherungsnehmers ist der Sicherungsgeber bis zum Zeitpunkt der Verwertungsreife berechtigt, die **Drittwiderspruchsklage nach § 771 ZPO** zu erheben, da ihm *wirtschaftlich* gesehen das Eigentum an dem Sicherungsgegenstand zusteht (BGHZ 72, 141; Pal. § 930 Rn. 22). 14

b) In der Insolvenz des Sicherungsnehmers hat der Sicherungsgeber ein **Aussonderungsrecht nach § 47 InsO**. Voraussetzung ist allerdings, daß er seinerseits die gesicherte Forderung erfüllt hat oder der Sicherungszweck in anderer Weise weggefallen ist. Erst dann gehört nach wirtschaftlicher Betrachtung der Sicherungsgegenstand endgültig zum Vermögen des Sicherungsgebers (Pal. § 930 Rn. 24).

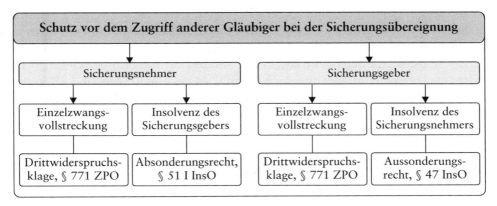

VI. Beendigung des Sicherungseigentums

1. Tilgt der Sicherungsgeber die gesicherte Forderung des Sicherungsnehmers, so hat das **Erlöschen der gesicherten Forderung** nicht automatisch die Beendigung der Sicherungsübereignung zur Folge. Denn es besteht keine Akzessorietät zwischen der Sicherungsübereignung und der gesicherten Forderung. Grundsätzlich hat der Sicherungsgeber einen *Rückübertragungsanspruch*, der sich aus dem Sicherungsvertrag ergibt. 15

2. Anders verhält es sich, wenn die Parteien die Sicherungsübereignung unter der **auflösenden Bedingung** des Erlöschens der gesicherten Forderung vereinbart haben (§ 158 II). Mit Bedingungseintritt, also der vollständigen Tilgung der gesicherten Forderung, fällt das Eigentum an dem Sicherungsgegenstand ohne weiteres (ipso jure) wieder *an den Sicherungsgeber zurück*. In der Zeit zwischen Übertragung des Sicherungseigentums und Erlöschen der gesicherten Forderung hat der Sicherungsgeber ein *Anwartschaftsrecht*. Er ist vor Verfügungen des Sicherungsnehmers durch § 161 II geschützt (BGH NJW 1984, 1184). 16

3. Liegt **keine ausdrückliche Vereinbarung** von Sicherungsgeber und Sicherungsnehmer vor, so ist nach h. M. nicht ohne weiteres eine auflösende Bedingung anzunehmen. Es gibt keinen allgemeinen Rechtsgrundsatz für die Bedingtheit von Sicherungsübereignung und Sicherungszweck. Nichts anderes folgt im Wege der ergänzenden Vertragsauslegung (§ 157). Die erforderliche Lücke im Sicherungsvertrag fehlt (BGH NJW 1991, 353; Pal. § 930 Rn. 15).

Fall 14:

E ist Eigentümer eines Fotolabors. Um neue Investitionen tätigen zu können, nimmt er bei G einen Kredit auf. Zur Sicherung des Darlehens übereignet E am 10. Juni eine moderne Printmaschine an G. Sie vereinbaren, daß E die Maschine weiter nutzen darf, aber künftig „für G" besitzt. Des weiteren verpflichtet sich E, die Maschine regelmäßig zu warten. Die Sicherungsübereignung soll aufschiebend bedingt sein durch die Darlehensrückzahlung. Am 5. November veräußert G, der selbst in Zahlungsschwierigkeiten geraten ist, die Printmaschine an D, indem er seinen Herausgabeanspruch gegen E an ihn abtritt. Am 30. November zahlt E die letzte Rate seines Darlehens an G zurück. Am 6. Dezember verlangt D von E die Herausgabe der Printmaschine. Zu Recht?

Lösung:

Herausgabeanspruch des D gegen E gemäß § 985:
  (I) E ist unmittelbarer **Besitzer** der Printmaschine.
  (II) D müßte ihr **Eigentümer** sein.
   (1) Ursprünglich hatte E das Eigentum an der Maschine.
   (2) Möglicherweise ist das Eigentum von E auf G übergegangen im Wege der **Sicherungsübereignung** gemäß §§ 929 S. 1, 930.
     (a) Die erforderliche **Einigung** gemäß § 929 S. 1 hinsichtlich des Eigentumsübergangs liegt vor.
     (b) E und G müßten ein **Besitzkonstitut** vereinbart haben. Gemeint ist ein konkretes Besitzmittlungsverhältnis i. S. d. § 868. Mangels einer anderweitigen Vereinbarung reicht der Sicherungsvertrag allein aus, um ein konkretes Besitzmittlungsverhältnis anzunehmen, sofern die Rechte und Pflichten von Sicherungsgeber und Sicherungsnehmer geregelt sind. Dies ist vorliegend der Fall. Insbesondere ist E nach dem Sicherungsvertrag zu einem sorgfältigen Umgang mit der Maschine verpflichtet.
     (c) Die **gesicherte Forderung** ist hier die Rückzahlungsforderung des G aus dem Darlehensvertrag (§ 607 I).
     (d) Mit der Sicherungsübereignung ist das Volleigentum an der Sache auf den Sicherungsnehmer G übergegangen.

(3) Allerdings könnte D das Eigentum an der Printmaschine von G erworben haben durch **Abtretung des Herausgabeanspruchs** des G gegen E gemäß §§ 929 S. 1, 931.

(a) G und D haben sich über den Eigentumsübergang gemäß § 929 S. 1 **geeinigt**.

(b) Sie haben auch eine **Abtretungsvereinbarung** (§ 398) getroffen. G hat seinen künftigen Herausgabeanspruch gegen E für den Sicherungsfall aus dem Sicherungsvertrag (§§ 305, 241) abgetreten.

(c) Sicherungsnehmer G war zu diesem Zeitpunkt Eigentümer der Printmaschine und hat somit als **Berechtigter** gehandelt.

(d) Durch die Rückzahlung des Darlehens von E an G könnte das Eigentum an E **zurückgefallen** sein. Grundsätzlich geht das Eigentum nicht ohne weiteres an den Sicherungsgeber zurück, da die Zahlung und damit das Erlöschen der gesicherten Forderung keine Auswirkungen auf das Sicherungseigentum hat. Denn die gesicherte Forderung ist nicht Rechtsgrund der Sicherungsübereignung. Anders verhält es sich aber, wenn die Parteien - wie im vorliegenden Fall - die Sicherungsübereignung unter der auflösenden Bedingung (§ 158 II) der Darlehensrückzahlung vorgenommen haben. Hier kommt es entscheidend darauf an, ob D guten Glaubens war hinsichtlich der Eigentümerstellung des G. Denn wenn D bösgläubig war, ist das Eigentum gemäß §§ 158 II, 161 II, I an E zurückgefallen. Wenn D jedoch gutgläubig war, ist ein gutgläubiger Eigentumserwerb gemäß §§ 161 III, 932 II möglich.

(aa) Mangels anderweitiger Anhaltspunkte ist davon auszugehen, daß D zum Zeitpunkt der Abtretung des Herausgabeanspruchs **gutgläubig** war.

(bb) Der gutgläubige Eigentumserwerb des D könnte allerdings **ausgeschlossen** sein durch § 936 III.

❏ Die übereignete Sache müßte mit dem Recht eines Dritten **belastet** sein. Vorliegend hat der Sicherungsgeber E aus der auflösend bedingten Sicherungsübereignung ein Anwartschaftsrecht, mit dem die Maschine belastet ist.

❏ Dieses Anwartschaftsrecht steht dem E zu. Er ist „dritter Besitzer" i. S. d. § 931.

❏ Die Voraussetzungen des § 936 III sind somit erfüllt. Das Anwartschaftsrecht des E bleibt auch dem gutgläubigen Erwerber D gegenüber bestehen. Mit der Rückzahlung des Darlehens erstarkte das Anwartschaftsrecht zum Vollrecht. E wurde wieder Eigentümer der Maschine.

Ergebnis: D hat keinen Anspruch auf Herausgabe der Printmaschine gegen E gemäß § 985.

VII. Verwertung der Sicherungssache

17 Der Gläubiger, im Fall der Sicherungsübereignung also der Sicherungsnehmer, hat ein Verwertungsrecht an der Sicherungssache, wenn der Schuldner, also der Sicherungsgeber, die gesicherte Forderung nicht erfüllt.

1. Regelmäßig ergibt sich das Recht zur Verwertung aus dem **Sicherungsvertrag**. Es wird nicht nur dann ausgelöst, wenn der Sicherungsgeber seiner Rückzahlungspflicht nicht nachkommt, sondern auch dann, wenn der Sicherungsgeber gegen sonstige Abreden verstößt (BGH NJW 1980, 226).

Beispiel: Kunstsammler K hat dem G zur Sicherheit gegen ein gewährtes Darlehen ein wertvolles Gemälde zur Sicherheit übereignet. K versäumt es, das Bild absprachegemäß gegen Diebstahl zu versichern. Einige Zeit später wird bei einem Einbruch in das Haus das K unter anderem das Gemälde gestohlen. Ales es bei dem Dieb D gefunden wird, ist es bis zur Unkenntlichkeit zerstört.

Allerdings ist der Sicherungsgeber nach *Treu und Glauben* verpflichtet, von seinem Verwertungsrecht erst nach Androhung und angemessener Fristsetzung Gebrauch zu machen (§ 1234 I analog).

2. Haben die Parteien im Sicherungsvertrag keine Regelung hinsichtlich der Verwertung der Sicherungssache getroffen, so sind die Regeln über das **vertragliche Pfandrecht** analog anzuwenden.

a) **Verwertungsreife** tritt gemäß § 1228 II analog ein bei Fälligkeit der gesicherten Forderung. Der Sicherungsnehmer ist zum Verkauf der Sicherungssache berechtigt, aber nicht verpflichtet. Er muß die Verwertung zuvor androhen und eine angemessene Frist setzen (§ 1234 I analog).

b) Die **Art und Weise der Verwertung** ist in § 1228 i. V. m. §§ 1233–1240 (analog) geregelt. In der Regel erfolgt die Verwertung durch freihändigen Verkauf oder durch öffentliche Versteigerung.

c) Der **Erlös**, der durch die Verwertung erzielt wird, wird auf die gesicherte Forderung verrechnet. Hat der Sicherungsnehmer gar einen Überschuß erzielt, so muß er den überschießenden Betrag an den Sicherungsgeber auszahlen.

B. Eigentumsvorbehalt und das Anwartschaftsrecht

18 Beim Eigentumsvorbehalt übergibt der Veräußerer die Sache an den Erwerber, behält sich aber das Eigentum vor, bis der Erwerber den Kaufpreis vollständig bezahlt hat. Der Vorbehaltskäufer erlangt zunächst lediglich ein Anwartschaftsrecht auf den Eigentumserwerb.

I. Begründung des Eigentumsvorbehalts

Zur Sicherung des gewährten Kredits schließen der Veräußerer und der Erwerber zwei Rechtsgeschäfte ab, nämlich den schuldrechtlichen Kaufvertrag (§ 455 I) und die dingliche Übereignung (§§ 929 S. 1, 158 I).

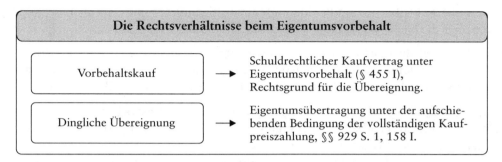

1. Der **Kaufvertrag** ist ein Vorbehaltskauf auf der Grundlage des § 455 I. Er ist das *Kausalgeschäft* für die Übereignung. Der Vorbehaltskäufer wird verpflichtet, den Kaufpreis zu einem späteren Zeitpunkt ganz oder in Raten an den Verkäufer zu zahlen. Der Vorbehaltsverkäufer seinerseits verpflichtet sich, dem Käufer das Eigentum unter der aufschiebenden Bedingung der vollständigen Zahlung des Kaufpreises zu verschaffen. Und er muß die Sache übergeben.

Hinweis: § 455 I enthält die Auslegungsregel, daß das Eigentum nur aufschiebend bedingt durch die Zahlung des Kaufpreises übertragen werden soll, wenn die Parteien einen Eigentumsvorbehalt vereinbart haben.

Wenn der Vorbehaltskäufer mit seiner Zahlung in Verzug gerät, hat der Verkäufer ein *vertragliches Rücktrittsrecht*. Nach der Auslegungsregel des § 455 I wird das Rücktrittsrecht im Zweifel angenommen. Findet das *Verbraucherkreditgesetz* Anwendung, so ist § 13 I VerbrKrG als spezielle Regelung zu beachten. Ist der Käufer Verbraucher und ist Ratenzahlung vereinbart, so verweist die Vorschrift auf die besonderen Voraussetzungen des § 12 I VerbrKrG. Der Käufer muß mit zwei Teilzahlungen in Verzug geraten sein, und der Verkäufer muß eine Nachfrist mit Gesamtfälligkeitsstellung gesetzt haben. Die Rückabwicklung richtet sich nach § 13 II VerbrKrG i. V. m. §§ 346 ff.

Lernhinweis: Dem Verbraucherkreditrecht trägt auch der mit Wirkung zum 1.1.1999 neu eingefügte Abs. 2 des § 455 Rechnung, wonach die Vereinbarung eines Eigentumsvorbehalts dann nichtig ist, wenn der Übergang des Eigentums auf den Käufer von der Erfüllung der Forderung eines Dritten abhängig gemacht wird.

20   2. Die **Übereignung** stellt das dingliche Verfügungsgeschäft dar. Der Veräußerer überträgt *aufschiebend bedingtes Eigentum* gemäß §§ 929 S. 1, 158 I. Erst mit Eintritt der Bedingung, nämlich der vollständigen Zahlung des Kaufpreises, erlangt der Erwerber das Volleigentum an der Sache. Bis dahin hat er lediglich eine rechtlich gesicherte Position im Hinblick auf den Eigentumserwerb. Der Veräußerer bleibt bis zum Bedingungseintritt Eigentümer und darf als Berechtigter über die Sache verfügen.

a) Die dingliche Einigung über die bedingte Eigentumsübertragung kann ausdrücklich schon **im Kaufvertrag** enthalten sein und zwar entweder durch Einzelabrede oder durch Einbeziehung von Allgemeinen Geschäftsbedingungen (AGB).

21   b) Haben die Parteien im Kaufvertrag keinen Eigentumsvorbehalt vereinbart, will der Verkäufer aber nur bedingtes Eigentum übertragen, so kann er unter bestimmten Voraussetzungen den Eigentumsvorbehalt *einseitig* bei der dinglichen Einigung erklären, sog. **vertragswidriger Eigentumsvorbehalt.** Allerdings ist eine ausdrückliche Erklärung des Verkäufers notwendig (BGH NJW 1982, 1751; Pal. § 455 Rn. 12).

aa) Der Verkäufer kann den nachträglichen Eigentumsvorbehalt **auf dem Lieferschein oder der Rechnung** vermerken. Die Erklärung ist jedoch nur wirksam, wenn sie dem Käufer vor oder spätestens mit der Übergabe der Sache in zumutbarer Weise i. S. d. § 130 *zugeht.* Auf Seiten des Empfängers muß eine Person beteiligt sein, die für die inhaltliche Vertragsgestaltung zuständig ist (BGH NJW 1982, 1749).

Beispiel: K ist Inhaber eines Musikfachgeschäfts. Großhändler V liefert ihm ständig Instrumente. Als er erfährt, daß sich K in Zahlungsschwierigkeiten befindet, vermerkt er auf dem Lieferschein der nächsten Sendung von elektrischen Gitarren „Eigentumsvorbehalt bis zur vollständigen Kaufpreiszahlung". K unterschreibt den Lieferschein widerspruchslos. Es liegt ein wirksamer einseitiger Eigentumsvorbehalt vor.

bb) Die einseitige Einigungserklärung kann auch in den **Allgemeinen Geschäftsbedingungen (AGB)** enthalten sein. Im kaufmännischen Geschäftsverkehr reicht bereits aus, daß der Verkäufer bei den Vertragsverhandlungen auf die Verwendung von AGB hinweist, damit der Käufer in zumutbarer Weise von dem Eigentumsvorbehalt *Kenntnis* nehmen kann. Dies gilt auch dann, wenn der Käufer sog. *Abwehrklauseln* verwendet, die besagen, daß die AGB des Verkäufers, die den Eigentumsvorbehalt regeln, nicht Vertragsinhalt werden sollen (BGH aaO; Pal. § 929 Rn. 29).

Beispiel: Großhändler V teilt dem Musikalienhändler K bei Vertragsverhandlungen mit, daß er sämtliche Instrumente nur unter Eigentumsvorbehalt liefert. Bald darauf bestellt K fünf Trompeten bei V und fügt seine Einkaufsbedingungen bei, in denen es u. a. heißt: „Andere als unsere Geschäftsbedingungen werden nicht Vertragsinhalt." Die Abwehrklausel des K ist ohne Bedeutung. Die Kenntnis des Eigentumsvorbehalts in den AGB des V genügt.

§ 10. Sicherungsrechte 153

Lernhinweis: Der Verkäufer kann den Eigentumsvorbehalt nur spätestens bis zur Übergabe der Sache einseitig erklären. Nach der Übergabe ist ein einseitiger Eigentumsvorbehalt, etwa auf dem Lieferschein oder der Rechnung, ohne Wirkung, da bereits eine unbedingte Einigung vorliegt.

c) Die Parteien können allenfalls einen beiderseitigen **nachträglichen Eigentumsvorbehalt** vereinbaren, nachdem die Sache unbedingt übereignet wurde. Die Rspr. sieht in der Vereinbarung, der Käufer solle entgegen der ursprünglichen Absprache das Eigentum erst mit der Bezahlung des vollständigen Kaufpreises erwerben, eine *doppelte Übereignung*. Die Sache wird zunächst gemäß §§ 929 S. 1, 930 auf den Veräußerer zurück übertragen. Anschließend übereignet er sie nach §§ 929 S. 2, 158 I wieder unter Eigentumsvorbehalt auf den Käufer (BGH LM § 930 Nr. 2; a. A. Brox JuS 1984, 657). 22

Beispiel: Großhändler V verkauft dem Musikalienhändler K zwei komplette Schlagzeuge. Nach Lieferung und Erhalt der Rechnung gerät K in Zahlungsschwierigkeiten. Er bittet V um Stundung. V willigt ein, erklärt aber den Eigentumsvorbehalt an den Schlagzeugen. K ist einverstanden. Durch diese Vereinbarung wird V wieder Eigentümer der Instrumente, K hat nunmehr lediglich ein Anwartschaftsrecht.

3. Eine Besonderheit besteht beim sog. **verlängerten Eigentumsvorbehalt**. Im Gegensatz zum einfachen Eigentumsvorbehalt, der sich nur auf die verkaufte Sache selbst bezieht, soll das Eigentum des Veräußerers beim verlängerten Eigentumsvorbehalt auch im Fall der Verbindung, Verarbeitung oder der Weiterveräußerung der Sache *bestehen* bleiben. Der Vorbehaltskäufer verpflichtet sich in einer sog. *Verarbeitungsklausel*, die Herstellung der neuen Sache (§ 950) für den Verkäufer vorzunehmen, so daß dessen Eigentumsvorbehalt an der neu hergestellten Sache erhalten bleibt. Beabsichtigt der Vorbehaltskäufer, die unter Eigentumsvorbehalt gekaufte Sache *weiter zu veräußern*, so kann er mit dem Vorbehaltsverkäufer eine *Vorausabtretungsklausel* folgenden Inhalts treffen: 23

❏ Der Vorbehaltskäufer erhält vom Verkäufer die **Ermächtigung nach § 185 I**, die Sache im eigenen Namen und im Rahmen eines ordnungsgemäßen Geschäftsverkehrs weiter zu veräußern.

❏ Der Vorbehaltskäufer tritt zur Sicherheit seine künftigen Kaufpreisforderungen (§ 433 II) gegen die Abnehmer der Ware an den Vorbehaltsverkäufer ab, § 398 S. 2.

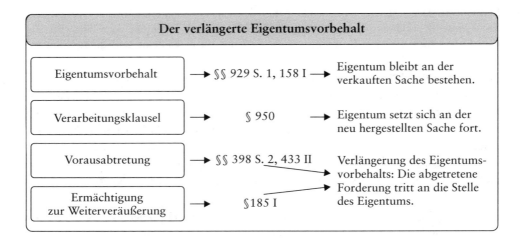

II. Anwartschaftsrecht des Vorbehaltskäufers

24 Bis zum Bedingungseintritt, nämlich der vollständigen Zahlung des Kaufpreises, hat der Vorbehaltskäufer ein Anwartschaftsrecht auf den Erwerb des Eigentums. Das Anwartschaftsrecht gewährt dem Vorbehaltskäufer eine rechtlich geschützte eigentumsähnliche Erwerbsposition. Es stellt die Vorstufe des zu erwerbenden dinglichen Vollrechts dar. Im Vergleich zum Eigentum ist das Anwartschaftsrecht kein aliud, sondern ein wesensgleiches Minus (BGH NJW 1961, 1349).

1. Das Anwartschaftsrecht ist mittlerweile als **dingliches Recht** anerkannt. Ein Verstoß gegen den Numerus clausus der Sachenrechte liegt nicht vor, da das Anwartschaftsrecht als dingliches Recht von der Rspr. *gewohnheitsrechtlich* entwickelt wurde und nicht etwa durch Parteivereinbarung (BGH aaO). Ein Anwartschaftsrecht liegt dann vor, wenn ein mehraktiger Erwerbstatbestand bereits so weit erfüllt ist, daß der Veräußerer die Rechtsposition des Erwerbers (nach dem normalen Verlauf der Dinge) nicht mehr einseitig beeinträchtigen kann. Das ist insbesondere der Fall, wenn der Erwerb des Vollrechts nur noch vom Erwerber abhängt (BGHZ 49, 197; Med. Rn. 456).

Lernhinweis: Das Vorbehaltseigentum des Vorbehaltskäufers ist das in der Praxis häufigste und wichtigste Anwartschaftsrecht. Der Bedingungseintritt hängt ausschließlich vom Käufer, also vom Erwerber ab. Er allein kann durch vollständige Zahlung des Kaufpreises den Eintritt der Bedingung herbeiführen.

Folgende **weitere Anwartschaftsrechte** sind von Bedeutung:
- Der Grundstückserwerber ab Antragstellung, § 13 GBO,
- Der Hypothekenerwerber vor Valutierung der gesicherten Forderung, §§ 1163, 1192 I,
- Der Sicherungsnehmer bei Sicherungsübereignung unter der auflösenden Bedingung der Tilgung der zu sichernden Forderung, §§ 929 S. 1, 930, 158 II,
- Der Nacherbe nach Eintritt des Erbfalls §§ 2100 ff.

2. Das Anwartschaftsrecht **entsteht**, indem sich der Vorbehaltsverkäufer und der Vorbehaltskäufer einigen, daß das Eigentum an der Sache aufschiebend bedingt durch die vollständige Zahlung des Kaufpreises auf den Käufer übergehen soll (§§ 929 S. 1, 158 I). Hinzukommen muß die Übergabe der Sache. Zum Teil wird die Begründung des Anwartschaftsrechts auch als *Ersterwerb* bezeichnet.

a) In seiner **Wirksamkeit** ist das Anwartschaftsrecht *akzessorisch* zum Kaufvertrag. Der Vorbehaltskäufer kann es nur wirksam erwerben, wenn der Anspruch auf Kaufpreiszahlung besteht. Tritt die Bedingung nicht ein, weil der Kaufvertrag von vornherein unwirksam war oder nachträglich - etwa durch Anfechtung - unwirksam geworden ist, so ist auch das Anwartschaftsrecht nichtig (BGHZ 75, 221).

b) Erforderlich ist weiterhin die **Berechtigung** des Veräußerers. Er muß Eigentümer der Sache sein oder nach § 185 I zur Veräußerung ermächtigt worden sein. Fehlt die Verfügungsberechtigung des Veräußerers, so kommt ein *gutgläubiger Ersterwerb* des Anwartschaftsrechts nach §§ 932 ff. in Betracht (Pal. § 929 Rn. 38). Maßgeblicher Zeitpunkt für die Gutgläubigkeit des Vorbehaltskäufers ist die Übergabe der Sache. Der gute Glaube muß nicht bis zum Bedingungseintritt vorliegen. Mit der bedingten Einigung und der Übergabe ist der gutgläubige Erwerb des Anwartschaftsrechts *abgeschlossen*. Es schadet also nicht, wenn der Vorbehaltskäufer in der Zeit zwischen Einigung und Zahlung des Kaufpreises von der Nichtberechtigung des Veräußerers Kenntnis erlangt (BGHZ 10, 69; Pal. § 932 Rn. 14, 16).

Beispiel: E hat seine Möbel im Möbellager des M zur Verwahrung untergestellt. Als M Geld benötigt, veräußert und übergibt er die Möbel unter Eigentumsvorbehalt an K, der glaubt, die Möbel gehörten dem M. Bevor K die letzte Kaufpreisrate gezahlt hat, erfährt er von einem Bekannten, daß M die Möbel nur in Verwahrung hatte. Dennoch zahlt K die letzte Rate an M. K hat mit der vollständigen Zahlung des Kaufpreises gutgläubig Eigentum an den Möbeln erworben, da er zur Zeit der Übergabe gutgläubig war.

Voraussetzungen des Ersterwerbs des Anwartschaftsrechts

I. Akzessorietät des Anwartschaftsrechts,
   d.h. Kaufpreisanspruch muß bestehen
II. Bedingte Einigung gemäß §§ 929 S. 1, 158 I
   1. rechtsgeschäftliche Einigung bzgl. Eigentumsübertragung (§ 929 S. 1)
   2. aufschiebende Bedingung der vollständigen Kaufpreiszahlung (§ 158 I)
   3. keine Wirksamkeitshindernisse
III. Übergabe i.S.d. § 929 S. 1 (Regelfall) bzw. Übergabesurrogat gemäß §§ 930, 931
IV. Einigsein, d.h. kein Widerruf bis zur Übergabe
V. Berechtigung des Veräußerers
   1. Eigentümer ohne Verfügungsbeschränkung
   2. oder Verfügungsbefugnis (insbesondere nach § 185 I)
   3. oder gutgläubiger Erwerb vom Nichtberechtigten, §§ 932 ff.

26 3. Der Vorbehaltskäufer kann sein Anwartschaftsrecht ohne Zustimmung des Vorbehaltsverkäufers auf einen Dritten übertragen, sog. **Zweiterwerb des Anwartschaftsrechts**. Da keine Regelung über das Anwartschaftsrecht im Gesetz vorgesehen ist, sind die Vorschriften über das Vollrecht, also §§ 929 ff., *entsprechend* anwendbar. Die Übertragung des Anwartschaftsrechts erfolgt nicht etwa durch Abtretung gemäß §§ 413, 398 (BGHZ 20, 88; NJW 1984, 1184).

Voraussetzungen des Zweiterwerbs des Anwartschaftsrechts

I. Akzessorietät des Anwartschaftsrechts,
   d.h. Übereignungsanspruch muß bestehen
II. Einigung gemäß § 929 S. 1 analog
   ❏ rechtsgeschäftliche Einigung bzgl. Übergang des Anwartschaftsrechts
   ❏ Umdeutung einer fehlgeschlagenen Übereignung in Übertragung
     des Anwartschaftsrechts, § 140
III. Übergabe, § 929 S. 1 analog, bzw. Übergabesurrogat gemäß §§ 930, 931
IV. Einigsein, d.h. kein Widerruf bis zur Übergabe
V. Berechtigung des Veräußerers
   1. Anwartschaftsinhaber, auch ohne Zustimmung des Vorbehaltsverkäufers
   2. oder gutgläubiger Zweiterwerb vom Nichtberechtigten, §§ 932 ff. analog

---

a) Der Inhaber des Anwartschaftsrechts muß sich mit dem Dritten gemäß § 929 S. 1 analog einigen und die Sache übergeben. Die **Einigung** muß sich auf den *Übergang des Anwartschaftsrechts* beziehen. Wollte der Anwartschaftsrechtsinhaber ursprünglich das Eigentum an den Dritten übertragen, ist die Eigentumsübertragung aber fehlgeschlagen, beispielsweise weil der Erwerber nicht gutgläubig war, so kann die Einigung über die Eigentumsübertragung gemäß § 140 in eine Einigung über die Übertragung des Anwartschaftsrechts umgedeutet werden (BGHZ 20, 88; Pal. § 929 Rn. 45; Loewenheim JuS 1981, 721).

Fall 15:

Fabrikant F lieferte dem Bauunternehmer B einen Bagger unter Eigentumsvorbehalt. B geriet bald darauf in Zahlungsschwierigkeiten und übereignete die Maschine zur Sicherheit an seinen Gläubiger G. Dieser ging davon aus, daß der Bagger dem B gehörte. Sie vereinbarten, daß B den Bagger weiter nutzen und behalten durfte. Bald darauf zahlte B die Kaufpreisraten vollständig an F. Seiner Darlehensverpflichtung an G kam er jedoch nicht nach. G verlangte daher von B Herausgabe des Baggers. Zu Recht?

Lösung:

Herausgabeanspruch des G gegen B gemäß § 985:
  (I) B ist unmittelbarer **Besitzer** der Maschine.
  (II) G müßte **Eigentümer** sein.
    (1) Ursprünglich war F Eigentümer des Baggers.
    (2) Er könnte das Eigentum an dem Bagger durch Rechtsgeschäft verloren haben, indem er ihn unter **Eigentumsvorbehalt gemäß §§ 929 S. 1, 158 I an B** veräußert hat. Die Einigung zwischen F und B ist unter der aufschiebenden Bedingung der vollständigen Zahlung des Kaufpreises durch B erfolgt. Mit Zahlung der letzten Kaufpreisrate ist die Bedingung eingetreten. Demnach wäre das Eigentum auf B übergegangen.
    (3) Zwischen der Einigung und dem Eintritt der Bedingung hat B den Bagger jedoch an G weiter veräußert, zu einem Zeitpunkt also, als B selbst noch nicht das Volleigentum erworben hatte. Möglicherweise ist das Eigentum des F im Wege der **Sicherungsübereignung** von B auf G übergegangen gemäß §§ 929 S. 1, 930.
      (a) B und G haben sich wirksam i.S.d. § 929 S. 1 über den Eigentumsübergang **geeinigt**.
      (b) Die erforderliche Übergabe ist ersetzt worden durch Vereinbarung eines **Besitzkonstituts** nach §§ 930, 868, wobei der Sicherungsvertrag mangels anderweitiger Vereinbarung als konkretes Besitzmittlungsverhältnis anzusehen ist.
      (c) Allerdings fehlte es zur Zeit der Einigung an der **Berechtigung** des B, das Eigentum zu übertragen, da er noch nicht das Volleigentum an dem Bagger erworben hatte.
      (d) Es kommt somit allenfalls ein **gutgläubiger Eigentumserwerb** des G gemäß **§§ 932, 933** in Betracht.
        (aa) Ein rechtsgeschäftlicher Erwerb im Sinne eines **Verkehrsgeschäfts** liegt vor.
        (bb) Der **Rechtsscheintatbestand des § 933** ist jedoch nicht erfüllt. Der Veräußerer B hat dem mittelbaren Besitzer G die Sache nicht übergeben. Er hatte vielmehr weiterhin den unmittelbaren Besitz an dem Bagger inne. Ein gutgläubiger Eigentumserwerb des G ist somit ausgeschlossen.
      (e) Möglicherweise kann die fehlgeschlagene Sicherungsübereignung jedoch in die wirksame Sicherungsübertragung eines Anwartschaftsrechts gemäß § 140 **umgedeutet** werden.
        (aa) Ein **unwirksames Rechtsgeschäft** liegt vor. Denn die Eigentumsübertragung von B auf G ist wegen der fehlenden Übergabe nach § 933 gescheitert.
        (bb) Erforderlich ist die **Wirksamkeit** des umgedeuteten Rechtsgeschäfts. Das Anwartschaftsrecht ist entstanden durch den Ei-

gentumsvorbehalt zwischen F und B. Und B hat das Anwartschaftsrecht wirksam gemäß §§ 929, 930 analog auf G übertragen.

(cc) Der **mutmaßliche Wille** der Parteien müßte auch das umgedeutete Rechtsgeschäft umfassen (Pal. § 140 Rn. 8). Hier ist im Zweifel anzunehmen, daß B das ihm tatsächlich zustehende Recht übertragen wollte. Denn der Sicherungszweck kann auch durch Übertragung des Anwartschaftsrechts erreicht werden. Sollte der Sicherungsgeber zahlungsunfähig werden, so könnte der Sicherungsnehmer selbst den Bedingungseintritt durch Zahlung der Kaufpreisraten herbeiführen. Das Anwartschaftsrecht würde zum Vollrecht erstarken (§§ 158 I i. V. m. §§ 362, 267). Somit ist die fehlgeschlagene Sicherungsübereignung in eine wirksame Übertragung des Anwartschaftsrechts umzudeuten.

(dd) Durch Zahlung des vollständigen Kaufpreises durch B an F ist G tatsächlich Eigentümer des Baggers geworden.

Ergebnis: G kann somit von B die Herausgabe des Baggers gemäß § 985 verlangen.

b) Erforderlich ist weiterhin, daß der Inhaber des Anwartschaftsrechts **berechtigt** ist, über das Anwartschaftsrecht zu verfügen. Grundsätzlich darf der Vorbehaltskäufer aufgrund seiner eigentümerähnlichen Stellung auch *ohne Zustimmung* des Vorbehaltsverkäufers das Anwartschaftsrecht auf einen Dritten übertragen (BGHZ 20, 88).

Lernhinweis: Bitte beachten Sie, daß die Übertragung des Anwartschaftsrechts nicht gleichbedeutend ist mit der Übertragung des Eigentums. Würde der Vorbehaltskäufer ohne Zustimmung des Vorbehaltsverkäufers über das Eigentum an der Sache verfügen, so handelte er als Nichtberechtigter. Bei der Übertragung des Anwartschaftsrechts bezieht sich die Berechtigung des Vorbehaltskäufers allein auf das Anwartschaftsrecht, nicht hingegen auf das Eigentum selbst.

27 aa) Auch wenn der Vorbehaltskäufer sich schuldrechtlich verpflichtet hat, nicht über die Sache zu verfügen, bevor er den Kaufpreis vollständig bezahlt hat, kann er als Berechtigter über das Anwartschaftsrecht verfügen. Derartige **Veräußerungsverbote** sind gemäß § 137 S. 1 ohne Bedeutung für die Wirksamkeit des Zweiterwerbs des Anwartschaftsrechts. Der Vorbehaltskäufer macht sich allerdings nach § 137 S. 2 schadensersatzpflichtig wegen Verletzung seiner Vertragspflicht gegenüber dem Vorbehaltsverkäufer.

Beispiel: Hersteller H lieferte dem Elektronikhändler K einen Computer unter Eigentumsvorbehalt. In den AGB des H war eine Sicherungsübereignung des Geräts bis zur vollständigen Zahlung des Kaufpreises ausgeschlossen. K übereignete dennoch den Computer zur Sicherheit an die B-Bank, und zwar unter Offenlegung des Eigentumsvorbehalts. Trotz Veräußerungsverbotes konnte K wegen § 137 S. 1 wirksam über sein Anwartschaftsrechts verfügen.

§ 10. Sicherungsrechte

bb) Ist der Veräußerer hinsichtlich des Anwartschaftsrechts tatsächlich nicht verfügungsberechtigt, so kommt ein **gutgläubiger Zweiterwerb** des Anwartschaftsrechts gemäß §§ 932 ff. analog in Betracht. Es sind jedoch zwei Fallgestaltungen zu unterscheiden:

- Das Anwartschaftsrecht besteht.
  Der Vorbehaltsverkäufer hat die Sache unter Eigentumsvorbehalt übereignet. Der Vorbehaltskäufer verleiht die Sache. Der Entleiher veräußert sie weiter an den gutgläubigen Dritten mit der Behauptung, er selbst habe die Sache unter Eigentumsvorbehalt erworben.
  → Nach ganz h. M. ist der gutgläubige Erwerb gemäß §§ 932 ff. analog zulässig (BGHZ 75, 225; Pal. § 929 Rn. 46; a. A. allerdings Med. Rn. 475; Brox JuS 1984, 662).

- Das Anwartschaftsrecht besteht nicht.
  Der Eigentümer verleiht seine Sache. Der Entleiher veräußert sie weiter an den gutgläubigen Dritten mit der Behauptung, er habe die Sache von dem Eigentümer unter Eigentumsvorbehalt erworben.
  → Der gutgläubige Erwerb des Anwartschaftsrechts ist nicht möglich (vgl. Pal. § 929 Rn. 46).

> **Hinweis:** Beim gutgläubigen Zweiterwerb gibt der Veräußerer vor, er sei Inhaber des Anwartschaftsrechts. Der Veräußerer überträgt sein angebliches Anwartschaftsrecht. Im Vergleich dazu tritt der Veräußerer beim gutgläubigen Ersterwerb als Eigentümer auf.

c) Die Übertragung des Anwartschaftsrechts hat die **Rechtsfolge**, daß das Anwartschaftsrecht mit Bedingungseintritt in der Person des Erwerbers zum Vollrecht erstarkt. Das heißt, das Eigentum geht mit Zahlung des vollständigen Kaufpreises unmittelbar auf den Erwerber über. Es findet ein *Direkterwerb* statt.

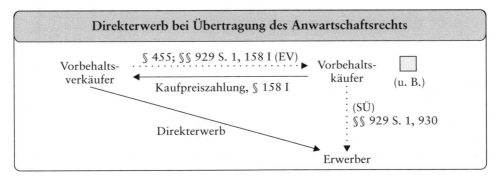

Ein *Durchgangserwerb* des Vorbehaltskäufers scheidet aus. Ihm verbleibt keinerlei Erwerbsposition. Die Unterscheidung kann erheblich sein im Fall der Pfändung beim Vorbehaltskäufer. Der Dritte, der Erwerber also, kann sodann Drittwiderspruchsklage nach § 771 ZPO erheben. In der Insolvenz des Vorbehaltskäufers hat der Dritte ein Aussonderungsrecht nach § 47 InsO (BGHZ 20, 88; NJW 1979, 2514).

Beispiel: V lieferte einen Kran unter Eigentumsvorbehalt an K. Dieser übereignete den Kran zur Sicherheit weiter an die B- Bank. Bald darauf pfändete Gläubiger G des K den Kran (§ 808 ZPO). Nachdem K die letzte Kaufpreisrate an V gezahlt hat, erhebt D gemäß § 771 ZPO Drittwiderspruchsklage. Er hat ein die Veräußerung hinderndes Recht, da er mit Bedingungseintritt durch die Kaufpreiszahlung unmittelbar lastenfreies Eigentum an dem Kran erworben hat.

29   4. Der Anwartschaftsinhaber erhält aufgrund seiner eigentumsähnlichen Stellung einen umfangreichen **Schutz** vor Verfügungen des Vorbehaltsverkäufers sowie gegenüber Eingriffen Dritter. Unter anderem hat der Vorbehaltskäufer dem Vorbehaltsverkäufer gegenüber ein Recht zum Besitz (§ 986). Dies gilt auch im Verhältnis zu einem etwaigen Erwerber der Sache. Die Vorschrift des § 161 gewährt dem Anwartschaftsberechtigten Schutz vor Zwischenverfügungen des Vorbehaltsverkäufers.

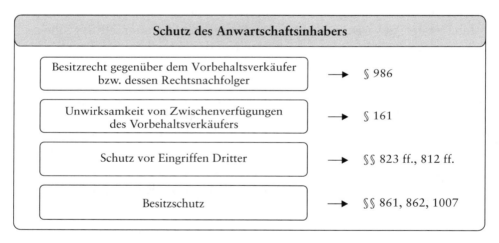

a) Der Vorbehaltsverkäufer ist auch nach Übertragung des Vorbehaltseigentums an den Vorbehaltskäufer berechtigt, über die Sache zu verfügen. Insbesondere kann er als Eigentümer die Sache gemäß §§ 929, 931 wirksam an einen Dritten *weiter veräußern*. Erst wenn der Kaufpreis vollständig gezahlt worden und dadurch die Bedingung eingetreten ist, ist die Verfügung des Vorbehaltsverkäufers im Verhältnis zum Vorbehaltskäufer gemäß § 161 I **unwirksam**. Der Erwerber verliert *rückwirkend* das durch die Verfügung des Vorbehaltsverkäufers erlangte Eigentum. Der Vorbehaltskäufer wird Eigentümer.

> **Hinweis:** Vor Bedingungseintritt erlangt der Erwerber durch die Verfügung des Vorbehaltsverkäufers Eigentum, das mit dem Anwartschaftsrecht belastet ist.

Ein *gutgläubiger Eigentumserwerb* des Dritten ist in der Regel gemäß §§ 161 III, 936 III *ausgeschlossen*. Es wäre allenfalls eine Eigentumsübertragung durch den Vorbehaltsverkäufer nach §§ 929 S. 1, 931, 934, Fall 1 im Wege der Abtretung des Herausgabeanspruchs denkbar. Denn beim Eigentumsvorbehalt behält der Vorbehaltskäufer grundsätzlich den unmittelbaren Besitz an der Sache. Solange aber der Vorbehaltskäufer im Besitz der Sache ist, kann der Dritte das Eigentum nicht gutgläubig lastenfrei erwerben. Das Anwartschaftsrecht bleibt erhalten (Med. Rn. 462; Brox JuS 1984, 657).

Beispiel: E veräußert ein Fernsehgerät unter Eigentumsvorbehalt an K. Seinem Gläubiger G erklärt er, K habe das Gerät lediglich geleast. Er veräußert daraufhin den Fernsehapparat an G unter Abtretung seines Herausgabeanspruchs gegen K. Als G den angeblichen Leasingvertrag kündigt und den Apparat von K herausverlangt, weist K nach, daß er zwischenzeitlich den vollen Kaufpreis an E gezahlt hat. G konnte nicht gutgläubig lastenfreies Eigentum an dem Fernsehgerät entsprechend § 936 III erwerben.

b) Im Verhältnis zum **Vorbehaltsverkäufer** hat der Vorbehaltskäufer nach § 986 I 1 ein Recht zum Besitz, das sich aus dem Kaufvertrag ergibt.

30

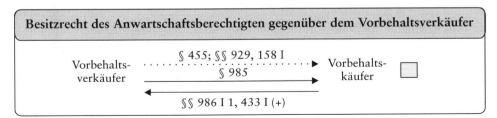

Einem Herausgabeverlangen des **Dritten** kann der Vorbehaltskäufer sein Besitzrecht aus dem Kaufvertrag mit dem Vorbehaltsverkäufer nach § 986 II bis zum Bedingungseintritt entgegenhalten. Denn bei Veräußerung des Eigentums durch den Vorbehaltsverkäufer wird der Dritte Rechtsnachfolger des Eigentümers.

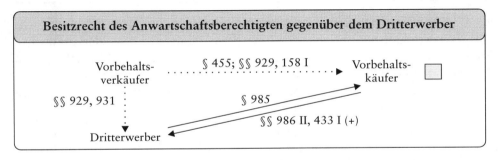

c) Grundsätzlich gewährt das Anwartschaftsrecht **kein dingliches Recht zum Besitz** nach § 986 I 1, Fall 1 (h. M.; vgl. u. § 11. B. III. 2. a). Gleichwohl kann der Anwartschaftsberechtigte in bestimmten Fällen den Herausgabeanspruch des Eigentümers nach § 985 *abwehren*, und zwar dann, wenn der Zweiterwerber des Anwartschaftsrechts betroffen ist. Nicht nur der Vorbehaltskäufer kann einem Herausgabeverlangen des Eigentümers der Sache ausgesetzt sein, sondern auch der Dritte, der das Anwartschaftsrecht von dem Vorbehaltskäufer bzw. gutgläubig von dem angeblichen Vorbehaltskäufer erworben hat. Der Zweiterwerber kann sich auf sein Besitzrecht nach § 986 I 1, Fall 2 analog stützen:

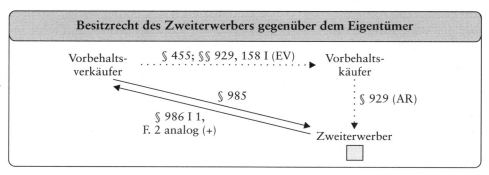

Der Anwartschaftsinhaber, der das Anwartschaftsrecht gutgläubig vom Nichtberechtigten erworben hat, kann gegen das Herausgabeverlangen des Vorbehaltsverkäufers die **Arglisteinrede** gemäß § 242 erheben unter der Voraussetzung, daß die Zahlung des Kaufpreises unmittelbar bevorsteht (BGHZ 10, 69).

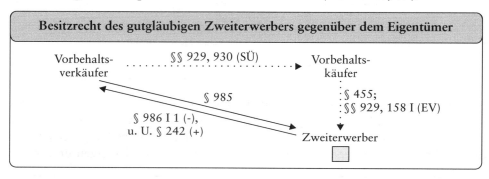

31 d) Das Anwartschaftsrecht ist ein geschütztes Recht, aus dem sich Ansprüche des Anwartschaftsberechtigten vor Eingriffen Dritter ergeben. Hervorzuheben ist, daß das Anwartschaftsrecht als „**sonstiges Recht**" i. S. d. § 823 I anerkannt ist. Der Schadensersatz steht dem Grunde nach sowohl dem Anwartschaftsberechtigten als auch dem Vorbehaltsverkäufer als Eigentümer zu, solange die Bedingung noch nicht eingetreten ist (BGHZ 55, 20; Pal. § 929 Rn. 43).

Beispiel: Im Lager des K befinden sich Elektrogeräte, die K unter Eigentumsvorbehalt von V gekauft hat. Bei einem Einbruch im Lager des K beschädigt der Dieb D die Geräte böswillig. Sowohl V als auch K können Schadensersatz nach § 823 I geltend machen.

Bei der *Art der Schadensabwicklung* ist folgende Situation zu berücksichtigen:
- ❏ Der **Vorbehaltskäufer** ist nach § 446 weiterhin verpflichtet, die noch ausstehenden Kaufpreisraten an den Vorbehaltsverkäufer zu zahlen.
- ❏ Beim **Vorbehaltsverkäufer** darf nicht außer Acht gelassen werden, daß die Sache wirtschaftlich dem Vorbehaltskäufer zusteht, sofern er bereits Kaufpreisraten geleistet hat.

Um die daraus entstehende Problematik zu lösen, werden zwei unterschiedliche **Möglichkeiten** angeboten:
- ❏ Nach **einer Ansicht** werden der Anwartschaftsberechtigte und der Vorbehaltsverkäufer wie Gesamtgläubiger analog § 428 behandelt (Schwab/Prütting § 33 II 7).
  Argument: Der Anwartschaftsberechtigte kann auf diese Weise die volle Schadensliquidation verlangen. Die Aufteilung des Ersatzes erfolgt sodann im Innenverhältnis.
- ❏ Die **h. M.** hingegen wendet §§ 432, 1281 analog an (Pal. § 929 Rn. 43; Brox JuS 1984, 660).
  Argument: Bei einer befreienden Zahlung des Dritten an einen der Anspruchsberechtigten nach § 428 würde dieser unbilligerweise mehr erhalten als ihm tatsächlich zusteht. Der andere würde hingegen seine Sicherung hinsichtlich des Restkaufpreises bzw. das bereits Erworbene verlieren. Deshalb ist allein die gemeinschaftliche Leistung an den Anwartschaftsberechtigten und den Vorbehaltsverkäufer sachgerecht.

e) Das Anwartschaftsrecht ist **nach §§ 812 ff. kondizierbar.** Darüber hinaus genießt der Anwartschaftsberechtigte **Besitzschutz** gegenüber Dritten aufgrund folgender Vorschriften:
- ❏ §§ 861; 862; 1007 I, II;
- ❏ §§ 812; 823 I; 823 II i. V. m. § 858.

f) Uneinigkeit besteht darüber, ob der Anwartschaftsberechtigte **entsprechend §§ 985, 1004** Anspruch auf Herausgabe des Besitzes bzw. auf Unterlassung oder Beseitigung einer Störung hat. Auf jeden Fall ist der Vorbehaltsverkäufer als Eigentümer anspruchsberechtigt, so daß es zu einer Konkurrenz der Herausgabeberechtigten kommen könnte.

Beispiel: Autohändler V hat an K einen Pkw unter Eigentumsvorbehalt veräußert. Bald darauf verleiht K den Wagen an seinen Freund F. Dieser ist in finanziellen Schwierigkeiten und veräußert den Pkw weiter an X. K erfährt davon und verlangt von X die Herausgabe des Pkw.

- ❏ **Zum Teil** wird eine analoge Anwendung der §§ 985, 1004 abgelehnt (Brox JuS 1984, 660).
  Argument: Das Anwartschaftsrecht wird bereits nicht als dingliches Recht anerkannt, weshalb eine Anspruchsberechtigung des Inhabers fehlt. Der Anwartschaftsberechtigte ist hinreichend geschützt, indem der Eigentümer ihn zur Geltendmachung gegenüber Dritten nach § 185 ermächtigt.

❑ Nach **überwiegender Ansicht** hingegen finden §§ 985, 1004 auf den Inhaber des Anwartschaftsrechts entsprechende Anwendung (Pal. § 929 Rn. 43; Müller- Laube JuS 1993, 529).
Argument: Der Anwartschaftsrechtsinhaber bedarf desselben Schutzes wie der Inhaber eines beschränkt dinglichen Rechts (vgl. §§ 1227, 1065, 1027). Selbst wenn der Eigentümer ebenfalls sein Herausgabeverlangen geltend macht, so muß der Anspruchsgegner nach § 986 I 2 ohnehin nur an den unmittelbaren Besitzer herausgeben.

34 g) Der Anwartschaftsrechtsinhaber wird in seiner Rechtsstellung auch geschützt, wenn **andere Gläubiger** des Vorbehaltsverkäufers in das Vorbehaltseigentum vollstrecken wollen bzw. wenn der Vorbehaltsverkäufer in Insolvenz fällt. Betreibt ein Gläubiger des Vorbehaltsverkäufers die Zwangsvollstreckung, während sich die Sache im Gewahrsam des Vorbehaltskäufers befindet, so ist § 809 ZPO zu beachten. Die Pfändung durch den Gerichtsvollzieher ist nur zulässig, wenn der Vorbehaltskäufer zur Herausgabe bereit ist. Ansonsten steht dem Anwartschaftsberechtigten die *Drittwiderspruchsklage nach § 771 ZPO* zu. Das Anwartschaftsrecht ist als ein die Veräußerung hinderndes Recht anerkannt (BGHZ 55, 20; Med. Rn. 466). In der *Insolvenz* des Vorbehaltsverkäufers gilt § 107 I InsO. Der Vorbehaltskäufer wird mit der vollständigen Zahlung des Kaufpreises Eigentümer, ohne daß es auf den Willen des Insolvenzschuldners ankommt.

Zusammenfassung
zu den Sicherungsrechten am Eigentum

A. Die Sicherungsübereignung
    I. Die Sicherungsübereignung, §§ 929 S. 1, 930
        1. Einigung, § 929 S. 1
        2. Sicherungsvertrag als konkretes Besitzmittlungsverhältnis i. S. d. § 868
    II. Der Sicherungsvertrag (§ 305)
        1. Verpflichtung des Sicherungsgebers zur sicherungsweisen Eigentumsübertragung und zum sorgfältigen Umgang mit der Sache
        2. Verpflichtung des Sicherungsnehmers zur Rückübertragung nach Tilgung der gesicherten Forderung
    III. Die gesicherte Forderung, i. d. R. aus Darlehen, § 607 I
B. Der Eigentumsvorbehalt
    I. Der Vorbehaltskauf, § 455 BGB
        1. Verpflichtung des Vorbehaltskäufers zur späteren Zahlung des Kaufpreises
        2. Verpflichtung des Vorbehaltsverkäufers zur aufschiebend bedingten Eigentumsübertragung und Übergabe der Sache

Fortsetzung nächste Seite

Fortsetzung der Zusammenfassung

> II. Aufschiebend bedingte Eigentumsübertragung, §§ 929 S. 1, 158 I BGB
>   1. Übergabe
>   2. Einigung, § 929 S. 1 BGB
>   a) Durch beiderseitige Einzelabrede oder Einbeziehung von AGB
>   b) Einseitiger, vertragswidriger Eigentumsvorbehalt
>   c) Nachträglicher beiderseitiger Eigentumsvorbehalt
>   3. Verlängerter Eigentumsvorbehalt
>   a) Verarbeitungsklausel bei Weiterverarbeitung durch den Vorbehaltskäufer
>   b) Vorausabtretungsklausel bei Weiterveräußerung
>   aa) Ermächtigung durch Vorbehaltsverkäufer, § 185 I
>   bb) Vorausabtretung der Kaufpreisforderung, §§ 398 S. 2, 433 II
> III. Das Anwartschaftsrecht des Vorbehaltskäufers
>   1. Die Begründung des Anwartschaftsrechts (Ersterwerb)
>   a) Einigung über Eigentumsübergang, §§ 929 S. 1, 158 I BGB
>   b) Übergabe
>   c) Berechtigung des Veräußerers
>   d) Anderenfalls gutgläubiger Ersterwerb, §§ 932 ff. BGB
>   2. Die Übertragung des Anwartschaftsrechts (Zweiterwerb)
>   a) Einigung und Übergabe, § 929 S. 1 BGB analog
>   b) Berechtigung des Übertragenden
>   c) Anderenfalls gutgläubiger Zweiterwerb des Anwartschaftsrechts, §§ 932 ff. BGB analog, sofern das Anwartschaftsrecht besteht
>   d) Rechtsfolge: Direkterwerb des Dritten

Kontrollfragen

Zu § 10.

1. Welche drei Rechtsverhältnisse liegen bei der Sicherungsübereignung vor?
2. Was ist der Vorteil der Sicherungsübereignung gegenüber der Verpfändung?
3. Welche Verpflichtungen des Sicherungsnehmers bzw. des Sicherungsgebers ergeben sich jeweils aus dem Sicherungsvertrag?
4. Welche Auswirkungen hat die Unwirksamkeit des Sicherungsvertrages auf das Bestehen der Sicherungsübereignung?
5. Welche Auswirkungen hat die Unwirksamkeit der gesicherten Forderung auf die Wirksamkeit des Sicherungsvertrages?
6. Was versteht man unter Eigentumsvorbehalt?

7. Kann ein Eigentumsvorbehalt einseitig erklärt werden?
8. Unter welchen Voraussetzungen kann der Eigentumsvorbehalt nachträglich vereinbart werden?
9. Was ist ein verlängerter Eigentumsvorbehalt?
10. Wie lautet die Definition des Anwartschaftsrechts?
11. Welches sind die Voraussetzungen für das Entstehen des Anwartschaftsrechts?
12. Wie erfolgt die Übertragung des Anwartschaftsrechts?
13. Ist der gutgläubige Erwerb des Anwartschaftsrechts vom Nichtberechtigten möglich?
14. Wie ist die Rechtsfolge der Übertragung des Anwartschaftsrechts?

Kapitel 4. Eigentumsschutz

Literatur: *Gast*, Das zivilrechtliche System des Eigentumsschutzes, JuS 1985, 611; *Heckmann*, Zur Frage der Anwendbarkeit des Surrogationsprinzips auf den Eigentumsherausgabeanspruch, Jura 1983, 561; *Herrmann*, Die Haftungsvoraussetzungen nach § 1004 BGB – Neuere Entwicklungen und Lösungsvorschlag, JuS 1994, 273; *Lorenz*, Mala fides superveniens im Eigentümer–Besitzer-Verhältnis und Wissenszurechnung von Hilfspersonen, JZ 1994, 549; *Peters*, Das Pfandrecht als Recht zum Besitz, JZ 1995, 390; *Roth*, Grundfälle zum Eigentümer–Besitzer-Verhältnis, JuS 1997, 518; *Roussos*, Zurückbehaltungseinrede und Besitzrecht nach § 986 BGB, JuS 1987, 606; *Seidel*, Das Zurückbehaltungsrecht als Recht zum Besitz im Sinne des § 986 BGB?, JZ 1993, 180; *Waltermann*, § 986 Abs. 2 BGB als Ausdruck einer Verdinglichung schuldrechtlicher Rechtspositionen durch das Gesetz?, Jura 1993, 521

Dem Eigentümer wird vom Gesetz umfassender **Schutz vor Beeinträchtigungen** seines Eigentums gewährt. Dies ist die Auswirkung der starken Rechtsstellung, die der Eigentümer als Inhaber eines absoluten dinglichen Rechts inne hat. Vor allem soll er vor Verletzungen oder Beschädigungen der Sache, ihrer Zerstörung sowie ihrem Verlust durch Weiterveräußerung geschützt werden. Ansprüche, die sich aus derartigen Beeinträchtigungen des Eigentums ergeben, sind im besonderen in §§ 985 ff. enthalten. Wird dem Eigentümer der Besitz an der Sache vorenthalten oder entzogen, so kann er Herausgabe unter den Voraussetzungen des § 985 verlangen. Die nachfolgenden §§ 987 bis 1003 normieren als Ergänzung des dinglichen Herausgabeanspruchs nach § 985 Sekundäransprüche, die auf einen sachgerechten Ausgleich zwischen dem Eigentümer und dem Besitzer gerichtet sind (sog. Eigentümer–Besitzer-Verhältnis). Hierzu gehören die Ansprüche des Eigentümers auf Nutzungen (§§ 987 ff.) und Schadensersatz (§§ 989 ff.) sowie die Gegenansprüche des Besitzers auf Ersatz von Aufwendungen (§§ 994 ff.). Bei Beeinträchtigungen des Eigentums anderer Art kann der Eigentümer Unterlassung und Beseitigung der Störung nach § 1004 verlangen.

1

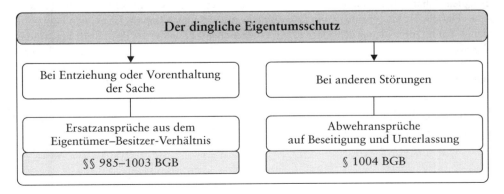

§ 11. Herausgabeanspruch nach § 985 BGB

2   Der **Inhalt** des dinglichen Herausgabeanspruchs nach § 985 ist auf die Verschaffung des unmittelbaren oder mittelbaren Besitzes gerichtet. Voraussetzung ist eine sog. *Vindikationslage*. Das heißt der Anspruchsberechtigte muß Eigentümer – auch Miteigentümer- einer beweglichen oder unbeweglichen Sache sein. Der Anspruchsgegner muß Besitzer sein. Er darf jedoch dem Eigentümer gegenüber kein Recht zum Besitz haben. Insofern erhält der Herausgabeanspruch eine Einschränkung durch § 986.

> **Hinweis:** Der Herausgabeanspruch nach § 985 BGB richtet sich nur gegen den unrechtmäßigen Besitzer!

A. Anwendbarkeit des § 985 BGB

3   **1. a)** Der Herausgabeanspruch nach § 985 ist *ausgeschlossen* in den Fällen, in denen der Eigentümer seinen Anspruch aus dem Eigentum auf anderem Wege durchsetzen kann. Im Fall der Zwangsvollstreckung gegen den Besitzer kann der Eigentümer mit Hilfe der **Drittwiderspruchsklage gemäß § 771 ZPO** die Freigabe der Sache erwirken, sofern sich die Zwangsvollstreckung auf Gegenstände erstreckt, die ihm gehören. Die Zwangsvollstreckung beginnt mit der ersten Vollstreckungshandlung des Gerichtsvollziehers bzw. mit der Zustellung des Pfändungsbeschlusses durch das Vollstreckungsgericht und endet mit der Auskehrung des Erlöses an den Gläubiger. Während der Dauer des Zwangsvollstreckungsverfahrens wird § 985 als Anspruchsgrundlage von § 771 ZPO *verdrängt* (Thomas/Putzo § 771 Rn. 5; BGH NJW 1989, 2542).

Beispiel: E hat seinen Pkw an M vermietet. M schuldet seinem Gläubiger G die Rückzahlung eines Darlehens. Als er seiner Zahlungsverpflichtung nicht nachkommt, läßt G den Pkw pfänden. E kann Drittwiderspruchsklage gegen G erheben auf Freigabe des Pkw. Er ist Eigentümer der Sache, die gepfändet wurde. Sein Eigentum ist ein die Veräußerung hinderndes Recht nach § 771 ZPO. Solange die Klage aus § 771 ZPO zulässig ist, darf E seine Ansprüche nur auf diesem Wege durchsetzen. Er kann nicht den M auf Herausgabe des Pkw verklagen.

> **Hinweis:** Während des Zwangsvollstreckungsverfahrens ist der Herausgabeanspruch nach § 985 nicht neben § 771 ZPO anwendbar.

§ 11. Herausgabeanspruch nach § 985 BGB

b) Das gleiche gilt für das Aussonderungsrecht des Eigentümers in d... des Besitzers gemäß § 47 InsO.

Beispiel: E hat seinen Pkw an M vermietet. Über das Vermögen des M wird das I... fahren eröffnet. Der Insolvenzverwalter nimmt den Pkw zur Insolvenzmasse. E ka... nach § 47 InsO die Aussonderung des Pkw verlangen. Der Herausgabeanspruch na... hingegen ausgeschlossen.

2. Aufgrund gesetzlicher **Verweisung** findet die Vorschrift des § 985 auch Anwendung zugunsten
- des Nießbrauchers (§ 1065),
- des Pfandgläubigers (§ 1227)
- und des Erbbauberechtigten (§ 11 I ErbbauRVO).

B. Voraussetzungen des § 985 BGB

Für den Herausgabeanspruch nach § 985 ist – abgesehen von der Anwendbarkeit der Vorschrift – auf der Seite des Anspruchstellers Eigentum, auf der Seite des Anspruchsgegners Besitz erforderlich. Der Besitzer darf kein Recht zum Besitz nach § 986 haben. 4

Voraussetzungen des Herausgabeanspruchs nach § 985 BGB

I. Anwendbarkeit des § 985 nicht neben § 771 ZPO, § 47 InsO
II. Eigentum des Anspruchstellers
III. Besitz des Anspruchsgegners
IV. Kein Recht zum Besitz nach § 986

I. Eigentum

Das Eigentum des Anspruchstellers an der Sache muß im Zeitpunkt des *Herausgabeverlangens* bestehen. Probleme ergeben sich insbesondere in den Fällen, in denen nicht feststeht, wer der Eigentümer der Sache ist. Des weiteren ist von Bedeutung, wie im Rahmen des § 985 das Miteigentum an einer Sache zu behandeln ist. 5

1. Der Eigentümer, der Klage auf Herausgabe der Sache erhebt, muß im Prozeß grundsätzlich sein Eigentum beweisen. Ist die Eigentumslage *ungeklärt* und kann der Anspruchsteller das Bestehen des Eigentums auch nicht durch angebotene zulässige Beweismittel nachweisen, so hilft die **Eigentumsvermutung des § 1006**. Zugunsten des Besitzers einer beweglichen Sache wird gemäß § 1006 I vermutet, daß er mit dem Erwerb des unmittelbaren Eigenbesitzes zugleich unbedingtes Eigentum an der Sache erworben und während der gesamten Besitzzeit behalten hat (BGH NJW 1993, 935). 6

Lernhinweis: Die Eigentumsvermutung des § 1006 wird also nicht durch die Besitzlage ausgelöst, sondern durch den Besitzerwerb. Die Funktion der Vorschrift besteht darin, den Beweis von Eigentum im Prozeß zu erleichtern. Die Beweiserleichterung gilt grundsätzlich für den Besitzer. Ihm wird der Beweis eines rechtswirksamen Eigentumserwerbs erspart.

7 a) § 1006 I 1 begründet die Eigentumsvermutung zugunsten des **gegenwärtigen** unmittelbaren Besitzers. Es wird vermutet, daß der unmittelbare Besitzer bei Besitzerwerb Eigenbesitz begründet und damit das Eigentum erworben hat.

Beispiel: E hat ihr Silberbesteck an ihre Nachbarin N verliehen. Diese gibt es an B weiter. Als E die B auf Herausgabe verklagt, behauptet B, sie habe das Besteck wirksam von N erworben. Weder E noch B gelingt der Beweis für ihre Behauptungen. Für die Besitzerin B greift die Vermutung, daß sie mit dem Besitz des Silberbestecks auch das Eigentum erwarb. Anspruchstellerin E muß die Vermutung aus § 1006 I widerlegen. Dies ist ihr nicht gelungen. Das Gericht wird die Klage der E abweisen.

Die Vorschrift des § 1006 I 1 enthält also eine doppelte Vermutung:
- ❑ Weist der Besitzer nach, daß er den unmittelbaren Besitz an der Sache erlangt hat, so wird zu seinen Gunsten vermutet, daß es sich um Eigenbesitz und nicht um Fremdbesitz handelt (BGHZ 54, 319).
- ❑ Es wird weiterhin vermutet, daß der Besitzer im Zeitpunkt der Begründung des unmittelbaren Besitzes auch unbedingtes Eigentum erworben hat (BGH NJW-RR 1989, 651).

Allerdings beseitigt § 1006 I 2 diese Eigentumsvermutung gegenüber einem früheren Besitzer, dem die Sache **abhanden gekommen** ist. Grund hierfür ist, daß § 935 jeden späteren gutgläubigen Eigentumserwerb ausschließt, wenn ihn nicht der Berechtigte genehmigt. Eine Eigentumsvermutung für den Besitzer würde dieser Regelung zuwiderlaufen.

Beispiel: Im vorangegangenen Beispiel hat E das Silberbesteck nicht an N verliehen, sondern N hat es der E gestohlen. Die Eigentumsvermutung zugunsten der B greift nicht. Der Klage der E auf Herausgabe ist stattzugeben.

8 b) Die Eigentumsvermutung nach § 1006 II wirkt für den **früheren** unmittelbaren Besitzer. Es gilt die Vermutung, daß er mit Erwerb des unmittelbaren Besitzes Eigenbesitz und auch Eigentum erworben hat (§ 1006 I) und während seiner Besitzzeit Eigentümer geblieben ist (BGH NJW 1993, 935).

Hinweis: § 1006 II enthält hinsichtlich des Vorliegens des Eigentums eine Erwerbsvermutung und eine Bestandsvermutung!

Nach *Verlust* des Besitzes wirkt diese Eigentumsvermutung fort, sofern nicht für den gegenwärtigen Besitzer die Vermutung des § 1006 I eingreift und keine bessere Vermutung aus § 1006 II für einen späteren Besitzer spricht (BGH NJW 1984, 1456); MK § 1006 Rn. 13, 20).

9 c) Nach § 1006 III wird vermutet, daß der **mittelbare Besitzer** Eigenbesitzer und damit Eigentümer ist, sofern der mittelbare Besitz feststeht oder nachgewiesen

ist. Über § 1006 III wird die Eigentumsvermutung nach § 1006 I und II für den mittelbaren Besitzer erweitert.

Eigentumsvermutung nach § 1006 BGB			
	Gilt für:	Besitzerwerb begründet folgende Vermutung:	Widerlegung der Vermutung:
§ 1006 I 1	gegenwärtigen unmittelbaren Besitzer	☐ Eigenbesitz ☐ Eigentum	§ 1006 I 2
§ 1006 II	früheren unmittelbaren Besitzer	☐ Eigenbesitz ☐ Eigentum ☐ Eigentum behalten	§ 1006 I, II
§ 1006 III	gegenwärtigen mittelbaren Besitzer	☐ Eigenbesitz ☐ Eigentum	§ 1006 I 2

Fall 16:

V ist verstorben. Zu seinem Nachlaß gehört ein wertvolles Gemälde. Sohn S, der glaubt, Alleinerbe zu sein, veräußert das Gemälde an K. Drei Monate später wird ein Testament des V gefunden, in dem V seine Enkelin E als Erbin eingesetzt hat. E verlangt das Gemälde von K heraus. Da K sich weigert, verklagt E ihn auf Herausgabe. Im Prozeß bestreitet K, daß das Bild dem V gehört habe. E benennt den Zeugen Z, der bestätigt, daß V das Gemälde von ihm erworben hatte. Der von K gegenbeweislich benannte Zeuge X widerspricht dieser Aussage. Ist die Klage der E begründet?

Lösung:

(A) Anspruch der E gegen K auf Herausgabe des Gemäldes **gemäß § 2018 BGB**:
Nach § 2018 hat die Erbin E einen **Gesamtanspruch** auf Herausgabe der einzelnen Erbschaftsgegenstände. Der Anspruch ist gegen den Besitzer aufgrund eines ihm nicht zustehenden **Erbrechts** gerichtet. Macht der Besitzer – wie hier – ein Besitzrecht geltend, das nicht auf Erbrecht gestützt ist, so scheidet § 2018 als Anspruchsgrundlage aus.

(B) Anspruch der E gegen K auf Herausgabe des Gemäldes **gemäß § 985 BGB**:
Für ihren Anspruch auf Herausgabe nach § 985 muß E als Klägerin die **klagebegründenden Tatsachen** vortragen und, soweit K sie substantiiert bestreitet, auch beweisen. Zu den anspruchsbegründenden Tatsachen gehören das *Eigentum* und der *Besitz* an dem Gemälde.

    (I) § 985 ist **anwendbar**.

    (II) E müßte **Eigentümerin** sein.

(1) Nach ihrem eigenen Vortrag war **ursprünglich** V Eigentümer des Bildes. Mit seinem Tod hat E **gemäß § 1922 I** das Eigentum daran erlangt.
(2) K **bestreitet das Eigentum** des V an dem Bild. Da E ihr Eigentum von V ableitet, bestreitet K somit zugleich substantiiert das Eigentum der E an dem Gemälde.
(3) E trägt die **Beweislast** dafür, daß sie Eigentümerin ist.
   (a) Durch die Aussage des von ihr benannten **Zeugen** Z konnte sie das Bestehen des Eigentums nicht beweisen. Die Eigentumslage konnte aufgrund der widersprüchlichen Aussagen der Zeugen **nicht geklärt** werden.
   (b) Der Beweis könnte durch § 1006 erleichtert werden.
      (aa) Die Eigentumsvermutung des § **1006 I 1** könnte für das Eigentum des K sprechen. Die Vorschrift begründet die Eigentumsvermutung zugunsten des **gegenwärtigen unmittelbaren Besitzers**. Demnach wäre hier zu vermuten, daß K durch den Erwerb von S Eigentümer des Gemäldes geworden ist.
      (bb) Nach § **1006 I 2** könnte die Eigentumsvermutung für K beseitigt werden. Dann müßte E darlegen und beweisen können, daß ihr das Gemälde **abhanden gekommen** ist. Abhandenkommen i. S. d. § 935 setzt einen **unfreiwilligen Verlust des unmittelbaren Besitzes** voraus. S hat unstreitig das Gemälde **ohne den Willen der E** an sich genommen und an K weiter veräußert. Allerdings müßte E zu diesem Zeitpunkt **unmittelbare Besitzerin** des Gemäldes gewesen sein. Mit dem Erbfall ging nach der Fiktion des § 857 auch der Besitz in derselben Form auf E über, wie V ihn hatte. V war zuvor unmittelbarer Besitzer. In diese **besitzrechtliche Position** ist E als Erbin gefolgt. Mit der Wegnahme des Bildes durch S hat E den unmittelbaren Besitz verloren. Ihr ist somit das Bild abhanden gekommen. E kann die Eigentumsvermutung **zugunsten des K** beseitigen. Allerdings verhilft § 1006 I 2 ihr nicht zu einer *eigenen* Eigentumsvermutung.
      (cc) Möglicherweise spricht aber die Eigentumsvermutung nach § **1006 II** für E. Gemäß § 1006 II werden der Eigenbesitz und das Eigentum des früheren Besitzers bis zum Ende seiner **Besitzzeit** vermutet.
         ❏ **Früherer** unmittelbarer Besitzer des Gemäldes war V. E bleibt somit der Nachweis des Eigentums des V erspart.

§ 11. Herausgabeanspruch nach § 985 BGB

- § 1006 II wirkt darüber hinaus **für E selbst**. Wenn der Besitz des V gemäß § 857 auf sie überging, gilt sie für die Zeit bis zur Besitzerlangung des S als Eigentümerin.
- Die Eigentumsvermutung zugunsten der E könnte wiederum dadurch ausgeschlossen sein, daß eine **bessere Vermutung** nach § 1006 I oder II für K spricht. K müßte seinen gutgläubigen Erwerb von S dartun und beweisen, ohne sich dafür auf eine Vermutung stützen zu können. Das Gemälde ist E jedoch abhanden gekommen i. S. v. §§ 857, 935, so daß ein gutgläubiger Erwerb des K ebenfalls ausscheidet. Es steht somit fest, daß K nicht das Eigentum erwerben konnte.

Es bleibt festzuhalten, daß E Eigentümerin des Gemäldes ist.

(III) K ist **Besitzer**.

(IV) Er hat **kein Recht zum Besitz** nach § 986.

Ergebnis: K muß nach § 985 das Gemälde an E herausgeben.

Lernhinweis: Sie werden bemerken, daß in sachenrechtlichen Klausuren häufig der Herausgabeanspruch nach § 985 als „Aufhänger" gewählt wird. In zahlreichen Fallgestaltungen kommt es darauf an, wer Eigentümer ist. Wenn Sie bei der Lösung des Falles sorgfältig vorgehen und systematisch die Eigentümerstellung in chronologischer Vorgehensweise prüfen, können Sie Ihr Verständnis für die Problemstellung schulen und außerdem unnötige Fehler vermeiden. Wählen Sie daher bei der Fallprüfung nach § 985 den **historischen Aufbau**!

2. Das Erfordernis der Eigentümerstellung nach § 985 erfüllt auch ein **Miteigentümer**. Jedem Miteigentümer steht ein bestimmter fester Anteil an der Sache zu, über die er allein verfügen kann. Sofern es sich um den seinem Anteil entsprechenden Mitbesitz handelt, kann jeder Miteigentümer Herausgabe nach § 985 verlangen. Der Anspruch ist dann auf *Einräumung des Mitbesitzes (§ 866)* gerichtet.

Beispiel: A und B sind zu je $^1/_2$ Miteigentümer eines bebauten Grundstücks. A, der das Grundstück allein bewohnt, verweigert dem B den Mitbesitz. B kann gegen A auf Herausgabe gemäß § 985 klagen und Einräumung seines Mitbesitzes verlangen.

Über die Sache insgesamt können nur alle Miteigentümer gemeinsam verfügen. Nach § **1011** kann jedoch jeder Miteigentümer Herausgabe der ganzen Sache geltend machen, allerdings an alle Miteigentümer *gemeinschaftlich* (§ 432).

Beispiel: C und D sind zu je $^1/_2$ Miteigentümer eines bebauten Grundstücks. M, dem sie das Grundstück zur Miete überlassen hatten, räumt das Grundstück auch nach Ablauf der Mietzeit nicht. C möchte M nicht auf Herausgabe verklagen, da es sich um einen Freund handelt. D ist berechtigt, allein Herausgabeklage nach § 985 gegen M zu erheben. Allerdings kann er nur Herausgabe an sich und C gemeinsam verlangen.

II. Besitz

11 Der Herausgabeanspruch nach § 985 richtet sich gegen den Besitzer einer beweglichen oder unbeweglichen Sache. Es kommt nicht darauf an, ob Eigen- oder Fremdbesitz, Mitbesitz oder Teilbesitz vorliegt.

1. Von dem **unmittelbaren Besitzer** kann der Eigentümer Einräumung des unmittelbaren Besitzes, also Herausgabe der Sache selbst verlangen. Die Herausgabe erfolgt durch Übergabe der Sache an den Eigentümer.

2. Wendet sich der Eigentümer mit seinem Herausgabeverlangen gegen einen **mittelbaren Besitzer,** so ist der Anspruchsgegner zur Verschaffung des mittelbaren Besitzes verpflichtet. Dies geschieht durch Abtretung des Herausgabeanspruchs gegen den Besitzmittler gemäß § 870.

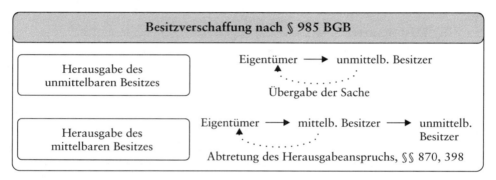

12 3. Fraglich ist, ob der Anspruch gegen den mittelbaren Besitzer auch auf Herausgabe des **unmittelbaren Besitzes** gerichtet sein kann. Hierfür sprechen vollstreckungsrechtliche Erwägungen. Im Regelfall hat der Eigentümer folgende gerichtliche Möglichkeiten, die Herausgabe der Sache zu erwirken, sofern jemand sie in unmittelbarem Besitz hat:

- ❑ Er verklagt den **Besitzmittler,** der die Sache im unmittelbaren Besitz hat. Bei Verurteilung zur Herausgabe der Sache erfolgt die Zwangsvollstreckung nach § 883 **ZPO**: Der Gerichtsvollzieher nimmt dem unmittelbaren Besitzer die Sache weg.
- ❑ Der Eigentümer klagt gegen den **mittelbaren Besitzer** auf Herausgabe der Sache. Dieser wird verurteilt, seinen Herausgabeanspruch gegen den Besitzmittler nach § 870 abzutreten. Gemäß § 894 **ZPO** gilt mit Rechtskraft des Urteils die Abtretungserklärung als abgegeben. Der Eigentümer kann unmittelbar von dem Besitzmittler Herausgabe verlangen.

§ 11. Herausgabeanspruch nach § 985 BGB

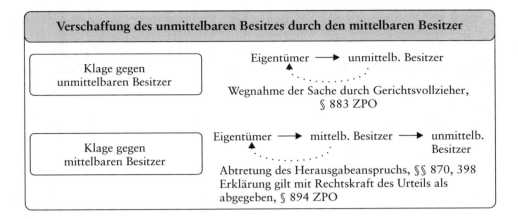

a) Beide Vorgehensweisen sind unproblematisch, solange sich die Sache bei demjenigen Besitzer befindet, den der Eigentümer verklagt. Hat der unmittelbare Besitzer die Sache jedoch bereits an den mittelbaren Besitzer zurückgegeben, so können Probleme bei der **Durchsetzung** des Herausgabeanspruchs auftreten.

Beispiel: Hausbesitzer E hat eine Wohnung an den Mieter M vermietet. M hat die Wohnung an U untervermietet. E macht nunmehr berechtigterweise Eigenbedarf geltend und verklagt sowohl M als auch U auf Herausgabe und Räumung der Wohnung. Nachdem das Urteil ergangen ist, gibt U die Wohnung an M zurück.
Die Zwangsvollstreckung gegen U bleibt erfolglos, da er nicht mehr unmittelbarer Besitzer ist (vgl. § 883 ZPO). Die Zwangsvollstreckung gegen den mittelbaren Besitzer M entfällt, da sein Herausgabeanspruch gegen den Besitzmittler U durch Rückgabe der Sache erloschen ist. Die Übertragung des mittelbaren Besitzes an den Eigentümer ist nicht mehr möglich.

❑ Eine **Mindermeinung** lehnt konsequent ab, die Herausgabe des unmittelbaren Besitzes direkt vom mittelbaren Besitzer zuzulassen (Baur/Stürner § 11 C I 2). **Argument:** Der Anspruch nach § 985 ist grundsätzlich nur auf Herausgabe gerichtet. Er gibt dem Eigentümer kein Gewaltrecht über die Sache. Ginge der Anspruch auch auf Herausgabe des unmittelbaren Anspruchs, so erhielte er den Charakter eines *Verschaffungsanspruchs*. Dies ist vom Gesetzgeber nicht gewollt.

❑ Nach **h. M.** hingegen ist der Anspruch gegen den mittelbaren Besitzer nicht auf die Herausgabe des mittelbaren Besitzes beschränkt. Vielmehr kann nach dieser Auffassung der Eigentümer auch den unmittelbaren Besitz herausverlangen (BGHZ 53, 29; OLG Hamm NJW-RR 1992, 783; Pal. § 985 Rn. 12). **Argument:** Dies ist aus prozeßökonomischen Gründen angezeigt. Ein weiterer Prozeß gegen den Besitzmittler kann vermieden werden, indem der Eigentümer den mittelbaren Besitzer **wahlweise** auf Herausgabe des mittelbaren oder des unmittelbaren Besitzes verklagen kann. Die Zwangsvollstreckung erfolgt sodann entweder nach **§ 886 ZPO** durch Einziehung des Rückgabeanspruchs des mittelbaren Besitzers oder durch Wegnahme der Sache durch den Gerichtsvollzieher gemäß **§ 883 ZPO**. Darüber hinaus ist das alleinige Vorgehen gegen den mittelbaren Besitzer in der Praxis einfacher, da dem Eigentümer der Besitzmittler häufig persönlich nicht bekannt ist.

13 **b)** Sofern dem mittelbaren Besitzer die Herausgabe der Sache unmöglich ist, stellt sich die Frage, ob der Eigentümer **Schadensersatzanspruch wegen Nichterfüllung** nach § 283 I verlangen kann.

Beispiel: P hat ein privates Schwimmbad von V gepachtet. Hersteller E hat ihm eine Sauna unter Eigentumsvorbehalt geliefert. Als P mit den Ratenzahlungen in Verzug kommt, tritt E vom Kaufvertrag zurück. Da zwischenzeitlich auch der Pachtvertrag zwischen P und V gekündigt wurde, verlangt E von V die Sauna heraus. Da V nicht reagiert, verklagt E ihn auf Herausgabe. Nach der Verurteilung beruft sich V auf Unmöglichkeit. Er hat das Schwimmbad langfristig an X weiter verpachtet.

aa) Der Eigentümer kann nach § 283 I vorgehen. Das bedeutet, er kann dem mittelbaren Besitzer eine Frist zur Herausgabe setzen. Nach fruchtlosem Ablauf dieser Frist kann der Eigentümer Schadensersatz wegen Nichterfüllung verlangen. Der mittelbare Besitzer haftet **unabhängig von Verschulden** auf Schadensersatz, wenn der Umstand, der zu seiner Unmöglichkeit geführt hat, zeitlich *nach dem Herausgabeurteil* liegt. Der Einwand, die Herausgabe sei vor der Verurteilung ohne sein Verschulden unmöglich geworden, ist wegen § 283 I 2, 3 ausgeschlossen. Auf ein Verschulden des Besitzers kommt es nur dann an, wenn der Eigentümer im Herausgabeprozeß die Unmöglichkeit bestreitet. Wenn feststeht, daß der Besitzer die behauptete Unmöglichkeit *zu vertreten hätte*, kann er zur Herausgabe verurteilt werden, ohne daß eine Beweisaufnahme durchgeführt wird. (Einzelheiten hierzu s. „Studium Jura, Schuldrecht Allgemeiner Teil I", § 10. D. II.)

bb) Der mittelbare Besitzer haftet auch nach §§ 989, 990 I auf Schadensersatz. Im Gegensatz zu der grundsätzlich verschuldensunabhängigen Haftung nach § 283 I hat er allerdings nur für *verschuldete Unmöglichkeit* einzustehen. Würde man *uneingeschränkt* zulassen, daß der Eigentümer vom mittelbaren Besitzer auch den unmittelbaren Besitz herausverlangen kann, so würde dies zu einem **Wertungswiderspruch** von § 283 zu den im Sachenrecht maßgeblichen §§ 989, 990 I führen. Es besteht Einigkeit darüber, daß dieser Wertungswiderspruch vermieden werden soll. Streitig ist lediglich, auf welche Weise sich die Wertung der §§ 989 ff. durchsetzen soll. Drei Lösungsansätze bieten sich an:

❏ Nach **einer vereinzelten Ansicht** wird die Anwendung des § 283 auf den Herausgabeanspruch überhaupt abgelehnt (Staudinger § 985 Rn. 41).
Argument: Es handelt sich um eine schuldrechtliche Vorschrift, die auf den dinglichen Herausgabeanspruch nicht zugeschnitten ist.

❏ Nach **anderer Auffassung** ist § 283 auf den Herausgabeanspruch anzuwenden. Die Beschränkung der §§ 987 ff. hinsichtlich des Verschuldens soll erst im nachfolgenden Schadensersatzprozeß nach § 283 zu beachten sein (MK § 985 Rn. 11; M. Wolf Rn. 179).
Argument: Dadurch wird vermieden, daß Voraussetzungen des Schadensersatzanspruchs bereits im Herausgabeprozeß geprüft werden müssen.

❑ Nach h. M. ist der mittelbare Besitzer nur dann zur Herausgabe des unmittelbaren Besitzes zu verurteilen, wenn er sich die Herausgabe durch die Überlassung an den Besitzmittler schuldhaft unmöglich gemacht hat und wegen dieses Unvermögens auch nach §§ 989, 990 I haften würde (BGHZ 53, 29; Pal. § 985 Rn. 12).
Argument: Anderenfalls droht dem mittelbaren Besitzer im Widerspruch zu §§ 989, 990 I eine verschuldensunabhängige Schadensersatzpflicht nach § 283.

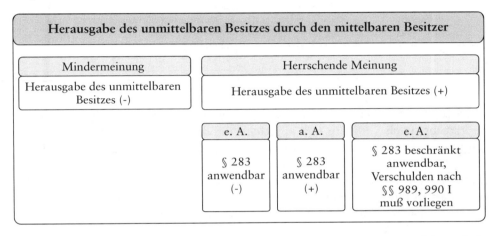

Nach der h. M. hat der Eigentümer gegen den mittelbaren Besitzer folgerichtig dann einen Anspruch nach § 985 auf Übertragung des unmittelbaren Besitzes, wenn folgende **Voraussetzungen** erfüllt sind:

1.	Unmöglichkeit:	Dem mittelbaren Besitzer muß wegen der Überlassung der Sache an den Besitzmittler die Herausgabe der Sache unmöglich sein.
2.	Bösgläubigkeit:	Der mittelbare Besitzer muß bösgläubig i.S.d. §§ 989, 990 I sein.
3.	Haftung nach §§ 989, 990 I:	Der mittelbare Besitzer muß dem Eigentümer gegenüber nach §§ 989 ff. schadensersatzpflichtig sein.

III. Kein Recht zum Besitz, § 986 BGB

Hat der Besitzer ein eigenes oder abgeleitetes Besitzrecht gegenüber dem Eigentümer (§ 986 I 1) bzw. seinem Rechtsnachfolger (§ 986 II), so ist der Herausgabeanspruch nach § 985 ausgeschlossen.

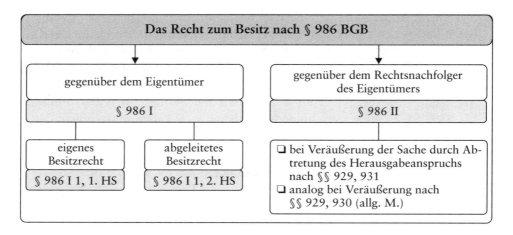

15 1. In prozessualer Hinsicht ist von Bedeutung, ob bereits das Bestehen eines Besitzrechts nach § 986 an sich ausreicht, um den Herausgabeanspruch des Eigentümers auszuschließen, oder ob der Besitzer die Rechtmäßigkeit seines Besitzes eigens im Herausgabeprozeß geltend machen muß. Nach Rspr. und h. M. beinhaltet die Vorschrift des § 986 entgegen ihrem Wortlaut („kann" verweigern) keine Einrede, sondern eine **Einwendung**, die das Prozeßgericht *von Amts wegen* zu beachten hat. Einwendungen beinhalten Tatsachen, die dem Anspruch aus allgemeinen Wertvorstellungen entgegenstehen oder Umstände, auf die sich der Schuldner bzw. Beklagte mit solcher Selbstverständlichkeit zu berufen pflegt, daß kein Anlaß besteht, das Vorbringen in seine Disposition zu stellen. Das Bestehen eines Besitzrechts nach § 986 ist entscheidend dafür, ob eine Vindikationslage vorliegt oder nicht. Deshalb ist in der Regel davon auszugehen, daß derjenige, der sich als Besitzer auf Herausgabe einer Sache verklagen läßt, sein Besitzrecht *vorbringen will* (BGHZ 82, 13; Pal. § 986 Rn. 1). Einwendung und Einrede sind jeweils *Gegenrechte*. Sie unterscheiden sich wie folgt:

Einwendungen:	Einreden:
❏ rechtsvernichtend oder rechtshindernd	❏ haben keine Auswirkung auf das Bestehen des Anspruchs;
❏ wirken sich auf das Bestehen des Anspruchs an sich aus;	❏ haben lediglich Einfluß auf die Durchsetzng des Anspruchs.
❏ zerstören den Anspruch, ohne daß sich der Schuldner eigens darauf berufen muß;	❏ Der Schuldner muß sich darauf berufen.
❏ sind von Amts wegen zu berücksichtigen.	❏ Im Prozeß müssen sie vom Schuldner erhoben werden.

§ 11. Herausgabeanspruch nach § 985 BGB

Klausurhinweis:
- Grundsätzlich gelten die allgemeinen Regeln des Prozeßrechts. Das bedeutet, im Prozeß liegt die Behauptungs- und Beweislast für das Bestehen eines Besitzrechts nach § 986 beim Beklagten, das heißt beim Besitzer.
- Der Meinungsstreit ist nur im Versäumnisverfahren nach § 331 ZPO von Bedeutung, wo das Vorbringen des Beklagten (Besitzers) unberücksichtigt bleibt.

2. Ein **eigenes Besitzrecht** nach § 986 I 1, 1. HS kann sich aus einem dinglichen Recht, aus schuldrechtlichen Verträgen oder aus gesetzlichen Rechtsverhältnissen ergeben.

a) Ein **dingliches Recht** zum Besitz wirkt *absolut* gegenüber jedermann, also auch gegenüber dem Eigentümer. Es kommt daher nicht darauf an, ob der Besitzer die Sache vom Eigentümer selbst erhalten hat oder nicht. Solche dinglichen Besitzrechte sind:
- Pfandrecht, §§ 1205, 1253 I
- Nießbrauch, § 1036
- Dienstbarkeit. § 1018

Beispielsfall:
A hat sich von E ein Fernsehgerät geliehen. Er verpfändet es an P, ohne diesem mitzuteilen, daß das Gerät dem E gehört. E verlangt von P Herausgabe des Fernsehgerätes. Zu Recht?
E hat dann nach § 985 einen Herausgabeanspruch gegen P, wenn er Eigentümer des Fernsehgeräts ist und B Besitzer und B kein Recht zum Besitz nach § 986 I hat. E hat sein Eigentum nicht infolge der Verpfändung von A an P verloren. Er ist Eigentümer geblieben. P ist unmittelbarer Besitzer des Fernsehgeräts. Möglicherweise kann P dem Herausgabeverlangen des E ein Besitzrecht nach § 986 I entgegensetzen. Das Recht zum Besitz kann sich aus dem dinglichen Pfandrecht ergeben. A hat dem P ein Pfandrecht an dem Fernsehgerät bestellt. A war jedoch nicht Eigentümer und hat somit als Nichtberechtigter den Fernseher an P verpfändet. Da P nicht wußte, daß das Gerät dem E gehörte, war er gutgläubig hinsichtlich der Eigentümerstellung des A. Daher konnte P gemäß §§ 1204, 1205, 1207, 932 gutgläubig das Pfandrecht an dem Fernsehapparat erlangen. Das Pfandrecht gewährt dem Pfandbesitzer ein dingliches Recht zum Besitz, das absolut, also gegenüber jedermann wirkt. P ist deshalb auch dem E gegenüber zum Besitz berechtigt. Ein Herausgabeanspruch des E gegen P gemäß § 985 ist ausgeschlossen.

18 Auch der Vorbehaltskäufer hat aufgrund seines **Anwartschaftsrechts** ein absolut wirkendes Besitzrecht gegenüber dem Eigentümer. Nach h. M. stellt das Anwartschaftsrecht ein dingliches Recht dar. Es ist die Vorstufe zum Volleigentum, sein „wesensgleiches Minus". Dementsprechend soll das Anwartschaftsrecht ein gegenüber jedermann wirkendes Recht zum Besitz gewähren, da der Vorbehaltskäufer bereits mit Übertragung des Besitzes das *Recht auf Nutzung* der Sache wie ein Eigentümer erhalten hat (Pal. § 929 Rn. 41). Der BGH lehnt hingegen ein Besitzrecht aus Anwartschaftsrecht ab und spricht dem Vorbehaltskäufer die *Arglisteinrede nach* § 242 (dolo facit qui petit quod statim redditurus est) zu, sofern der Bedingungseintritt unmittelbar bevorsteht. Denn mit Eintritt des Volleigentums beim Vorbehaltskäufer müßte der bisherige Eigentümer die Sache sofort zurückgeben (BGHZ 10, 69).

(Einzelheiten zum Anwartschaftsrecht s. o. § 10. B.).

19 b) Auch aus schuldrechtlichen Beziehungen kann sich ein eigenes Recht zum Besitz ergeben. Ein **schuldrechtliches Besitzrecht** wirkt nur *relativ,* das heißt zwischen den Vertragsparteien. Das Besitzrecht muß deshalb gegenüber dem Eigentümer selbst bestehen.

Beispiel: Mieter M hat von Vermieter V befristet für ein Jahr eine Wohnung gemietet. Obwohl im Mietvertrag die Untervermietung ausdrücklich untersagt ist, vermietet M die Wohnung unbefristet an U. Nach Ablauf von einem Jahr verlangt V die Wohnung von U heraus. U hat kein Besitzrecht nach § 986 I 1, 1. HS gegenüber E, da das Besitzrecht des U aus dem Mietvertrag mit M nur im Verhältnis zu M besteht, nicht aber im Verhältnis zum Eigentümer V.

Schuldrechtliche Besitzrechte können sich ergeben aus folgenden Vertragsverhältnissen:
- Kaufvertrag, solange die Sache übergeben, aber noch nicht übereignet wurde, § 433 I
- Miete, § 535 S. 1
- Pacht, § 581 I
- Leihe für die Zeit der Überlassung, § 604 I, II

Kein Recht zum Besitz geben die Verwahrung (§ 695) und die Leihe auf unbestimmte Dauer (§ 604 III), da der Eigentümer das Recht hat, die Sache jederzeit wieder herauszuverlangen. Das Recht zum Besitz besteht in diesen Fällen für die Dauer der Überlassung.

Beispiel: V vermietet seine Büroräume für die Dauer von 10 Jahren an die Firma F. Nach drei Jahren veräußert V die Räume an E. E verlangt Herausgabe und Räumung der Büroräume von F. E hat gegen F keinen Herausgabeanspruch nach § 985. F hat aus dem Mietvertrag (§ 535 S. 1) mit V ein Besitzrecht gemäß § 986 I. Das gegen V begründete Besitzrecht besteht gegenüber dem neuen Eigentümer E fort. Über § 571 ist E in den Mietvertrag zwischen V und F eingetreten.

> **Hinweis:** Der Besitzer hat dann ein obligatorisches Recht zum Besitz, wenn ihm die Sache aufgrund eines Vertrages mit dem Eigentümer auf Zeit überlassen wurde oder der schuldrechtliche Vertrag auf Übertragung der Sache gerichtet ist.

Nach Beendigung des Vertragsverhältnisses besteht der vertragliche Herausgabeanspruch des Eigentümers neben dem Anspruch auf Herausgabe nach § 985 (BGHZ 34, 122; Pal. vor § 985 Rn. 3).

c) Der Besitzer kann auch dann ein eigenes Besitzrecht nach § 986 I 1, 1. HS geltend machen, wenn er den Besitz von einem nichtberechtigten Dritten erlangt hat und eine **Genehmigung** des Eigentümers vorliegt. § 185 wird in diesem Fall analog angewendet (RGZ 80, 395; MK § 985 Rn. 19).

Beispielsfall:
Schützenbruder E möchte seine Wiese, die stadtnah gelegen ist, dem Schützenclub C für die Dauer von 20 Jahren vermieten. Da er selbst nicht als Eigentümer und Vermieter in Erscheinung treten möchte, beauftragt er seinen Angestellten A, die Wiese im eigenen Namen an den C zu vermieten. Nach sieben Jahren erhält E ein günstiges Kaufangebot von der Wohnungsbaugesellschaft W. E verlangt nunmehr von C die Wiese heraus. Zu Recht?
E ist Eigentümer der Wiese, C unmittelbarer Besitzer. Der Herausgabeanspruch des E gemäß § 985 darf nicht durch ein Besitzrecht des C nach § 986 I ausgeschlossen sein. Das Recht zum Besitz könnte sich hier aus einem schuldrechtlichen Rechtsverhältnis, nämlich dem Mietvertrag (§ 535 S. 1), ergeben. Ein schuldrechtliches Besitzrecht wirkt nur relativ, das heißt zwischen den Vertragsparteien. C hat den Mietvertrag nach § 535 S. 1 jedoch mit A abgeschlossen. Der Eigentümer E wurde nicht Vertragspartner des C. Das Besitzrecht des C besteht daher nur gegenüber A. Zwar wirkt das Besitzrecht aus dem Mietvertrag zwischen A und C grundsätzlich nicht im Verhältnis zu E. Jedoch hatte sich E damit einverstanden erklärt, daß A die Wiese an C übergibt. Die Besitzübertragung hat verfügungsähnlichen Charakter (§ 185 analog). C hat daher ein Recht zum Besitz nach § 986 I gegenüber E. E kann von C nicht die Herausgabe der Schützenwiese nach § 985 verlangen.

d) Auch aus **gesetzlichen Rechtsverhältnissen** kann ein eigenes Besitzrecht nach § 986 I 1 vorliegen. In Betracht kommen insbesondere:
❏ Besitzrecht aufgrund berechtigter GoA (§§ 677, 683)
❏ Besondere Verwaltungsbefugnisse des Insolvenzverwalters gegenüber dem Gemeinschuldner (§ 148 InsO)
❏ Ehegattenbesitzrecht (§ 1353 I) an den Haushaltsgegenständen und der ehelichen Wohnung, auch während der Zeit des Getrenntlebens bis zur rechtskräftigen Scheidung (BGHZ 71, 216).
❏ Besitzrecht der Eltern am Kindesvermögen (§ 1626)

e) Umstritten ist, ob ein **Zurückbehaltungsrecht** nach § 273 oder § 1000 ein Besitzrecht nach § 986 I 1 begründen kann.

Beispiel: B hat sich zur Ausführung eines großen Bauvorhabens mit mehreren anderen Firmen zu einer Arbeitsgemeinschaft zusammengeschlossen, der A-GbR. Für die Durchführung der

Bauarbeiten vermietet B einen Bagger an die A- GbR. Nach Fertigstellung des Bauprojekts verlangt B den Bagger zurück. Die A- GbR verweigert die Herausgabe und macht ein Zurückbehaltungsrecht wegen einer noch offenen Nachschußforderung gegen B geltend, die während des Bauvorhabens fällig geworden ist.

- ❏ Die **überwiegende Meinung** in der Literatur sieht in dem Zurückbehaltungsrecht nur ein selbständiges Gegenrecht, das dem Herausgabeanspruch aus § 985 unmittelbar entgegengesetzt werden kann. Es führt zur Verurteilung Zug um Zug gemäß § 274 (Pal. § 986 Rn. 4; M. Wolf Rn. 182).
  Argument: Würde das Zurückbehaltungsrecht ein Recht zum Besitz begründen, würde sein Schutzzweck, nämlich die Gleichzeitigkeit der Erfüllung von gegenseitigen Ansprüchen, unterlaufen werden.

- ❏ Die **Rechtsprechung** hingegen bejaht das Zurückbehaltungsrecht als Recht zum Besitz nach § 986. Allerdings muß der Besitzer sein Gegenrecht im Prozeß als Einrede einbringen. Auch nach dieser Auffassung führt das geltend gemachte Zurückbehaltungsrecht nicht zur Abweisung der Herausgabeklage, sondern nach § 274 zur Verurteilung Zug um Zug (BGHZ 64, 122; NJW 1995, 2627).
  Argument: Der Besitzer, der ein Zurückbehaltungsrecht hat, muß die Sache nicht ohne weiteres an den Eigentümer zurückgeben.

Die Auffassung des BGH, wonach ein Zurückbehaltungsrecht nach § 273 bzw. § 1000 ein Recht zum Besitz nach § 986 begründet, hat die logische Folge, daß keine Vindikationslage vorliegt. Der Besitzer haftet dem Eigentümer gegenüber auch nicht nach §§ 987 ff. auf Herausgabe der gezogenen Nutzungen und hat keinen Anspruch auf Verwendungsersatz. Um dieses Ergebnis zu vermeiden, wendet der BGH in systemwidriger Wiese die Ansprüche aus dem Eigentümer-Besitzer-Verhältnis auf den berechtigten Besitzer an.

23   3. Der Besitzer kann dem Herausgabeanspruch des Eigentümers auch ein **abgeleitetes Recht zum Besitz** nach § 986 I 1, 2. HS aus einem Rechtsverhältnis zwischen dem Eigentümer und *einem Dritten* entgegenhalten. Der gegenwärtige unmittelbare Besitzer muß seinen Besitz von dem Dritten erworben haben, der seinerseits dem Eigentümer gegenüber zum Besitz berechtigt ist, und der nach § 986 I 2 zur Weitergabe des Besitzes befugt war.

> **Voraussetzungen des abgeleiteten Besitzrechts nach § 986 I 1, 2. HS BGB**
>
> I. Erwerb des unmittelbaren Besitzes von dem Dritten
> II. Besitzrecht des Dritten gegenüber dem Eigentümer
> III. Befugnis des Dritten zur Weitergabe (§ 986 I 2)

a) In der Regel leitet der Besitzer sein Besitzrecht aufgrund eines **Besitzmittlungsverhältnisses** gemäß § 868 von dem Dritten ab. Entgegen dem Wortlaut des § 986 I 1, 2. HS („mittelbarer Besitzer") ist dies jedoch nicht unbedingt erforderlich. Der unmittelbare Besitzer kann den Besitz auch *auf andere Weise* von dem Dritten erworben haben. Die Vorschrift findet analoge Anwendung, wenn der Dritte, der die Sache weiterveräußern möchte, die Sache an den unmittelbaren Besitzer übergeben, aber noch nicht übereignet hat. Entscheidend ist, daß der Besitzstand des unmittelbaren Besitzers als solcher materiell gerechtfertigt ist (BGH NJW 1990, 1914; MK § 986 Rn. 18).

Beispiel: E verkauft und übergibt sein Grundstück an D. Bevor er im Grundbuch eingetragen ist, verkauft D das Grundstück weiter an B und übergibt es sofort. Auch B wurde noch nicht ins Grundbuch eingetragen. Nunmehr verlangt E das Grundstück von B heraus. B hat gegenüber E ein Recht zum Besitz entsprechend § 986 I 1, 2. HS. Er hat den Besitz von dem Dritten D erworben. D hatte aufgrund des Kaufvertrages ein Besitzrecht gegenüber E. Und D war zum Weiterverkauf des Grundstücks berechtigt. B ist war zwar nicht mittelbarer Besitzer. Der Besitzstand entspricht aber der materiellen Rechtslage.

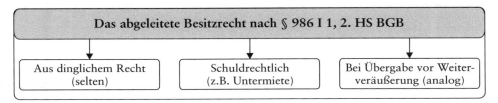

b) Der Dritte muß dem Eigentümer gegenüber **besitzberechtigt** sein.

Beispiel: Mieter M hat von Vermieter V eine Wohnung gemietet. Mit Genehmigung des V überläßt er die Wohnung dem U zur Untermiete. U leitet seinen Besitz von M ab, dem er aufgrund des Untermietverhältnisses den Besitz mittelt. M ist seinerseits seinem Vermieter V zum Besitz berechtigt.

c) Der Dritte muß nach § 986 I 2 zur Weitergabe des Besitzes **befugt** sein.

Beispiel: Im vorangegangenen Beispiel verlangt V die Wohnung von U heraus. V hat keinen Anspruch gegen U auf Räumung der Wohnung. U hat ein abgeleitetes Besitzrecht nach § 986 I 1, 2. HS gegenüber V. M, von dem er sein Recht zum Besitz ableitet, ist aufgrund des Mietvertrages dem V gegenüber zum Besitz berechtigt. Die Überlassung der Wohnung von M an U geschah mit Genehmigung des V (vgl. § 549).

War der Dritte nicht zur Weitergabe befugt, kann der Eigentümer nach § 986 I 1, 2. HS nicht Herausgabe an sich selbst, sondern nur an den Dritten verlangen. Zwar kann unter Umständen ein Besitzmittlungsverhältnis zwischen dem Dritten und dem Besitzer zustande gekommen sein; dieses begründet jedoch kein Recht zum Besitz. Der Eigentümer soll in der Lage sein dafür zu sorgen, daß die Sache bei dem Besitzer bleibt, dem er allein den Besitz gestattet hat (Pal. § 986 Rn. 7).

Beispiel: Im vorangegangenen Fall ist im Mietvertrag zwischen V und M eine Untervermietung ausdrücklich untersagt. V verlangt nunmehr von U die Wohnung heraus. U hat kein eigenes Besitzrecht nach § 986 I 1, 1. HS gegenüber E. Er kann aber ein abgeleitetes Recht zum Besitz aus dem Rechtsverhältnis zwischen V und M nach § 986 I 2. HS geltend machen. Allerdings war M zur Weitergabe der Wohnung an U nicht befugt. V kann daher nicht Herausgabe an sich selbst, sondern nur Herausgabe von U an M als unmittelbaren Besitzer verlangen.

24 **4.** In § 986 II ist das Recht zum Besitz gegenüber dem **Rechtsnachfolger** des Eigentümers geregelt. Danach kann der Besitzer einer beweglichen Sache sein Recht zum Besitz auch dem neuen Eigentümer entgegenhalten, wenn die Sache durch Abtretung des Herausgabeanspruchs gemäß §§ 929, 931 veräußert worden ist.

> **Beispiel:** Eigentümer E hat im Februar seinen Pkw für 6 Monate an seinen Freund M vermietet. Als E im Mai ein günstiges Kaufangebot von D erhält, verkauft er den Pkw unter Abtretung des Herausgabeanspruchs nach §§ 929, 931 an D. Dieser verlangt nunmehr den Pkw von M heraus. M kann sich nicht auf ein eigenes Besitzrecht nach § 986 I 1 berufen. Der Mietvertrag wirkt nur relativ zwischen ihm und E. M hat auch kein abgeleitetes Besitzrecht, da E dem D gegenüber nicht zum Besitz berechtigt ist. M hat aber dem Rechtsnachfolger des E gegenüber nach § 986 II für die Dauer der vereinbarten Mietzeit ein Recht zum Besitz.

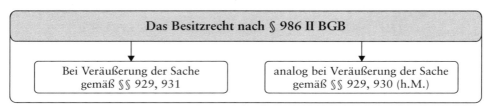

> **Hinweis:** Nach der Sonderregelung des § 986 II kann der Besitzer einer beweglichen Sache ausnahmsweise auch dann ein Besitzrecht geltend machen, wenn er dem Eigentümer gegenüber kein eigenes oder abgeleitetes Recht zum Besitz hat.

§ 986 II setzt grundsätzlich voraus, daß der ursprüngliche Eigentümer die Sache durch Abtretung des Herausgabeanspruchs nach §§ 929, 931 veräußert. Nach allgemeiner Ansicht ist diese Vorschrift zu eng gefaßt. Sie wird daher **analog** angewendet in den Fällen der Eigentumsübertragung nach §§ 929, 930. Der Erwerber hat durch die Vereinbarung eines Besitzmittlungsverhältnisses ein dem § 931 ähnliches Herausgaberisiko übernommen, denn auch er hat sich bereit erklärt, Eigentum zu erwerben, ohne zunächst den unmittelbaren Besitz an der Sache zu erlangen (BGHZ 111, 142; Pal. § 986 Rn. 8).

> **Beispiel:** Eigentümer E hat seinem Angestellten A einen Dienstwagen zur Verfügung gestellt, den A auch privat nutzen darf. A übereignet den Wagen zur Sicherheit gegen ein gewährtes Darlehen an die B-Bank. Als A seinen Ratenzahlungen nicht pünktlich nachkommt, kündigt B das Darlehen und verlangt den Pkw heraus. A behält den Wagen zurück und beruft sich darauf, daß er noch offene Gehaltsforderungen gegen E hat. Dem A steht gegen den Herausgabeanspruch der B ein Besitzrecht nach § 986 II zu.

> **Lernhinweis:** § 986 II ist nur auf bewegliche Sachen anwendbar. Bei Grundstücken wird das Recht zum Besitz gegenüber dem Rechtsnachfolger des Eigentümers nach den Sondervorschriften §§ 571, 580 bei der Miete sowie nach §§ 581 II, 571 bei der Pacht geregelt.

C. Anwendbarkeit der Regeln des allgemeinen Schuldrechts

Der Anspruch nach § 985 ist ein dinglicher Anspruch, der allein auf Herausgabe 25
der Sache gerichtet ist. Spezielle Regelungen über Unmöglichkeit und Verzug gibt
es im Sachenrecht nicht. Es stellt sich daher die Frage, ob die allgemeinen Regeln
des Schuldrechts Anwendung finden. Da die Prinzipien des Sachenrechts nicht
umgangen werden dürfen, können die schuldrechtlichen Vorschriften grundsätzlich nur insoweit Anwendung finden, als sie mit der Eigenart des dinglichen
Anspruchs vereinbar sind und die Sonderregelungen der §§ 987 ff. nicht entgegenstehen (MK § 985 Rn. 31).

I. Anwendbarkeit der Unmöglichkeitsregeln

1. Die Anwendbarkeit der Unmöglichkeitsregeln §§ 275 – 280 auf den Heraus- 26
gabeanspruch nach § 985 ist unzweifelhaft ausgeschlossen. Ist dem Besitzer die
Herausgabe unmöglich, so kann der Eigentümer wegen der Unmöglichkeit der
Herausgabe Schadensersatz nach §§ 989 ff. geltend machen. Diese *speziellen
Vorschriften* verdrängen § 280 als Anspruchsgrundlage (MK § 985 Rn. 32).

2. Umstritten ist lediglich, ob die Vorschrift des § 281 entsprechende Anwen- 27
dung findet, wenn eine Sache gestohlen und weiterveräußert wurde und die Herausgabe deshalb unmöglich ist. Der Ersatzanspruch nach § 281 I ist auf Herausgabe des für die Sache empfangenen Ersatzes, also des *Surrogats*, gerichtet. Die
examensrelevante Fallkonstellation soll anhand des nachfolgenden Falles 17 verdeutlicht werden.

Fall 17:

D bricht in der Villa des E ein und entwendet wertvollen Goldschmuck. Kurze
Zeit später veräußert er den Schmuck an den Hehler H, der bald darauf einen
Abnehmer findet. H veräußert den Schmuck weiter an den gutgläubigen G für
10.000 DM. Als E davon erfährt, macht er alle denkbaren Ansprüche geltend.
Wie ist die Rechtslage?

Lösung:

(A) Anspruch des E gegen G auf **Herausgabe** des Goldschmucks nach § 985:
    (I) Die Anspruchsgrundlage § 985 ist **anwendbar**.
    (II) G ist im **Besitz** des Goldschmucks.
    (III) E müßte **Eigentümer** sein.
        (1) Ursprünglich hatte E Eigentum an dem Schmuck.
        (2) Möglicherweise hat er das Eigentum verloren durch **rechtsgeschäftliche Übereignung** von D auf H.

(a) D und H haben sich **gemäß § 929 S. 1** über den Eigentumsübergang **geeinigt**.
(b) D hat den Schmuck an H **übergeben**.
(c) D hat jedoch als **Nichtberechtigter** verfügt. Ein **gutgläubiger Eigentumserwerb** des H gemäß §§ 929 S. 1, 932 scheidet bereits deshalb aus, weil es an der **Gutgläubigkeit** des Hehlers H fehlt. Darüber hinaus war der Schmuck dem E **abhanden gekommen** gemäß § 935.
(3) Eine wirksame Übereignung von H auf G ist ebenfalls ausgeschlossen, da der Goldschmuck dem E **abhanden gekommen** war, **§ 935**.
(IV) G hat E gegenüber **kein Recht zum Besitz gemäß § 986**. Die Voraussetzungen des § 985 sind somit erfüllt. E kann von G die Herausgabe des Goldschmucks verlangen.
(B) Ansprüche des E gegen H auf **Zahlung** von 10.000 DM:
(I) Ersatzanspruch des E wegen **Unmöglichkeit** der Herausgabe gemäß § 281:
(1) H ist **zu einer Leistung verpflichtet** gewesen, nämlich zur **Herausgabe des Goldschmucks gemäß § 985**. Die Leistung ist **nachträglich unmöglich** geworden, da H den Schmuck an G **weiter veräußert** hat. Infolge der Weiterveräußerung hat H für den geschuldeten Gegenstand **Ersatz** in Höhe des Verkaufserlöses von 10.000 DM erlangt. Die Voraussetzungen des Ersatzanspruchs nach § 281 wären demnach erfüllt.
(2) Es ist jedoch umstritten, ob § 281 auf den dinglichen Herausgabeanspruch nach § 985 überhaupt anwendbar ist.
❏ Eine **Mindermeinung** befürwortet eine eingeschränkte Anwendung des § 281 mit der Maßgabe, daß der Eigentümer analog § 255 Zug um Zug zur Abtretung seiner Ansprüche aus dem Eigentum verpflichtet ist (Harder JuS 1972, 395).
Argumente: § 281 enthält einen allgemeinen Rechtsgedanken, der auch für Ansprüche außerhalb des Schuldrechts gilt.
❏ Die **ganz h. M.** hingegen hält § 281 I für nicht anwendbar (RGZ 115, 31; Pal. § 985 Rn. 17; MK § 985 Rn. 33).
Argumente: Der schuldrechtliche Anspruch aus § 281 setzt ein bestehendes Schuldverhältnis trotz eingetretener Unmöglichkeit voraus. Der Herausgabeanspruch nach § 985 erlischt jedoch mit Verlust des Besitzes. Zudem würde die Anwendung des § 281 dem Eigentümer einen ungerechtfertigten Vorteil verschaffen, weil mit jeder weiteren Veräußerung neben dem fortbestehenden Herausgabeanspruch aus § 985 ein zusätzlicher Anspruch aus § 281 entstünde. Auf Seiten des Veräußerers käme es hingegen zu einer doppelten Belastung. Er müßte neben der Haftung aus § 281 gegenüber dem Eigentümer damit rechnen, daß der Er-

werber gegen ihn die Rechtsmängelhaftung nach §§ 440, 325 geltend macht. Dies überschreitet die vom Gesetz gewollte „Opfergrenze".

Mit der ganz h. M. ist eine analoge Anwendung des § 281 I ausgeschlossen. E kann von G nicht die Herausgabe des Erlöses nach § 985 i. V. m. 281 analog verlangen.

(II) Anspruch des E gegen H auf Herausgabe des Erlangten gemäß § 816 I 1:
(1) H hat als **Nichtberechtigter** eine Verfügung über einen Gegenstand getroffen, als er den Goldschmuck an G weiter veräußert hat.
(2) Die Verfügung müßte dem Berechtigten E gegenüber **wirksam** sein. Dies ist nicht der Fall, da der Erwerber G wegen § 935 nicht gutgläubig das Eigentum an dem Schmuck erlangen konnte. E kann aber die Verfügung des H **genehmigen** gemäß § 185 I. Sodann kann er einen Anspruch auf Herausgabe des erlangten Kaufpreises bzw. Wertersatz (§§ 816 I 1, 816 II) von H verlangen.

Ergebnis: E hat gegen G Anspruch auf Herausgabe des Goldschmucks gemäß § 985. Von H kann er keinen Wertersatz in Höhe von 10.000 DM verlangen, es sei denn er genehmigt die Weiterveräußerung durch H an G. Der Herausgabeanspruch des E gegen G würde dann allerdings entfallen.

Lernhinweis: Die Veräußerung einer fremden Sache ist ein wichtiges prüfungsrelevantes Thema und zählt zur Standardproblematik im Examen. Einzelheiten zu den maßgeblichen Anspruchsgrundlagen und deren Prüfungsreihenfolge erfahren Sie unten in § 12. B. IV. Die zu prüfenden Anspruchsgrundlagen sollten Sie sich unbedingt einprägen!

3. Zur Anwendbarkeit von § 283 auf den Herausgabeanspruch nach § 985 erfolgten aus methodischen Gründen bereits Ausführungen im Zusammenhang mit dem Herausgabeanspruch nach § 985 gegen den mittelbaren Besitzer (s. o. B. II. 3).

II. Anwendbarkeit der Verzugsregeln

Die Verzugsregeln finden grundsätzlich auf § 985 Anwendung. Allerdings sind die Vorschriften des Schuldnerverzugs nach §§ 284 ff. nicht auf den redlichen Besitzer anwendbar. Damit wird der Maßgabe des § 990 II Rechnung getragen, wonach nur der bösgläubige Besitzer wegen Verzuges haftet. Uneingeschränkt anwendbar sind demgegenüber die Regeln des Gläubigerverzuges nach 293 ff., so insbesondere wenn der Eigentümer sich weigert, die Sache abzuholen (Pal. § 985 Rn. 16).

D. Abtretbarkeit des Herausgabeanspruchs nach § 985

29   Der Herausgabeanspruch nach § 985 kann nicht selbständig abgetreten werden. Als dinglicher Anspruch ist er untrennbar mit dem Eigentum verbunden. Der Eigentümer hat jedoch die Möglichkeit, einem Dritten eine *Ausübungsermächtigung analog § 185* zu erteilen, so daß der Dritte den Herausgabeanspruch im eigenen Namen geltend machen darf (h. M.; BGH NJW- RR 1986, 158; Pal. § 985 Rn. 2). Erteilt der Eigentümer einem Dritten gegenüber die Abtretung des Herausgabeanspruchs, so ist diese Erklärung gemäß § 140 als Ausübungsermächtigung umzudeuten.

Beispiel: E hat seinen Pkw für die Zeit von Januar bis Juli an M vermietet. Für den Zeitraum ab August hat er bereits einen Mietvertrag mit D abgeschlossen. Als M den Pkw nach Ablauf der Mietzeit Ende Juli nicht zurückgibt, tritt E den Herausgabeanspruch gegen M an D ab. D kann als Ermächtigter von M die Herausgabe des Pkw an sich selbst verlangen.

Gibt der Besitzer die Sache nicht freiwillig heraus und muß er vor dem Zivilgericht verklagt werden, so darf der ermächtigte Dritte den Herausgabeanspruch im eigenen Namen geltend machen. Er ist berechtigt, im Klagewege die Herausgabe der Sache an sich selbst zu verlangen. Man spricht von der *gewillkürten Prozeßstandschaft.*

E. Verjährung des Herausgabeanspruchs nach § 985

30   Das Eigentum unterliegt nicht der Verjährung, da es sich nicht um einen Anspruch handelt, sondern um ein absolut wirkendes Recht. Gemäß § 194 I können grundsätzlich nur Ansprüche verjähren. Allerdings können Ansprüche, die sich aus dem Eigentum ergeben, verjähren. Dies gilt insbesondere für den Herausgabeanspruch nach § 985. Gemäß § 195 beträgt die Verjährungsfrist 30 Jahre. Denkbar ist, daß Eigentum und Besitz auf Dauer *auseinanderfallen,* wenn der Herausgabeanspruch des Eigentümers gegen den derzeitigen Besitzer verjährt ist (BGHZ 34, 191; Pal. § 194 Rn. 4).

Beispielsfall:
E gab eine wertvolle Uhr, ein altes Erbstück seiner Familie, zu U in Reparatur. E zahlte die Rechnung des U, kam aber nicht mehr dazu, die Uhr abzuholen. Erst 32 Jahre später melden sich die Erben des E und verlangen von U die Uhr heraus. Zu Recht?
Der Herausgabeanspruch der Erben gegen U gemäß § 985 ist entstanden. Die Erben des E sind Eigentümer der Uhr (§ 1922), U Besitzer. U hat auch kein Recht zum Besitz nach § 986 I, da seine Werklohnforderung beglichen ist (vgl. § 647). Der Herausgabeanspruch der Erben des E ist jedoch verjährt und deshalb nicht durchsetzbar (§§ 194 I, 195). Die Verjährungsfrist begann mit dem Entstehen der Vindikationslage. Nach Ablauf der Verjährungszeit von 30 Jahren verbleibt das Eigentum bei E bzw. dessen Erben. Der Besitz bleibt auf Dauer beim Anspruchsgegner U, und zwar auch dann, wenn er kein Recht zum Besitz hat.

F. Herausgabeort

Der Herausgabeort, an dem der Besitzer dem Eigentümer den unmittelbaren Besitz an der Sache verschaffen muß, ist grundsätzlich am *Ort der Sache*. Im einzelnen richtet sich der Erfüllungsort danach, ob der Besitzer gut- oder bösgläubig war. Der gutgläubige unverklagte Besitzer muß dem Eigentümer die Sache an dem Ort herausgeben, an dem sie sich zur Zeit des Herausgabeverlangens befindet. Bei dem nach §§ 990, 989 bösgläubigen bzw. verklagten Besitzer ist der Ort maßgeblich, an dem sich die Sache befand, als die Bösgläubigkeit eintrat bzw. als die Klage erhoben wurde. Der Deliktsbesitzer (§ 992) schließlich muß die Sache an dem Ort der Besitzerlangung herausgeben (BGH NJW 1981, 752; Pal. § 985 Rn. 13).

31

G. Konkurrenzverhältnisse

Der dingliche Herausgabeanspruch nach § 985, der sich aus der Rechtsbeziehung des Eigentümers zu der Sache ergibt, kann in Konkurrenz stehen zu besitzrechtlichen, gesetzlichen und vertraglichen Anspruchsgrundlagen.

32

I. Besitzrechtliche Herausgabeansprüche

Zu den besitzrechtlichen Herausgabeansprüchen gemäß §§ 861 und 1007 steht der Eigentumsherausgabeanspruch nach § 985 in echter Anspruchskonkurrenz. Das bedeutet, der Eigentümer kann seinen Anspruch auf Herausgabe auf alle diese Anspruchsgrundlagen *nebeneinander* stützen.

33

II. Gesetzliche Herausgabeansprüche

§ 985 schließt die Anspruchsgrundlagen aus gesetzlichen Schuldverhältnissen nicht aus. In Betracht kommen Bereicherungsansprüche nach §§ 812 ff. (Besitzkondiktion), der Herausgabeanspruch nach §§ 823 ff. i. V. m. § 249 S. 1 (Naturalrestitution) sowie der Anspruch auf Herausgabe des durch Geschäftsführung ohne Auftrag erlangten Besitzes nach §§ 681 S. 2, 667. Der Eigentümer kann sämtliche möglichen Rechtsgründe für die Herausgabe nebeneinander geltend machen. Die Ansprüche stehen zueinander in *Anspruchskonkurrenz*.

34

Beispiel: Student D steckt wissentlich den „Schönfelder" seines Kommilitonen K ein. K kann von D Herausgabe des „Schönfelders" nach folgenden Vorschriften verlangen:
- § 861 wegen Besitzentziehung (verbotene Eigenmacht)
- § 1007 I und II wegen seines früheren besseren Besitzes
- § 985 aufgrund seines Eigentums
- § 812 I 1 als Eingriffskondiktion auf den Besitz
- § 823 I und II (§ 242 StGB) i. V. m. § 249 S. 1 wegen Eigentumsverletzung
- §§ 687 II, 681, 667 wegen unechter Geschäftsführung

> **Hinweis:** Diese Anspruchskonkurrenzen betreffen nur den Herausgabeanspruch selbst. Etwas anderes gilt für die Sekundäransprüche aus dem Eigentümer- Besitzer- Verhältnis, die Schadensersatz, Nutzungs- und Verwendungsersatz regeln. Diese Ersatzansprüche haben ausschließliche Wirkung (Einzelheiten s.u. § 12.).

III. Vertragliche Herausgabeansprüche

35 Nicht so eindeutig ist das Konkurrenzverhältnis des dinglichen Herausgabeanspruchs nach § 985 zu den vertraglichen Herausgabeansprüchen, beispielsweise § 556 III, 604 I, 695. Nach Beendigung des Vertragsverhältnisses besteht kein schuldrechtliches Besitzrecht nach § 986 mehr, und der Besitzer ist zur Rückgabe der Sache nach § 985 verpflichtet. Zugleich hat der Eigentümer Anspruch auf Herausgabe der Sache aufgrund der vertragsrechtlichen Vorschriften. Die ganz h.M. nimmt heute eine *echte Anspruchskonkurrenz* zwischen § 985 und den vertraglichen Herausgabeansprüchen an (BGH NJW 1996, 321; Pal. § 985 Rn. 3).

Beispiel: V hat seine Wohnung befristet für die Dauer von drei Jahren an M vermietet. Nach Ablauf der drei Jahre weigert sich M aus der Wohnung auszuziehen. V kann Räumung der Wohnung sowohl nach § 985 als auch nach § 556 III verlangen.

Lernhinweis. Eine Mindermeinung, die sich auf die **Lehre vom Vorrang des Vertragsverhältnisses** stützte, ist mittlerweile veraltet (vgl. Raiser JZ 1961, 529). Sie vertrat die Auffassung, daß die vertraglichen Herausgabeansprüche Vorrang vor dem Anspruch aus § 985 haben sollten. Als Begründung wurde angeführt, daß der Eigentümer an das jeweilige schuldrechtliche Abwicklungsverhältnis gebunden ist und sein Eigentum insoweit eingeschränkt ist, als das Schuldverhältnis den Besitzer zum Besitz berechtigt. Der BGH hat sich in der Entscheidung **BGHZ 34, 122** damit auseinandergesetzt und angeführt, würde man die Subsidiarität des § 985 gegenüber den vertraglichen Herausgabeansprüchen annehmen, so wäre dieser dingliche Anspruch nur noch von Bedeutung bei abhanden gekommenen Sachen. Die Bedeutung eines eigenständigen vertraglichen Herausgabeanspruchs z.B. nach § 556 bestehe darin, auch dem Vermieter, der selbst nicht Eigentümer ist, einen Herausgabeanspruch zu gewähren. – Auf den Meinungsstreit sollten Sie allenfalls in einer Hausarbeit ausführlicher eingehen.

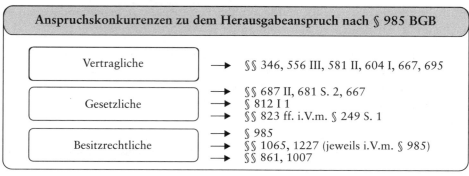

> **Zusammenfassung
> zum Herausgabeanspruch nach § 985 BGB**
>
> A. Die Anwendbarkeit des § 985:
>   nicht neben § 771 ZPO, § 47 InsO
> B. Die Voraussetzungen des § 985
>   I. Eigentum
>   II. Unmittelbarer oder mittelbarer Besitz
>   III. Kein Recht zum Besitz nach § 986
>   1. Eigenes Recht zum Besitz, § 986 I 1, 1. HS
>   ❑ In Betracht kommen dingliche, schuldrechtliche oder gesetzliche Besitzrechte
>   ❑ Zurückbehaltungsrecht nach §§ 273, 1000 als Recht zum Besitz, aber nur Zug-um-Zug-Verurteilung (Rspr.)
>   2. Abgeleitetes Besitzrecht, § 986 I 1, 2. HS
>   a) Besitzrecht vom Dritten erworben
>   b) Besitzrecht des Dritten gegenüber dem Eigentümer
>   c) Befugnis des Dritten zur Weitergabe
>   3. Besitzrecht gegenüber Rechtsnachfolger, § 986 II
>   ❑ Bei Veräußerung der Sache nach §§ 929, 931
>   ❑ analog auf §§ 929, 930 anwendbar
> C. Rechtsfolge: Verschaffung des unmittelbaren Besitzes am Ort der Sache

Kontrollfragen

Zu § 11

1. Was ist eine Vindikationslage?
2. Welchen Inhalt hat der Herausgabeanspruch nach § 985?
3. Unter welchen Voraussetzungen kann der Eigentümer von dem mittelbaren Besitzer den Besitz herausverlangen?
4. Welchen Sinn hat die Eigentumsvermutung nach § 1006?
5. Enthält das Besitzrecht nach § 986 eine Einrede oder eine Einwendung, und wie lautet die Begründung hierfür?
6. Welche Besitzrechte können einem Anspruch aus § 985 entgegengehalten werden?
7. Kann ein Zurückbehaltungsrecht nach § 273 oder § 1000 ein Recht zum Besitz i.S.d. § 986 begründen?
8. In welchem Verhältnis steht der Herausgabeanspruch nach § 985 zu anderen Ansprüchen auf Herausgabe der Sache?

§ 12. Eigentümer–Besitzer-Verhältnis

A. Allgemeines

1 Die Vorschriften der §§ 987 bis 1003 regeln umfassend das Rechtsverhältnis zwischen dem Eigentümer und dem unrechtmäßigen Besitzer, das sog. Eigentümer–Besitzer-Verhältnis. Diese Ansprüche ergänzen den Herausgabeanspruch nach § 985 und schaffen als *Sekundäransprüche* einen sachgerechten Ausgleich. Der Hauptzweck des Eigentümer–Besitzer-Verhältnisses besteht darin, dem Eigentümer neben dem Anspruch auf Herausgabe der Sache einen Ersatz dafür zu verschaffen, daß er nicht über sein Eigentum verfügen konnte. Zieht etwa der unrechtmäßige Besitzer infolge des Gebrauchs der Sache Nutzungen, so hat der Eigentümer Anspruch auf Nutzungsersatz nach §§ 987 ff. Des weiteren kann er Schadensersatz nach §§ 989 ff. verlangen, wenn die Sache durch Benutzung, Beschädigung oder Zerstörung ihren Wert verliert. Demgegenüber stehen dem Besitzer Verwendungsersatzansprüche nach §§ 994 ff. zu, wenn er Verwendungen auf die Sache macht und dadurch ihren Wert steigert.

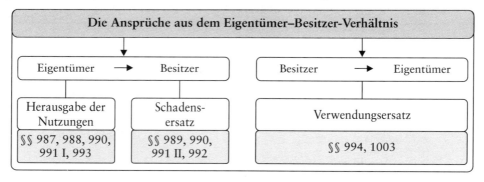

I. Haftungssystem der §§ 987 ff. BGB

2 Ersatzpflichtig soll jedoch nur der bösgläubige unrechtmäßige Besitzer sein. Wer weiß, oder zumindest grob fahrlässig nicht weiß, daß er zum Besitz nicht berechtigt ist, muß auch mit der Herausgabe der Sache rechnen. Ihn trifft eine schärfere Haftung als den gutgläubigen Besitzer, der auf sein Recht zum Besitz vertrauen darf. Der gutgläubige wird gegenüber dem bösgläubigen unrechtmäßigen Besitzer *privilegiert*.

> **Hinweis:** Die §§ 987 ff. dienen dem Schutz des gutgläubigen Besitzers und stellen für den bösgläubigen unrechtmäßigen Besitzer eine Haftungsverschärfung dar.

§ 12. Eigentümer-Besitzer-Verhältnis

1. Die Haftung des **gutgläubigen** Besitzers, der kein Recht zum Besitz hat, ist wegen § 993 I, 2. HS grundsätzlich *ausgeschlossen*. Insbesondere soll er vor Ansprüchen des Eigentümers aus Deliktsrecht (§§ 823 ff.) oder aus Bereicherungsrecht (§§ 812 ff.) geschützt werden.

a) Er ist lediglich dann zum **Schadensersatz** für eine schuldhafte Eigentumsverletzung verpflichtet, wenn trotz Vorliegens einer Vindikationslage ausnahmsweise die §§ 823 ff. anwendbar sind. Das ist der Fall beim sog. *Fremdbesitzerexzeß*, bei dem der gutgläubige Fremdbesitzer sein vermeintliches Besitzrecht überschreitet (Einzelheiten s. u. B. IV. 2.). Eine weitere Ausnahme enthält § 991 II, wonach der *Besitzmittler* haftet, soweit er gegenüber dem Dritten, von dem er den Besitz erhalten hat, verantwortlich ist.

b) Hinsichtlich der gezogenen **Nutzungen** ist der gutgläubige Besitzer, der seinen Besitz entgeltlich erhalten hat, nur zur Herausgabe von *Übermaßfrüchten* verpflichtet (§ 993 I). Darüber hinaus muß der *unentgeltliche* gutgläubige Besitzer gemäß § 988 alle Nutzungen an den Eigentümer herausgeben, soweit er noch bereichert ist. Nach ständiger Rspr. ist § 988 analog anwendbar auf den Besitzer, der den Besitz *rechtsgrundlos* erworben hat.

c) Der gutgläubige Besitzer hat gemäß § 994 I 1 Anspruch auf Ersatz seiner *notwendigen* **Verwendungen** sowie gemäß § 996 auf Ersatz seiner *nützlichen* Verwendungen. Hinsichtlich der Luxusverwendungen hat er nach § 997 lediglich ein Wegnahmerecht.

2. a) Der **bösgläubige** Besitzer haftet nach §§ 989, 990 I auf *Schadensersatz* wegen der Entziehung, der Zerstörung oder der Beschädigung der Sache. Außerdem hat er gemäß §§ 990 II, 286, 287 für den Schaden einzustehen, der durch die Verzögerung der Herausgabe entstanden ist. Der bösgläubige unrechtmäßige Besitzer ist dem *verklagten* Besitzer, dem sog. Prozeßbesitzer, gleichgestellt, der unmittelbar nach § 989 haftet. Die Haftung des Prozeßbesitzers tritt ein mit Rechtshängigkeit, das heißt in dem Zeitpunkt, in dem der Eigentümer vor Gericht Klage auf Herausgabe der Sache nach § 985 erhoben hat und die Klageschrift dem Besitzer zugestellt worden ist (§§ 261 I, 253 ZPO).

b) Der bösgläubige unrechtmäßige oder verklagte Besitzer ist auch zur Herausgabe der gezogenen bzw. schuldhaft nicht gezogenen **Nutzungen** verpflichtet (§§ 987 I, II; 990 I). Des weiteren haftet der bösgläubige, nicht hingegen der verklagte Besitzer bei *Verzug*, und zwar auch für Zufall (§§ 990 II, 284 ff., 286 I, 287 S. 2). Eine Einschränkung für den bösgläubigen *Besitzmittler* beinhaltet § 991 I. Dieser ist nur insoweit zur Herausgabe der Nutzungen verpflichtet, als auch der mittelbare Besitzer haftet.

c) Der bösgläubige oder verklagte Besitzer hat gemäß § 994 II nach den Vorschriften über die GoA gegen den Eigentümer nur Anspruch auf Ersatz seiner **notwendigen Verwendungen**. Hinsichtlich der Luxusverwendungen ist auch er auf das Wegnahmerecht nach § 997 beschränkt.

3. Der **Deliktsbesitzer**, der sich die Sache durch verbotene Eigenmacht oder durch eine Straftat verschafft hat, ist gemäß § 992 nach den Vorschriften des Deliktsrecht (§§ 823 ff.) zum Schadensersatz verpflichtet. Die Haftung ist gegenüber derjenigen des bösgläubigen Besitzers erheblich *verschärft*. Der Deliktsbesitzer ist bereits bei leichter Fahrlässigkeit schadensersatzpflichtig und hat gemäß § 848 auch für Zufall einzustehen. Auf Herausgabe der *Nutzungen* haftet der Deliktsbesitzer nach §§ 992, 823 ff. Für den *Verwendungsersatz* gilt das gleiche wie für den bösgläubigen Besitzer.

4. Für den **rechtmäßigen** Besitzer ist die Anwendung der §§ 987 ff. *ausgeschlossen*. Es bleibt in erster Linie bei den gesetzlichen und vertraglichen Ausgleichs- und Ersatzansprüchen aus dem Rechtsverhältnis, aus dem sich das Besitzrecht ergibt. insbesondere §§ 812 ff., 823 ff. sowie den Vorschriften der GoA. Nur ausnahmsweise können z. B. § 991 II sowie §§ 994, 996 auf den rechtmäßigen Besitzer analog angewendet werden (näheres s. u.). Der rechtmäßige Besitzer erhält grundsätzlich keinen Ersatz seiner Verwendungen.

	Das Haftungssystem des Eigentümer–Besitzer-Verhältnisses		
	Schadensersatz	Nutzungen	Verwendungen
Gutgläubiger Besitzer	❑ grundsätzlich kein Schadensersatzanspruch ❑ Ausnahmen: • wenn Besitz von einem Dritten erhalten, § 991 II • Fremdbesitzerexzeß	❑ grundsätzlich kein Anspruch auf Herausgabe von Nutzungen ❑ Ausnahmen: • Übermaßfrüchte, § 993 I • unentgeltlicher Besitzerwerb, § 988 • rechtsgrundloser Besitzerwerb, § 988 analog	❑ notwendige Verwendungen, § 994 I ❑ nützliche Verwendungen, § 996 ❑ auch bei späterem Wegfall des Besitzrechts (Rspr.) ❑ bei Luxusverwendungen nur Wegnahmerecht, § 997
Bösgläubiger oder verklagter Besitzer	❑ für Verschlechterung, Untergang oder Unmöglichkeit der Herausgabe, §§ 989, 990 I ❑ für Verzögerung der Herausgabe, §§ 990 II, 286, 287	❑ alle gezogenen Nutzungen, §§ 987 I, 990 I ❑ schuldhaft nicht gezogene Nutzungen, §§ 987 II, 990 I, 284 ff.	❑ nur notwendige Verwendungen, § 994 II i.V.m. §§ 683, 670 bzw. §§ 684 S. 1, 818 ❑ schuldhaft nicht gezogene Nutzungen, §§ 987 II, 990 I, 284 ff.
Deliktsbesitzer	❑ wie bösgläubiger Besitzer ❑ Rechtsgrundverweisung auf Deliktsrecht, §§ 992, 823 ff.	❑ wie bösgläubiger Besitzer ❑ Rechtsgrundverweisung auf Deliktsrecht, §§ 992, 823 ff.	❑ wie bei bösgläubigem Besitz
Sonderfragen	Aufschwungexzeß	Keine Nutzung bei Verbrauch der Sache	Anwendbarkeit der §§ 951, 812 ff., Verwendungsbegriff des BGH

II. Ausschlußfunktion der §§ 987 ff. BGB

1. Die §§ 987 ff. stellen hinsichtlich der Rechtsfolgenseite des Eigentümer–Besitzer-Verhältnisses eine **abschließende Regelung** dar und verdrängen grundsätzlich anderweitige Ansprüche wegen Schadensersatz sowie auf Ersatz von Nutzungen und Aufwendungen. Sie stehen in Gesetzeskonkurrenz zu den folgenden Ersatzansprüchen aus gesetzlichen Schuldverhältnissen:
- §§ 677 ff.
- §§ 812 ff.
- §§ 823 ff.

2. Grund für die ausschließliche Anwendbarkeit der §§ 987 ff. ist die **Privilegierung** des gutgläubigen Besitzers und die verschärfte Haftung des bösgläubigen Besitzers. Hinweise für die Ausschlußfunktion der §§ 987 ff. ergeben sich aus den gesetzlichen Vorschriften §§ 992, 993 I a. E. („im übrigen ... weder zur Herausgabe von Nutzungen noch zum Schadensersatz verpflichtet") sowie § 996 („Für ... Verwendungen ... Ersatz nur insoweit ...").

3. Die Ausschlußfunktion der §§ 987 ff. reicht allerdings nur soweit, als sie selbst Regelungen für die bestimmte Fallkonstellation enthalten. **Ausnahmsweise** sind folgende Ansprüche neben denen aus dem Eigentümer-Besitzer-Verhältnis anwendbar:

§ 816 I 1:	hinsichtlich der Herausgabe des erlangten Erlöses bei Veräußerung einer fremden Sache
§ 812 I 1, 2. Alt.:	bei Verbrauch einer fremden Sache. Der Verbrauch einer Sache stellt keine Nutzung dar, da die Muttersache nicht erhalten bleibt.
§§ 951, 812 I 1, 818 II:	wegen der Verarbeitung einer fremden Sache
§ 687 II, 678:	da Vorsatz erforderlich ist (Pal. vor §§ 987 ff. Rn. 23)
§ 826:	
§ 823 ff.:	beim Fremdbesitzerexzeß: Der gutgläubige unrechtmäßige Fremdbesitzer überschreitet die Grenzen seines vermeintlichen Besitzrechts (Pal. vor §§ 987 ff. Rn. 4).

4. In einigen Fällen ist der **Umfang** der Ausschlußfunktion der §§ 987 ff. umstritten. An dieser Stelle soll lediglich eine Übersicht über die fraglichen Fallkonstellationen erfolgen. Im einzelnen sind die Streitpunkte in den Abschnitten zu den jeweiligen Vorschriften aus dem Eigentümer–Besitzer-Verhältnis ausgeführt.

> ❏ §823 ff.:   Allgemeine Anwendbarkeit bei bösgläubigem Besitz?
> ❏ Lit.: generell anwendbar bei bösgläubigem Besitz,
> Ausschluß durch §§ 987 ff. nur bei dem **redlichen,
> unverklagten Besitzer**
> (Erman vor § 987 Rn. 20).
> ❏ h.M.: Ausnahme von der Ausschlußfunktion der §§ 987 ff.,
> nur bei **Vorsatz**, nicht hingegen bei grober Fahrlässigkeit
> (BGHZ 56, 73).
> → *vgl. unten B. V.*
>
> ❏ §§ 812 ff.: Für die Nutzungsherausgabe bei der Leistungskondiktion?
> ❏ Lit.: Für die Fälle der Leistungskondiktion stellen die
> §§ 812 ff. die spezielle Regelung dar. Sie sind neben
> §§ 987 ff. über die Rückabwicklung gescheiterter
> Verträge anwendbar
> (Pal. § 988 Rn. 8; MK § 988 Rn. 9)
> ❏ h.M.: § 988 gilt analog für den rechtsgrundlos erwerbenden
> Besitzer
> (BGHZ 32, 94; 71, 225; NJW 1995, 454).
> → *vgl. unten C. III. 3.*
>
> ❏ §§ 994 ff.: Bei der aufgedrängten Bereicherung?
> ❏ Lit.: Ausschlußfunktion greift nicht ein bei Verwendungen,
> die keine Verwendung i.S.d. §§ 994 ff. darstellen
> (Pal. § 951 Rn. 19).
> ❏ Rspr.: Ausschlußfunktion gilt auch, wenn keine Verwendungen
> im engeren Sinne vorliegen
> (BGHZ 27, 204; 41, 157; NJW 1970, 754).
> → *vgl. unten D. IV.*

B. Ansprüche des Eigentümers auf Schadensersatz, §§ 989 ff. BGB

4   Die §§ 989 ff. regeln die Haftung des unrechtmäßigen Besitzers auf Schadensersatz für Handlungen, die den Herausgabeanspruch des Eigentümers nach § 985 beeinträchtigen. Der Eigentümer kann gemäß §§ 989, 990 I den unrechtmäßigen Besitzer wegen der Entziehung, der Zerstörung oder der Beschädigung der Sache auf Schadensersatz in Anspruch nehmen. Sonderfälle hinsichtlich der Anwendbarkeit der §§ 989, 990 I ergeben sich bei Überschreiten des Besitzrechts durch den Besitzer. Befindet sich der Besitzer mit der Herausgabe der Sache in Verzug, so haftet er nach §§ 990 II, 284 ff. auch für den Verzögerungsschaden. In §§ 989, 991 II ist die Haftung des Besitzmittlers geregelt. Der Deliktsbesitzer hat für den verursachten Schaden gemäß §§ 992, 823 ff. einzustehen.

§ 12. Eigentümer–Besitzer-Verhältnis

I. Haftung des unrechtmäßigen Besitzers nach §§ 989, 990 I BGB

Die Schadensersatzpflicht nach §§ 989, 990 I tritt bei Vorliegen eines Eigentümer–Besitzer-Verhältnisses ein, wenn der Besitzer die Sache zerstört, beschädigt oder dem Eigentümer entzieht und ihn hierfür ein Verschulden trifft. Der Besitzer muß in Bezug auf sein mangelndes Besitzrecht bösgläubig sein. Der Umfang des Schadensersatzes richtet sich nach §§ 249 ff.

Prüfungsschema zum Schadensersatzanspruch nach §§ 989, 990 I BGB

A. Voraussetzungen
   I. Anwendbarkeit der §§ 987 ff.
   II. Eigentümer–Besitzer-Verhältnis zum Zeitpunkt des schädigenden Ereignisses
   III. Verschlechterung, Untergang oder Unmöglichkeit der Herausgabe der Sache
   IV. Bösgläubigkeit
      1. Bei Besitzergreifung Kenntnis oder grob fahrlässige Unkenntnis, § 990 I 1
      2. Später nur bei Kenntnis, § 990 I 2
   V. Verschulden
B. Rechtsfolge: Schadensersatzleistung gemäß §§ 249 ff.

---

1. Grundlegende Voraussetzungen für alle Ansprüche aus dem Eigentümer–Besitzer-Verhältnis ist das Vorliegen einer **Vindikationslage**. Der Eigentümer muß gegen den Besitzer einen Anspruch auf Herausgabe der Sache nach § 985 haben und der Besitzer darf kein Recht zum Besitz nach § 986 haben. Die Vindikationslage muß *im Zeitpunkt der Entstehung des Anspruchs* vorliegen. Im Fall des Schadensersatzes nach §§ 989 ff. ist dies der Zeitpunkt des schädigenden Ereignisses. Nicht erforderlich ist, daß das Eigentum noch zur Zeit der Geltendmachung des Anspruchs besteht. Auch erlöschen die Ersatzansprüche aus §§ 987 ff. nicht mit dem Verlust des Besitzes.

2. Das erforderliche **schädigende Ereignis** ist gegeben, wenn dem Besitzer die Herausgabe unmöglich ist, er die Sache also verliert, veräußert oder zerstört. Auch bei Verschlechterung der Sache haftet der Besitzer, so wenn die Sache abgenutzt oder beschädigt wird. *Sonderfälle* der Anwendbarkeit der §§ 989, 990 I finden sich im Grundstücksrecht und im Scheckrecht.

a) Unzweifelhaft haftet der unrechtmäßige Besitzer, wenn er das **Grundstück** in seiner *Grundsubstanz* verschlechtert. Darüber hinaus haftet nach allgemeiner Ansicht der sog. *Buchbesitzer* in entsprechender Anwendung der §§ 989, 990, da seine Stellung gegenüber dem Eigentümer derjenigen eines unrechtmäßigen Besitzers entspricht. Derjenige, der zu Unrecht als Eigentümer im Grundbuch eingetragen ist, ist dem wahren Eigentümer zum Schadensersatz verpflichtet, wenn er das Grundstück mit einem *Grundpfandrecht* belastet. Er muß zumindest zum Zeitpunkt der Eintragung des Grundpfandrechts bösgläubig sein. Ansonsten tritt die Geltendmachung des Berichtigungsanspruchs nach § 894 an die Stelle der Rechtshängigkeit gemäß § 990 I 2 (Pal. § 989 Rn. 4).

Beispiel: Der wegen Trunksucht entmündigte E veräußert sein Wohngrundstück an den bösgläubigen B, der alsbald ins Grundbuch eingetragen wird. E bleibt Besitzer. B bestellt bald darauf eine Hypothek zugunsten des gutgläubigen G. Der Vormund des E bewirkt, daß B die Bewilligung zur Wiedereintragung des E ins Grundbuch erteilt. Sodann verlangt er von B die Beseitigung der Hypothek nach §§ 989, 990 I analog.

b) Der Aussteller, dem ein **Scheck** abhanden gekommen ist, hat gegen die einlösende Bank einen Anspruch auf Schadensersatz gemäß §§ 989, 990 I i.V.m. Art. 21 ScheckG, sofern die Bank grob fahrlässig die Nichtberechtigung des Einreichers verkannt hat. Da das Scheckgeschäft ein Massengeschäft ist, sind die Banken grundsätzlich nur dazu verpflichtet, die Schecks auf Unterschrift und Fälschungen zu prüfen. Bei *Verrechnungsschecks* besteht jedoch eine erhöhte Sorgfaltspflicht, da anderenfalls der gesetzliche Schutz des Ausstellers unterlaufen würde. Denn Verrechnungsschecks dürfen nach Art. 39 II ScheckG nur im Wege der Gutschrift eingelöst werden. Die Bank handelt dann grob fahrlässig, wenn konkrete Verdachtsmomente für eine Nichtberechtigung des Einreichers vorliegen (BGH NJW 1993, 1583).

Beispiel: E schickt einen Verrechnungsscheck über 10.000,-- DM per Post an seinen Gläubiger. D, der zu E in Geschäftsbeziehungen steht, entwendet den Scheck aus dem Briefkasten und löst ihn bei seiner Bank B ein. Der Betrag wird seinem Konto gutgeschrieben. D hebt den Betrag von seinem Konto ab und verschwindet.

3. Die **Bösgläubigkeit** des unrechtmäßigen Besitzers muß sich auf sein Recht zum Besitz gegenüber dem Eigentümer beziehen. Gemäß § 990 I 1 i.V.m. § 932 II analog ist der Besitzer bösgläubig, wenn er den Mangel seines Besitzrechts *zum Zeitpunkt des Besitzerwerbs* kannte oder infolge grober Fahrlässigkeit nicht kannte. Erfährt der Besitzer erst *später*, also nach Erlangung des Besitzes, von dem Fehlen seines Besitzrechts, so schadet nur die *positive Kenntnis*, § 990 I 2. Dies ist nicht nur dann der Fall, wenn der Besitzer sicher weiß, daß er kein Recht zum Besitz hat, sondern bereits dann, wenn ihm Umstände bekannt sind, aufgrund derer ein redlich Denkender sich der Kenntnis vom fehlenden Besitzrecht nicht verschließen würde (BGH NJW 1996, 2652).

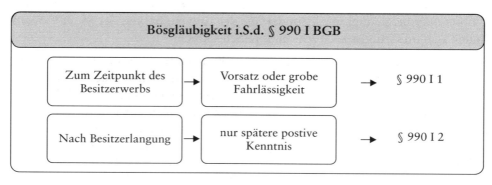

§ 12. Eigentümer–Besitzer-Verhältnis

a) Sind Hilfspersonen an dem Erwerb des Besitzes beteiligt, so stellt sich die 9 Frage, inwieweit die Kenntnis bzw. grob fahrlässige Unkenntnis des **Dritten** hinsichtlich des mangelnden Besitzrechts dem Besitzer zuzurechnen ist.

aa) Die Bösgläubigkeit von **Organen juristischer Personen** ist gleichbedeutend mit 10 der Bösgläubigkeit der juristischen Person selbst. Allerdings haftet das Vertretungsorgan nicht selbst nach §§ 989, 990 I, da es den Besitz an der Sache unmittelbar für die juristische Person ausübt (sog. Organbesitz).

Beispiel: O ist Vorstandsmitglied in dem privaten Kindergarten Kiga e. V. Er erwirbt für den Verein Kinderfahrräder zu einem äußerst günstigen Preis. Danach erfährt er, daß D die Fahrräder dem Eigentümer E gestohlen hatte, unternimmt aber nichts. Eines der Räder wird beschädigt. Nunmehr verlangt E die Fahrräder vom Kiga e. V. heraus (§ 985) und fordert Schadensersatz für das beschädigte Rad (§§ 989, 990 I). Beide Ansprüche sind berechtigt, da die Bösgläubigkeit des O dem Verein zuzurechnen ist. O hatte nach § 990 I 2 positive Kenntnis vom mangelnden Besitzrecht des Kiga e. V.

bb) Ist der **Besitzdiener** (§ 855) bei Erwerb des Besitzes bösgläubig hinsichtlich 11 des Besitzrechts, nicht aber der Besitzherr selbst, so fehlt eine Vorschrift, die die Zurechnung der Bösgläubigkeit des Besitzdieners regelt. Die im Gesetz vorgesehenen *Zurechnungsnormen* sind auf den Besitzdiener nicht unmittelbar anwendbar.

Übersicht über die möglichen Zurechnungsnormen für Hilfspersonen		
§ 166:	regelt die Zurechnung der Kenntnis des Vertreters bei Abgabe von Willenserklärungen. Bei der Besitzbegründung handelt es sich aber um einen tatsächlichen Willen.	→ Die Vorschrift ist nur direkt anwendbar, wenn es um die Frage der Gutgläubigkeit der Hilfsperson bei einem Eigentumserwerb nach §§ 932 ff. geht.
§ 278:	regelt die Zurechenbarkeit schuldhaften Verhaltens des Erfüllungsgehilfen. Voraussetzung ist das Vorliegen eines vertraglichen oder gesetzlichen Schuldverhältnisses. Zum Zeitpunkt des Besitzerwerbs besteht das EBV noch nicht.	→ Die Vorschrift ist im Rahmen der §§ 987 ff. erst anwendbar bei der Frage des Verschuldens der Hilfsperson.
§ 831:	ist selbst Anspruchsgrundlage mit Exculpationsmöglichkeit, sofern der Verrichtungsgehilfe eine unerlaubte Handlung begangen hat.	→ Die Vorschrift ist also keine Zurechnungsnorm.

Es besteht Einigkeit darüber, daß sich der Besitzer die Bösgläubigkeit des Besitzdieners *zurechnen* lassen muß. Streitig ist lediglich, auf welchem Weg dies geschehen soll. Ein **Teil der Literatur** hält jedenfalls § 831 analog für anwendbar, da die Haftung nach §§ 989 ff. einen deliktsähnlichen Tatbestand darstellt (Roth JuS 1997, 521). Die h. M. einschließlich der Rechtsprechung *differenziert* je nach dem Umfang der zugewiesenen Entscheidungsfreiheit des Besitzdieners:

- ❑ Läßt der Besitzherr den Besitzdiener eigenständig für sich handeln und darf der Besitzdiener im Rahmen der ihm delegierten Aufgaben selbständig und eigenverantwortlich Besitz erwerben, wird § **166 I analog** angewendet. Da es um die Zurechnung eines Wissenselements geht, ist der Fall des Besitzdieners dem des Stellvertreters vergleichbar (BGHZ 32, 53; Pal. § 990 Rn. 6).

    Beispiel: Handwerker H beauftragt seinen Mitarbeiter M, einen Pkw zu mieten. H erkennt grob fahrlässig nicht, daß der Vermieter V sich fälschlicherweise als Eigentümer ausgibt. Auf dem Rückweg beschädigt M den Pkw. H muß sich die Bösgläubigkeit des M nach § 166 analog zurechnen lassen und haftet dem wahren Eigentümer gegenüber nach §§ 990 I, 989 auf Schadensersatz.

- ❑ Steht die Besitzerlangung durch den Besitzdiener jedoch in keinem Zusammenhang mit rechtsgeschäftlichen Handlungen, so soll § **831 analog** anzuwenden sein.

    Beispiel: Handwerker H beauftragt den Mitarbeiter M, seinen Anhänger auf der Baustelle abzuholen. M verwechselt grob fahrlässig den Anhänger mit dem des X. Auf der Rückfahrt beschädigt er den Anhänger. Hier muß sich H die Bösgläubigkeit des M nach § 831 analog zurechnen lassen.

12 b) Umstritten ist auch, inwiefern im Rahmen der §§ 989 ff. die Bösgläubigkeit **Minderjähriger** einzuordnen ist.

- ❑ Nach einer **weit verbreiteten Ansicht** gilt grundsätzlich § 828 II analog, wonach die Einsichtsfähigkeit des Minderjährigen entscheidend ist (MK § 990 Rn. 15; Pal. § 990 Rn. 8).
    Argument: Die §§ 989 ff. stellen einen deliktsähnlichen Haftungstatbestand dar. Der Minderjährigenschutz darf nicht überspannt werden.

- ❑ **Die h. M.** vertritt eine differenzierende Ansicht. Steht die Anwendung der §§ 987 ff. infolge der Rückabwicklung eines fehlgeschlagenen Vertrages in Frage, so sind die §§ 107 ff. analog anzuwenden und für die Bösgläubigkeit ist auf die Kenntnis des gesetzlichen Vertreters abzustellen. Liegt hingegen ein außervertraglicher Eingriffstatbestand vor, so kommt es für die Beurteilung der Bösgläubigkeit analog § 828 II auf die Einsichtsfähigkeit des Minderjährigen an (BGHZ 55, 128; M. Wolf Rn. 190).
    Argument: Die h. M. zieht zur Begründung ein gleich gelagertes Problem im Rahmen des § 819 I heran. Im Bereicherungsrecht löst die Kenntnis des Leistungsempfängers vom Mangel des Rechtsgrunds eine verschärfte Haftung aus. Insbesondere kann er sich nicht auf den Wegfall der Bereicherung berufen. Bei der Leistungskondiktion kommt es wegen des Vorrangs des Schutzes des Minderjährigen auf seine Kenntnis an, da anderenfalls oftmals die gleiche Haftung wie aus dem unwirksamen Rechtsgeschäft eintreten würde. Bei der Eingriffskondiktion gilt dieser Gesichtspunkt nicht. Eine verschärfte Haftung des Minderjährigen entfällt in der Regel. Maßgeblich ist dann die Kenntnis des gesetzlichen Vertreters.

§ 12. Eigentümer–Besitzer-Verhältnis

Beispielsfall:
Der 16-jährige M bestellt bei dem Versandverlag V gegen Rechnung CD's zum Gesamtwert von 200 DM. Den Bestellschein hat er selbst unterschrieben und keinen gesetzlichen Vertreter angegeben. Nach Lieferung der Sendung zahlt er den Rechnungsbetrag nicht, da sein Taschengeld hierfür nicht ausreicht. Infolge einer Unachtsamkeit von M werden die CD's beschädigt. V verlangt von M Schadensersatz und wendet sich außerdem an die Eltern des M. Diese sind mit dem Kauf nicht einverstanden und lehnen jede Haftung ab. Welche Ansprüche hat V gegen M?

Lösung:
V hat gegen M keinen Schadensersatzanspruch aus dem Grundsatz der culpa in contrahendo. Zwischen V und M ist wegen §§ 107 I, 108 entsprechend kein vorvertragliches Schuldverhältnis entstanden. Wegen der Minderjährigkeit des M gelten die §§ 107 ff. bei der c. i. c. entsprechend. V könnte jedoch einen Anspruch auf Schadensersatzanspruch nach §§ 989, 990 I haben. Erforderlich ist ein Eigentümer–Besitzer-Verhältnis zwischen V und M zum Zeitpunkt des schädigenden Ereignisses. V war Eigentümer der CD's. Eine wirksame Übertragung des Eigentums ist wegen der Minderjährigkeit des M nicht erfolgt. M war Besitzer der CD's. Er war zum Besitz nicht berechtigt, da der Kaufvertrag zwischen ihm und V nicht wirksam zustande gekommen ist. Das Eigentümer–Besitzer-Verhältnis bestand somit. M müßte bösgläubig gewesen sein hinsichtlich seines Rechts zum Besitz. In den §§ 987 ff. ist nicht geregelt, inwieweit Minderjährigen ihre Bösgläubigkeit bei Besitzerwerb zurechenbar ist. Nach der h. M. ist auf den Tatbestand abzustellen, der zur Begründung des gesetzlichen Schuldverhältnisses der §§ 987 ff. geführt hat. M hat bei der Bestellung der CD's dem V gegenüber verschwiegen, daß er minderjährig ist. Er hat keine Angaben zum gesetzlichen Vertreter gemacht und somit dem V konkludent vorgetäuscht, er sei volljährig. M hat sich somit den Besitz an den CD's durch eine Täuschungshandlung verschafft. Da es sich um einen deliktischen Eingriffstatbestand handelt, kommt es auf die Bösgläubigkeit des M gemäß § 828 II analog an. M besaß die nötige Einsichtsfähigkeit. Er war er bösgläubig i. S. d. § 990 I. M hat die CD's schuldhaft beschädigt. Er ist dem V zum Ersatz des entstandenen Schadens nach §§ 989, 990 I verpflichtet. V hat folglich gegen M Anspruch auf Schadensersatz gemäß §§ 989, 990 I.

c) Für den **Erbbesitzer** gilt die Vorschrift des § 857. Im Rahmen der Gesamtrechtsnachfolge nach § 1922 tritt der Erbe in die Rechtsposition des Erblassers ein. Hinsichtlich der *besitzrechtlichen Position* stellt § 857 klar, daß der Erbe auch insoweit dieselbe Stellung erlangt wie der Erblasser. War der Erblasser bei Erwerb des unrechtmäßigen Besitzes bösgläubig, so ist auch der Erbe als bösgläubig anzusehen. Er haftet für den Untergang und die Verschlechterung der Sache nach §§ 987 ff. Allerdings wird nach h. M. die Bösgläubigkeit des Erblassers dann nachträglich geheilt, wenn der Erbe in dem Zeitpunkt, in dem er selbst die Sache in Besitz nimmt, gutgläubig ist (Pal. § 857 Rn. 2; § 990 Rn. 6; a. A. MK § 990 Rn. 8).

13

4. Die Verweisung in § 990 I auf den verklagten Besitzer stellt klar, daß ein **Verschulden** des Besitzers gemäß § 276, also Vorsatz oder Fahrlässigkeit, hinsichtlich der Verschlechterung, des Untergangs oder der Unmöglichkeit der Herausgabe vorliegen muß. Die Vorschrift enthält insofern eine *Rechtsgrundverweisung*. Im übrigen enthält sie eine Rechtsfolgenverweisung, da der unredliche Besitzer nicht auch noch zusätzlich verklagt zu sein braucht (vgl. den Wortlaut in § 989, „ist von dem Eintritt der Rechtshängigkeit an…").

14

> **Klausurhinweis:** Bitte unterscheiden Sie bei der Prüfung der §§ 989, 990 I sorgfältig zwischen der Bösgläubigkeit und dem Verschulden des Besitzers!
> - Die Bösgläubigkeit bemißt sich nach § 932 II analog und muß sich auf das mangelnde Besitzrecht beziehen.
> - Das Verschulden richtet sich nach dem Verschuldensmaßstab des § 276, und der Schaden muß unter den Schutzbereich der §§ 989, 990 fallen; es muß ein innerer Zusammenhang zwischen Verletzungshandlung und Schaden bestehen.

15 5. Besonders hervorzuheben im Hinblick auf den Schadensersatzanspruch nach §§ 989, 990 I ist der Fall der **Veräußerung einer fremden Sache**. Dem Besitzer ist die Herausgabe an den Eigentümer unmöglich, da er die Sache an einen gutgläubigen Dritten weiter veräußert hat. Bestand zur Zeit der Veräußerung ein Eigentümer-Besitzer-Verhältnis, hat der Eigentümer nunmehr zwei Möglichkeiten, Ersatz für den Verlust des Eigentums zu erlangen. Er kann von dem Besitzer *Schadensersatz* wegen Unmöglichkeit der Herausgabe der Sache verlangen. Darüber hinaus hat er Anspruch auf Herausgabe des erzielten *Erlöses*. Die Veräußerung einer fremden Sache stellt eine Standardproblematik im Examen dar. In der Klausur müssen Sie hinsichtlich der Art der Ansprüche sorgfältig unterscheiden und in jedem Bereich alle in Betracht kommenden Anspruchsgrundlagen prüfen.

Ansprüche bei Veräußerung einer fremden Sache durch einen Nichtberechtigten	
Schadensersatzanspruch aus:	Erlösherausgabe aus:
❏ §§ 989, 990 I, sofern der Besitzer bösgläubig war.	❏ § 985 i.V.m. § 281, sofern § 281 auf § 985 anwendbar ist.
❏ § 992 i.V.m. §§ 823 ff., sofern deliktischer oder durch verbotene Eigenmacht erlangter Besitz vorlag.	❏ § 816 I 1, bei Wirksamkeit der Verfügung.
❏ § 823, sofern ausnahmsweise neben §§ 987 ff. anwendbar.	❏ § 687 II i.V.m. §§ 681 S. 2, 667, sofern der Besitzer positive Kenntnis von der Fremdheit des Geschäfts hatte.
❏ § 826, sofern der Besitzer vorsätzlich sittenwidrig handelte.	
❏ § 687 II i.V.m. § 678, sofern der Besitzer positive Kenntnis von der Fremdheit des Geschäfts hatte.	

§ 12. Eigentümer–Besitzer-Verhältnis

Der nachfolgende Fall 18 soll Ihnen die wesentlichen Grundlagen für die Fallprüfung vermitteln. Prägen Sie sich sämtliche Anspruchsgrundlagen gründlich ein. Gehen Sie bei der Bearbeitung einer Klausur systematisch vor und halten Sie sich an die vorgegebene Reihenfolge.

Fall 18:

E betreibt einen Elektrogroßhandel. Sein Mitarbeiter M veräußert ohne sein Wissen eine Lkw-Ladung voller Videogeräte im Werte von insgesamt 100.000 DM zu einem günstigen Kaufpreis an die B-GmbH über ihren Leiter der Einkaufsabteilung H. Dieser weiß von der Herkunft der Videogeräte, seinem Geschäftsführer G war hiervon nichts bekannt. Bald darauf veräußert die B-GmbH die Videogeräte zum Kaufpreis von 150.000 DM weiter an X. E erfährt davon und verlangt von der B-GmbH die Herausgabe des Verkaufserlöses sowie Schadensersatz und Ersatz des entgangenen Gewinns. Mit Erfolg?

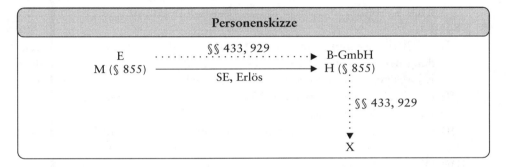

Lösung:

Teil 1: Ansprüche des E gegen die B- GmbH auf **Herausgabe des Verkaufserlöses**:
(A) **§ 985 i. V. m. § 281 (analog)**:
E hat dann Anspruch auf Ersatz des Verkaufserlöses wegen Unmöglichkeit der Herausgabe der Sache gemäß §§ 985, 281 I (analog), wenn die Voraussetzungen des Herausgabeanspruchs nach § 985 vorliegen und § 281 anwendbar ist.
(I) Die B-GmbH müßte dem E nach § 985 zur Herausgabe verpflichtet gewesen sein.
(1) § 985 ist **anwendbar**.
(2) Mit Erwerb der Videogeräte von M war B **Besitzer** geworden.
(3) E war ursprünglich **Eigentümer**. Er hat das Eigentum an den Geräten auch nicht aufgrund der rechtsgeschäftlichen Veräußerung von M an die B-GmbH verloren. M war Besitzdiener (§ 855) des E. Durch seine unberechtigte Verfügung sind dem E die Geräte **abhanden gekommen**. Die B-GmbH konnte gemäß § 935 I nicht gutgläubig das Eigentum daran erwerben.

(4) Die B-GmbH hatte **kein Recht zum Besitz** nach § 986. Insbesondere kann B kein Besitzrecht aus dem Kaufvertrag mit H herleiten, da dieser nur zwischen den Vertragsparteien gilt und keine Wirkung gegenüber E entfaltet. Die B-GmbH hätte somit die Videogeräte nach § 985 an E herausgeben müssen.

(II) Durch die Weiterveräußerung der Geräte an X ist der B-GmbH die Herausgabe **unmöglich**. Sie könnte daher zum Ersatz des erlangten Verkaufserlöses nach § 281 I verpflichtet sein. Da es sich um einen schuldrechtlichen Ersatzanspruch handelt, kommt allenfalls eine analoge Anwendung in Betracht. Die ganz h. M. hält allerdings § 281 I für nicht anwendbar. Der Eigentümer würde in ungerechtfertigter Weise bevorzugt werden, da er bei jeder weiteren Veräußerung den zusätzlichen Anspruch aus § 281 neben dem Herausgabeanspruch nach § 985 hätte. Demgegenüber würde der Veräußerer doppelt belastet. Er müßte außerdem damit rechnen, daß der Erwerber gegen ihn den Anspruch nach §§ 440, 325 geltend macht (Pal. § 985 Rn. 6).

(B) **§ 816 I 1:**

(I) Die Bereicherungsvorschrift des § 816 I 1 findet ausnahmsweise **Anwendung** neben §§ 987 ff., wenn es sich um die Herausgabe des erlangten Erlöses bei Veräußerung einer fremden Sache handelt (BGHZ 55, 176).

(II) Die B-GmbH hat über die Videogeräte **verfügt**, indem sie sie an X weiter veräußert hat.

(III) Sie hat dabei als **Nichtberechtigte** gehandelt, da sie nicht Eigentümerin war und auch nicht anderweitig zur Verfügung berechtigt war.

(IV) Die Veräußerung der Videogeräte an X war wegen § 935 I dem Eigentümer E gegenüber **nicht wirksam**. E kann jedoch die Verfügung der B-GmbH gemäß § 185 **genehmigen**. Eine rechtsfolgenbezogene Genehmigung kann konkludent in dem Herausgabeverlangen des Verkaufserlöses gesehen werden. Die Verfügung des B ist somit wirksam geworden.

(V) Als Rechtsfolge kann E somit von der B-GmbH nach §§ 816 I 1, 818 II das durch die Verfügung Erlangte herausverlangen. Umstritten ist der **Umfang** des Erlangten i. S. d. § 818 II.

- ❏ Nach einer **Mindermeinung** kann der Eigentümer nur Wertersatz in Höhe des objektiven Werts der Sache verlangen (Larenz II § 69 IV a). **Argument:** Der Veräußerer erlangt durch seine Verfügung nur die Befreiung von seiner Verbindlichkeit aus § 433 I, die nur in Höhe des objektiven Wertes der Sache bestand.

- ❏ Nach Ansicht der **h. M.** und **Rspr.** ist hingegen auch der Gewinn herauszugeben (BGHZ 29, 157; Pal. § 816 Rn. 24). **Argument:** Der Wertersatz einschließlich des Gewinns bzw. der Gewinnerzielungsmöglichkeit ist an die Stelle des verlorenen Eigentums getreten.

B ist somit zur Herausgabe des Wertes der Videogeräte von 100.000 DM sowie des darüber hinaus erzielten Gewinns in Höhe von 50.000 DM verpflichtet.
(C) § 687 II i. V. m. §§ 681 S. 2, 667:
Ein Anspruch auf Herausgabe des Verkaufserlöses wegen Geschäftsführung ohne Auftrag gemäß § 687 i. V. m. §§ 681, 667 scheidet aus, da die B-GmbH keine positive Kenntnis von der Nichtberechtigung hatte. Es fehlt an der erforderlichen **Geschäftsanmaßung.**

Teil 2: Ansprüche des E gegen die B-GmbH auf **Schadensersatz:**
(A) §§ 989, 990 I:
  (I) Die §§ 987 ff. sind **anwendbar.**
  (II) Infolge der Weiterveräußerung an X ist der B-GmbH die Herausgabe der Videogeräte **unmöglich** geworden.
  (III) Zum maßgeblichen Zeitpunkt der Weiterveräußerung müßte ein **Eigentümer–Besitzer-Verhältnis** zwischen E und der B-GmbH bestanden haben.
    (1) E war ursprünglich **Eigentümer** der Videogeräte. Er hat das Eigentum nicht gemäß §§ 929 S. 1, 932 durch die Weiterveräußerung von H an M verloren, da die Geräte dem E nach § 935 I 1 abhanden gekommen waren.
    (2) Die B-GmbH war über ihren Besitzdiener H (§ 855) **unmittelbare Besitzerin** der Videogeräte (§ 854 I).
    (3) Die B-GmbH hatte dem E gegenüber auch **kein Besitzrecht** nach § 986 I. Die B-GmbH war somit im Zeitpunkt der Weiterveräußerung der Videogeräte dem E gegenüber zur Herausgabe nach § 985 verpflichtet. Es bestand eine Vindikationslage.
  (IV) Bei Inbesitznahme der Videogeräte müßte die B-GmbH hinsichtlich ihres mangelnden Besitzrechts **bösgläubig** gewesen sein. Da der Geschäftsführer G der B-GmbH nicht bösgläubig war, kommt eine Haftung der B-GmbH nur dann in Betracht, wenn ihr die Bösgläubigkeit ihres Angestellten H zugerechnet werden kann. Nach h. M. erfolgt die **Zurechnung** der Bösgläubigkeit des beim Erwerb frei handelnden Angestellten nach § 166 analog (Pal. § 990 Rn. 3). Als Leiter der Einkaufsabteilung war H selbständig und hatte weitreichende Entscheidungskompetenz. Seine Bösgläubigkeit ist somit der B-GmbH zuzurechnen.
  (V) Die B-GmbH müßte ein **Verschulden** bezüglich der schädigenden Handlung treffen. Gemäß §§ 276, 278 kann ihr ein Verschulden des Angestellten H zugerechnet werden. Denn zum Zeitpunkt der Weiterveräußerung bestand bereits das gesetzliche Schuldverhältnis der §§ 987 ff. Es wurde durch die Besitzergreifung der B-GmbH über ihren Besitzdiener H begründet.

(VI) Fraglich ist, in welchem **Umfang** die B-GmbH zum Schadensersatz verpflichtet ist. Nach §§ 989, 990 I muß die B-GmbH den Schaden ersetzen, der dadurch entstanden ist, daß ihr die Herausgabe der Videogeräte unmöglich geworden ist. Der Schadensumfang richtet sich dabei grundsätzlich nach §§ 249 ff. Die B-GmbH ist zum Ersatz des **objektiven Wertes** (§ 251 I) der Videogeräte in Höhe von 100.000 DM verpflichtet sowie nach § 252 S. 2 zum Ersatz des **entgangenen Gewinns** in Höhe von weiteren 50.000 DM.

(B) **§ 992 i.V.m. §§ 823 ff.:**
Ein Schadensersatzanspruch nach §§ 992, 823 ff. kommt nicht in Betracht, da die B-GmbH sich den Besitz an den Videogeräten weder durch verbotene Eigenmacht noch durch eine Straftat verschafft hat. M hat den Besitz freiwillig auf die B-GmbH übertragen.

(C) **§ 823 I:**
E könnte gegen die B-GmbH aber einen Schadensersatzanspruch unmittelbar aus § 823 I wegen der schuldhaften Eigentumsverletzung haben. Grundsätzlich ist die **Anwendbarkeit** der §§ 823 ff. durch die §§ 987 ff. ausgeschlossen. Fraglich ist, ob die §§ 823 ff. ausnahmsweise anwendbar sind bei bösgläubigem Besitz, der auf **grober Fahrlässigkeit** beruht.

❏ Nach einer in der **Literatur** vertretenen Ansicht sind die §§ 823 ff. im Fall des bösgläubigen Besitzers generell anwendbar. Die Ausschlußfunktion der §§ 987 ff. bezieht sich nur auf den redlichen, unverklagten Besitzer (Erman vor § 987 Rn. 10).
Argument: Anderenfalls könnte der bösgläubige Besitzer im Fall der schuldhaften Eigentumsverletzung unter Umständen besser stehen als derjenige, der aufgrund Deliktsrecht haftet und nicht Besitzer ist.

❏ Nach der **h. M.** hingegen ist eine Ausnahme von der Ausschlußfunktion der §§ 987 ff. nur bei Vorsatz, nicht aber bei grober Fahrlässigkeit zuzulassen (BGHZ 56, 73; Pal. vor § 987 Rn. 16).
Argument: Dies ergibt sich eindeutig aus den gesetzlichen Vorschriften §§ 992, 993 I a. E., wonach eine Haftung nach §§ 823 ff. grundsätzlich nur bei verbotener Eigenmacht oder begangener Straftat in Betracht kommt.

Mit der h. M. ist eine Anwendbarkeit der §§ 823 ff. abzulehnen. E kann von der B-GmbH keinen Schadensersatz aufgrund § 823 I unmittelbar verlangen.

(D) **§ 826:**
Anhaltspunkte für ein vorsätzliches sittenwidriges Handeln der B-GmbH liegen nicht vor. Ein Anspruch aus § 826 scheidet daher aus.

(E) **§ 687 II i.V.m. § 678:**
Ein Anspruch auf Herausgabe des Verkaufserlöses wegen Geschäftsführung ohne Auftrag gemäß § 687 i.V.m. §§ 681, 667 ist ausgeschlossen, da die B-GmbH keine Kenntnis von ihrer Nichtberechtigung hatte. Es fehlt an der erforderlichen **Geschäftsanmaßung**.

Ergebnis: E hat Anspruch gegen die B-GmbH auf Herausgabe des Verkaufserlöses in Höhe von 150.000 DM aus ungerechtfertigter Bereicherung gemäß §§ 816 I 1, 818 II. Ferner kann er Schadensersatzanspruch nach §§ 989, 990 I auf Wertersatz (§ 251 I) in Höhe von 100.000 DM sowie den entgangenen Gewinn (§ 252 S. 2) in Höhe von weiteren 50.000 DM verlangen.

II. Sonderfälle im Rahmen der §§ 989, 990 I BGB

Im Zusammenhang mit der Frage, ob ein Eigentümer-Besitzer-Verhältnis vorliegt, haben sich im Laufe der Rechtsprechung mehrere Sonderfälle herausgebildet. Problematisch ist die Unrechtmäßigkeit des Besitzes und damit die Vindikationslage, wenn sich der rechtmäßige Fremdbesitzer zum unrechtmäßigen Eigenbesitzer aufschwingt, sog. *Aufschwungexzeß*. In engem Zusammenhang mit diesem Problemkreis steht der sog. *Nicht-so-Berechtigte*, der rechtmäßige Fremdbesitzer, der sein Besitzrecht überschreitet. Ein weiteres Sonderproblem hinsichtlich der Anwendbarkeit der §§ 989, 990 I ergibt sich bei dem *Nicht-mehr-Berechtigten* im Fall der Rückabwicklung von Vertragsverhältnissen.

16

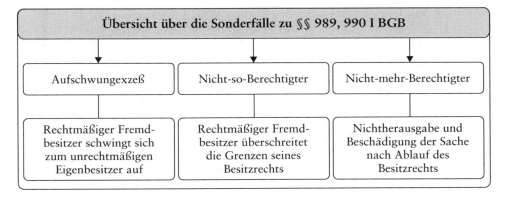

1. Im Fall des sog. **Aufschwungexzesses** wandelt ein zunächst rechtmäßiger Fremdbesitzer während der Zeit, in der er die Sache in Besitz hat, seinen Fremdbesitz durch Aufgabe des Fremdbesitzerwillens in Eigenbesitz um und verliert dadurch sein Besitzrecht. Der BGH hat in einer grundlegenden Entscheidung (BGHZ 31, 129, sog. Feldlokomotivenfall) erstmals die Ansicht aufgestellt, daß das Ergreifen von Eigenbesitz als neuer unrechtmäßiger Besitzerwerb zu werten ist. Hiernach ist für die Haftung nach §§ 987 ff. auf den Zeitpunkt des Ergreifens des Eigenbesitzes abzustellen. In der Literatur ist die Auffassung des BGH auf völlige Ablehnung gestoßen. Der Besitz des Fremdbesitzers bleibt rechtmäßig. Die Anwendbarkeit der §§ 987 ff. ist ausgeschlossen. Die einzelnen Standpunkte sowie die Konsequenz des Meinungsstreits sollen veranschaulicht werden anhand des folgenden Falles, der dem vom BGH entschiedenen Feldlokomotivenfall nachgebildet ist.

17

Fall 19:

E war Eigentümer einer Feldbahnlokomotive. Kurz vor Kriegsende flüchtete er vor den heranrückenden sowjetischen Truppen und ließ die Lokomotive zurück. Um sie zu retten, versandte die Reichsbahn R die Feldlokomotive als Dienstgut über Umwege nach Essen. Die Versandanzeige geriet später durch grobe Fahrlässigkeit in Verlust. 1945 veräußerte der zuständige Beamte B die Lok an X, in der Annahme, sie sei Eigentum der Reichsbahn. Sechs Jahre, nachdem E Kenntnis davon erhalten hat, verlangt er von der Reichsbahn Schadensersatz. Zu Recht?

Lösung:

Schadensersatzansprüche des E gegen R:
  (I) Schadensersatzanspruch aus GoA nach §§ 687 II, 678:
      (1) Mit Veräußerung der Lokomotive nahm R ein **Geschäft des Eigentümers** E wahr.
      (2) Es lag ein **Übernahmeverschulden** des Beamten B vor, das über § 278 der R zuzurechnen ist. Denn B verkannte grob fahrlässig, daß sein Handeln von einem mutmaßlichen Willen des E nicht gedeckt war.
      (3) Es fehlte jedoch an einem **Fremdgeschäftsführungswillen**, da B die Lokomotive für das Eigentum der R hielt, § 687 I. Ein Schadensersatzanspruch des E gegen R aus § 678 scheidet somit aus.
  (II) Schadensersatzanspruch gemäß § 280 I:
      (1) R hat durch die Inbesitznahme der Lokomotive ein Geschäft des E übernommen, das dessen mutmaßlichem Willen entsprach. Es lag eine **berechtigte GoA** vor.
      (2) Gemäß §§ 677, 681 S. 2 war R zur Herausgabe verpflichtet. Infolge der Veräußerung der Lokomotive ist die Herausgabe **nachträglich unmöglich** geworden.
      (3) Die grobe Fahrlässigkeit des Beamten B ist der R nach §§ 276, 278 zuzurechnen, so daß R die Unmöglichkeit **zu vertreten** hat. Die Voraussetzungen für den Schadensersatzanspruch des E gegen R aus § 280 I liegen somit vor.
  (III) Ersatzanspruch aus §§ 989, 990 I:
      (1) E könnte gegen R auch einen Ersatzanspruch gemäß §§ 989, 990 I haben. Hierfür müßte ein **Eigentümer-Besitzer-Verhältnis** zum Zeitpunkt des schädigenden Ereignisses bestanden haben.
          (a) Maßgeblicher Zeitpunkt ist hier die Veräußerung der Lokomotive. Sie stellt das **schädigende Ereignis** dar. Zu diesem Zeitpunkt war E **Eigentümer**. Unerheblich ist, ob er in der Folge möglicherweise das Eigentum durch gutgläubigen Erwerb des X gemäß §§ 929 S. 1, 932 I verloren hat.
          (b) R müßte zum Zeitpunkt der Veräußerung **unrechtmäßige Besitzerin** gewesen sein.

(aa) R war unmittelbare **Besitzerin** der Lokomotive (§ 854). Sie übte den Besitz durch B als Besitzdiener nach § 855 aus. Als Verwahrerin der Lokomotive war R zudem rechtmäßige Fremdbesitzerin.

(bb) R dürfte **kein Recht zum Besitz** gemäß § 986 I gehabt haben. Das Besitzrecht der R könnte sich aus der berechtigten GoA ergeben. Solange der Eigentümer die Herausgabe noch nicht verlangt hat, gewährt die berechtigte GoA ein Recht zum Besitz aufgrund eines gesetzlichen Schuldverhältnisses.

(cc) Vorliegend wurde die GoA jedoch in dem Augenblick der Veräußerung der Lokomotive **beendet**. Bereits mit der Vorbereitung der Veräußerung gab R den Willen, die Verwahrung der Lokomotive als Geschäft für E zu führen, auf. Damit war ihr Fremdgeschäftsführungswillen nicht mehr vorhanden. Da das gesetzliche Schuldverhältnis der berechtigten GoA mit dem Herausgabeverlangen endet (§§ 677, 683), liegt kein dauerhaftes, sondern lediglich ein vorläufiges Besitzrecht vor. Wegen der Beendigung der berechtigten GoA hatte R zum Zeitpunkt der Veräußerung der Lokomotive kein Recht zum Besitz nach § 986 I mehr. Dies hat zur Folge, daß eine **Vindikationslage** vorlag.

(c) Durch die Veräußerung war R die Herausgabe der Lokomotive an E **unmöglich**.

(d) Bezüglich ihres Besitzrechts müßte R im Zeitpunkt des schädigenden Ereignisses **bösgläubig** i. S. d. § 990 I gewesen sein. Die Bösgläubigkeit muß in der Person des B vorgelegen haben. Nach § 166 I analog ist die Bösgläubigkeit des B der R zuzurechnen.

(aa) Gemäß § 990 I 1 reicht im Zeitpunkt der Besitzergreifung **grob fahrlässige Unkenntnis** aus. Die Besitzergreifung durch R erfolgte, als sie die Lokomotive in Besitz nahm. Zu diesem Zeitpunkt handelte R im berechtigten Interesse des E. Bösgläubigkeit scheidet somit aus.

(bb) Möglicherweise bestand aber deshalb Bösgläubigkeit, weil R in dem Zeitpunkt, als sie die Lokomotive veräußerte, bereits **neuen Besitz begründet** hatte durch Ergreifung von Eigenbesitz. Denn zu diesem Zeitpunkt war B grob fahrlässig hinsichtlich ihres Besitzrechts und somit bösgläubig i. S. d. § 990 I. Zugleich mit der Aufgabe des Fremdgeschäftsführungswillens und der Beendigung der berechtigten GoA gab R ihren Willen auf, die Lokomotive weiter für E zu besitzen. Mit der Veräußerung der Lokomotive ergriff R Eigenbesitz nach § 872 durch ihren Besitzdiener B (§ 855). Sie handelte wie eine Eigentümerin und somit als Eigenbesitzerin.

❏ Nach Ansicht der **Rspr.** ist das Ergreifen von Eigenbesitz eine eigenständige Form der Besitzbegründung i. S. d. § 990 I. Die Vorschriften des Eigentümer–Besitzer-Verhältnisses, insbesondere die §§ 989, 990 I, sind anwendbar (BGHZ 31, 129).
Argumente: Fremd- und Eigenbesitz sind wesensverschieden. Für den Erwerb i. S. d. § 990 I 1 kommt es entscheidend auf den Eigenbesitz an, nicht hingegen auf den Fremdbesitz.
Da R infolge des ihr zuzurechnenden Verschuldens des B nach §§ 276, 278 die Unmöglichkeit der Herausgabe auch zu vertreten hat, führt diese Ansicht zu der Rechtsfolge, daß E Anspruch auf Schadensersatz gegen R gemäß §§ 989, 990 I, 249 ff. hat. R muß den objektiven Wert der Lokomotive ersetzen.

❏ Nach Ansicht der **überwiegenden Literatur** ist eine Veränderung des Besitzwillens nicht mit einer neuen Besitzergreifung gleichzusetzen. Die Vorschriften der §§ 987 ff. finden keine Anwendung (Pal. vor § 987 Rn. 9; MK vor § 987 Rn. 20).
Argumente: Es handelt sich lediglich um eine Änderung der Besitzart. § 990 I stellt für den Zeitpunkt des Besitzerwerbs nur auf die tatsächliche Sachherrschaft (§ 854 I) ab. Für die Gutgläubigkeit des Besitzers kommt es auf den früheren Zeitpunkt der Begründung des Besitzes an. Die nachträgliche Anmaßung einer Eigentümerstellung wird von § 990 nicht erfaßt, sondern vom Deliktsrecht, wo die Haftung schon bei leichter Fahrlässigkeit eintritt.
Rechtsfolge ist, daß das Besitzrecht der R bestehen bleibt und der Schadensersatzanspruch nach §§ 989, 990 I ausgeschlossen ist.

(IV) Schadensersatzanspruch nach § 823 I:
Die Vorschrift des § 823 I müßte **anwendbar** sein. Hier zeigt sich die Auswirkung des Meinungsstreits.

(1) Nach Ansicht des **BGH** scheidet die Anwendung des § 823 I aus, da ein Eigentümer–Besitzer-Verhältnis vorliegt und insofern die §§ 987 ff. die Anwendbarkeit des Deliktsrechts ausschließen (§ 993 I a. E.).

(2) Nach Auffassung des **überwiegenden Teils der Literatur** ist der Schadensersatzanspruch nach § 823 I zwar grundsätzlich gegeben. Die Veräußerung der Lokomotive stellt eine schuldhafte Eigentumsverletzung dar. Allerdings ist der Anspruch nach § 852 bereits verjährt.

Ergebnis: E hat Anspruch gegen R auf Schadensersatz gemäß § 280 I wegen Unmöglichkeit der Herausgabe des durch die GoA Erlangten. Der Ansicht des

BGH folgend hat E zusätzlich Anspruch gegen R auf Ersatz des Wertes der Lokomotive nach §§ 989, 990 I.

Lernhinweis: Der BGH wertet die Umwandlung des Fremdbesitzes in Eigenbesitz als eigenständige Form der Besitzergreifung. Mit der Aufgabe des Fremdbesitzerwillens entfällt die berechtigte GoA als Recht zum Besitz i. S. d. § 986. Im Zeitpunkt der Veräußerung ist ein Eigentümer–Besitzer-Verhältnis gegeben. Wegen der Ausschlußwirkung der §§ 987 ff. entfallen allgemeine Haftungsnormen. Hintergrund der Originalentscheidung war die Frage der Verjährung. Aufgrund der Kriegswirren machte der Kläger seine Ansprüche erst viele Jahre später geltend. Haftungsansprüche nach allgemeinen Vorschriften, insbesondere nach Deliktsrecht (§ 852) waren bereits verjährt. Der BGH konstruierte das Vorliegen eines Eigentümer–Besitzer-Verhältnisses, so daß der Kläger dennoch seinen Anspruch auf Schadensersatz durchsetzen konnte. Ansprüche aus dem Eigentümer–Besitzer-Verhältnis verjähren gemäß § 195 erst nach 30 Jahren. Der BGH hat übrigens in seiner Entscheidung die naheliegende Anspruchsgrundlage des § 280 nicht gesehen. Im Rahmen einer Examensklausur können Sie mit guten Argumenten gegen den BGH entscheiden. Zur Begründung können Sie anführen, daß auch nach Änderung des Besitzwillens die GoA als Recht zum Besitz bestehen bleibt.

Ansprüche bei der Fallkonstellation des Aufschwungexzesses		
	Nach konsequenter Lösung des BGH:	Nach Lösung der Literatur:
Schadensersatz:	❏ § 280 I, wegen Unmöglichkeit der Herausgabe des durch GoA Erlangten. ❏ §§ 989, 990 I 1	❏ § 280 I, wegen Unmöglichkeit der Herausgabe des durch GoA Erlangten. ❏ §§ 823 ff.
Nutzungsersatz:	❏ §§ 990 I 1, 987 I, für die tatsächlich gezogenen Nutzungen. ❏ §§ 990 I 1, 987 II, für die schuldhaft nicht gezogenen Nutzungen.	❏ §§ 812 ff., 818 I, für die tatsächlich gezogenen Nutzungen.
Erlösherausgabe:	❏ §§ 281, 667, 681 S. 2 ❏ § 816 I 1	❏ §§ 281, 667, 681 S. 2 ❏ § 816 I 1

2. Eine ähnliche Problematik besteht bei dem Überschreiten des Besitzrechts durch den rechtmäßigen Fremdbesitzer, dem sog. **Nicht- so- Berechtigten.** Der Besitzer hat ein Recht zum Besitz aufgrund eines vertraglichen Schuldverhältnisses mit dem Eigentümer. Aber er *überschreitet* dieses Recht zum Besitz, indem er sich nicht innerhalb der Grenzen seines Besitzrechts hält. Er verfährt mit der Sache nicht so, wie es in dem bestehenden Schuldverhältnis mit dem Eigentümer vorgesehen ist.

Beispiel: M hat von V einen Pkw gemietet. Da ihm die Farbe des Wagens nicht gefällt, läßt er den Wagen umlackieren. V, der im Nachhinein davon erfährt, ist verärgert und verlangt von M Schadensersatz. Der Mietvertrag gewährt dem Besitzer ein Recht zum Besitz gemäß § 986 I. Durch das Umlackieren hat M die Grenzen seines Besitzrechts aus dem Mietverhältnis überschritten.

Nach einem – mittlerweile überholten – Meinungsstreit bestand Uneinigkeit darüber, wie der Fall des Nicht-so-Berechtigten Besitzers zu behandeln ist.

- ❑ Ein **Teil der Literatur** war der Ansicht, daß das Besitzrecht dadurch entfallen ist, daß der Besitzer es vertragswidrig überschritten hat (Westermann § 31 III 2 b).
  Argument: Ein Fremdbesitzer, der die Sache nicht im Rahmen seines Besitzrechts benutzt, handelt als unrechtmäßiger Besitzer. Bei Überschreiten des Besitzrechts sind daher die §§ 987 ff. anwendbar.

- ❑ Die **ganz h. M.** hingegen vertritt die Auffassung, daß das Bestehen des Besitzrechts durch die Überschreitung nicht berührt wird (Pal. vor § 987 Rn. 13; MK vor §§ 987 ff. Rn. 11; Roth JuS 1997, 521).
  Argument: Das zugrundeliegende Schuldverhältnis bleibt bestehen. Die Anwendung der §§ 987 ff. ist nicht erforderlich, da die vertraglichen und gesetzlichen Haftungsansprüche ausreichend sind.

Lernhinweis: Da der Meinungsstreit überholt ist, empfiehlt es sich in der Klausur, die Problematik nur kurz anzureißen und sich dann auf die ganz h. M. zu beziehen.

Auch im Fall des *sog. Aufschwungexzesses (vgl. Feldlokomotivenfall)* hatte der Besitzer den vorgegebenen Rahmen des zugrundeliegenden Schuldverhältnisses überschritten. Er hat seinen Besitzwillen geändert und sich zum unrechtmäßigen Eigenbesitzer aufgeschwungen. Und ebenso wie bei einem Vertragsverhältnis lag bei dem gesetzlichen Schuldverhältnis der berechtigten GoA lediglich ein vorläufiges Besitzrecht vor. Die Problematik des Aufschwungexzesses **unterscheidet** sich jedoch insofern von der des *Nicht-so-Berechtigten*, als das Besitzrecht aus der berechtigten GoA mit Aufgabe des Fremdgeschäftsführungswillens gänzlich entfallen ist und dadurch die Vindikationslage vorlag. Das Besitzrecht aus vertraglichem Schuldverhältnis hingegen besteht bis zur Kündigung fort (vgl. §§ 603 IV, 695, 667, 556). Lediglich der Rahmen des Besitzrechts wird überschritten.

Gegenüberstellung: Überschreiten des Besitzrechts		
	Aufschwungexzeß	Nicht-so-Berechtigter
Besitzart:	Fremdbesitz	Fremdbesitz
Besitzrecht:	aus berechtigter GoA	aus Vertrag
Überschreiten des Besitzrechts:	durch Änderung des Besitzwillens	durch Überschreiten des Rahmens des Besitzrechts
Konsequenzen:	Besitzrecht entfällt nicht, §§ 987 ff. (-) h.M. in der Lit. (a.A. BGH)	Besitzrecht entfällt nicht, §§ 987 ff. (-) ganz h.M.

§ 12. Eigentümer–Besitzer-Verhältnis

Lernhinweis: Die Problematik des Aufschwungexzesses ist nicht nur von der des Nicht-so-Berechtigten zu unterscheiden, sondern auch von dem sog. **Fremdbesitzerexzeß**, bei dem der Fremdbesitzer ein nur vermeintlich bestehendes Besitzrecht überschreitet. Einzelheiten hierzu siehe die ausführliche Darstellung unten (IV. 2.).

3. Ein weiterer Fall des unrechtmäßigen Fremdbesitzes ist gegeben bei dem sogenannten **Nicht-mehr-Berechtigten**. Der Besitzer war zum Zeitpunkt der Besitzübertragung aufgrund eines wirksamen Vertrages zum Besitz berechtigt. *Nach Beendigung des Vertragsverhältnisses* hat er die Sache weiterhin behalten und sie beschädigt. Es liegt nunmehr kein schuldrechtliches Recht zum Besitz nach § 986 mehr vor. Es stellt sich die Frage, ob die §§ 987 ff. überhaupt *anwendbar* sind.

Beispielsfall:
M hat von V einen Pkw gemietet. V hat das Mietverhältnis fristgerecht zum 31. März gekündigt. M gibt den Wagen jedoch nicht zurück, sondern fährt weiter damit. Am 05. April verursacht er schuldhaft einen Verkehrsunfall. V verlangt von ihm Schadensersatz für die Beschädigung des Pkw. Zu Recht?

Lösung:
Ein Schadensersatzanspruch des V gegen M gemäß § 557 ist ausgeschlossen. Nach dieser Vorschrift haftet der Mieter nur für den Schaden, der durch Vorenthaltung der Mietsache entstanden ist, nicht aber für deren Beschädigung. V kann jedoch von M Ersatz des entstandenen Schadens an dem Pkw aus pVV gemäß § 535 i. V. m. §§ 280, 286 analog verlangen. M hat schuldhaft gegen seine vertragliche Nebenpflicht verstoßen, die gemietete Sache unbeschädigt zurückzugeben. Fraglich ist, ob V auch einen Anspruch aus §§ 989, 990 I geltend machen kann. Dann müßten die Vorschriften des Eigentümer–Besitzer-Verhältnisses bei einem nachträglichen Wegfall des Besitzrechts Anwendung finden. Dafür spricht, daß mit Ablauf des Vertragsverhältnisses eine Vindikationslage vorliegt, unabhängig davon, daß der Besitzer zu einem früheren Zeitpunkt zum Besitz berechtigt gewesen ist. Dementsprechend ist die Rspr. der Auffassung, daß die §§ 987 ff. neben den vertraglichen Rückabwicklungsansprüchen zur Anwendung kommen. Es besteht echte Anspruchskonkurrenz zu den vertraglichen und den deliktischen Haftungsvorschriften (BGH NJW 82, 2304). Dagegen spricht mit der h. M., daß die vertraglichen Regelungen Sondervorschriften sind, die generell die §§ 987 ff. verdrängen. Spezielle Haftungsbeschränkungen, wie beispielsweise die Verjährung nach § 852, dürfen durch die §§ 987 ff. nicht unterlaufen werden (Pal. vor § 987 Rn. 4; Roth, JuS 1997, 521). Folgt man der letztgenannten Ansicht, so scheidet ein Anspruch des V gegen M nach §§ 989, 990 I aus. M ist des weiteren gemäß §§ 823 I, 823 II i. V. m. § 303 StGB zum Schadensersatz verpflichtet. Der Anspruch ist nicht ausgeschlossen, da die Vorschriften der §§ 987 ff. nicht anwendbar sind.
Ergebnis: M hat Anspruch gegen V auf Ersatz des entstandenen Schadens an dem Pkw aus pVV des Mietvertrages (§ 535 i. V. m. §§ 280, 286 analog) sowie nach §§ 823 ff.

Lernhinweis: Im Zusammenhang mit den Konkurrenzverhältnissen zum Herausgabeanspruch nach § 985 wurde bereits die Problematik angesprochen, ob der dingliche Anspruch auf Herausgabe nach § 985 neben den vertraglichen Herausgabeansprüchen gegeben ist. Die h. M. nimmt eine echte Anspruchskonkurrenz an. Beide Ansprüche bestehen nebeneinander (s. o. § 11. G. III.). Anders verhält es sich bei der soeben aufgezeigten Thematik. Sofern vertragliche Abwicklungsvorschriften vorhanden sind, die dem Eigentümer einen Anspruch auf Ersatz eines entstandenen Schadens gewähren, ist nach wohl h. M. die Anwendbarkeit der Sekundäransprüche §§ 987 ff. ausgeschlossen.

Anders verhält es sich jedoch, wenn ein vertragliches Besitzrecht **mit Rückwirkung** wegfällt. In diesen Fällen sind die §§ 987 ff. unzweifelhaft anwendbar (Pal. vor § 987 Rn. 16).

Beispiel: Rücktritt vom Kaufvertrag: Der Kaufvertrag gilt als von Anfang an nicht zustande gekommen. Die Redlichkeit des Besitzers richtet sich nach § 142 II.

20 4. Die Frage der Haftung des unrechtmäßigen Besitzers nach §§ 987 ff. stellt sich ferner bei der **Zusendung unbestellter Ware**. Der Eigentümer hat durch die Zusendung der Ware lediglich das *Angebot* zum Abschluß eines Kaufvertrages sowie zur Einigung bezüglich der Eigentumsübertragung abgegeben, unter der aufschiebenden Bedingung des Zustandekommens des Kaufvertrages. Ein Anspruch des Zusenders gegen den Empfänger wird nicht begründet (§ 241 a). Der Empfänger ist jedoch *Besitzer* geworden. Bei der Zusendung von Postsendungen besteht ein genereller Empfangswillen (Pal. § 854 Rn. 5). Ein Besitzrecht nach § 986 I besteht nicht, da der Kaufvertrag nicht zustande gekommen ist. Trotz Vorliegens einer Vindikationslage wird eine Haftung des Besitzers unbestellt zugesendeter Ware wegen der Beschädigung oder der Verschlechterung der Sache nach §§ 989, 990 I *abgelehnt*. Die Begründungen sind allerdings abweichend:

- **Zum Teil** wird die Auffassung vertreten, der Besitzer sei bis zum Abholversuch berechtigter Besitzer. Erst nachdem er bei einem Abholversuch die Herausgabe verweigert hat, haftet er gemäß §§ 987 ff. (Pal. vor § 987 Rn. 6).
- Ein **anderer Teil der Literatur** ist der Meinung, der Empfänger unbestellt zugesendeter Ware sei zum Besitz berechtigt, aber nicht verpflichtet. Obwohl niemand ohne seine Zustimmung ein Vertragsverhältnis eingehen kann, wird angenommen, daß der Empfänger wie ein Verwahrer analog § 690 haftet (Soergel/Mühl § 990 Rn. 17).
- Nach einer **weiteren Ansicht** wird der Empfänger bis zum Abschluß des Vertrages als unrechtmäßiger Besitzer angesehen. Allerdings soll die Haftung des Empfängers auf grobe Fahrlässigkeit beschränkt werden analog § 300 (BGH NJW 1977, 31; MK vor § 987 Rn. 16).

III. Haftung nach §§ 990 II, 286 I BGB

21 Ohne Verschulden haftet der bösgläubige unrechtmäßige Besitzer ausnahmsweise gemäß §§ 990 II, 284 ff. Der unredliche Besitzer, der sich mit der Herausgabe der Sache in **Verzug** befindet, hat über die *Rechtsgrundverweisung* in § 990 II auch für Zufall gemäß §§ 286 I, 287 S. 2 einzustehen. Allerdings gilt diese *Haftungsverschärfung* wegen § 993 I, 2. HS nur für den bösgläubigen, nicht aber auch für den verklagten Besitzer (BGH NJW 1993, 389). Nach §§ 990 II, 286 I wird abweichend zu §§ 989, 990 I der reine Vorenthaltungsschaden ersetzt, der durch die Verzögerung der Herausgabe der Sache entstanden ist.

Beispiele:
- E hat seinen Pkw an M vermietet. Nach Ablauf der Mietzeit verlangt E den Pkw heraus. Trotz erfolgter Mahnung unter Fristsetzung gibt M den Wagen nicht an E heraus. Er hat

§ 12. Eigentümer–Besitzer-Verhältnis 215

ihn zwischenzeitlich an den gutgläubigen B veräußert. E beauftragt einen Rechtsanwalt, der ein Forderungsschreiben an M schickt. Er macht darin neben dem Schadensersatz für den Verlust des Pkw die Rechtsanwaltskosten als Verzugsschaden geltend. Als bloßer Vorenthaltungsschaden sind die Anwaltsgebühren nach §§ 990 II, 286 I zu ersetzen.

❑ Im vorangegangenen Beispiel hat E den M unter Mahnung mit Fristsetzung zur Herausgabe des Pkw aufgefordert. Kurze Zeit später schlägt in der Garage, in der der Pkw untergestellt ist, ein Blitz ein. Der Wagen fängt Feuer und brennt aus. Infolgedessen ist dem M die Herausgabe unmöglich. Die Anspruchsgrundlage für einen Schadensersatzanspruch gegen M ergibt sich hier aus §§ 989, 990 I. Da M den Untergang des Pkw nicht verschuldet hat, kann E von ihm keinen Ersatz verlangen.

IV. Haftung des gutgläubigen Besitzers

1. Gemäß § 991 II haftet der gutgläubige unrechtmäßige Fremdbesitzer dem Eigentümer insoweit, als er im Rahmen eines Besitzmittlungsverhältnisses einem Dritten gegenüber zum Schadensersatz verpflichtet wäre. Der unmittelbare Besitzer soll nicht dadurch bevorteilt werden, daß der mittelbare Besitzer, dem gegenüber er haftbar ist, nicht der Eigentümer der Sache ist. Die Sachlage ist der der *Drittschadensliquidation* ähnlich. Der mittelbare Besitzer hat einen vertraglichen Anspruch gegen den unmittelbaren Besitzer, aber keinen Schaden, da ihm die Sache nicht gehört.

22

Fall 20:

E betreibt ein Bauunternehmen. Sein Mitarbeiter M veräußert ohne sein Wissen einen Bagger an den gutgläubigen G. Dieser vermietet den Bagger an den anderen Bauunternehmer B. Sie vereinbaren, daß B nur für grobe Fahrlässigkeit haften soll. Infolge leichter Fahrlässigkeit des B kommt es zu einem Unfall, der Bagger wird völlig beschädigt. Kann E von B Schadensersatz verlangen?

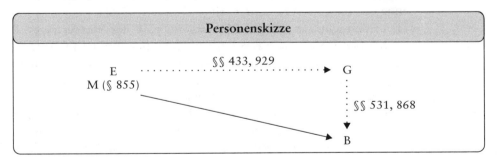

Lösung:

Schadensersatzansprüche des E gegen B:

(A) Gemäß §§ 989, 990 I:
- (I) Voraussetzung ist ein **Eigentümer–Besitzer-Verhältnis** zwischen E und B.
  - (1) E war ursprünglich **Eigentümer** des Baggers. Er hat das Eigentum nicht durch rechtsgeschäftliche Eigentumsübertragung von M auf G gemäß §§ 929 S. 1, 932 verloren. Ein gutgläubiger Eigentumserwerb des G ist nach § 935 I ausgeschlossen, da der Besitzdiener M außerhalb seiner Weisungsbefugnis gehandelt hat.
  - (2) B ist unmittelbarer **Fremdbesitzer** des Baggers.
  - (3) B ist zum Besitz **nicht** nach § 986 **berechtigt**. G, von dem er seinen Besitz ableitet, hatte seinerseits keine Besitzberechtigung. Es liegt eine Vindikationslage vor.
- (II) Da B jedoch keine Kenntnis von seinem mangelnden Recht zum Besitz hatte und nicht zur Herausgabe des Baggers verklagt ist, fehlt es an der erforderlichen **Bösgläubigkeit** des B. Ein Schadensersatzanspruch des E gegen B aus §§ 989, 990 I scheidet daher aus.

(B) Gemäß § 823 I:
E hat gegen B auch keinen Anspruch auf Schadensersatz aus § 823 I. Die Anwendbarkeit der §§ 823 ff. ist wegen des bestehenden Eigentümer–Besitzer-Verhältnisses **ausgeschlossen** (vgl. § 993 I, 2 HS).

(C) Gemäß §§ 989, 991 II:
- (I) Ein **Eigentümer–Besitzer-Verhältnis** zwischen E und B liegt vor.
- (II) Nach § 991 II haftet B als gutgläubiger Fremdbesitzer auf Schadensersatz, soweit er dem **mittelbaren** Besitzer G verantwortlich ist.
  - (1) Zwischen B und G bestand ein **Besitzmittlungsverhältnis** (§ 868).
  - (2) B müßte dem G gegenüber zum Schadensersatz wegen der Zerstörung des Baggers verpflichtet sein.
    - (a) In Betracht kommt eine Haftung **aus pVV des Mietvertrages**. B hat den Unfall zwar verschuldet. Zwischen ihm und G war jedoch eine **Haftungsmilderung** vereinbart. Da B den Schaden an dem Bagger nur leicht fahrlässig verursacht hat, wäre er dem G gegenüber nicht zum Schadensersatz verpflichtet.
    - (b) Grundsätzlich haftet der unmittelbare Besitzer dem Eigentümer gegenüber in derselben Weise wie gegenüber dem Besitzmittler. Fraglich ist daher, ob zwischen Eigentümer und Besitzer auch derselbe **Haftungsmaßstab** gilt. Nach **ganz h. M.** entfällt die Haftung des unmittelbaren Besitzers gegenüber dem Eigentümer, wenn zwischen ihm und dem Dritten ein Haftungsausschluß oder eine Haftungsmilderung vereinbart ist (Pal. § 991 Rn. 4). B schuldet dem E keinen Schadensersatz, da er auch dem G gegenüber aus dem bestehenden Schuldverhältnis nicht haftet.

Ergebnis: E hat keinen Anspruch auf Schadensersatz gegen B.

§ 12. Eigentümer-Besitzer-Verhältnis

2. In dem Fall des sog. **Fremdbesitzerexzesses** hat der Eigentümer *ausnahmsweise* einen Schadensersatzanspruch gemäß § 823 I gegen den gutgläubigen unrechtmäßigen Fremdbesitzer, sofern dieser sein vermeintliches Besitzrecht überschreitet und für die begangene Eigentumsverletzung auch als rechtmäßiger Besitzer verantwortlich wäre (BGHZ 140, 146).

a) Der Grundsatz, daß die Anwendung anderer Vorschriften über Ersatzansprüche ausgeschlossen ist, sofern ein Eigentümer-Besitzer-Verhältnis vorliegt, würde zu der widersinnigen **Konsequenz** führen, daß der Besitzer überhaupt nicht haftet, weder dem Eigentümer, noch dem Dritten gegenüber. Wesentlich für den Fall des Fremdbesitzerexzesses ist nämlich, daß der Vertrag zwischen dem unmittelbaren Besitzer und dem Dritten, von dem er seinen Besitz herleitet, *nichtig* ist und eine Haftung des Besitzers aus diesem Grund *generell ausscheidet*.

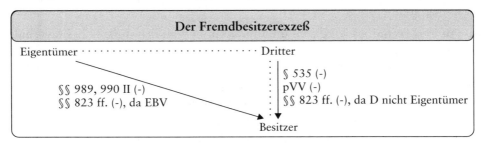

Der unrechtmäßige Fremdbesitzer, der sein vermeintliches Besitzrecht überschreitet, soll aber **nicht besser stehen** als der rechtmäßige Fremdbesitzer, der nach §§ 823 ff. unmittelbar haftet. Wenn der unmittelbare Besitzer schon bei gültigem Vertrag mit dem Dritten haftet (§ 991 II), dann muß dies erst recht gelten, wenn er nicht einmal Vertrag und Besitzrecht gegenüber dem Dritten vorweisen kann (RGZ 157, 135; BGHZ 46, 146).

Lernhinweis: Die erweiterte Haftung des Fremdbesitzers nach § 991 II enthält bereits einen gesetzlich geregelten Fall des Fremdbesitzerexzesses. Dadurch, daß der Besitzer die Sache beschädigt oder zerstört, bewegt er sich nicht mehr im Rahmen seines vertraglichen Besitzrechts. Der Unterschied besteht darin, daß beim sog. Fremdbesitzerexzeß der Vertrag zwischen dem unmittelbaren Besitzer und dem Dritten unwirksam ist. Der gutgläubige unrechtmäßige Fremdbesitzer überschreitet sein **vermeintliches** Besitzrecht, wohingegen der Fremdbesitzer nach § 991 II sein *bestehendes* Besitzrecht überschreitet.

Beispielsfall:
Der unerkannt geisteskranke D hat seinen Pkw zu Schrott gefahren. Sein Freund E leiht ihm daher seinen Wagen. D vermietet den Pkw weiter an B, der D für den Eigentümer hält. Kurz darauf verursacht B fahrlässig einen Verkehrsunfall, wobei der Pkw beschädigt wird. E verlangt von B Schadensersatz.

Lösung:
E könnte gegen B einen Schadensersatzanspruch gemäß §§ 989, 990 I haben. Zur Zeit des Unfalls bestand eine Vindikationslage. E war Eigentümer des Pkw und B Besitzer. B hatte kein Besitzrecht nach § 986, da der Mietvertrag (§ 535), aus dem er sein Besitzrecht gegenüber D

herleitete, nichtig war. B war unrechtmäßiger Fremdbesitzer. Durch den Unfall ist der Pkw beschädigt worden. Es fehlt jedoch an der Bösgläubigkeit des B. Er war gutgläubig hinsichtlich seines Rechts zum Besitz. Ein Anspruch des E aus §§ 989, 990 I scheidet daher aus. Damit E erfolgreich einen Schadensersatzanspruch gegen B aus § 823 I geltend machen kann, müßten die Vorschriften des Deliktsrechts aus §§ 823 ff. anwendbar sein. Grundsätzlich ist die Anwendung des § 823 I bei Vorliegen einer Vindikationslage ausgeschlossen. Die Vorschrift ist jedoch dann ausnahmsweise anwendbar, wenn es sich bei dem Verhalten des B um einen Fremdbesitzerexzeß handelt. Ein Exzeß liegt dann vor, wenn der gutgläubige unrechtmäßige Fremdbesitzer sein vermeintliches Besitzrecht überschreitet und wenn er hierfür als rechtmäßiger Besitzer haften würde. B hat sich nicht im Rahmen des vereinbarten Mietverhältnisses gehalten, indem er schuldhaft den Pkw beschädigte. Wäre der Mietvertrag zwischen B und D wirksam gewesen, so wäre B dem Eigentümer E aus pVV sowie gemäß § 823 I zum Ersatz verpflichtet. Wegen des Fremdbesitzerexzesses des B ist § 823 I anwendbar. Die Voraussetzungen des § 823 I, schuldhafte und rechtswidrige Verletzung des Eigentums des E, sind erfüllt. E hat gegen B einen Schadensersatzanspruch gemäß § 823 I.

b) Für den Fremdbesitzerexzeß muß nicht immer ein dreistufiges Besitzverhältnis zugrunde liegen. Es ist unerheblich, ob der Fremdbesitzer die Sache für einen Dritten oder für den Eigentümer besitzt. Auch in einem **Zwei-Personen-Verhältnis** kann der Besitzer sein vermeintliches Besitzrecht überschreiten und eine Exzeßhandlung begehen. Bedeutsam ist diese Problematik, wenn es um die Frage der *Verjährung* des Schadensersatzanspruchs geht.

Beispiel: E überläßt dem M einen Pkw zur Miete. M beschädigt schuldhaft den Pkw. 7 Monate nach Rückgabe des Pkw fordert E von M Schadensersatz. M wendet gegen die Forderung ein, der Mietvertrag sei unwirksam gewesen. Hat E Anspruch auf Schadensersatz gegen M?

- Nach einer **zum Teil** vertretenen Ansicht ist auf ein solches zweistufiges Besitzverhältnis § 991 II analog anzuwenden mit der Folge, daß der Ersatzanspruch gemäß § 195 in 10 Jahren verjährt (Baur § 11 B I. 3.).
  Argument: § 991 II enthält den allgemeinen Rechtsgedanken, daß der unrechtmäßige Fremdbesitzer, der sein vermeintliches Besitzrecht überschreitet, nicht besser stehen soll als der rechtmäßige Fremdbesitzer.

- Nach **h. M.** richtet sich die Haftung des unmittelbaren Fremdbesitzers auch im Zwei-Personen-Verhältnis unmittelbar nach § 823 I, so daß grundsätzlich die Verjährung in drei Jahren eintritt (§ 852). Allerdings wird die Deliktshaftung beim Fremdbesitzerexzeß nach den Regeln des vermeintlichen Vertrages modifiziert (BGHZ 66, 315; NJW 1977, 1819).
  Argument: Der unberechtigte Fremdbesitzer soll zwar nicht besser behandelt werden als der rechtmäßige Besitzer; er soll aber auch nicht schlechter stehen als bei Wirksamkeit des Vertrages. Die Regeln des zugrundeliegenden Vertragsverhältnisses sollen nicht unterlaufen werden.

> **Hinweis:** Nach h. M. richtet sich die Verjährung des Schadensersatzanspruchs beim Fremdbesitzerexzeß nach den Regelungen des zugrundeliegenden Vertragsverhältnisses, insbesondere den §§ 477, 558, 638.

V. Deliktsbesitzer, §§ 992, 823 ff. BGB

Der sog. **Deliktsbesitzer**, der sich die Sache durch verbotene Eigenmacht oder eine Straftat verschafft hat, haftet bei Vorliegen der Voraussetzungen des § 992 nach den Regeln des Deliktsrechts, §§ 823 ff. Die Vorschrift des § 992 ist keine selbständige Haftungsnorm, sondern eröffnet die ansonsten durch das Eigentümer–Besitzer-Verhältnis ausgeschlossene deliktische Haftung nach §§ 823 ff. (vgl. § 993 I, 2. HS a. E.). Sie beinhaltet somit keine bloße Rechtsfolgenverweisung, sondern eine *Rechtsgrundverweisung* auf die Tatbestandsvoraussetzungen der §§ 823 ff. Die Anwendung der Deliktsvorschriften führt zu einer verschärften Haftung des Besitzers gegenüber dem Eigentümer. Insbesondere muß er für jeden Schaden einstehen, auch für den sog. Vorenthaltungsschaden, und nach § 848 für Zufall. Die Verjährungsfrist beträgt nach § 852 lediglich drei Jahre.

Prüfungsschema zum Schadensersatzanspruch nach §§ 992, 823 ff. BGB

A. Voraussetzungen
  I. Anwendbarkeit der §§ 987 ff.
  II. Eigentümer–Besitzer-Verhältnis zum Zeitpunkt des schädigenden Ereignisses
  III. Besitzerlangung durch:
    1. schuldhaft verbotene Eigenmacht
    2. oder durch eine Straftat
  IV. Tatbestandsvoraussetzungen der §§ 823 ff.
    1. Eigentumsverletzung i.S.d. § 823 I
    2. Rechtswidrigkeit
    3. Verschulden
B. Rechtsfolge: Schadensersatzleistung gemäß §§ 249 ff.

---

1. Die Besitzerlangung durch **verbotene Eigenmacht** gemäß § 858 I ist bereits dann gegeben, wenn der Besitzer durch eigenmächtiges Vorgehen und ohne Willen des Eigentümers die Sache in Besitz nimmt. Verschulden ist nicht erforderlich. § 992 eröffnet aber den Weg zur Deliktshaftung, die ein *Verschulden* voraussetzt. Die schuldhafte Eigentumsverletzung kann schon in der *Besitzverschaffung* selbst liegen, so wenn mindestens leichte Fahrlässigkeit hinsichtlich der Zugehörigkeit des Eigentums vorliegt. Wenn der Besitzer die verbotene Eigenmacht *schuldlos* begangen hat, so kommt eine Haftung nach §§ 992, 823 I in Betracht, sofern die Schädigung erst nach der Besitzverschaffung und nach Eintritt der Bösgläubigkeit hinsichtlich des Fremdeigentums erfolgt.

Fall 21:

Student B nimmt nach der Vorlesung versehentlich den Aktenkoffer seines Kommilitonen K mit, der seinem stark ähnelt. Der Koffer wird ihm auf der Straße geraubt. K verlangt von B Schadensersatz. Zu Recht?

Lösung:

Schadensersatzansprüche des K gegen S:
- (I) aus §§ 823 I, 848 wegen Eigentumsverletzung **bei Besitzerwerb:**
  - (1) Dann müßten die §§ 823 ff. **anwendbar** sein. Maßgeblicher Zeitpunkt für die Verletzungshandlung ist die Wegnahme des Aktenkoffers. Zu diesem Zeitpunkt bestand noch kein Eigentümer–Besitzer-Verhältnis zwischen S und K. S haftet daher nicht nach den Vorschriften der §§ 987 ff., sondern nach den allgemeinen Vorschriften der §§ 823 ff.
  - (2) Den S trifft aber **kein Verschulden** bei der Verletzungshandlung. Da er den Aktenkoffer verwechselt hat, hat er nicht fahrlässig gehandelt. Es lag ein Versehen vor. Eine Haftung aus Deliktsrecht unmittelbar ist ausgeschlossen.
- (II) gemäß §§ 989, 990 I wegen Schädigung durch den **Raub nach Besitzerwerb:**
  - (1) Zur Zeit des Raubes bestand ein **Eigentümer–Besitzer-Verhältnis.** K war Eigentümer, S Besitzer ohne Besitzrecht.
  - (2) Es fehlt aber an der **Bösgläubigkeit** des S bei Besitzerwerb. Er war nicht grob fahrlässig hinsichtlich seines Besitzrechts. Ein Schadensersatzanspruch des K aus §§ 989, 990 I scheidet daher aus.
- (III) nach §§ 992, 823 I wegen des **Raubschadens:**
  - (1) Als der Raub geschah, lag ein **Eigentümer–Besitzer-Verhältnis** zwischen K und S vor.
  - (2) S hat sich den Besitz an dem Koffer durch **verbotene Eigenmacht** nach § 858 I verschafft. Er hat ihn ohne Willen des K weggenommen. Die verbotene Eigenmacht erfolgte aber schuldlos.
  - (3) Da § 992 eine **Rechtsgrundverweisung** enthält, müssen die Voraussetzungen des § 823 I vorliegen.
    - (a) S hat eine **Eigentumsverletzung** begangen.
    - (b) Da dem S der Aktenkoffer geraubt wurde, fehlt jedoch das **Verschulden** beim Schadenseintritt. Fraglich ist, ob S dennoch haftet. Seinem Wortlaut nach ist § 992 bei verbotener Eigenmacht anwendbar, unabhängig davon, ob diese schuldlos oder schuldhaft begangen wurde.
      - ❏ **Zum Teil** wird die Auffassung vertreten, daß nur die spätere Eigentumsverletzung, hier der Verlust des Koffers, schuldhaft sein muß (MK § 992 Rn. 5).
        Argument: Das für die Ersatzpflicht erforderliche Verschulden bezieht sich nicht auf das Recht zum Besitz.
      - ❏ Die **h. M.** hingegen wendet § 992 entgegen seinem Wortlaut nur bei schuldhafter verbotener Eigenmacht an. Die Besitzverschaffung muß selbst die schuldhafte Eigentumsverletzung enthalten (Soergel § 992 Rn. 4).

Argument: Anderenfalls würde ein Wertungswiderspruch bestehen zwischen der verbotenen Eigenmacht und der strafbaren Handlung nach § 992. Nur die schuldhafte verbotene Eigenmacht ist der Straftat vergleichbar. Außerdem soll der Besitzer nicht nach Deliktsrecht haften, obwohl er weder bei Besitzerwerb noch bei Schadenseintritt schuldhaft handelte.
Folgt man der h. M., so haftet S nicht nach §§ 992, 823 I, da ihn bei Besitzerwerb kein Verschulden traf.

Ergebnis: K hat keinen Anspruch auf Schadensersatz gegen S.

2. § 992 ist auch dann erfüllt, wenn der Besitzer sich den Besitz durch eine **Straftat** verschafft hat. Hierunter fällt die Verwirklichung einer Norm, die sich gegen die Art der Besitzbegründung richtet und den *Schutz des Eigentums* bezweckt, insbesondere §§ 242, 249, 253, 263, 259 StGB.

C. Ansprüche des Eigentümers auf Nutzungsersatz, §§ 987 ff. BGB

Regelungsgegenstand der §§ 987 ff. ist die Herausgabe derjenigen Nutzungen, die der unrechtmäßige Besitzer während des Bestehens der Vindikationslage gezogen hat oder hätte ziehen müssen. Der Eigentümer soll einen Ausgleich für die Vorteile erhalten, die der unrechtmäßige Besitzer durch Benutzung der Sache erlangt hat. Während in den §§ 953 ff. der gesetzliche Eigentumserwerb besonderer Nutzungen, nämlich der Erzeugnisse, geregelt ist, bestimmen die §§ 987 ff., wem die gezogenen Nutzungen letztlich zustehen und wer sie behalten darf. Die Herausgabe der Nutzungen kann auch in der Übereignung bestehen, sofern das Eigentum auf den Besitzer übergegangen ist.

I. Herausgabe von Nutzungen nach §§ 987, 990 I BGB

Der unrechtmäßige Besitzer ist dem Eigentümer gegenüber verpflichtet, sowohl die tatsächlich *gezogenen* Nutzungen herauszugeben, als auch die im Rahmen einer ordnungsgemäßen Bewirtschaftung *schuldhaft nicht gezogenen* Nutzungen (§§ 987 II, 990 I, 284 ff.), sofern zum Zeitpunkt der Ziehung der Nutzungen ein Eigentümer–Besitzer-Verhältnis bestand.

> **Prüfungsschema zum Nutzungsersatzanspruch nach §§ 987, 990 I BGB**
>
> A. Voraussetzungen
> I. Anwendbarkeit der §§ 987 ff.
> II. Eigentümer–Besitzer-Verhältnis zum Zeitpunkt der Nutzungsziehung
> III. Nutzungen
>   1. Unmittelbare Sachfrüchte, § 99 I,
>   2. Mittelbare Sachfrüchte, § 99 III, oder
>   3. Gebrauchsvorteile, § 100
> IV. Bösgläubigkeit
>   1. Bei Besitzergreifung Kenntnis oder grob fahrlässige Unkenntnis, § 990 I
>   2. Später nur bei Kenntnis, § 990 I 2
> B. Rechtsfolge: Herausgabe der Nutzungen

27 **Nutzungen** sind nur die unmittelbaren und mittelbaren Sachfrüchte einer Sache (§ 99 I, III) sowie deren Gebrauchsvorteile (§ 100). Rechtsfrüchte gemäß § 99 II fallen hingegen nicht unter den engeren Nutzungsbegriff nach §§ 987 ff. (BGHZ 63, 365; MK § 987 Rn. 5). Wesentliche Voraussetzung für das Vorliegen einer Nutzung ist, daß die Muttersache selbst *erhalten* bleibt.

> **Merke:**
> 1. Der **Ver**brauch,
> 2. das **Ver**arbeiten und
> 3. die **Ver**äußerung einer Sache stellen keine Nutzung dar.

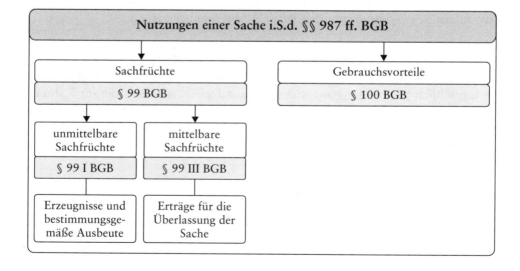

§ 12. Eigentümer–Besitzer-Verhältnis

1. Zu den **unmittelbaren Sachfrüchten** gehören die Erzeugnisse und die sonstige bestimmungsgemäße Ausbeute einer Sache. Erzeugnisse sind alle natürlichen Produkte. Die Sache selbst bleibt bei Entnahme der Erzeugnisse unangetastet.

Beispiele: Früchte der Obstplantage, Ausholzung des Waldes, Getreide vom Feld, Kalb der Kuh.

Ausbeute ist der bestimmungsgemäße Substanzverzehr der Sache.

Beispiele: Sand aus der Kiesgrube, Steine aus dem Steinbruch, Strom aus der Talsperre.

2. Mittelbare Sachfrüchte sind Erträge, die der Eigentümer dafür erhält, daß er die Sache aufgrund eines Rechtsverhältnisses dem Besitzer zur Nutzung überläßt.

Beispiele: Zins aus der Vermietung eines Wohngrundstücks oder der Verpachtung eines Grundstücks.

Der *Gewinn aus einem Unternehmen* stellt keine Sachfrucht dar. Wurde dem Besitzer aber ein bereits eingerichteter Gewerbebetrieb überlassen und beruht der Gewinn nicht ausschließlich auf den persönlichen Leistungen und Fähigkeiten des Betreibenden, so ist der Unternehmensgewinn als bestimmungsgemäßer Ertrag analog § 99 I, II zu behandeln (so etwa der Gewinn bei einem GmbH-Anteil). Gegebenenfalls ist ein nach § 287 ZPO zu bemessender Eigenanteil des Betreibers des Gewerbebetriebs abzuziehen (BGH NJW 1995, 1027; Pal. § 99 Rn. 3).

Beispielsfall:
E verpachtet im Januar 2000 seinen Gaststättenbetrieb an P. Im Mai 2000 klärt sein Rechtsanwalt ihn darüber auf, daß der Pachtvertrag nichtig ist. E läßt daraufhin über seinen Rechtsanwalt R den P zur Herausgabe der Gaststätte auffordern unter Mitteilung des Sachverhalts. P zahlt die Pachtzinsen ab Juni 2000 nicht mehr, gibt aber die Gaststätte nicht heraus. E verklagt den P im April 2001 auf Herausgabe der Gaststätte und Zahlung der rückständigen Pachtzinsen. Mit Erfolg?

Lösung:
E kann von P die Herausgabe der Gaststätte gemäß § 985 verlangen. E ist Eigentümer der Gaststätte, P Besitzer. P hat kein Recht zum Besitz nach § 986, da der Pachtvertrag nichtig ist. Fraglich ist, ob E gegen P einen Anspruch auf Zahlung des rückständigen Pachtzinses hat. Ein vertraglicher Anspruch aus § 581 I 2 entfällt, da kein wirksamer Pachtvertrag bestand. In Betracht kommt ein Anspruch auf Nutzungsherausgabe gemäß §§ 987 I, 990 I. Zwischen E und P bestand zum Zeitpunkt der Nutzungsziehung ein Eigentümer–Besitzer-Verhältnis. P haftet allerdings erst ab dem Zeitpunkt der Bösgläubigkeit bzw. Rechtshängigkeit der Herausgabeklage, also ab April 2001. Nutzungen, die er in der Zeit vor Rechtshängigkeit gezogen hat, muß er nicht an E herausgeben. Nutzungen sind gemäß §§ 99, 100 die Sachfrüchte und die Gebrauchsvorteile einer Sache. Die Pachtzinsen als Ertrag eines Wirtschaftsunternehmens sind als bestimmungsgemäßer Ertrag des Unternehmens zu behandeln und gehören als solche zu den Nutzungen analog § 99 I, II (Pal. § 99 Rn. 3). Die Höhe des Wertersatzes richtet sich nach dem üblichen Pachtzins. P ist somit zur Zahlung des Pachtzinses ab April 2001 an E verpflichtet.

Ergebnis: E hat gegen P Anspruch auf Herausgabe des Gaststättenbetriebes gemäß § 985 sowie auf Zahlungen der Pachtzinsen ab April 2001.

3. Gebrauchsvorteile sind die Vorteile, die der Besitzer aus dem Sachgebrauch der Sache an sich zieht, wenn damit kein Vermögenzuwachs verbunden ist. Da die Gebrauchsvorteile nicht in Natur herausgegeben werden können, ist in der Regel Wertersatz in Höhe des üblichen Miet- oder Pachtzinses zu leisten (BGHZ 63, 365).

Beispiele: Gebrauch eines Pkw, Nutzung einer Mietwohnung.

II. Haftung des unrechtmäßigen Fremdbesitzers nach § 991 I BGB

28 Eine besondere Konstellation besteht im Fall des *mittelbaren* Besitzes, sofern der Besitzmittler bösgläubig ist und der mittelbare Besitzer, von dem er den Besitz herleitet, nicht selbst Eigentümer ist. Der Besitzmittler haftet nach § 991 I dem Eigentümer gegenüber nur dann auf Herausgabe der Nutzungen, wenn auch der mittelbare Besitzer bösgläubig ist. Ist der mittelbare Besitzer gutgläubig und die Anwendung der §§ 987 ff. für ihn ausgeschlossen, so soll er auch nicht haften, wenn er die Sache an einen Dritten weitergibt, und zwar auch dann nicht, wenn der Dritte bösgläubig ist.

1. Sinn der Vorschrift des § 991 I ist, eine Haftung des mittelbaren Besitzers, der gutgläubig ist und selbst nicht nach §§ 987 ff. haftet, auszuschließen. Er soll auch dann nicht zur Herausgabe der Nutzungen verpflichtet sein, wenn er die Sache an einen bösgläubigen Fremdbesitzer weitergegeben hat. Wäre nämlich der unmittelbare bösgläubige Fremdbesitzer dem Eigentümer gegenüber zur Herausgabe der Nutzungen verpflichtet, so könnte er letztlich die Haftung auf den gutgläubigen mittelbaren Besitzer abwälzen, indem er *Regreßansprüche* gegen ihn geltend macht (beispielsweise aus §§ 541, 537, 538).

Beispiel: E betreibt ein Mietwagenunternehmen. Sein Mitarbeiter M veräußert ohne sein Wissen einen Pkw an den gutgläubigen D. Dieser verleiht das Auto an B, der grob fahrlässig nicht weiß, daß das Auto nicht dem M gehört. E verlangt den Pkw von B heraus sowie Ersatz der Gebrauchsvorteile, die dem B durch Nutzung des Pkw entstanden sind. Da der Dritte D, von dem B seinen Besitz ableitet, gutgläubig war, haftet B dem E gegenüber ebenfalls nicht auf Herausgabe der gezogenen Nutzungen.

2. Die Vorschrift ist allerdings **eng auszulegen** in den Fällen, in denen der mittelbare Besitzer keines Schutzes bedarf, weil ihm kein Regreßanspruch des unmittelbaren Fremdbesitzers droht. Insbesondere findet § 991 I entgegen seinem Wortlaut keine Anwendung, wenn der unmittelbare Besitzer *positiv* von dem fehlenden Besitzrecht weiß (Pal. § 991 Rn. 1).

Beispiel: B im vorangegangenen Beispiel ist verpflichtet, dem E die gezogenen Nutzungen herauszugeben, wenn er positiv Kenntnis davon hatte, daß der Pkw dem E gehörte.

III. Haftung des gutgläubigen unrechtmäßigen Besitzers

1. Der gutgläubige unrechtmäßige Besitzer ist gemäß § 993 I nur zur Herausgabe von **Übermaßfrüchten** verpflichtet, soweit er bereichert ist (§ 818 II, III). Im Übermaß sind solche Früchte, die der Besitzer über eine ordnungsgemäße Bewirtschaftung hinaus gezogen hat. Grund für diese Vorschrift ist, daß der Besitzer, auch wenn er gutgläubig ist, die Sache *nicht auszehren* darf. Im übrigen ist eine Haftung des gutgläubigen unrechtmäßigen Besitzers bei entgeltlichem Besitzerwerb ausgeschlossen (§ 993 I a. E.).
Beispiel: Kahlschlag eines Waldes.

2. Bei **unentgeltlich** erlangtem Besitz haftet der gutgläubige unrechtmäßige Besitzer nach § 988 auf Herausgabe der Nutzungen nach den Regeln des Bereicherungsrechts. Sinn der Vorschrift ist, daß der Besitzer, der die Sache ohne Gegenleistung erworben hat, ein *geringeres Schutzbedürfnis* hat gegenüber demjenigen, der ein Vermögensopfer erbracht hat. Insofern ist § 988 der Regelung des § 816 I 2 vergleichbar, wonach der unentgeltliche Erwerber zur Herausgabe des Erlangten verpflichtet ist.

a) Der Besitzer muß sich für den Eigentümer halten („als ihm gehörig") oder die Sache aufgrund eines vermeintlichen Nutzungsrechts besitzen. Entgegen seinem Wortlaut findet § 988 nicht nur auf dingliche Nutzungsrechte wie Nießbrauch oder Pfandrechte Anwendung, sondern ausnahmsweise auch auf vermeintliche schuldrechtliche Nutzungsrechte (BGHZ 71, 216).
Beispiele: Miete, Pacht, Leihe.

b) Der gutgläubige Eigenbesitzer muß die gezogenen Früchte auch dann herausgeben, wenn er nach § 955 **Eigentum** daran erworben hat. Die Nutzungsherausgabe geschieht dann durch Übereignung.
Beispiel: E ist verreist und hat dem D seine wertvolle Siamkatze zur Betreuung überlassen. D schenkt die Katze seiner gutgläubigen Freundin B. Bald darauf wirft die Katze Jungen. Als E davon erfährt, verlangt er von B Herausgabe der Katze und der Jungen. B ist zur Herausgabe der Siamkatze nach § 985 verpflichtet. Hinsichtlich der Jungtiere hat B Eigentum nach § 955 erlangt. Sie muß die Tiere gemäß § 988 an E herausgeben, da sie das Muttertier unentgeltlich erworben hat und es sich bei den Jungen um Nutzungen i. S. d. § 100 handelt.

3. Fraglich ist, inwieweit auch der gutgläubige unrechtmäßige Besitzer, der den Besitz **rechtsgrundlos** erworben hat, zur Herausgabe der während der Besitzzeit gezogenen Nutzungen verpflichtet ist. Der Fragestellung liegt folgende Überlegung zugrunde: Hat der Erwerber ohne Rechtsgrund Eigentum an der Sache erlangt, weil das *schuldrechtliche* Verpflichtungsgeschäft nichtig war, so ist er nach § 812 I 1, Fall 1 verpflichtet, das Eigentum zurück zu übertragen und zusätzlich gemäß § 818 I die Nutzungen herauszugeben. Hat hingegen der Erwerber lediglich den Besitz an der Sache erlangt und ist das *dingliche* Rechtsgeschäft nichtig, so liegt ein Eigentümer–Besitzer-Verhältnis vor und das Kondiktionsrecht ist wegen der Ausschlußfunktion der §§ 987 ff. nicht anwendbar. Den Besitzer trifft keine Verpflichtung zur Herausgabe der Nutzungen. Der Eigentümer würde in diesem Fall also schlechter stehen, als wenn er sein Eigentum verloren hätte. Daher spricht vieles dafür, dieses unbillige Ergebnis zu vermeiden. Auf welchem Weg dies geschehen soll, ist streitig.

❑ Nach Auffassung der **Rspr.** wird der rechtsgrundlose Besitzerwerb dem unentgeltlichen gleichgestellt. Deshalb wird § **988 analog** angewendet, wenn der Besitzer aufgrund einer nichtigen Veräußerung den Besitz erlangt und während der Besitzzeit Nutzungen gezogen hat (BGHZ 32, 94; 71, 216; NJW 1995, 454).

❑ Nach der überwiegend im **Schrifttum** vertretenen Meinung sind für den Fall der Leistungskondiktion die Bereicherungsansprüche nach §§ **812 ff.** ausnahmsweise trotz Vorliegens eines Eigentümer–Besitzer-Verhältnisses anwendbar (Roth JuS 1997, 899).

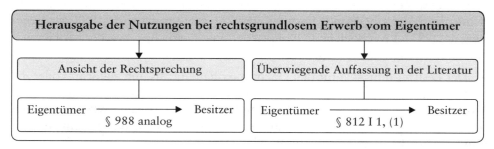

Fall 22:

E veräußert sein Mietgrundstück im Jahr 1993 an B. Dieser wird als Eigentümer im Grundbuch eingetragen. Er zieht ab Juli 1993 die Miete ein, bis sich im Mai 2001 herausstellt, daß E geisteskrank war. B gibt das Grundstück an den Vormund des E heraus, verlangt aber den Kaufpreis zurück und will die Mietzinsen behalten. Zu Recht?

Lösung:

(A) Ansprüche des E gegen B auf **Herausgabe der Mietzinsen:**

  (I) gemäß §§ 987, 990 I:

   (1) Zwischen E und B müßte ein **Eigentümer–Besitzer-Verhältnis** bestanden haben.

    (a) B war zum maßgeblichen Zeitpunkt der Einnahme der Mietzinsen **Eigenbesitzer** des Mietgrundstücks.

    (b) E war ursprünglich **Eigentümer.** Da er bei der Veräußerung geisteskrank war, waren sowohl Kaufvertrag als auch Übereignung

§ 12. Eigentümer–Besitzer-Verhältnis   227

nach § 105 I unwirksam. E hat somit nicht wirksam das Eigentum auf B übertragen und ist Eigentümer geblieben.
- (c) Aufgrund des fehlerhaften Kaufvertrages hat B auch **kein Recht zum Besitz** nach § 986.
- (2) Bei den Mietzinsen handelt es sich um mittelbare Sachfrüchte (§ 99 III), die B aus dem Grundstück gezogen hat und somit um **Nutzungen** i. S. d. §§ 987 ff.
- (3) B müßte **bösgläubig** hinsichtlich seines mangelnden Rechts zum Besitz gewesen sein. Es liegen jedoch keinerlei Anhaltspunkte für eine positive Kenntnis von der Geisteskrankheit des E oder für grobe Fahrlässigkeit vor. Eine Haftung des B nach §§ 987, 990 I scheidet daher aus.

(II) gemäß §§ 992, 823 I:
B ist auch nicht gemäß §§ 992, 823 I zur Herausgabe der gezogenen Mietzinsen an E verpflichtet. Denn er hat sich den Besitz an dem Mietgrundstück nicht durch verbotene Eigenmacht oder eine Straftat verschafft.

(III) gemäß § 988:
- (1) Zum Zeitpunkt der Ziehung der Nutzungen lag ein **Eigentümer–Besitzer-Verhältnis** zwischen E und B vor.
- (2) B war **gutgläubig** hinsichtlich seines Rechts zum Besitz.
- (3) Er müßte den Besitz an dem Mietgrundstück **unentgeltlich** erlangt haben. Unentgeltlich ist die Besitzerlangung dann, wenn sie ohne Gegenleistung erfolgt ist. Die Besitzübertragung erfolgte auf der Grundlage des Kaufvertrages. E und B wollten somit eine entgeltliche Vereinbarung treffen. Die unmittelbare Anwendung des § 988 scheidet somit aus.
- (4) Da der Kaufvertrag unwirksam war, besaß B das Grundstück rechtsgrundlos. Fraglich ist, ob hier eine **analoge Anwendung** des § 988 in Betracht kommt.
  - ❑ Von der **Rspr.** wird dies bejaht. Der rechtsgrundlose wird dem unentgeltlichen Besitzerwerb gleichgestellt (BGH NJW 1995, 454).
    Argument: Anderenfalls stünde der rechtsgrundlos erwerbende Besitzer besser als der rechtsgrundlos erwerbende Eigentümer. Denn dieser müßte nach Bereicherungsrecht das Eigentum an der Muttersache zurück übertragen und zusätzlich die Nutzungen (§ 818 I) herausgeben. Demnach wäre B gemäß § 988 i. V. m. § 818 I zur Herausgabe der gezogenen Mietzinsen verpflichtet.
  - ❑ Die **überwiegende Meinung** in der Literatur lehnt hingegen die analoge Anwendung des § 988 ab und wendet die §§ 812 ff. unmittelbar an (MK § 988 Rn. 7).
    Argument: Wenn schon der Erwerber, der Eigentum an der Sache erlangt hat, zur Herausgabe der Nutzungen verpflichtet ist, so

muß dies erst recht gelten, wenn das dingliche Rechtsgeschäft unwirksam ist, der Erwerber also noch nicht einmal Eigentum erlangt hat. Die Rechtsfolgen, die sich aus der Unwirksamkeit einer Übereignung ergeben, sollen die Rechtsstellung des Veräußerers gerade verbessern und nicht verschlechtern. Nach dieser Ansicht müßte B gemäß §§ 812 I 1, Fall 1, 818 I die Mietzinsen an E herausgeben.

Wegen der abschließenden Regelung der §§ 987 ff. ist eine unmittelbare Anwendung des Bereicherungsrechts bei Vorliegen eines Eigentümer–Besitzer-Verhältnisses ausgeschlossen. Vielmehr ist der rechtsgrundlose Erwerber dem unentgeltlichen Erwerber gleichzustellen. B haftet nach § 988 analog.

(B) Anspruch des B gegen E auf **Rückzahlung des Kaufpreises** gemäß § 812 I 1, Fall 1:

 (I) E hat etwas, nämlich den Kaufpreis von B **erlangt**.

 (II) Dies geschah durch eine **Leistung** des B. Denn B hat den Kaufpreis zweckgerichtet zur Erfüllung der vermeintlichen Verbindlichkeit aus § 433 II gezahlt und dadurch das Vermögen des E vermehrt.

 (III) Die Leistung des B erfolgte **ohne Rechtsgrund**, da der Kaufvertrag mit E von Anfang an unwirksam war.

 (IV) **Rechtsfolge** des § 812 I 1, Fall 1 ist, daß E dem B zur Herausgabe des Erlangten bzw. zum Wertersatz gemäß § 818 II verpflichtet ist. Fraglich ist, ob der Anspruch des B auf Rückzahlung des Kaufpreises durch **Verrechnung** mit dem Anspruch des E auf Nutzungsersatz gemäß § 988 entfallen ist. Nach der sog. **Saldotheorie** besteht ein Bereicherungsanspruch nur in Höhe des Überschusses aller Aktiv- und Passivposten, die mit der Vermögensverschiebung zurechenbar zusammenhängen (Pal. § 818 Rn. 29). Im Fall des rechtsgrundlosen Besitzes ist die Saldotheorie entsprechend anzuwenden. Der Anspruch des Besitzers auf Rückzahlung des Kaufpreises und der Anspruch des Eigentümers auf Herausgabe der Nutzungen sind miteinander zu verrechnen (BGH NJW 1995, 2627). Zur Begründung wird angeführt, daß anderenfalls der rechtsgrundlose Besitzer besser stünde als der rechtsgrundlose Eigentümer. Dieser Wertungswiderspruch ist vom Gesetz nicht gewollt.

 Der Anspruch des B auf Rückzahlung des Kaufpreises ist folglich mit dem Anspruch des E auf Nutzungsersatz zu verrechnen. B kann seinen Anspruch nur in Höhe des Differenzbetrages geltend machen.

Ergebnis: B ist nicht berechtigt, die Mietzinsen zu behalten. E kann von ihm die Herausgabe der Mietzinsen gemäß § 988 analog verlangen. B hat seinerseits einen Anspruch auf Rückzahlung des Kaufpreises, allerdings nur in Höhe des Saldos, der sich nach Verrechnung mit dem Nutzungsersatzanspruch des E ergibt.

Lernhinweis: Auch wenn, wie in diesem Fall, bei Vorliegen eines Zwei-Personen-Verhältnisses die beiden Ansichten letztlich zu demselben Ergebnis führen, empfiehlt es sich, in der Klausur den Meinungsstreit nicht dahinstehen zu lassen, sondern der Ansicht der Rspr. zu folgen. Weisen Sie auf die abschließende Regelung der §§ 987 ff. hin, wonach die unmittelbare Anwendung des allgemeinen Bereicherungsrechts bei Vorliegen eines Eigentümer–Besitzer-Verhältnisses ausgeschlossen ist. Von daher ist es konsequent, § 988 analog anzuwenden. Festzuhalten ist in diesem Zusammenhang, daß es sich bei allen bisher vom BGH entschiedenen Fällen um Zwei-Personen-Verhältnisse handelte.

Der vorstehende Fall 22 hat gezeigt, daß es für das Ergebnis auf die Entscheidung des Meinungsstreits nicht ankommt, soweit es sich um ein Zwei-Personen-Verhältnis handelt, der Besitzerwerb also vom Eigentümer erfolgte. Denn § 988 enthält eine Rechtsfolgenverweisung auf das Bereicherungsrecht. Anders verhält es sich in den Fällen, in denen ein **Drei-Personen-Verhältnis** vorliegt, der Besitzer seinen Besitz also nicht vom Eigentümer selbst, sondern von einem Dritten rechtsgrundlos erworben hat. Die Problematik wird deutlich in den Fällen, in denen der Besitzer bereits eine Gegenleistung an den Dritten erbracht hat. Wendet man § 988 analog an, so kann der Besitzer dem Eigentümer gegenüber nicht einwenden, daß er an den Dritten geleistet hat. Nach der überwiegend im Schrifttum vertretenen Auffassung soll daher zumindest die Leistungskondiktion (§ 812 I 1, Fall 1) neben §§ 987 ff. anwendbar sein (MK § 988 Rn. 9).

Fall 23:

E ist Eigentümer einer wertvollen Zuchtstute, die er im Stall des D untergestellt hat. D, der unerkannt geisteskrank ist, veräußert die Stute gegen einen günstigen Kaufpreis in bar an B. Dieser hält den D für den Eigentümer. B läßt die Stute decken. Sie wirft ein Fohlen. Bald darauf erfährt E, daß sich Stute und Fohlen bei B befinden. Er verlangt von ihm die Herausgabe beider Tiere. Zu Recht?

Lösung:

(I) Anspruch des E gegen B auf Herausgabe der **Stute** gemäß § 985:
  (1) E war ursprünglich **Eigentümer**. Er hat das Eigentum an der Stute nicht durch rechtsgeschäftliche Verfügung nach § 929 S. 1 durch D an B verloren. Die Veräußerung war wegen der Geschäftsunfähigkeit des D unwirksam gemäß § 105.
  (2) B ist **Besitzer** des Pferdes.
  (3) B hat gegenüber E **kein Recht zum Besitz** gemäß § 986.
  Der Herausgabeanspruch ist somit gegeben.
(II) Ansprüche des E gegen B auf Herausgabe des **Fohlens** gemäß §§ 990 I, 987 I:
  (1) Zwischen E und B bestand ein **Eigentümer- Besitzer- Verhältnis**.
  (2) Das Fohlen stellt als unmittelbare Sachfrucht eine **Nutzung** der Muttersache i. S. d. § 100 dar.

(3) B ist **gutgläubig** hinsichtlich seines Rechts zum Besitz an dem Muttertier.

(4) B müßte den Besitz an dem Muttertier **unentgeltlich** erworben haben. Er hat den Besitz von D erlangt. Zwischen ihnen war ein Kaufvertrag vereinbart. B hat den Kaufpreis auch bereits an D gezahlt. Der Besitz ist somit nicht unentgeltlich übertragen worden.

(5) Da die Übereignung zwischen D und B unwirksam war, hat B den Besitz jedoch **rechtsgrundlos** erworben. Fraglich ist, ob in diesem Fall § 988 analog anwendbar ist.

(a) Um einen Wertungswiderspruch zu dem rechtsgrundlos erwerbenden Eigentümer zu vermeiden, stellt die **Rspr.** den rechtsgrundlosen Besitzerwerb dem unentgeltlichen gleich und bejaht eine analoge Anwendung des § 988 (BGH aaO). Dies hat zur Folge, daß E von B Herausgabe des Fohlens gemäß § 988 analog verlangen kann.

(b) Dieses Ergebnis scheint unbillig, da B den Kaufpreis für die Muttersache gezahlt und somit seine Gegenleistung bereits erbracht hat. In der **Literatur** wird daher überwiegend die Auffassung vertreten, daß bei einem derartigen Drei-Personen-Verhältnis **§§ 812 ff. unmittelbar** anzuwenden sind. Zur Begründung wird angeführt, daß bei Anwendung des § 988 analog dem Besitzer die Einwendung gegenüber dem Eigentümer verwehrt wird, er habe bereits an den Dritten gezahlt. Zudem liegt dem Bereicherungsrecht der Gedanke zugrunde, daß fehlgeschlagene Rechtsgeschäfte rückabgewickelt werden sollen. Dies muß erst recht gelten, wenn das dingliche Rechtsgeschäft unwirksam ist. Zumindest die Leistungskondiktion soll neben §§ 987 ff. anwendbar sein (MK § 988 Rn. 9).

(aa) Folgt man dieser Ansicht, so scheitert ein Anspruch des E gegen B nach § 812 I 1, Fall 1 daran, daß nicht der Anspruchsteller E den Besitz an B geleistet hat. Vielmehr erfolgte die Leistung durch den Dritten D.

(bb) Ein Anspruch des E aus Eingriffskondiktion (§ 812 I 1, Fall 2) ist ebenfalls ausgeschlossen wegen des Prinzips der Subsidiarität der Nichtleistungskondiktion. Die Leistungskondiktion im Verhältnis D gegen B hat Vorrang. E kann sich wegen des Wertersatzes an D halten.

Mit der überwiegenden Ansicht in der Literatur hat E gegen B keinen Anspruch auf Herausgabe des Fohlens.

Ergebnis: E kann von B Herausgabe der Stute nach § 985 verlangen. Er hat hingegen keinen Anspruch gegen B auf Herausgabe des Fohlens. Insofern muß er sich an D halten.

Lernhinweis: Hier können Sie sich mit guter Begründung der Literaturansicht anschließen. Sie können sich zur Begründung auf den Schutz des Besitzers berufen. Eine analoge Anwendung des § 988 erscheint nicht gerechtfertigt, wenn der Besitzer die Gegenleistung an den Dritten bereits erbracht hat und es somit an der wirtschaftlichen Unentgeltlichkeit fehlt.

V. Deliktsbesitzer, §§ 992, 823 ff. BGB

Der deliktische Besitzer, der sich den Besitz an der Sache durch verbotene Eigenmacht oder durch eine Straftat verschafft hat, haftet gemäß §§ 992, 823 ff. auf Herausgabe der Nutzungen. Es handelt sich um eine *Rechtsgrundverweisung* auf das Deliktsrecht. Dabei ist der Besitzer grundsätzlich zur Herausgabe derjenigen Nutzungen verpflichtet, die er tatsächlich gezogen hat, unabhängig davon, ob der Eigentümer sie selbst gezogen hätte (BGH WM 1960, 1148). Darüber hinaus muß der Besitzer nach §§ 992, 823 I, 252 auch diejenigen Nutzungen ersetzen, die er schuldhaft nicht gezogen hat, die der Eigentümer aber selbst gezogen hätte.

Beispiel: E, der als Versicherungskaufmann im Außendienst tätig ist, nutzt seinen Pkw hauptsächlich beruflich. D entwendet ihm den Wagen und macht damit eine Spritztour. E verlangt von D Herausgabe des Pkw sowie Ersatz der Gebrauchsvorteile, da er den Wagen nicht dienstlich nutzen konnte.

Für die Haftung nach §§ 992, 823 ff. kommt es nicht darauf an, ob der Besitzer gutgläubig oder bösgläubig war. Allerdings kommt bei *Bösgläubigkeit* oder Rechtshängigkeit zusätzlich eine Haftung des Besitzers nach §§ 990 I, 987 in Betracht, bei unentgeltlichem Erwerb auch nach § 988.

D. Ansprüche des Besitzers auf Verwendungsersatz, §§ 994 ff. BGB

Hat der Besitzer während der Zeit seines Besitzes Maßnahmen zur Erhaltung oder Verbesserung der Sache vorgenommen, so hat er ein Interesse daran, einen Ausgleich für sein Vermögensopfer zu erhalten. Demgegenüber ist dem Eigentümer daran gelegen, nur diejenigen Verwendungen zu ersetzen, die ihm einen Vermögensvorteil bringen. Die §§ 994 ff. regeln diesen Interessenausgleich zwischen Besitzer und Eigentümer. Ob der Eigentümer zum Ersatz verpflichtet ist, richtet sich zum einen nach der Art der Verwendung und zum anderen danach, ob der Besitzer gutgläubig oder bösgläubig war. Der *gutgläubige* Besitzer kann Ersatz seiner notwendigen (§ 994 I 1) sowie seiner nützlichen Verwendungen (§ 996) verlangen. Dem *bösgläubigen oder verklagten* Besitzer gegenüber haftet der Eigentümer gemäß § 994 II nach den Vorschriften über die GoA nur auf Ersatz der notwendigen Verwendungen. Hinsichtlich der Luxusverwendungen besteht in beiden Fällen keine Ersatzpflicht, sondern lediglich ein Wegnahmerecht (§ 997 I).

Übersicht zum Verwendungsersatz nach §§ 994 ff. BGB			
	Notwendige Verwendungen	Nützliche Verwendungen	Luxus- verwendungen
Gutgläubiger Besitzer	§ 994 I	§ 996	Keine Ersatzpflicht, aber Wegnahmerecht, § 997
Bösgläubiger oder verklagter Besitzer	§§ 994 II, 683, 670	Keine Ersatzpflicht	Keine Ersatzpflicht, aber Wegnahmerecht, § 997

I. Verwendungsersatzansprüche des gutgläubigen Besitzers, §§ 994 I, 996 BGB

35   Der gutgläubige unverklagte Besitzer hat gemäß § 994 I 1 Anspruch auf Ersatz seiner notwendigen Verwendungen. Aus dem Wortlaut der Vorschrift des § 994 I ist nicht zu entnehmen, daß der Besitzer gutgläubig oder unverklagt sein muß. Dieses Erfordernis ergibt sich vielmehr aus dem Umkehrschluß zu § 994 II. Seine nützlichen Verwendungen kann der gutgläubige Besitzer gemäß § 996 ebenfalls ersetzt verlangen.

> **Prüfungsschema zum Verwendungsersatzanspruch nach §§ 994 I, 996 BGB**
> A. Voraussetzungen
>   I. Anwendbarkeit der §§ 987 ff.
>   II. Eigentümer–Besitzer-Verhältnis zum Zeitpunkt der Vornahme der Verwendung
>   III. Verwendungen
>   1. Notwendige, § 994 I 1, oder
>   2. Nützliche, § 996
>   IV. Gutgläubigkeit
> B. Rechtsfolge: Zurückbehaltungsrecht des Besitzers nach § 1000

36   **1. Verwendungen** sind *freiwillige Vermögensaufwendungen* des Besitzers, die darauf abzielen, den Bestand der Sache zu erhalten, wiederherzustellen oder zu verbessern und die der Sache (zumindest auch) unmittelbar zugute kommen, so daß der Eigentümer Vorteile davon hat (BGH NJW 1990, 447). Sie fallen unter den Begriff der Aufwendung. Allgemein ist eine Aufwendung ein freiwilliges Vermögensopfer im Interesse eines anderen (BGH NJW 1989, 2318). Im Gegensatz zu den Aufwendungen stellen Schäden unfreiwillige Opfer von Vermögenswerten dar.

§ 12. Eigentümer–Besitzer-Verhältnis

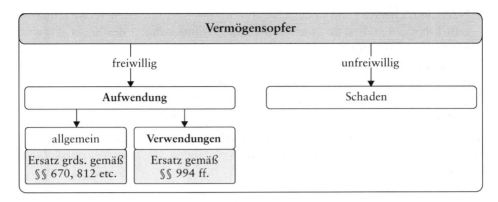

a) Zu den Verwendungen i. S. d. §§ 994 ff. gehören sowohl **Sach- als auch Geldleistungen**. Aber auch Arbeitsleitungen können Verwendungen darstellen. Kosten für die *eigene Arbeitskraft* kann der Besitzer allerdings nur insoweit geltend machen, als seine Arbeitskraft einen Marktwert hat, der in die Sache einfließt. Dies ist insbesondere dann der Fall, wenn die Kosten für eine fremde Arbeitskraft eingespart werden (BGH NJW 1996, 921).

Beispiele:
- Ersatzteile für einen Pkw:
- Arbeitskosten für den Mechaniker, der einen Austauschmotor einbaut.
- Der Besitzer beauftragt keinen Kfz-Mechaniker, sondern baut den Austauschmotor selbst in den Pkw ein.

Nimmt der Besitzer **grundlegende Veränderungen** an der Sache vor, so stellt sich die Frage, ob überhaupt eine Verwendung i. S. d. §§ 994 ff. vorliegt. Standardfall ist die Errichtung eines Gebäudes auf einem unbebauten Grundstück. Denn der Hausbau dient nicht der Erhaltung, Verbesserung oder Wiederherstellung des Grundstücks, sondern verändert es grundlegend in seinem Bestand.

Beispiel: E ist Eigentümer eines unbebauten Grundstücks. In seinem Testament hat er B als seinen alleinigen Erben eingesetzt. B errichtet auf dem Grundstück ein Wohnhaus. Nachdem das Gebäude fertig gestellt ist, wird ein späteres Testament gefunden, in dem X zum Alleinerben bestimmt wird. B erklärt, er werde das Grundstück nur herausgeben, wenn ihm die Kosten für den Hausbau ersetzt werden.

- Der BGH geht in seiner **Rspr.** von einem **engen Verwendungsbegriff** aus. Hiernach liegt nur dann eine Verwendung vor, wenn die Sache als solche erhalten bleibt. Bauliche Veränderungen stellen eine sachändernde Umgestaltung dar und erfüllen nicht dieses Erfordernis (BGHZ 10, 171; 41, 160; NJW 1990, 447).
  Argumente: Nach Wortsinn und Sprachgebrauch gehören Maßnahmen, die die Sache grundlegend verändern oder umgestalten, nicht zu den Verwendungen. Der Eigentümer soll vor der Erstattungspflicht für Aufwendungen geschützt werden, die ihm aufgedrängt werden.

❏ Nach dem überwiegend in der **Literatur** angewendeten **weiten Verwendungsbegriff** hingegen stellen auch grundlegende Veränderungen der Sache Verwendungen dar (Baur/Stürner § 11 C IV 1; MK § 994 Rn. 6).
Argument: Entscheidend ist allein, daß die Maßnahme dem Eigentümer zugute kommen und den wirtschaftlichen Wert der Sache erhöhen soll. Die §§ 994 ff. bezwecken den Schutz des unrechtmäßigen Besitzers, der Aufwendungen im Vertrauen darauf erbracht hat, die Sache behalten zu dürfen.

38 b) Das Gesetz unterscheidet bei den **Verwendungsarten** nach §§ 994 ff. zwischen den notwendigen und den nützlichen Verwendungen sowie den Luxusverwendungen.

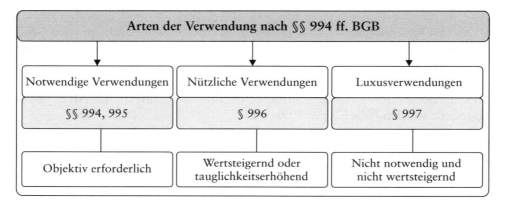

aa) **Notwendige Verwendungen** sind solche Aufwendungen, die objektiv erforderlich sind, um die Sache als solche oder ihre wirtschaftliche Nutzungsmöglichkeit zu erhalten oder wiederherzustellen. Es handelt sich um Maßnahmen, die der Eigentümer selbst vernünftigerweise vorgenommen hätte, wenn die Sache in seinem Besitz gewesen wäre (BGHZ 64, 333; Pal. § 994, Rn. 1). Hierzu zählen auch die *Lasten* einer Sache, wie insbesondere Gebühren und Abgaben (§ 995 I).

Beispiele:
❏ Reparaturen, Lagerkosten, Mietkosten,
❏ Grundsteuern, Anliegerbeiträge, Versicherungsprämien.

Auch die *gewöhnlichen Erhaltungskosten* einer Sache sind notwendige Verwendungen. Diese kann der Besitzer jedoch nach § 994 I 2 nur dann ersetzt verlangen, wenn er seinerseits die Nutzungen nach §§ 987 ff. herausgeben muß. Der gutgläubige Besitzer soll zumindest die regelmäßig wiederkehrenden Aufwendungen tragen, die zum laufenden Unterhalt der Sache dienen. Die Vorteilsausgleichung erfolgt pauschal (MK § 994 Rn. 21).

Beispiel: Der unerkannt geisteskranke E schenkt seinen wertvollen Hund dem Züchter B. Der Hund wirft Junge. Bald darauf verlangt der Vormund des E den Hund und die Welpen heraus. B verlangt seinerseits Ersatz der Futterkosten für die Tiere. Da B gemäß § 988 zur Herausgabe der Nutzungen, also der Welpen verpflichtet ist, kann er von E Ersatz der Futterkosten gemäß § 994 I 2 verlangen.

bb) Nützliche Verwendungen sind nicht notwendig, sie erhöhen aber den objektiven Wert oder die Gebrauchsfähigkeit der Sache (§ 996). Hierbei kommt es auf die tatsächliche Wertsteigerung an. Die Maßnahme muß *für den Eigentümer nützlich* sein, da ihm anderenfalls auch Verwendungen aufgezwungen werden könnten, die für ihn persönlich ohne Nutzen sind.

Beispiel: Der Einbau eines Badezimmers in eine Altbauwohnung kann eine nützliche Verwendung darstellen.

cc) Um **Luxusverwendungen** handelt es sich bei allen sonstigen vermögenswerten Aufwendungen, die nicht wertsteigernd oder dem Eigentümer von Nutzen sind. Der Besitzer hat keinen Anspruch auf Erstattung dieser Maßnahmen. Es besteht lediglich ein Wegnahmerecht nach § 997.

Beispiel: Der unrechtmäßige Besitzer eines Porsche macht den Wagen renntauglich, um ihn als Tourenwagen zu gebrauchen.

Fall 24:

D stiehlt den Pkw des E. Nachdem er die Kfz-Papiere geschickt gefälscht hat, veräußert er den Wagen an den gutgläubigen B. E verlangt von B die Herausgabe. Dieser verweigert die Herausgabe und macht geltend, daß er für 3.000 DM den Motor austauschen, für 700 DM ein Autoradio einbauen und die Reifen erneuern ließ.

Lösung:

E kann dann den Pkw von B herausverlangen, wenn er einen Herausgabeanspruch nach § 985 hat und B kein Zurückbehaltungsrecht nach § 1000 S. 1 wegen seiner Verwendungen geltend machen kann.
(A) Anspruch des **E gegen B** auf Herausgabe des Pkw nach § 985:
    (I) E ist **Eigentümer** des Wagens. Er hat das Eigentum nicht an B verloren. Ein gutgläubiger Eigentumserwerb des B von dem nichtberechtigten D nach §§ 929 S. 1, 932 scheitert daran, daß der Pkw dem E abhanden gekommen war (§ 935).
    (II) B ist **Besitzer**.
    (III) B hat **kein Besitzrecht** nach § 986.
(B) **Zurückbehaltungsrecht** des B gemäß § 1000 S. 1:
Möglicherweise kann B dem Herausgabeanspruch des E ein Zurückbehaltungsrecht gemäß § 1000 S. 1 entgegenhalten. Voraussetzung ist, daß B zu ersetzende Verwendungen gemäß §§ 994 ff. gemacht hat.
    (I) In Betracht kommt ein **Verwendungsersatzanspruch** des B aus § 994 I:
        (1) Zwischen E und B bestand im maßgeblichen Zeitpunkt der Vornahme der Verwendungen ein **Eigentümer–Besitzer-Verhältnis** (s. o.).

(2) B war **gutgläubig** hinsichtlich seines Rechts zum Besitz. D hatte die Kfz-Papiere so geschickt gefälscht, daß B nicht erkennen konnte, daß er nicht der Eigentümer war.

(3) Gemäß § 994 I 1 sind nur notwendige Verwendungen des gutgläubigen unverklagten Besitzers ersatzfähig. **Notwendige Verwendungen** sind solche Maßnahmen, die darauf abzielen, den Bestand der Sache als solche zu erhalten, wiederherzustellen oder ihren Zustand zu verbessern.

(a) Der Austausch des **Motors** war eine außergewöhnliche Maßnahme, die den wirtschaftlichen Bestand und die Nutzungsfähigkeit des Pkw erhöht hat. Sie war zur Erhaltung des Pkw objektiv erforderlich und stellte somit eine notwendige Verwendung dar.

(b) Der Einbau des **Autoradios** hingegen ist zum Erhalt, der Wiederherstellung oder zur Verbesserung des Pkw nicht objektiv erforderlich. Die Nutzbarkeit des Pkw hängt nicht von einem Autoradio ab. Es liegt somit keine notwendige Verwendung vor.

(c) Fraglich ist, ob auch die Kosten für die Erneuerung der **Reifen** als notwendige Verwendungen nach § 994 I 1 zu ersetzen sind. Die Autoreifen sind zur Erhaltung des Pkw objektiv erforderlich. Allerdings handelt es sich um **gewöhnliche Erhaltungskosten** nach § 994 I 2, da Reifen dem laufenden Verschleiß unterliegen. B hat lediglich Anspruch auf Ersatz der gewöhnlichen Erhaltungskosten, soweit ihm nicht die **Nutzungen** nach §§ 987 ff. verbleiben. Als gutgläubiger Besitzer ist B jedoch nicht zur Herausgabe der Nutzungen verpflichtet (§ 993 I 2). Er muß die Kosten für die Erneuerung der Reifen selbst tragen.

Gemäß § 994 I ist E verpflichtet, dem B die Verwendungen für den Austausch des Motors zu ersetzen.

(II) B könnte wegen des Einbaus des Autoradios einen Verwendungsersatzanspruch aus § 996 haben.

(1) **Nützliche Verwendungen** sind solche Aufwendungen, die der Besitzer auf die Sache macht, um ihren objektiven Wert oder ihre Gebrauchsfähigkeit zu erhöhen. Das Autoradio verbessert den Fahrkomfort. Dadurch wird die Gebrauchstauglichkeit des Pkw objektiv gesteigert.

(2) Die **Werterhöhung** ist noch vorhanden.

(3) Der Umfang der Erstattung richtet sich nach der tatsächlichen Wertsteigerung der Sache im Zeitpunkt der Wiedererlangung durch den Eigentümer.

B hat somit gegen E Anspruch auf Ersatz der Kosten für den Einbau des Autoradios nach § 996.

Ergebnis: E kann von B Herausgabe des Pkw gemäß § 985 verlangen. Da B dem Anspruch des E ein Zurückbehaltungsrecht gemäß § 1000 S. 1 entgegenhalten kann, ist er jedoch nur Zug um Zug gegen Erstattung seiner Verwendungen zur Herausgabe des Pkw verpflichtet. B hat nach § 994 I 1 Anspruch auf Ersatz der Kosten für den Einbau eines Austauschmotors sowie nach § 996 Anspruch auf Erstattung der Kosten für die Installierung eines Autoradios.

2. Anspruchsberechtigt nach § 994 I ist der gutgläubige *Eigenbesitzer*, der dem Eigentümer gegenüber kein Recht zum Besitz hat. Die Vorschrift ist auch anwendbar auf den gutgläubigen unrechtmäßigen *Fremdbesitzer*. Allerdings gelten hier gewisse Einschränkungen, da der unrechtmäßige Besitzer nicht besser stehen soll als der rechtmäßige. 39

a) Der Fremdbesitzer, der den Besitz von einem Dritten erhalten hat und diesem gegenüber durch Vertrag zur Übernahme der Verwendungen verpflichtet ist, hat keinen Anspruch auf Verwendungsersatz gegen den *Eigentümer*, wenn er dem Eigentümer gegenüber **zum Besitz berechtigt** ist (BGHZ 100, 95).

Beispielsfall:
E vermietet seinen Pkw an M. Dieser übernimmt Instandsetzung und Reparaturen. M läßt den Wagen von U für 2.000 DM reparieren. U gibt den Pkw gegen einen Scheck an M zurück. Der Scheck ist nicht gedeckt. E verlangt nach Ablauf der Mietzeit den Pkw von M heraus. U macht Zahlung der Reparaturkosten gegen E geltend.

Lösung:
Ein Verwendungsersatzanspruch des U gegen E nach §§ 677, 683 scheidet aus, da U nicht mit dem erforderlichen Fremdgeschäftsführungswillen handelte. Bei der Reparatur des Pkw wollte er den Werkvertrag mit M erfüllen. Er wollte kein Geschäft des E besorgen. U könnte jedoch die Erstattung seiner Verwendungen von E nach § 994 I verlangen. Zwischen E und B müßte ein Eigentümer–Besitzer-Verhältnis bestanden haben. E ist Eigentümer des Pkw. Er hat zu keinem Zeitpunkt das Eigentum an M oder U verloren. U war zum Zeitpunkt der Vornahme der Verwendungen Besitzer, und zwar Fremdbesitzer. U dürfte kein Recht zum Besitz gegenüber dem Eigentümer E gehabt haben (§ 986). U hat seinen Besitz von M erhalten. Aufgrund des Werkvertrages (§ 631) war U gegenüber M, von dem er seinen Besitz ableitete, zum Besitz berechtigt. M seinerseits hat ein Besitzrecht gegenüber E aus dem Mietverhältnis. U hatte folglich ein abgeleitetes Besitzrecht gegenüber E (§ 986 I 2). Der Verwendungsersatzanspruch des U gegen E aus § 994 I ist mangels Vindikationslage ausgeschlossen.
Ergebnis: U hat keinen Anspruch auf Zahlung der Reparaturkosten gegen E.

b) Anders verhält es sich, wenn der Fremdbesitzer **kein Besitzrecht** gegenüber dem Eigentümer von dem Dritten ableiten kann. Obwohl der Besitzer durch vertragliche Absprache mit dem Dritten die Verwendungen übernommen hat, hat er gemäß § 994 I Anspruch gegen den Eigentümer auf Ersatz der Verwendungen (BGHZ 34, 122).

Beispiel: Wie im vorangegangenen Beispielsfall, nur stellt sich später heraus, daß der Mietvertrag zwischen E und M von Anfang an unwirksam war. Es besteht ein Eigentümer–Besitzer-Verhältnis zwischen dem Eigentümer E und dem Fremdbesitzer U. U war zwar aufgrund des Werkvertrages dem M gegenüber zum Besitz berechtigt; er kann jedoch von M kein Recht zum

Besitz herleiten, da M selbst kein Besitzrecht gegenüber E hatte wegen der Unwirksamkeit des Mietvertrages.

❏ Nach Auffassung eines **Teils des Schrifttums** ist in diesem Fall die Anwendung der §§ 994 ff. ausgeschlossen, ein Verwendungsersatzanspruch entfällt (MK § 994 Rn. 28; M. Wolf Rn. 221).
Argumente: Der Werkunternehmer selbst ist nicht Verwender. Er handelt lediglich für den Besteller, der die Verwendungen auf eigene Rechnung veranlaßt hat. Zudem liegt das Risiko für die Nichtdurchsetzbarkeit des Werklohns beim Unternehmer. Dieses Risiko darf er nicht auf den Eigentümer abwälzen.

❏ Die **h. M.** hingegen hält die §§ 994 ff. auch in diesem Fall für anwendbar. Der Unternehmer kann von dem Eigentümer Ersatz der Reparaturkosten verlangen (BGHZ 34, 122; Pal. vor § 994 Rn. 4).
Argument: Der Verwendungsersatzanspruch zwischen Eigentümer und Besitzer ist rein sachenrechtlich. Die schuldrechtliche Absprache zwischen dem Dritten und dem Besitzer kann das sachenrechtliche Verhältnis zwischen Eigentümer und Besitzer nicht berühren.

c) Problematisch ist, ob in einem *Zwei-Personen-Verhältnis* zwischen Eigentümer und Fremdbesitzer der unrechtmäßige Besitzer Ersatz seiner Verwendungen verlangen kann, wenn der Eigentümer in einem **nichtigen Vertrag** mit ihm den Verwendungsersatzanspruch *ausgeschlossen* hat.

Beispielsfall:
E vermietet seine Wohnung an B. In dem Mietvertrag bestimmen sie, daß dem B keine Verwendungen zu ersetzen sind. B läßt die defekten Elektroleitungen vollständig erneuern. Es stellt sich heraus, daß E bei Abschluß des Mietvertrages geisteskrank war. Sein Vormund verlangt von B die Herausgabe der Wohnung. B macht im Gegenzug Ersatz der Reparaturkosten geltend.

Lösung:
E hat gegen B einen Anspruch auf Herausgabe der Wohnung gemäß § 985. E ist Eigentümer der Wohnung. B ist unrechtmäßiger Fremdbesitzer. Er hat kein Recht zum Besitz nach § 986, da der Mietvertrag mit E von Anfang an nichtig war (§ 105). B kann dem Herausgabeanspruch ein Zurückbehaltungsrecht gemäß § 1000 S. 1 geltend machen, wenn er einen Verwendungsersatzanspruch gegen E nach § 994 I hat. Zwischen E und B bestand ein Eigentümer–Besitzer-Verhältnis. Die Reparatur der defekten Elektroleitungen ist eine notwendige Verwendung, da sie zum Erhalt der Wohnung objektiv erforderlich ist. B war zum Zeitpunkt der Verwendungen gutgläubig und nicht verklagt. Der Verwendungsersatzanspruch des B ist auch nicht vertraglich ausgeschlossen, da die Mietvereinbarung mit E wegen dessen Geisteskrankheit von Anfang an nichtig war. Der Anspruch des B nach § 994 I wäre somit an sich gegeben. Jedoch würde dies zu dem unbilligen Ergebnis führen, daß der unrechtmäßige Besitzer besser stünde als der rechtmäßige Besitzer. Denn wäre B zum Besitz berechtigt gewesen, so wäre die Verwendungsersatzpflicht des Eigentümers ausgeschlossen. Die h. M. wendet daher die §§ 994 ff. hier ausnahmsweise nicht an (BGH NJW 1979, 716; Pal. vor § 994 Rn. 3; a. A. MK § 994 Rn. 31).
Ergebnis: B hat somit keinen Anspruch auf Ersatz seiner Verwendungen gegen E gemäß § 994 I.

d) Besonders hervorzuheben ist die Bedeutung der Anwendung der §§ 994 ff. bei **Wegfall des Besitzrechts**. Die Streitfrage betrifft diejenigen Fälle, in denen ein Fremdbesitzer zunächst ein Recht zum Besitz hatte und Verwendungen auf die Sache gemacht hat, das Besitzrecht jedoch in dem Zeitraum *zwischen Verwendungen und Herausgabeverlangen* des Eigentümers entfallen ist. Die Problematik wird deutlich anhand des folgenden Fallbeispiels.

Fall 25 (Werkunternehmer-Fall):

E veräußert seinen Pkw unter Eigentumsvorbehalt an D. Nach einem selbstverschuldeten Unfall läßt D den Wagen von U reparieren. D kommt bald darauf in Zahlungsschwierigkeiten und gerät mit seinen Kaufpreisraten in Verzug. E tritt von dem Kaufvertrag mit D zurück und verlangt von U die Herausgabe des Pkw. U macht im Gegenzug seine Reparaturkosten geltend.

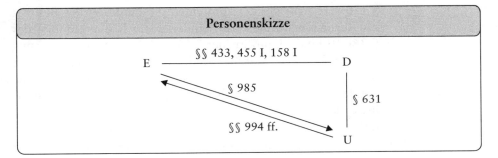

Lösung:

(I) Herausgabeanspruch des **E gegen U** gemäß § 985:
E hat dann einen Anspruch auf Herausgabe des Pkw gegen U, wenn die Voraussetzungen des § 985 vorliegen und U kein Recht zum Besitz nach § 986 hat.
(1) E ist **Eigentümer** des Pkw. Das Eigentum ist nicht durch Rechtsgeschäft auf D übergegangen. Die Übereignung des Pkw erfolgte aufgrund des Eigentumsvorbehalts aufschiebend bedingt (§ 158 I). Die Bedingung, nämlich die vollständige Zahlung des Kaufpreises durch D, ist nicht eingetreten. E ist Eigentümer geblieben.
(2) U ist **Fremdbesitzer**.
(3) Fraglich ist, ob U ein **Recht zum Besitz** gemäß § 986 hat.
  (a) In Betracht kommt ein **eigenes Besitzrecht** des U gemäß § 986 I 1 aufgrund des **Unternehmerpfandrechts** (§ 647).
    (aa) Der Werkunternehmer hat ein **Pfandrecht** an den vom Besteller eingebrachten Sachen, wenn dieser seine Werklohnforderung nicht erfüllt. D und U haben einen Werkvertrag (§ 631) abge-

schlossen. Der Besteller D war jedoch nicht Eigentümer des Pkw. Das Unternehmerpfandrecht konnte somit nicht entstehen.

(bb) Die Literatur wendet z.T. § 647 i.V.m. **§ 185 I analog** an, wenn der Eigentümer mit der Reparatur einverstanden ist (Med. Rn. 594). Dagegen spricht jedoch, daß der gesetzliche Pfandrechtserwerb unabhängig vom Willen des Eigentümers entsteht.

(cc) U konnte auch nicht **gutgläubig gemäß §§ 1207, 932** das Pfandrecht erlangen. Denn von einem Nichtberechtigten kann ein gesetzliches Pfandrecht nicht erworben werden. Dies ergibt sich aus dem Wortlaut des § 1257, „entstandenes" (h.M., vgl. Pal. § 647 Rn. 3; BGH NJW 1983, 2140).

(dd) In Betracht kommt ein gutgläubiger Erwerb des U **analog § 1207**. Hierfür spricht zum einen die Funktion des Besitzes als Rechtsscheinträger, zum anderen der Rechtsgedanke des § 366 III HGB (Baur/Stürner § 55 C II 2 a). Diese Auffassung scheitert laut **h.M.** daran, daß der Gutglaubensschutz nur bei rechtsgeschäftlichem Erwerb besteht. § 366 III HGB ist eine Sondervorschrift. Zudem besteht kein Bedürfnis für eine Analogie, da der Unternehmer hinreichenden Schutz durch § 1000 i.V.m. §§ 994 ff. erfährt (BGH NJW 1992, 2570).

(b) U hat auch kein **abgeleitetes Besitzrecht** gemäß § 986 I 2. D, von dem U sein Besitzrecht herleiten könnte, ist selbst im Verhältnis zum Eigentümer E nach dessen Rücktritt vom Vorbehaltskauf nicht mehr zum Besitz berechtigt.

U hat somit kein Recht zum Besitz nach § 986. E hat einen Herausgabeanspruch gegen ihn gemäß § 985.

(II) **Zurückbehaltungsrecht des U gemäß § 1000 S. 1:**
Möglicherweise kann U dem Herausgabeverlangen des E ein Zurückbehaltungsrecht nach § 1000 S. 1 entgegenhalten. U hat dann ein Zurückbehaltungsrecht gegen E, wenn er zu ersetzende Verwendungen auf die Sache gemacht hat. In Betracht kommt hier ein Anspruch nach § 994 I.

(1) Fraglich ist die **Anwendbarkeit** der §§ 994 ff. Voraussetzung für den Verwendungsersatzanspruch des Besitzers ist das Bestehen eines **Eigentümer–Besitzer-Verhältnisses**. Maßgeblicher Zeitpunkt hierfür ist grundsätzlich die **Vornahme der Verwendungen**. Zu diesem Zeitpunkt hatte U ein Recht zum Besitz. Allerdings ist dieses Besitzrecht nachträglich weggefallen, so daß es im Zeitpunkt des **Herausgabeverlangens** durch E nicht mehr bestand. Der Besitz ist erst nach Vornahme der Verwendungen unrechtmäßig geworden. Hiernach hätte U also keinen Anspruch gegen E auf Verwendungsersatz nach § 994 I.

(a) Der **BGH** und mit ihm der überw. Teil in der Literatur hält dennoch die §§ 994 ff. für anwendbar (BGHZ 34, 122; Pal. vor § 994 Rn. 4).
Argument: Der entscheidende Zeitpunkt für Vorliegen des Eigentümer–Besitzer-Verhältnisses ist vorzuziehen auf den Zeitpunkt des Herausgabeverlangens des Eigentümers. Anderenfalls würde der rechtmäßige Besitzer schlechter stehen als der unrechtmäßige. Hätte nämlich das Besitzrecht bereits zum Zeitpunkt der Verwendungen nicht mehr bestanden, hätte der Fremdbesitzer als unrechtmäßiger Besitzer Verwendungserstattungsansprüche gegen den Eigentümer gehabt.

(b) Nach einer anderen **im Schrifttum teilweise** vertretenen Ansicht entfällt ein Verwendungsersatzanspruch des Fremdbesitzers mangels Vorliegen einer Vindikationslage (Roth JuS 1997, 518).
Argument: Nach dem Wortlaut und dem Sinn des Gesetzes kommt es für die Anwendbarkeit der §§ 994 ff. allein auf den Zeitpunkt der Verwendungen an.

Der wohl h. M. folgend, sind die §§ 994 ff. (analog) anwendbar auf den Fall, daß der zuvor berechtigte Fremdbesitz erst zum Zeitpunkt des Herausgabeverlangens unrechtmäßig geworden ist. Es ist vom Vorliegen eines Eigentümer–Besitzer-Verhältnisses auszugehen.

(2) U war **gutgläubig** und nicht verklagt.

(3) Die Reparatur des Pkw stellt eine **notwendige Verwendung** nach § 994 I dar. Die Beseitigung der Unfallschäden ist objektiv erforderlich, um den Wagen in seinem Bestand zu erhalten.

U hat somit einen Verwendungserstattungsanspruch nach § 994 I gegen E.

Ergebnis: E kann von U die Herausgabe des Pkw verlangen, allerdings nur Zug um Zug gegen Erstattung der Reparaturkosten.

Lernhinweis: In dem Fall des späteren Wegfalls des Besitzrechts hat die Rechtsprechung den maßgeblichen Zeitpunkt für die Unrechtmäßigkeit des Besitzes systemwidrig auf den Zeitpunkt des Herausgabeverlangens des Eigentümers verlegt. Sie ist dabei ihrem Prinzip der Angleichung des unrechtmäßigen an den rechtmäßigen Besitzer treu geblieben. Der rechtmäßige Besitzer soll nicht schlechter stehen als der unrechtmäßige Besitzer. Stimmen in der Literatur sträuben sich gegen diese Vorgehensweise mit der Begründung, das Bestehen und der Umfang der Verwendungsersatzansprüche nach §§ 994 ff. hängen entscheidend davon ab, ob der Besitzer redlich oder unredlich ist. Hatte der Besitzer zum maßgeblichen Zeitpunkt aber ein Recht zum Besitz, macht es keinen Sinn, nach seiner Redlichkeit oder Unredlichkeit zu fragen. Denn es gibt keine redlichen bzw. unredlichen rechtmäßigen Besitzer! – Setzen Sie sich in der Prüfung mit den Argumenten auseinander. Sinnvoll ist es nichtsdestotrotz, der Auffassung des BGH zu folgen. Es handelt sich um gefestigte Rechtsprechung.

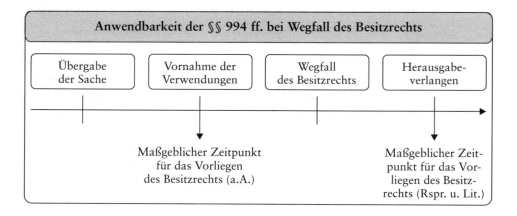

II. Verwendungsersatzansprüche des bösgläubigen oder verklagten Besitzers, § 994 II i. V. m. §§ 677 ff. BGB

41 Der bösgläubige oder der zur Herausgabe der Sache verklagte Besitzer hat lediglich Anspruch auf Ersatz seiner notwendigen Verwendungen gemäß § 994 II i. V. m. den Vorschriften der GoA. Da § 994 II auf die Unterscheidung zwischen der berechtigten GoA (§ 683 bzw. 684 S. 2) und der unberechtigten GoA (§§ 684 S. 1, 818 ff.) verweist, müssen deren Voraussetzungen ebenfalls gegeben sein. Der Eigentümer ist dann zur Erstattung der Verwendungen verpflichtet, wenn die Verwendung dem *tatsächlichen oder mutmaßlichen Willen des Eigentümers entspricht* (§§ 683, 670). Jedoch ist nicht erforderlich, daß ein Fremdgeschäftsführungswillen vorliegt (MK § 994 Rn. 19).

Lernhinweis: Der Tatbestand des § 994 II ersetzt das Erfordernis des Fremdgeschäftsführungswillens. Denn die Vorschrift erfaßt sowohl den unrechtmäßigen Fremdbesitzer als auch den unrechtmäßigen Eigenbesitzer. Bei Eigenbesitz scheidet aber begrifflich ein Fremdgeschäftsführungswillen aus. § 994 II nimmt daher nicht Bezug auf diesen Willen. Die Vorschrift enthält somit nur eine teilweise Rechtsgrundverweisung.

Übersicht zum Verwendungsersatzanspruch nach § 994 II BGB

A. Voraussetzungen
   I. Anwendbarkeit der §§ 987 ff.
   II. Eigentümer–Besitzer-Verhältnis zum Zeitpunkt der Vornahme der Verwendung
   III. Notwendige Verwendungen
   IV. Bösgläubigkeit
   V. Voraussetzungen der GoA
      1. Verwendung muß dem tatsächlichen oder mutmaßlichen Willen des Eigentümers entsprechen, §§ 683, 670
      2. Anderenfalls Haftung nach Bereicherungsrecht, allerdings nur für die tatsächlich gemachten Verwendungen, §§ 684 S. 1, 818
B. Rechtsfolge: Verwendungsersatz nach § 818

Entsprechen die getätigten Verwendungen *nicht* dem Interesse und dem Willen des Eigentümers, so haftet der Eigentümer nach Bereicherungsrecht (§§ 687 II, 684 S. 1, 818 ff.). Voraussetzung ist allerdings, daß der Geschäftsherr die dort genannten Ansprüche geltend macht. Der Höhe nach ist der Anspruch begrenzt auf die tatsächlich gemachten Verwendungen. Der Eigentümer kann sich nach § 818 III auf Entreicherung berufen, da § 994 II insofern eine Rechtsfolgenverweisung enthält.

Fall 26:

D stiehlt den Pkw des E. Nachdem er die Kfz-Papiere geschickt gefälscht hat, veräußert er den Wagen an den gutgläubigen B. Dieser mietet einen Stellplatz und bringt den Wagen dort unter. E verlangt von B die Herausgabe. B verweigert die Herausgabe mit der Begründung, er habe nicht gewußt, daß der Pkw dem E gehört habe. E verklagt ihn daraufhin. B, der immer noch der Meinung ist, daß er zur Herausgabe nicht verpflichtet ist, läßt an dem Wagen das defekte Getriebe erneuern und neue Chromleisten anbringen. Im Prozeß macht B die Erstattung der ihm entstandenen Kosten geltend.

Lösung:

(A) Anspruch des **E gegen B** auf Herausgabe des Pkw nach § 985:
    (I) E ist **Eigentümer** des Wagens. B konnte das Eigentum nicht gutgläubig erwerben (§§ 929 S. 1, 932), da der Pkw dem E abhanden gekommen war (§ 935).
    (II) B ist unrechtmäßiger **Besitzer**.
(B) **Zurückbehaltungsrecht** des B gemäß § 1000 S. 1:
    (I) Ersatzansprüche des B gegen E wegen der **vor Rechtshängigkeit** getätigten Verwendungen:
        (1) In Betracht kommt ein Anspruch des B auf Erstattung der **Stellplatzkosten** für den Pkw gemäß § 994 I:
            (a) Zwischen E und B bestand im maßgeblichen Zeitpunkt der Vornahme der Verwendungen ein **Eigentümer–Besitzer-Verhältnis** (s. o.).
            (b) Bis zur Rechtshängigkeit der Herausgabeklage war B **gutgläubig**, da er nicht wußte, daß D nicht der Eigentümer des Pkw war.
            (c) Bei der Miete für den Stellplatz müßte es sich um eine **notwendige Verwendung** gehandelt haben. Notwendige Verwendungen sind Maßnahmen, die dazu dienen, die Sache zu erhalten, wiederherzustellen oder zu verbessern. Die entgeltliche Verwahrung eines Pkw ist jedoch nicht objektiv erforderlich, um dessen Gebrauchsfähigkeit zu erhöhen. In der Regel reicht ein Stellplatz im Freien aus (Pal. § 994 Rn. 5). Es liegt insofern keine

notwendige Verwendung vor. Ein Anspruch nach § 994 I scheidet aus.

(2) B kann von E jedoch Erstattung der Stellplatzkosten nach § 996 verlangen. Die entgeltliche Unterstellung des Pkw stellt eine Maßnahme dar, die die Gebrauchsfähigkeit des Pkw erhöht. Es handelt sich um eine **nützliche Verwendung,** deren Ersatz B als gutgläubiger Besitzer geltend machen kann.

(II) Für die **nach Rechtshängigkeit** vorgenommenen Verwendungen kommt ein Ersatzanspruch des B gegen E aus § 994 II i. V. m. §§ 683, 670 in Betracht.

(1) Bei den **Stellplatzkosten** handelt es sich lediglich um **nützliche Verwendungen.** Da B nunmehr verklagter Besitzer ist, ist der Eigentümer nach § 994 II nicht zum Ersatz nützlicher Verwendungen verpflichtet. Die Aufwendungen für den Stellplatz liegen nicht im Interesse des Eigentümers.

(2) Die **Chromleisten** sind ebenfalls nur **nützliche Verwendungen.** Sie sind nicht notwendig, da sie nicht objektiv erforderlich sind, um den Pkw in seiner Gebrauchsfähigkeit wiederherzustellen. Sie erhöhen lediglich den Wert des Fahrzeugs. E ist nicht zum Ersatz der Chromleisten verpflichtet.

(3) B könnte jedoch Anspruch auf Ersatz der Kosten für den **Einbau des neuen Getriebes** haben.

(a) B hat eine Reparatur vorgenommen, die objektiv erforderlich war, den Pkw in seiner Gebrauchsfähigkeit zu erhalten. Es liegt somit eine **notwendige Verwendung** vor.

(b) Zum Zeitpunkt der Vornahme der Verwendung war B unrechtmäßiger **verklagter** Besitzer.

(c) Die Maßnahme entsprach auch dem **Interesse und dem mutmaßlichen Willen** des Eigentümers (§§ 683, 670).

B kann daher von E Ersatz der Kosten für das neue Getriebe verlangen.

Ergebnis: E kann von B Herausgabe des Pkw nach § 985 verlangen, jedoch nur Zug um Zug gegen Erstattung der Kosten für die Unterbringung des Pkw bis zur Zeit der Rechtshängigkeit (§ 994 I 1) sowie der Kosten für den Einbau des Getriebes (§ 994 II i. V. m. §§ 683, 670).

III. Rechtsnachfolge, § 999 BGB

42 In § 999 sind die Verwendungserstattungsansprüche bei Rechtsnachfolge sowohl des Besitzers als auch des Eigentümers geregelt. Voraussetzung ist, daß eine Rechtsnachfolge aufgrund Gesamtrechtsnachfolge (insbesondere durch Erbschaft gemäß § 1922) oder eines rechtsgeschäftlichen Veräußerungsgeschäfts

(§§ 929 ff.) eingetreten ist. Grundsätzlich besteht der Erstattungsanspruch bei Rechtsnachfolge in demselben Umfang weiter.

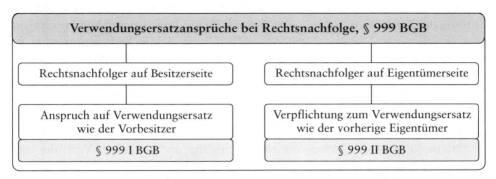

1. Der Rechtsnachfolger des **Besitzers** hat gegen den Eigentümer Anspruch auf Erstattung seiner Verwendungen in demselben Umfang wie der Vorbesitzer (§ 999 I). Sinn dieser Vorschrift ist, den vorherigen Besitzer vor *Rückgriffsansprüchen* seines Rechtsnachfolgers zu schützen. In der Regel hat der Rechtsnachfolger diejenigen Verwendungen, die sein Vorbesitzer vorgenommen hat, durch den Kaufpreis *abgegolten*. In diesem Fall ist der Erstattungsanspruch des Rechtsnachfolgers gegen den Eigentümer auf die Höhe des gezahlten Kaufpreises begrenzt (Pal. § 999 Rn. 3; a. A. MK § 999 Rn. 8).

Beispiel: D hat den Computer des E entwendet und an V veräußert. V läßt den Festplattenspeicher erweitern und schafft einen neuen Monitor an. Die Kosten betragen insgesamt 2.500 DM. Kurz darauf verkauft er den Computer für 1.500 DM an B weiter. E verlangt von B den Computer heraus. B macht Verwendungserstattungsansprüche geltend. Diese sind auf 1.500 DM begrenzt. Nur in dieser Höhe könnte B einen Rückgriffsanspruch (§§ 440, 325) gegen seinen Vorbesitzer V geltend machen.

2. Der Rechtsnachfolger des **Eigentümers** ist in demselben Umfang zum Ersatz der Verwendungen verpflichtet wie sein Vorgänger. Allerdings haftet er auch für Verwendungen, die der Besitzer vor dem Eigentumserwerb gemacht hat (§ 999 II).

Beispiel: D hat den Computer des E entwendet und an V veräußert. V macht Verwendungen auf den Computer in Höhe von 2.500 DM. Bald darauf verstirbt E. Sein Erbe N verlangt von V Herausgabe des Computers. V kann auch die vor Eintritt der Gesamtrechtsnachfolge (§ 1922) vorgenommenen Verwendungen von N erstattet verlangen.

IV. Aufgedrängte Bereicherung

Die Vorschriften der §§ 994 ff. stellen eine erschöpfende Sonderregelung hinsichtlich des Verwendungsersatzes dar. Bereicherungsrechtliche Ansprüche des Besitzers sind grundsätzlich ausgeschlossen (Pal. vor § 994 Rn. 2). Es kommt jedoch häufig vor, daß der Besitzer Verwendungen macht, die der Eigentümer nicht haben wollte oder die für ihn nicht von Interesse sind. Dennoch ist der

Eigentümer um die Aufwendungen des Besitzers bereichert. Durch eine solche aufgedrängte Bereicherung darf der Eigentümer jedoch nicht übermäßig belastet werden. Er bedarf des Schutzes. Es stellt sich die Frage, ob und in welchem Umfang der Besitzer ausnahmsweise Ansprüche auf Ersatz seiner Verwendungen nach dem Bereicherungsrecht geltend machen kann, wenn der Eigentümer nicht nach §§ 994 ff. erstattungspflichtig ist. Die Rechtsprechung hat unterschiedliche Lösungsmöglichkeiten entwickelt, je nachdem ob der Eigentümer die Beseitigung des eingetretenen Verwendungserfolges verlangen kann oder nicht. Die Problematik tritt häufig auf in denjenigen Fällen, in denen der Besitzer bauliche Veränderungen an einem Grundstück vorgenommen hat.

❑ Hat der Eigentümer **Anspruch auf Beseitigung** der baulichen Veränderung, also auf Abriß des Hauses (insbesondere nach §§ 989, 990 I, 823 ff.; 1004), so kann er den Verwendungsersatzanspruch des Besitzers abwehren, indem er seinen Beseitigungsanspruch einredeweise geltend macht. Der Besitzer bleibt auf sein Wegnahmerecht beschränkt. Der Eigentümer wird von seiner Verpflichtung zur Verwendungskondiktion befreit, indem er gemäß § 1001 S. 2 die unerwünschte Verwendung herausgibt (BGHZ 23, 61).

❑ Hat der Eigentümer **keinen Anspruch auf Beseitigung**, so kann der Besitzer Ausgleich nach §§ 951, 812 I 1, Fall 2 verlangen (Rspr. und Lit. gelangen jeweils auf verschiedene Weise zu diesem Ergebnis). Der Verwendungsersatzanspruch wird dennoch beschränkt. Es liegt ein Fall der aufgedrängten Bereicherung vor.

- **Zum Teil** wird die Auffassung vertreten, daß der Vergütungsanspruch entsprechend § 818 II nach dem subjektiven Ertragswert zu bemessen ist, den der Erwerbende sich tatsächlich zunutze macht (MK § 951 Rn. 21).

- Nach **anderer Ansicht** kann sich der Eigentümer auf § 818 III berufen, soweit die erlangte Verwendung für ihn keinen Nutzen bringt. Ein Anspruch des Besitzers auf Verwendungsersatz besteht daher nur, wenn der Eigentümer beispielsweise eigene Aufwendungen erspart oder durch das Erlangte einen höheren Gewinn erzielt hat (Med. Rn. 899).

Beide Auffassungen kommen in der Regel zu den gleichen Ergebnissen. In der Praxis ist der Meinungsstreit daher nicht relevant. Der nachfolgende Fall 27 soll Ihnen den Meinungsstand – einschließlich der unterschiedlichen Vorgehensweisen und Argumente – verdeutlichen.

Fall 27:

Der unerkannt geisteskranke E veräußert sein Baugrundstück an B. Dieser errichtet ein Wohnhaus auf dem Grundstück zum Wert von 800.000 DM. Der Vormund des E verlangt vergeblich den Abbruch des Hauses. Dies ist durch die öffentlichrechtlichen Vorschriften ausgeschlossen. Nunmehr verlangt der Vormund des E von B die Herausgabe des bebauten Grundstücks. B macht Verwendungserstattungsansprüche in Höhe von 800.000 DM geltend. Zu Recht?

Lösung:

(A) Herausgabeanspruch des **E gegen B** gemäß § 985:
  (I) E ist **Eigentümer** des Grundstücks und des darauf befindlichen Gebäudes. Das Eigentum ist nicht durch Rechtsgeschäft auf B übergegangen, da die Übereignung wegen der Geisteskrankheit des E unwirksam war. Gemäß §§ 946, 93, 94 ist E auch Eigentümer des Wohnhauses geworden. Durch die **Verbindung** mit dem Grundstück ist das Wohnhaus wesentlicher Bestandteil des Grundstücks geworden, da es mit Grund und Boden fest verbunden ist.
  (II) B ist **Besitzer**.
  (III) B hat kein **Recht zum Besitz** gemäß § 986. Insbesondere gibt ihm ein gegebenenfalls vorliegendes **Zurückbehaltungsrecht** nach § 273 oder § 1000 kein Besitzrecht. Diese Vorschriften stellen selbständige Gegenrechte dar, da sie nur die Zwangsvollstreckung des Herausgabeanspruchs beschränken (Pal. § 986 Rn. 4; a. A. BGH NJW 1995, 2627).

(B) **Zurückbehaltungsrechte des B** wegen der Errichtung des Wohnhauses:
  (I) B könnte gegenüber dem Herausgabeanspruch des E ein Zurückbehaltungsrecht nach § 1000 S. 1 haben. Voraussetzung ist, daß B zu ersetzende Verwendungen i. S. d. §§ 994 I, 996 auf die Sache gemacht hat.
    (1) Zur Zeit der Vornahme der Verwendungen bestand ein **Eigentümer-Besitzer-Verhältnis** zwischen E und B.
    (2) Die Bebauung des Grundstücks mit einem Wohnhaus müßte eine **Verwendung** darstellen. Verwendungen sind alle freiwilligen Vermögensaufwendungen, die dem Eigentümer zugute kommen und die dem Bestand, der Wiederherstellung oder der Verbesserung der Sache dienen sollen. Nach dem **engen Verwendungsbegriff** der Rspr. und dem überw. Teil der Lit. stellen solche grundlegenden Veränderungen wie die Bebauung eines Grundstücks keine Verwendung dar, da die Sache als solche nicht erhalten bleibt (BGHZ 41, 157; Pal. vor § 994 Rn. 5).

  B hat somit keinen Verwendungsersatzanspruch nach §§ 994, 996 gegen E. Ein Zurückbehaltungsrecht nach § 1000 S. 1 entfällt.

  (II) Möglicherweise hat B aber ein Zurückbehaltungsrecht nach § 273 i. V. m. §§ 951, 812 I 1, Fall 2.
    (1) Fraglich ist, ob §§ 951, 812 I 1, Fall 2 überhaupt **anwendbar** sind. Denn bei Vorliegen eines Eigentümer-Besitzer-Verhältnisses stellen die §§ 994 ff. eine abschließende Sonderregelung dar, sofern es um Verwendungsersatzansprüche geht. Die hier getätigten Aufwendungen des Besitzers fallen jedoch nicht unter den engen Verwendungsbegriff der §§ 994 ff. Es stellt sich daher die Frage, ob ausnahmsweise die allgemeinen bereicherungsrechtlichen Vorschriften über Verwendungsersatz anwendbar sind.

❏ Nach Ansicht des **BGH** ist die Anwendung der §§ 951, 812 I 1, Fall 2 auch dann abzulehnen, wenn keine Verwendung i.e.S. vorliegt, da die §§ 994 ff. auf jeden Fall eine abschließende Sonderregelung darstellen (BGHZ 41, 157; JZ 1996, 366).
Argumente: Dies ergibt sich aus dem Wortlaut des § 996 („nur"). Zudem würde anderenfalls die Beschränkung des Zurückbehaltungsrechts nach § 1000 auf die „zu ersetzenden Verwendungen" umgangen. Der gutgläubige Besitzer könnte außerhalb der in §§ 994 I 2, 996 a.E. bestimmten Grenzen Verwendungen geltend machen, der bösgläubige Besitzer ungeachtet der Regelung in §§ 994 II, 683 notwendige und entgegen § 996 sogar nützliche Verwendungen. Allerdings soll aus Billigkeitsgründen ein **Ausgleich nach** § 242 stattfinden, wenn wie hier ein Wegnahmerecht nach § 997 I nicht besteht, da ein Abbruch rechtlich nicht möglich ist.

❏ Nach der zu Recht in der **Literatur** vertretenen Ansicht soll hingegen der Besitzer dem Herausgabeverlangen des Eigentümers einen Bereicherungsanspruch nach §§ 951, 812 I 1, Fall 2 als Einrede entgegenhalten dürfen (Pal. § 951 Rn. 21; Med. Rn. 895–897).
Argumente: Anderenfalls würde der besitzende Verwender schlechter stehen als der Nichtbesitzer. Um sich von den hohen Ersatzkosten befreien zu können, soll der Eigentümer analog § 1001 S. 2 das Haus dem Besitzer zum Abbruch zur Verfügung stellen können. Ist ein Abbruch rechtlich nicht möglich, so soll der Anspruch aus §§ 951, 812 auf den subjektiven Ertragswert des Gebäudes beschränkt werden.

Im Fall der aufgedrängten Bereicherung finden daher ausnahmsweise die §§ 951, 812 Anwendung.

(2) Die Voraussetzungen der **Eingriffskondiktion** nach § 812 I 1, Fall 2 müßten erfüllt sein.

   (a) B hat das Eigentum an dem Wohnhaus durch Verbindung mit dem Grundstück gemäß § 946 kraft Gesetzes, also **in sonstiger Weise**, an E verloren.

   (b) Dies geschah **ohne Rechtsgrund**.

   (c) Der Eigentumsverlust des B erfolgte **unmittelbar** durch den Eigentumserwerb bei E.

(3) **Rechtsfolge** des Ersatzanspruches nach §§ 951, 812 ist, daß B von E nunmehr **Wertersatz** verlangen kann (§ 818 II). Umstritten ist jedoch, in welchem **Umfang** E Ersatz leisten muß. Die Bebauung des Grundstücks lag nicht im Interesse des E. Macht der Besitzer Verwendungen, die der Eigentümer nicht haben wollte, so bedarf der Eigentümer des Schutzes. Es besteht Einigkeit darüber, daß der Ei-

gentümer nicht unverhältnismäßig mit den unerwünschten Aufwendungen belastet werden soll. Lediglich die Lösungswege sind unterschiedlich.
- ❏ **Zum Teil** wird der Ersatzanspruch entsprechend § 818 II auf den subjektiven Ertragswert beschränkt (MK § 951 Rn. 21).
  Argument: Nur das, was dem Erwerbenden an tatsächlich zu realisierenden Vermögenswerten zugeflossen ist, kann als Bereicherung angesehen werden.
- ❏ Nach **anderer Ansicht** erfolgt die Einschränkung durch § 818 III (Med. Rn. 899).
  Argument: Der Erwerbende ist nicht bereichert, soweit die erlangte Verwendung für ihn keinen Nutzen bringt.

Der Meinungsstreit kann hier dahinstehen, da beide Auffassungen letztlich zum selben Ergebnis führen. B kann von E Wertersatz in Höhe des Wertes des Gebäudes verlangen, mithin 800.000 DM. Es liegen keine Anhaltspunkte dafür vor, daß der tatsächlich zugeflossene Vermögenswert dem E nicht von Nutzen ist.

Ergebnis: E kann von B Herausgabe des Grundstücks und des Hauses gemäß § 985 verlangen. B hat jedoch ein Zurückbehaltungsrecht aufgrund seines Anspruchs auf Erstattung der Kosten für die Errichtung des Wohnhauses, § 273 i. V. m. §§ 951, 812 I 1, Fall 2.

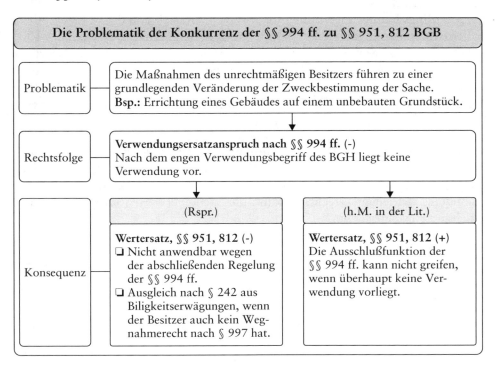

Lernhinweis: Hier zeigt sich die Problematik des von der Rechtsprechung entwickelten engen Verwendungsbegriffs. Konsequenterweise müßte auch der BGH zu dem Ergebnis gelangen, daß die §§ 951, 812 anwendbar sind, wenn keine Verwendung i. S. d. §§ 994 ff. vorliegen. Sie können daher mit guter Begründung entgegen dem BGH der h. M. im Schrifttum folgen.

V. Geltendmachung der Verwendungsersatzansprüche, § 1000 BGB

44 Der Besitzer kann seine Verwendungserstattungsansprüche geltend machen, indem er dem Herausgabeverlangen des Eigentümers nach § 985 sein Zurückbehaltungsrecht gemäß § 1000 entgegensetzt. Dieses selbständige Gegenrecht des Besitzers entspricht grundsätzlich dem allgemeinen Zurückbehaltungsrecht nach § 273. Allerdings besteht ein Unterschied insofern, als nach § 273 II ein fälliger Gegenanspruch erforderlich ist. Das Zurückbehaltungsrecht nach § 1000 hingegen kann bereits dann geltend gemacht werden, wenn ein Ersatzanspruch, der sich aus den §§ 994 ff. ergibt, noch nicht fällig ist.

1. Die Verwendungserstattungsansprüche nach §§ 994 ff. werden **fällig**, wenn der Eigentümer die Verwendungen genehmigt oder wenn er die Sache wiedererlangt hat (§ 1001 S. 1). Denn nach Wiedererlangung kommt der Eigentümer in den Genuß der Vorteile der Verwendungen.

2. Der Eigentümer kann von dem Besitzer nicht die Beseitigung der Verwendungen verlangen. Er ist zum Ersatz der vorgenommenen Verwendungen verpflichtet. Allerdings hat der Eigentümer die Möglichkeit, sich von dieser Ersatzpflicht zu **befreien**, indem er die wiedererlangte Sache an den Besitzer zurückgibt, § 1001 S. 2. Nach § 1002 ist eine *zeitliche Grenze* für die Erhebung der Ersatzansprüche vorgesehen. Mit Ablauf eines Monats nach Herausgabe der Sache, bei Grundstücken mit Ablauf von sechs Monaten nach Herausgabe, erlischt der Verwendungserstattungsanspruch, wenn er nicht vom Eigentümer genehmigt oder vom Besitzer gerichtlich geltend gemacht wurde.

3. Hat der Besitzer sein Zurückbehaltungsrecht wegen der gemachten Verwendungen dem Herausgabeanspruch des Eigentümers entgegengesetzt und verweigert der Eigentümer die Genehmigung, so hat der Besitzer gemäß § 1003 ein besonderes **Befriedigungsrecht**. Er kann die Sache verwerten und sich aus dem erzielten Erlös befriedigen.

Zusammenfassung zum Eigentümer–Besitzer-Verhältnis

1. Teil: Die Anwendbarkeit der §§ 987 ff. BGB:
Gesetzliches Schuldverhältnis zur Regelung des Interessenausgleichs zwischen dem Eigentümer und dem unrechtmäßigen Eigen- oder Fremdbesitzer.

A. Das Haftungssystem:
Grds. haftet nur der **bösgläubige** unrechtmäßige Besitzer auf Schadensersatz und Nutzungsherausgabe. Der **gutgläubige** Besitzer wird privilegiert (§ 993 I a. E.). Haftung des gutgläubigen Besitzers nur in Ausnahmefällen.

B. Die Vindikationslage:
Der Besitzer darf zum maßgeblichen Zeitpunkt des schädigenden Ereignisses bzw. der Nutzungsziehung oder der Vornahme der Verwendungen kein Recht zum Besitz i. S. d. § 986 haben.

C. Bösgläubigkeit hinsichtlich des mangelnden Besitzrechts:
    I. Bei Besitzergreifung Kenntnis oder grob fahrlässige Unkenntnis (§ 990 I 1), später nur bei Kenntnis (§ 990 I 2)
    II. Zurechnung der Bösgläubigkeit:
        1. von Besitzdienern (§ 855) differenzierend nach § 166 I bzw. § 831 analog
        2. von Minderjährigen differenzierend nach §§ 107 ff. bzw. § 828 II

2. Teil: Die Ansprüche aus dem Eigentümer–Besitzer-Verhältnis:

A. Ansprüche des Eigentümers auf Schadensersatz:
    I. Haftung des bösgläubigen unrechtmäßigen Besitzers nach §§ 989, 990 I
        1. Verschlechterung, Untergang oder Unmöglichkeit der Herausgabe der Sache; Besonderheit: Veräußerung einer fremden Sache
        2. Verschulden, § 276
        3. Rechtsfolge: Schadensersatzleistung nach §§ 249 ff.
    II. Haftung für Verzögerung der Herausgabe der Sache, §§ 990 II, 286 I:
für Vorenthaltungsschaden
    III. Haftung des Besitzmittlers, § 991 II:
soweit er dem mittelbaren Besitzer verantwortlich ist.

B. Ansprüche des Eigentümers auf Herausgabe von Nutzungen
    I. Haftung des bösgläubigen unrechtmäßigen Besitzers nach §§ 987, 990 I
        1. Nutzungen: Sachfrüchte und Gebrauchsvorteile, §§ 99, 100
        2. Rechtsfolge: Herausgabe tatsächlicher (§ 987 I) sowie schuldhaft nicht gezogener Nutzungen (§ 987 II).
    II. Haftung des Besitzmittlers, § 991 I:
soweit er dem mittelbaren Besitzer verantwortlich ist.
    III. Haftung des gutgläubigen unrechtmäßigen Besitzers
        1. für Übermaßfrüchte, § 993
        2. nach Bereicherungsrecht bei unentgeltlichem Besitzerwerb, § 988
        3. § 988 analog bei rechtsgrundlosem Besitzerwerb (Rspr.)

C. Ansprüche des Besitzers auf Verwendungsersatz
    I. des gutgläubigen Besitzers, §§ 994 I, 996
        1. Verwendungen

Fortsetzung nächste Seite

Fortsetzung der Zusammenfassung

>   a) Notwendige (§ 994 I) oder
>   b) Nützliche (§ 996)
>   2. Rechtsfolge: Zurückbehaltungsrecht, § 1000
> II. des bösgläubigen oder verklagten Besitzers, § 994 II i. V. m. GoA
>   1. nur notwendige Verwendungen
>   2. Voraussetzungen der GoA, §§ 683, 670 bzw. §§ 684 S. 1, 818
>   3. Rechtsfolge: Verwendungsersatz (§ 818 II, III)

	Sonderprobleme des Eigentümer–Besitzer-Verhältnisses		
	Beschreibung des Tatbestandes	Rechtsfolge	Argument
Frembesitzerexzeß	Der gutgläubige unrechtmäßige Fremdbesitzer überschreitet die Grenzen seines vermeintlichen Besitzrechts.	Die §§ 823 ff. sind trotz Vorliegens eines EBV anwendbar.	Der unrechtmäßige Fremdbesitzer darf nicht schlechter stehen als der rechtmäßige Fremdbesitzer (dieser haftet nach pVV, §§ 823 ff.).
Aufschwungexzeß (Feldlokomotiven-Fall)	Der rechtmäße Fremdbesitzer schwingt sich auf zum unrechtmäßigen Eigenbesitzer.	Es liegt ein EBV vor. Im Aufschwung liegt eine neue Besitzbegründung. Grob fahrlässige Unkenntnis reicht aus (§ 990 I 1).	Der Aufschwung ist eine selbständige Besitzbegründung, da Fremd- und Eigenbesitz wesensverschieden sind (BGH). H.M.: Die allgemeinen Vorschriften genügen.
§ 988 analog	Entgeltlicher, aber rechtsgrundloser Erwerb des redlichen Besitzes.	Laut Rspr. § 988 analog anwendbar, nach h.M. § 812 I 1, Fall 1. Der Streit ist nur im Drei-Personen-Verhältnis von Bedeutung.	Der rechtsgrundlos erwerbende Besitzer darf nicht besser stehen als der rechtsgrundlos erwerbende Eigentümer (dieser muß nach §§ 812, 818 die Nutzungen herausgeben).
Konkurrenz §§ 994 ff. zu §§ 951, 812	Die Maßnahmen des unrechtmäßigen Besitzers führen zu einer grundlegenden Veränderung der Sache.	§§ 994 ff. (-): Enger Verwendungsbegriff des BGH. §§ 951, 812 (-): EBV auch dann abschließend, wenn keine Verwendungen vorliegen (BGH; a.A. die h.M.). Evtl. Ausgleichsansprüche nach § 242.	

Fortsetzung nächste Seite

Fortsetzung der Grafik „Sonderprobleme des Eigentümer–Besitzer-Verhältnisses"

	Beschreibung des Tatbestandes	Rechtsfolge	Argument
§§ 994 ff. analog (Werkunternehmer-Fall)	Der rechtmäßige Besitzer tätigt Verwendungen. Im Zeitpunkt des Herausgabeverlangens ist das Besitzrecht schon weggefallen.	§§ 994 ff. (+): EBV zur Zeit des Herausgabeverlangens reicht aus (BGH). §§ 994 ff. (-): nicht anwendbar auf den „Nicht-mehr-Berechtigten" (Lit.).	Der rechtmäßige Besitzer darf nicht schlechter stehen als der unrechtmäßige Besitzer (dieser hat Ansprüche aus §§ 994 ff.).

Kontrollfragen

Zu § 12

1. Ist die Vorschrift des § 281 auf den Herausgabeanspruch nach § 985 anwendbar?
2. Was ist der Sinn und Zweck der §§ 987 ff.?
3. Was bedeutet die Ausschlußfunktion der §§ 987 ff.?
4. Was ist unter dem sog. Aufschwungexzeß zu verstehen?
5. Erläutern Sie die Problematik des „Nicht-so-Berechtigten"!
6. Worin besteht die Bösgläubigkeit i. S. d. § 990 I?
7. Inwieweit haftet der bösgläubige unrechtmäßige Besitzer im Fall der Veräußerung einer fremden Sache?
8. Was ist ein Fremdbesitzerexzeß und wie ist die Problematik rechtlich einzuordnen?
9. Welchen Zweck hat die Vorschrift des § 991 II?
10. Was sind Nutzungen?
11. Inwieweit ist § 988 auf den rechtsgrundlosen Besitzerwerb anwendbar?
12. Was sind Verwendungen?
13. Welche Arten von Verwendungen gibt es?
14. Worin unterscheidet sich der Verwendungserstattungsanspruch des bösgläubigen Besitzers von dem des gutgläubigen Besitzers?
15. Erklären Sie die Problematik der aufgedrängten Bereicherung!
16. Worin besteht die Funktion des Zurückbehaltungsrechts nach § 1000?

§ 13. Unterlassungs- und Beseitigungsanspruch, § 1004 BGB

1 Wird das Eigentum auf andere Weise beeinträchtigt als durch Entziehung oder Vorenthaltung der Sache, so hat der Eigentümer die Abwehrrechte aus § 1004. Er kann die Beseitigung oder Unterlassung der Störung verlangen, sofern diese nicht gerechtfertigt ist. Der Eigentumsschutz des § 1004 knüpft an die Ansprüche aus §§ 985 ff. an. Praktische Bedeutung erlangt die Vorschrift vor allem bei Beeinträchtigungen von Grundstücken.

Prüfungsschema zum Anspruch gemäß § 1004 BGB auf Beseitigung bzw. Unterlassung

A. Voraussetzungen
  I. Anwendbarkeit
   Analog für die in § 823 I und II geschützten Rechtsgüter
  II. Eigentümer
  III. Eigentumsbeeinträchtigung: nur positive Einwirkungen auf die Sache
  IV. Bereits fortdauernde oder (auch erstmalige) unmittelbar bevorstehende Beeinträchtigung
  V. Störer
   1. Handlungsstörer oder
   2. Zustandsstörer
  VI. Rechtswidrigkeit der Störung:
   Grds. indiziert, sofern keine Duldungspflicht des Eigentümers (§ 1004 II)
B. Rechtsfolge: Beseitigung (§ 1001 I 1) bzw. Unterlassung (§ 1004 I 2)

I. Anwendungsbereich des § 1004 BGB

2 Die Abwehransprüche aus § 1004 dienen in erster Linie dem Schutz des Eigentums. Man spricht von einem **negatorischen Anspruch**. Infolge zahlreicher *Verweisungen* findet § 1004 über den Schutz des Eigentums hinaus entsprechende Anwendung auf folgende beschränkt dinglichen Rechte:

❑ §§ 1027, 1090	→	Grunddienstbarkeiten
❑ § 1065	→	Nießbrauch
❑ § 1227	→	Pfandrechtsgläubiger
❑ § 11 ErbbauVO	→	Erbbauberechtigter

Die Rechtsprechung wendet § 1004 analog an auf die in § 823 I und II geschützten absoluten Rechte, Rechtsgüter und rechtlichen Interessen. In dieser Hinsicht wird der Abwehranspruch als **quasinegatorischer Anspruch** bezeichnet. Begründet wird die erweiterte Anwendung des § 1004 mit dem allgemeinen Rechtsgedanken, der in § 1004 I 2 und vergleichbaren Regelungen (§ 862 I 2 sowie § 12 S. 2) zum Ausdruck kommt (Pal. § 1004 Rn. 2).

§ 13. Unterlassungs- und Beseitigungsanspruch, § 1004 BGB

Beispiele:
- Verletzung des Persönlichkeitsrechts durch die Medien,
- Einwurf von Werbematerial in Briefkästen,
- Schutz des eingerichteten und ausgeübten Gewerbebetriebes (§ 823),
- Schutz vor behördlichen Nachforschungen aufgrund falscher Anschuldigung (§ 823 i. V. m. § 164 StGB)
- Kreditehre (§ 824).

Lernhinweis: Eine ausführliche Darstellung zum quasinegatorischen Unterlassungsanspruch nach § 1004 i. V. m. § 823 I finden Sie in dem Skript „Besonderes Schuldrecht II".

II. Anspruchsteller

Inhaber der Abwehrrechte nach § 1004 I ist der **Eigentümer** der beeinträchtigten Sache. Auch Miteigentümer, insbesondere Wohnungseigentümer, können den Beseitigungs- bzw. Unterlassungsanspruch gegen Dritte selbständig geltend machen (§ 1011).

III. Eigentumsbeeinträchtigung

Eine Beeinträchtigung des Eigentums liegt vor, wenn der Störer auf den Inhalt des Eigentums, wie er in § 903 beschrieben wird, einwirkt. Hierzu gehört *jede unmittelbare Störung* der tatsächlichen oder rechtlichen Herrschaftsmacht des Eigentümers, mit Ausnahme der Entziehung oder Vorenthaltung der Sache. Die Beeinträchtigung des Eigentums kann sich gegen bewegliche und unbewegliche Sachen richten. Sie muß noch zur Zeit der Geltendmachung des Anspruchs bestehen. Im einzelnen ist zu unterscheiden, ob es sich um eine positive oder negative Einwirkung auf die Sache handelt oder um eine ideelle.

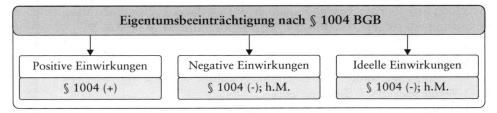

1. Positive Einwirkungen sind tatsächliche Einwirkungen des Störers auf den räumlich- gegenständlichen Bereich der Sache. Sie werden unzweifelhaft von dem Geltungsbereich des § 1004 erfaßt.

Beispiele:
- Beschädigung der Sache, insbesondere durch:
  Bebauung eines Grundstücks,
  Ablagern von Sachen auf dem Grundstück,
  Verseuchung des Grundstücks durch Öl,
  Überbau (§ 912),
  Hineinragen von Gegenständen in ein Grundstück (§ 905 S. 1).

- Betreten oder Befahren eines Grundstücks durch Unbefugte
- Gefährdung eines Grundstücks, insbesondere durch:
  Bebauung auf dem Nachbargrundstück,
  Vertiefungen auf dem Nachbargrundstück (§§ 907, 909).
- Übermäßige Immissionen unwägbarer Stoffe (§ 906), wie etwa:
  Dämpfe,
  Geräusche und Erschütterungen,
  Staub und Asche,
  Steine.

2. Bloße **negative Einwirkungen** fallen nach ganz h. M. nicht unter den Schutzbereich des § 1004. Gemeint sind Einwirkungen, durch die einer Sache die natürliche Verbindung zur Umwelt entzogen wird. Folgt man dem Wortlaut des Gesetzes, so fehlt es an einer Einwirkung, die den in § 906 aufgeführten ähnlich ist. Es gibt keine gesetzlich geregelten Befugnisse des Eigentümers im Verhältnis zu seinen Grundstücksnachbarn (BGH NJW 1992, 2569; Pal. § 903 Rn. 9; a. A.: M. Wolf Rn. 236).

Beispiel:
Einem Wohnhaus wird durch die Bebauung des Nachbargrundstücks mit einem Hochhaus Licht entzogen, die Aussicht wird gestört, Rundfunk- und Fernsehempfang werden gestört, die Frischluftzufuhr wird gehemmt.

3. Ebenfalls keine Beeinträchtigung des Eigentums stellen nach h. M. **ideelle Einwirkungen** auf die Sache dar. Um eine ideelle Einwirkung handelt es sich, wenn der Eigentümer durch Vorgänge oder Zustände auf dem Nachbargrundstück in seinem ästhetischen oder sittlichen Empfinden derart beeinträchtigt wird, daß er sich dem auf zumutbare Weise nicht entziehen kann. Auch hier wird wieder die abschließende Regelung in § 906 zur Begründung angeführt. Es liegt keine grenzüberschreitende Immission vor (BGHZ 51, 396; 54, 56; 95, 307; a. A. M. Wolf Rn. 237).

Beispiele:
- **Sittliche Immissionen:**
  Errichtung eines Bordellbetriebes auf dem Nachbargrundstück
- **Verletzung des ästhetischen Empfindens:**
  Errichten einer Autohalle mit Abstellplatz für Schrottwagen gegenüber einem Hotelbetrieb

4. Ausnahmsweise wird nach der ganz h. M. eine Eigentumsbeeinträchtigung dann angenommen, wenn der Störer ein **fremdes Eigentumsrecht** unbefugt in Anspruch nimmt. Der erforderliche unmittelbare Eingriff in die tatsächliche oder rechtliche Herrschaftsmacht des Eigentümers liegt zwar auch in diesem Fall nicht vor; das wirtschaftliche Verwertungsrecht an einer Sache bedeutet jedoch ein Eigentumsrecht, das allein dem Eigentümer zusteht. Er allein ist befugt, über die Art und Weise der Verwendung der Sache und ihrer Vorstellung in der Öffentlichkeit zu entscheiden (BGH NJW 1975, 778; Pal. § 1004 Rn. 5).

Beispiel: Ein Fotograf macht heimlich Aufnahmen von einem Schloß, das für die Öffentlichkeit unzugänglich in einem Park gelegen ist. Von den Fotoaufnahmen stellt er Ansichtskarten her und verkauft sie zu gewerblichen Zwecken. Der Eigentümer kann von ihm Unterlassung verlangen.

IV. Fortdauernde oder bevorstehende Beeinträchtigung

1. Voraussetzung des Beseitigungsanspruchs nach § 1004 I 1 ist, daß die Beeinträchtigung des Eigentums bereits geschehen ist und **fortdauert**. Der Anspruch des Eigentümers ist auf Wiederherstellung des ursprünglichen Zustands der Sache gerichtet.

2. Der Unterlassungsanspruch nach § 1004 I 2 ist gegeben bei **bevorstehender** drohender Beeinträchtigung des Eigentums. Entgegen dem Wortlaut der Vorschrift („weitere Beeinträchtigungen") reicht es aus, daß eine *erste Beeinträchtigung* des Eigentums konkret und unmittelbar bevorsteht. Es braucht also keine Beeinträchtigung vorangegangen zu sein, deren Wiederholung zu befürchten ist. Grund hierfür ist, daß nur so ein lückenloser Eigentumsschutz durch § 1004 gewährleistet werden kann. Ist bereits ein Eingriff vorangegangen und beruft sich der Eigentümer auf Wiederholungsgefahr, so ist sie in der Regel zu vermuten (Pal. § 1004 Rn. 29).

V. Störer

Anspruchsgegner der Abwehrrechte nach § 1004 ist der Störer. Ihm muß die Beeinträchtigung des Eigentums zugerechnet werden können und von seinem Willen muß die Beseitigung abhängen. Allerdings muß der beeinträchtigende Zustand zumindest *mittelbar* auf sein Verhalten zurückzuführen sein. Reine *Naturereignisse*, die ausschließlich und ohne menschliches Zutun auf die Sache einwirken, stellen demgegenüber keine Eigentumsbeeinträchtigung dar (BGHZ 14, 163; NJW 1993, 1855).

Beispiele:
- Durch einen Sturm fällt ein Baum auf das Nachbargrundstück.
- Steine lösen sich von einem Grundstück, das an einem Steilhang gelegen ist, und beschädigen das Wohnhaus auf dem Nachbargrundstück.

Je nach Zurechnungsgrund ist zwischen Handlungs- und Zustandsstörer zu unterscheiden.

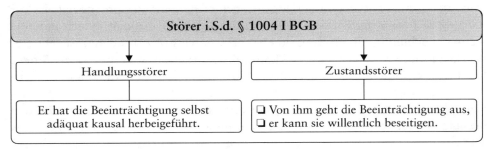

6 **1. Handlungsstörer** ist, wer die Beeinträchtigung durch seine eigene Handlung adäquat kausal verursacht hat. Als Handlung kommt dabei aktives Tun oder pflichtwidriges Unterlassen in Betracht (BGH NJW 1986, 2503).

Beispiel: S befährt unbefugt mit seinem Pkw das Grundstück des E.

Nicht nur der unmittelbar Handelnde haftet nach § 1004, sondern auch der mittelbare Störer. Er nimmt die Handlung nicht selbst vor, sondern läßt sie durch einen Dritten ausführen. Ist die Beeinträchtigung auf den mittelbaren Störer zurückzuführen, so ist er zur Beseitigung oder Unterlassung verpflichtet, wenn er den Eintritt des beeinträchtigenden Zustands hätte verhindern oder beenden können (BGH NJW 1982, 440; 1989, 902).

Beispiel: E hat sein Grundstück mit einer Fleischwarenfabrik an S verpachtet. Die eingebauten Kühlgeräte verursachen für den Eigentümer des Nachbargrundstücks eine unzumutbare Lärmbelästigung. Eigentümer E haftet als mittelbarer Störer.

7 **2. Als Zustandsstörer** haftet, wer eine Sache, insbesondere eine Anlage betreibt, von der die Beeinträchtigung ausgeht. Auf den Willen des Betreibers muß die Beeinträchtigung zumindest mittelbar zurückzuführen sein und von seinem Willen muß die Beseitigung der Störung abhängen (BGHZ 14, 163).

Beispiel: S ist Eigentümer eines Grundstücks, auf dem sich ein Teich befindet. Eigentümer E des Nachbargrundstücks fühlt sich durch die quakenden Frösche in dem Teich beeinträchtigt.

8 **3.** Möglich ist auch, daß **mehrere Personen** als Störer haften. In Betracht kommt insbesondere, daß neben dem Mieter, der eine Eigentumsbeeinträchtigung herbeiführt, auch der Vermieter in Anspruch genommen werden kann. Der Anspruch besteht dann gegen jeden einzelnen Störer, unabhängig davon, wie hoch sein Tatbeitrag ist (BGH NJW 1976, 798).

Beispiel: Lärmbelästigung durch den Mieter einer Wohnung. Der Mieter haftet als unmittelbarer Handlungsstörer. Daneben ist der Vermieter nach § 1004 verpflichtet, sofern er dem Mieter die störende Benutzung gestattet hat und nicht ausgeschlossen werden kann, daß er die Störung beseitigen kann. Die Beweislast trägt der Vermieter.

VI. Duldungspflicht des Eigentümers, § 1004 II BGB

9 Der Anspruch auf Unterlassung oder Beseitigung ist nach § 1004 II ausgeschlossen, wenn der Eigentümer eine Duldungspflicht hinsichtlich der Eigentumsbeeinträchtigung hat. Nur wenn der Eigentümer *keine* Duldungspflicht hat, ist die Störung rechtswidrig. Bei der Vorschrift des § 1004 II handelt es sich um eine rechtsvernichtende Einwendung, die von Amts wegen zu beachten ist. Die Beweislast für das Vorliegen einer Duldungspflicht trägt im Zweifelsfall der Störer. Die Duldungspflicht des Eigentümers ergibt sich aus den Schranken des Eigentums. Nur wenn diese Grenzen überschritten werden, liegt eine Störung des Schutzbereichs des Eigentums vor, die der Eigentümer nicht mehr zu dulden braucht. Duldungspflichten können sich aus schuldrechtlichen Verträgen, aus Vorschriften des Zivilrechts sowie aus öffentlich-rechtlichen Normen ergeben.

§ 13. Unterlassungs- und Beseitigungsanspruch, § 1004 BGB

1. Der Eigentümer kann sich durch **schuldrechtliche Verträge** zur Duldung einer Beeinträchtigung verpflichten.

Beispiele:
- Aus dem Mietvertrag kann sich die Verpflichtung des Vermieters ergeben, Haustiere des Mieters zu dulden.
- Hat V sein Wohngrundstück an M vermietet, so ist er zur Duldung der Nutzung des Gebäudes sowie des dazu gehörigen Grundstücks (Garten etc.) verpflichtet.

2. a) Von besonderer Bedeutung bei den Duldungspflichten aufgrund zivilrechtlicher Vorschriften ist die **Duldungspflicht nach § 906**. Sie besteht nur insoweit, als die Einwirkungen auf das Grundstück zulässig sind. Das ist dann der Fall, wenn es sich um *unwesentliche* Beeinträchtigungen handelt (§ 906 I). Bei *wesentlichen* Beeinträchtigungen ist der Eigentümer nur dann zur Duldung verpflichtet, wenn die Einwirkungen ortsüblich und nicht durch wirtschaftlich zumutbare Maßnahmen vermeidbar sind (§ 906 II).

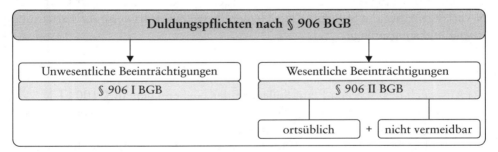

aa) **Unwesentliche** Beeinträchtigungen gemäß § 906 I liegen vor, wenn dem Grundstück des Eigentümers unwägbare Stoffe, also Gase, Dämpfe, Gerüche, Rauch, Ruß, Wärme, Geräusche, Erschütterungen zugeführt werden.

Beispiel: Grillparty auf dem Nachbargrundstück, die nur einmal im Jahr stattfindet.

bb) **Wesentlich** ist die Beeinträchtigung nach § 906 II, wenn sie von einem „Durchschnittseigentümer" der beeinträchtigten Sache als störend empfunden wird (BGH NJW 1984, 2207).

Beispiel: Auf dem Nachbargrundstück eines Hotels werden scharfe Hunde gehalten, die bei jeder Bewegung in der Nähe, besonders nachts, zu bellen beginnen.

Die Immission ist *ortsüblich*, wenn sie nach den örtlichen Verhältnissen gewöhnlich ist, wobei die Benutzung bei der Mehrheit vergleichbarer Grundstücke in demselben Ortsbereich vorkommen muß. Maßgeblich bei diesem Vergleich ist das störende Grundstück. Ob die Vermeidung der wesentlichen Beeinträchtigung *wirtschaftlich zumutbar* ist, hängt nicht von den Verhältnissen des einzelnen Störers ab, sondern von denen der Benutzer dieser Art (BGHZ 15, 146; NJW 1983, 751). Kann eine wesentliche Einwirkung nicht durch wirtschaftlich zumutbare Maßnahmen verhindert werden, so kann der Eigentümer von dem Störer nach § 906 II 2 einen angemessenen Ausgleich in Geld verlangen.

11 cc) Selbst wenn eine Eigentumsbeeinträchtigung vorliegt, für die im Grunde keine Duldungspflicht nach § 906 besteht, kann der Eigentumsschutz nach § 1004 eingeschränkt sein durch § 14 I BImSchG. Diese Vorschrift besagt, daß bei Benachteiligungen, die durch genehmigungsbedürftige Anlagen ausgehen, nicht die Einstellung des Betriebs verlangt werden kann, wenn die Genehmigung unanfechtbar geworden ist. Der Abwehranspruch ist auf die Vornahme von Schutzmaßnahmen sowie auf Schadensersatzansprüche beschränkt.

Fall 28:

E betreibt mit Genehmigung des Gewerbeaufsichtsamtes auf seinem Grundstück eine Gießerei. Das Grundstück ist in einem Gewerbegebiet gelegen. N hat auf dem Nachbargrundstück des E eine Gärtnerei eingerichtet. Die ungereinigten Schwefeldioxydabgase der Gießerei beeinträchtigen den Ertrag seiner Gärtnerei. N verlangt daher die Stillegung des Gießereibetriebes, hilfsweise die Errichtung einer Entgasungsanlage.

Lösung:

(A) Anspruch des N gegen E auf **Stillegung** der Gießerei gemäß § 1004 I 1:
  N kann dann die Stillegung der Gießerei von E verlangen, wenn er einen Beseitigungsanspruch gemäß § 1004 I 1 hat.
  (I) Die Vorschrift des § 1004 I 1 ist **anwendbar**, da die mögliche Beeinträchtigung des Grundstücks nicht in der Entziehung oder Vorenthaltung der Sache besteht.
  (II) Der Anspruchsteller N ist **Eigentümer** der beeinträchtigten Sache.
  (III) Es müßte eine **Eigentumsbeeinträchtigung** i. S. d. § 1004 vorliegen. In Betracht kommt jede positive, das heißt tatsächliche Einwirkung auf den räumlich- gegenständlichen Bereich der Sache. Das Zuführen von Schwefeldioxyd auf das Grundstück des N ist eine schädliche Immission und stellt somit eine Beeinträchtigung des Eigentums des N dar.
  (IV) E als Anspruchsgegner haftet als **Zustandsstörer**. Er betreibt auf seinem Grundstück die Gießerei, von der die schädlichen Immissionen ausgehen.

(V) Die Störung ist jedoch nicht rechtswidrig und der Abwehranspruch nach § 1004 II ausgeschlossen, wenn N **zur Duldung verpflichtet** ist.
(1) Nach § 906 I muß N die Zuführung der Abgase hinnehmen, wenn sie die Nutzung seines Grundstücks als Gärtnerei nur **unwesentlich** beeinträchtigen. Die Einwirkung durch Zuführen von Schwefeldioxyd ist aber wesentlich, da sie von einem durchschnittlichen Eigentümer eines Gärtnereigrundstücks als störend empfunden werden würde.
(2) Auch **wesentliche** Beeinträchtigungen hat der Eigentümer gemäß § 906 II zu dulden, wenn sie ortsüblich sind und nicht durch wirtschaftlich zumutbare Maßnahmen zu vermeiden wären.
(a) Ortsüblich sind Immissionen, wenn sie nach den örtlichen Verhältnissen gewöhnlich sind. Hier ist der Vergleich mit Nachbargrundstücken desselben Ortsbereiches heranzuziehen. Die Nachbargrundstücke ebenso wie die Gießerei des E sind in einem Gewerbegebiet gelegen. Die Immission durch einen Gießereibetrieb ist daher ortsüblich.
(b) Ob die Beseitigung der Störung **wirtschaftlich zumutbar** ist, hängt von den Verhältnissen der Benutzer dieser Art ab. Der Sachverhalt läßt dies offen. Jedenfalls dürfte aber die Stillegung der Gießerei den Rahmen des wirtschaftlich zumutbaren überschreiten.
N hat somit nach zivilrechtlichen Vorschriften die Immissionen auf sein Grundstück zu dulden.
(3) Eine Duldungspflicht des N ergibt sich auch aus **§ 14 BImSchG**. Errichtung und Betrieb der Gießerei sind nach §§ 4 ff., 67 I BImSchG unanfechtbar genehmigt worden. Aufgrund dieser Normen des öffentlichen Rechts ist die Einwirkung, die von der Anlage des E ausgeht, rechtmäßig. Der Anspruch des N auf Stillegung der Gießerei ist gemäß § 1004 II ausgeschlossen.
(B) Anspruch des N gegen E auf Errichtung einer **Entgasungsanlage**:
N hat möglicherweise Anspruch gegen E auf Errichtung einer Entgasungsanlage, § 1004 I i. V. m. § 14 BImSchG. Voraussetzung für eine solche Schutzvorkehrung ist, daß ein Beseitigungsanspruch nach § 1004 I bestehen würde, wenn § 14 BImSchG nicht eingreifen würde.
(I) Es liegt eine **wesentliche Beeinträchtigung i. S. d. § 906 II** vor. Die Abgaszufuhr durch die Gießerei wäre durch eine Entgasungsanlage weitgehend **vermeidbar**. Die Entgasung wäre auch **wirtschaftlich zumutbar**. Es ist auf die Verhältnisse anderer Benutzer dieser Art abzustellen. Für Gießereien ist eine Entgasungsanlage in der heutigen Zeit durchaus üblich geworden.
(II) N kann nur Schutzvorkehrungen verlangen, die **technisch durchführbar und wirtschaftlich vertretbar** sind (§ 14 BImSchG). Der Einbau einer

Entgasungsanlage stellt das einzige Mittel für einen störungsfreien Betrieb dar, da nur so der zulässige Schwefeldioxyd- Ausstoß erreicht werden kann. Die geforderte Schutzvorkehrung ist somit wirtschaftlich vertretbar.

Ergebnis: N hat keinen Anspruch gegen E auf Stillegung der Gießerei. Er kann lediglich die Errichtung einer Entgasungsanlage gemäß § 1004 I i.V.m. § 14 BImSchG verlangen.

12 b) Eine zivilrechtliche Duldungspflicht des Eigentümers für unwägbare Stoffe ergibt sich nach dem Grundsatz von Treu und Glauben gemäß § 242 aus dem **nachbarschaftlichen Gemeinschaftsverhältnis**. Diese ungeschriebene Duldungspflicht wurde von der Rspr. entwickelt für Einwirkungen, die von § 906 und § 14 BImSchG nicht erfaßt sind. Sie beruht auf dem *allgemeinen Rechtsgedanken* der §§ 904 S. 2, 906 II sowie § 14 BImSchG, daß kein Nachbar von dem anderen Unzumutbares verlangen darf. Das nachbarschaftliche Gemeinschaftsverhältnis beinhaltet eine erhöhte Duldungspflicht, um ein geordnetes Zusammenleben und die dafür erforderliche umfassende Rücksichtnahme zu gewährleisten. Erfaßt werden insbesondere Grobimmissionen, also körperliche Stoffe (BGHZ 28, 225; 38, 61).

Beispiele:
- Felsbrocken, die infolge von Sprengungen in einem Kalksteinbruch auf das Nachbargrundstück fallen.
- Abgelöste Teile eines Marinedammes, die auf das dahinterliegende Gelände anschwemmen.

c) Bei den **zivilrechtlichen** Duldungspflichten kommen neben der Gewährung beschränkt dinglicher Rechte, die bereits oben aufgeführt wurden (z. B. Erbbaurecht), folgende weiteren gesetzlichen Vorschriften in Betracht:

- § 228 → Verteidigungsnotstand
- § 904 → Angriffsnotstand
- § 905 S. 2 → Einwirkungen in großer Höhe und Tiefe
- § 912 I → Entschuldigter Überbau
- § 917 I → Notwegerecht

13 3. Duldungspflichten aus dem **öffentlichen Recht** sind in zahlreichen gesetzlichen Vorschriften enthalten. Darüber hinaus können sie sich aus einem Verwaltungsakt oder aus überwiegendem öffentlichem Interesse ergeben.

- § 11 LuftVG → Einwirkungen von Flughäfen
- § 7 VI AtomG → Einwirkungen von Anlagen zur Erzeugung und Behandlung von Kernbrennstoffen
- § 75 II BVerwVfG → Planfeststellungsverfahren
- § 17 FStrG → Planfeststellungsbeschluß für Fernstraßen
- § 7 AbfG → Planfeststellungsbeschluß für Abfallbeseitigung

a) Aus einem **Verwaltungsakt** ergibt sich die Pflicht zur Duldung, wenn die Widmung eines Grundstücks zu einem öffentlichen Zweck, insbesondere dem Gemeingebrauch, vorliegt.

Beispiel: Der Park des Schloßeigentümers E wird durch Widmung der Öffentlichkeit zugänglich gemacht.

b) Eine Duldungspflicht aus **überwiegendem öffentlichem Interesse** besteht dann, wenn die Störung von einem Betrieb ausgeht, der unmittelbar dem öffentlichen Interesse dient und die Störung nicht beseitigt werden kann, ohne daß der Betrieb eingestellt werden muß oder zumindest erheblich in seiner Funktion beeinträchtigt wird. Der Eigentümer hat lediglich Anspruch auf Errichtung geeigneter Schutzvorrichtungen (BGH NJW 1984, 1242).

Beispiel: Auf dem Nachbargrundstück des E befindet sich eine Feuerwehrwache. E fühlt sich besonders nachts erheblich gestört durch den Lärm der mit Blaulichtsignal ausrückenden Löschzüge. Dennoch muß E die Beeinträchtigung dulden.

VII. Rechtsfolgen

1. Gegen eine bereits geschehene und noch andauernde rechtswidrige Eigentumsbeeinträchtigung eines Störers steht dem Eigentümer der **Beseitigungsanspruch** nach § 1004 I 1 zur Verfügung. Der Eigentümer kann die Beseitigung des beeinträchtigenden Zustands für die Zukunft verlangen. Es handelt sich um einen *verschuldensunabhängigen* Anspruch, der allein auf die Beseitigung der Störungsursache gerichtet ist. Der Eigentümer kann hingegen nicht die Wiederherstellung des ursprünglichen Zustandes verlangen. Der Beseitigungsanspruch nach § 1004 I 1 umfaßt auch nicht die *Folgen der Eigentumsbeeinträchtigung.* Ein Anspruch auf Ersatz von Schäden kommt nur auf der Grundlage folgender Vorschriften in Betracht, die jeweils Verschulden voraussetzen:

14

❏ §§ 823 I, 989 ff., 687 II → Schadensersatz
  bei rechtswidrigem schuldhaften Verhalten

❏ §§ 987 ff., 812 → Nutzungsanspruch
  bei unberechtigter Nutzung der Sache

❏ §§ 951, 812 → Wertersatz
  bei Verbindung oder Vermischung der Sache

❏ §§ 816, 687 II → Erlösherausgabe
  bei wirksamer Verfügung eines Dritten

2. Der **Unterlassungsanspruch** nach § 1004 I 2 gibt dem Eigentümer die Möglichkeit, noch nicht eingetretene, aber *drohende* rechtswidrige Beeinträchtigungen seines Eigentums zu verhindern, bevor sie sich auswirken.

> **Zusammenfassung
> zum Eigentumsschutz nach § 1004 BGB**
>
> A. Anwendbarkeit:
> Bei Beeinträchtigungen des Eigentums, die nicht in der Entziehung oder Vorenthaltung der Sache liegen (negatorischer Abwehranspruch). Durch Verweisung auf beschränkt dingliche Rechte anwendbar. § 1004 analog für die in § 823 I und II geschützten Rechtsgüter (quasinegatorischer Abwehranspruch).
> B. Voraussetzungen:
> I. Geschützt wird der Eigentümer nur vor positiven Einwirkungen auf die Sache, nicht hingegen vor negativen und ideellen Einwirkungen.
> II. Die Einwirkung muß bereits fortdauern (1004 I 1) oder unmittelbar bevorstehen (§ 1004 I 2).
> III. Als Störer haftet, wer entweder selbst durch eigene Handlung die Störung adäquat verursacht hat (Handlungsstörer), oder wer eine Sache betreibt, von der die Beeinträchtigung ausgeht (Zustandsstörer).
> IV. Die Rechtswidrigkeit der Störung ist indiziert, es sei denn, es besteht eine Duldungspflicht des Eigentümers (§ 1004 II). Diese kann sich aus schuldrechtlichem Vertrag ergeben sowie aus zivilrechtlichen oder öffentlich-rechtlichen Vorschriften. Von besonderer Bedeutung ist die Duldungspflicht nach § 906. Sie besteht insoweit, als die Beeinträchtigung unwesentlich ist (§ 1004 I). Bei wesentlicher Immission muß hinzukommen, daß sie ortsüblich und wirtschaftlich zumutbar ist (§ 1004 II). Eine Beschränkung des Abwehranspruchs nach § 1004 enthält § 14 I BImSchG für genehmigte Anlagen. Eine weitere Duldungspflicht ergibt sich aus der Sonderbeziehung des nachbarschaftlichen Gemeinschaftsverhältnisses (§ 242).
> C. Rechtsfolgen:
> Beseitigung (§ 1004 I 1) bzw. Unterlassung (§ 1004 I 2) der Beeinträchtigung.

Kontrollfragen

Zu § 13

1. Welche Funktion hat die Vorschrift des § 1004?
2. Gegen wen richten sich die Abwehransprüche nach § 1004 I?
3. Erläutern Sie den Zweck der Vorschrift des § 906!
4. Benennen Sie die Rechtsfolgen des § 1004 I!

Antworten zu den Kontrollfragen

Zu §§ 1 und 2

1. Das Sachenrecht regelt die rechtlichen Beziehungen von Personen zu Sachen. Die dinglichen Rechte wirken absolut, d.h. gegenüber jedermann. Demgegenüber regelt das Schuldrecht die Rechtsbeziehungen von mehreren Personen zueinander. Die obligatorischen Rechte entfalten ihre Wirkung nur unter den beteiligten Parteien, nicht aber Dritten gegenüber.

2. Durch die dinglichen Rechte wird die Beziehung einer Person zu einer Sache rechtlich ausgestaltet. Das stärkste dingliche Recht ist das Eigentum. Als Vollrecht an einer Sache gewährt es dem Inhaber umfassende Herrschaft über die Sache. Beschränkt dingliche Rechte räumen dem Rechtsinhaber hingegen nur einzelne Befugnisse an der Sache ein. Sie lassen sich in Nutzungsrechte (z.B. Nießbrauch, §§ 1030 ff.) und Verwertungsrechte (z.B. Pfandrecht, §§ 1204 ff.) untergliedern.

3. Das Sachenrecht wird von fünf Grundprinzipien geprägt. Der Absolutheitsgrundsatz besagt, daß dingliche Rechte gegenüber jedermann wirken. Es besteht der Grundsatz des Typenzwangs. Zahl und Inhalt der dinglichen Rechte sind abschließend im Gesetz geregelt. Nach dem Publizitätsprinzip müssen Sachenrechte für jedermann äußerlich erkennbar, also offenkundig sein. Dingliche Rechte können sich nur auf bestimmte einzelne Sachen beziehen (Grundsatz der Spezialität). Schließlich gilt im Sachenrecht der Grundsatz der Abstraktion. Die dingliche Verfügung und das zugrunde liegende schuldrechtliche Verpflichtungsgeschäft sind in ihrer Wirksamkeit grundsätzlich unabhängig voneinander.

4. Das Prinzip des Typenzwangs im Sachenrecht schreibt die Form der Begründung, Übertragung und Aufhebung der dinglichen Rechte gesetzlich vor. Die Parteien haben dabei keine Gestaltungsfreiheit. Demgegenüber gilt im Schuldrecht der Grundsatz der Typenfreiheit. Das heißt, die Parteien sind in der Gestaltung ihrer rechtlichen Beziehungen frei, sofern keine gesetzliche Normen vorliegen, die eine besondere Form vorschreiben.

5. Bei beweglichen Sachen ist der Besitz der Träger der Publizität. Er verdeutlicht das Bestehen dinglicher Rechte an der Sache. Die Änderung der Rechtslage ist mit einem Besitzwechsel verbunden.

6. Das Abstraktionsprinzip ist eine Eigenart des deutschen Rechts. Es besagt, daß das dingliche Rechtsgeschäft (Verfügungsgeschäft, Erfüllungsgeschäft) und sein zugrundeliegendes Verpflichtungsgeschäft (Kausalgeschäft) zwei

unterschiedliche Rechtsgeschäfte sind, die in ihrer Wirksamkeit unabhängig voneinander sind. Die Unwirksamkeit des Verpflichtungsgeschäfts führt nicht automatisch zur Unwirksamkeit des Erfüllungsgeschäfts. Das Abstraktionsprinzip erhält Einschränkungen bei Fehleridentität beider Rechtsgeschäfte (z. B. §§ 119, 123). Die Parteien können außerdem die Wirksamkeit des Verpflichtungsgeschäfts zur Bedingung (§ 158 I) für die Wirksamkeit des Verfügungsgeschäfts machen, oder sie können durch Parteivereinbarung Verpflichtungs- und Verfügungsgeschäft zu einer rechtlichen Einheit (§ 139) verbinden.

Zu §§ 3 bis 5

1. Der Besitz hat Publizitätsfunktion. Er ist Träger der Publizität und läßt als solcher auf das Bestehen dinglicher Rechte schließen. Die Änderung der dinglichen Rechtslage ist mit einem Besitzwechsel verbunden. Des weiteren wird dem Besitz von der Rechtsordnung Schutz vor Störungen und Entzug eingeräumt. Schließlich hat der Besitz eine Erhaltungsfunktion, um das Interesse des Besitzers an der Erhaltung der Rechtslage zu gewährleisten.

2. Der Erwerb des unmittelbaren Besitzes setzt nach § 854 I die Erlangung der tatsächlichen Gewalt über die Sache voraus. Erforderlich ist nach der Verkehrsauffassung eine räumliche Beziehung von gewisser Dauer. Hinzu kommen muß der Besitzbegründungswillen, d. h. der Willen des Erwerbers, die tatsächliche Herrschaft über die Sache auszuüben.

3. Der mittelbare Besitzer erhält den unmittelbaren Besitz an der Sache von dem Besitzmittler aufgrund eines konkreten Besitzmittlungsverhältnisses i. S. d. § 868 vermittelt. Der unmittelbare Besitzer muß den Willen haben, die Sachherrschaft für den mittelbaren Besitzer auszuüben (Fremdbesitzerwillen). Der mittelbare Besitzer muß einen durchsetzbaren Herausgabeanspruch gegen den Besitzmittler haben.

4. Der Besitzdiener (§ 855) hat selbst keinen Besitz inne, sondern übt die tatsächliche Sachherrschaft für den unmittelbaren Besitzer aus. Das Verhältnis des Besitzdieners zu seinem Besitzherrn ist durch soziale Unterordnung und Weisungsgebundenheit geprägt. Der Besitzdiener steht zu dem Besitzherrn in einem sozialen Abhängigkeitsverhältnis.

5. Die Vorschrift des § 857 dient der Klarstellung, daß der Erbe dieselbe besitzrechtliche Stellung erlangt, die der Erblasser inne hatte.

6. Juristische Personen üben den Besitz durch ihre Vertretungsorgane, Vorstand oder verfassungsgemäß gewählte Vertreter, aus. Es besteht sog. Organbesitz.

7. Die Beteiligten von Gesamthandsgemeinschaften üben die tatsächliche Sachherrschaft grundsätzlich gemeinsam in Form des Mitbesitzes (§ 866) aus.

Dies gilt nach h. M. auch für BGB-Gesellschaften. OHG und KG hingegen sind durch die Vorschriften §§ 124 I, 161 II HGB weitgehend den juristischen Personen angenähert. Deshalb bejaht die in der Literatur herrschende Auffassung Organbesitz für diese Personengesellschaften. Bei der KG gilt dies allerdings nur für die geschäftsführenden Gesellschafter. Die Kommanditisten sind von der Geschäftsführung ausgeschlossen und können daher nicht den Organbesitz für die Gesellschaft ausüben.

Zu § 6

1. Durch den possessorischen Besitzschutz (§§ 859 ff.) wird der Besitz als solcher geschützt, ohne daß es auf ein Recht zum Besitz ankommt. Die Ansprüche sind auf eine rasche Wiederherstellung der bisherigen Besitzlage gerichtet und gewähren daher nur vorläufiges Recht. Beim petitorischen Besitzschutz (§ 1007) ist das Recht zum Besitz maßgeblich. Der Anspruchsteller muß ein besseres Recht zum Besitz geltend machen können als der derzeitige Besitzer. Die Ansprüche schaffen endgültiges Recht.

2. Ist dem Besitzer die Sache entzogen worden und ist er zugleich Eigentümer, so kann er nach § 985 Herausgabe der Sache verlangen. Darüber hinaus steht ihm der possessorische Besitzschutzanspruch nach § 861 zu. Dieser Anspruch ist auf Wiedereinräumung des Besitzes gerichtet. Des weiteren besteht ein Herausgabeanspruch nach § 1007. Die Vorschrift enthält tatsächlich zwei Ansprüche, die auch nebeneinander bestehen können.

3. Die Prüfungsreihenfolge bei dem Anspruch nach § 861 richtet sich streng nach dem Gesetzeswortlaut. Notwendig ist, daß dem bisherigen Besitzer der Besitz durch verbotene Eigenmacht (§ 858 I) entzogen worden ist. Der Besitz des Antragsgegners muß fehlerhaft (§ 858 II) sein. Der Besitz des Antragstellers darf seinerseits nicht fehlerhaft gewesen sein (§ 861 II). Gegen den Anspruch dürfen keine Einwendungen nach § 863 vorliegen. Auch darf der Anspruch nicht nach § 864 erloschen sein.

4. Die Vorschrift des § 863 besagt, daß gegen die possessorischen Besitzschutzansprüche nach §§ 859 ff. Einwendungen aus Besitzrecht oder Eigentum, also petitorische Einwendungen, ausgeschlossen sind. Allerdings ist nach h. M. die petitorische Widerklage (§ 33 ZPO) zulässig. In einem solchen Fall kann über die Besitzschutzklage durch Teilurteil (§ 301 ZPO) entschieden werden, sofern sie entscheidungsreif ist. Bei gleichzeitiger Entscheidungsreife ist die Besitzschutzklage nach h. M. entsprechend § 864 II abzuweisen.

Zu §§ 7 und 8

1. Der Inhalt des Eigentums ist in § 903 beschrieben. Der Eigentümer hat die Befugnis, nach Belieben über die Sache zu verfügen. Schutz vor Eingriffen in das Eigentum findet sich in den Vorschriften §§ 985 ff. sowie in § 1004. Der Eigentümer hat bestimmte Duldungspflichten nach §§ 906 ff., worin sich die Grenzen des Eigentums zeigen.
2. Für den rechtsgeschäftlichen Eigentumserwerb sind die Einigung i. S. d. § 929 S. 1 zwischen Veräußerer und Erwerber bezüglich der Eigentumsübertragung sowie die Übergabe der Sache bzw. der Ersatz der Übergabe durch ein Übergabesurrogat notwendig. Die Parteien müssen sich noch im Zeitpunkt der Übergabe bzw. des Übergabesurrogats über den Eigentumsübergang einig sein. Des weiteren muß der Veräußerer zur Verfügung über die Sache berechtigt sein.
3. Die Einigung nach § 929 S. 1 ist ein dinglicher Vertrag. Sie erfordert übereinstimmende Willenserklärungen des Veräußerers und des Erwerbers hinsichtlich des Eigentumsübergangs. Die Vorschriften des Allgemeinen Teils des BGB über Rechtsgeschäfte sind anwendbar. Die Einigung muß hinreichend bestimmt sein.
4. Die Übergabe hat Publizitätsfunktion. Mit Innehaben des Besitzes wird nach außen deutlich, daß Rechte an der Sache bestehen. Mit der Übergabe der Sache wird die Änderung der besitzrechtlichen Lage nach außen erkennbar.
5. Voraussetzung für die Übergabe gemäß § 929 S. 1 ist der vollständige Besitzverlust des Veräußerers durch Übertragung der Sachherrschaft (§ 854) sowie die Besitzerlangung des Erwerbers.
6. Eine Geheißperson kann sowohl auf Veranlassung des Veräußerers als auch des Erwerbers tätig werden, ohne daß der Veräußerer bzw. der Erwerber den Besitz an der Sache hat. Die Geheißperson ist weder Besitzdiener noch Besitzmittler. Sie kann auf Weisung des Veräußerers die Sache auf den Erwerber übertragen, oder auf Veranlassung des Erwerbers die Sache in Empfang nehmen. Möglich ist auch ein doppelter Geheißerwerb. Das heißt, auf beiden Seiten werden Geheißpersonen eingeschaltet.
7. Die Grundform der Übergabe ist in § 929 S. 1 geregelt. Darüber hinaus gibt es Sonderformen der Übergabe. Bei der Übereignung „kurzer Hand" gemäß § 929 S. 2 ist die Übergabe entbehrlich, da der Erwerber die Sache bereits in Besitz hat. Lediglich die Einigung der Parteien ist noch nötig. Die Übergabe durch Besitzkonstitut nach § 930 erfolgt durch Vereinbarung eines Besitzmittlungsverhältnisses. Die Übergabe wird durch das Besitzkonstitut ersetzt. Der Veräußerer behält den unmittelbaren Besitz an der Sache und mittelt den Besitz für den Erwerber. Der mittelbar besitzende Veräußerer kann die Sache

durch Abtretung seines Herausgabeanspruchs gegen den Dritten gemäß § 931 an den Erwerber veräußern.

8. Bei einem Streckengeschäft liegt eine Kette von Übereignungen vor. Die Lieferung der Sache erfolgt aufgrund vertraglicher Vereinbarung direkt vom Erstverkäufer an den Endabnehmer. Es finden jeweils so viele Übereignungen statt wie Rechtsbeziehungen bestehen.

9. Die dingliche Einigung beim Streckengeschäft erfolgt in der Regel bereits stillschweigend mit Abschluß des Kaufvertrages und nicht erst bei Lieferung der Sache.

10. Beim Streckengeschäft haben die Beteiligten drei Möglichkeiten, die Übergabe zu vereinbaren. Es kann ein doppelter Geheißerwerb nach § 929 S. 1 erfolgen. Hierbei tritt der Erstverkäufer als Geheißperson des Zwischenhändlers auf und der Verkäufer als Geheißperson auf der Erwerberseite des Endabnehmers. Des weiteren können die Parteien abgestufte Besitzmittlungsverhältnisse nach §§ 929, 930 vereinbaren. Schließlich besteht die Möglichkeit der Kombination von Besitzkonstitut nach § 930 zwischen Erstverkäufer und Zwischenhändler sowie der Abtretung des Herausgabeanspruchs gemäß § 931 bei der Weiterveräußerung von Zwischenhändler an Veräußerer sowie von Veräußerer an Endabnehmer.

11. Der mittelbare Besitzer hat die Möglichkeit, die Sache entweder gemäß § 929 S. 1 durch Übergabe zu übereignen oder gemäß §§ 929, 930 durch Besitzkonstitut oder gemäß §§ 929, 931 durch Abtretung des Herausgabeanspruchs. Bei der Übereignung nach § 929 S. 1 finden Einigung und Übergabe zwischen Veräußerer und Erwerber statt, der Erwerber vereinbart sodann mit dem Dritten ein neues Besitzmittlungsverhältnis.

12. Die Befugnis, über die Sache zu verfügen, hat der Rechtsinhaber, also in der Regel der Eigentümer, der keiner Verfügungsbeschränkung unterliegt. Des weiteren kann auch der Nichteigentümer verfügungsberechtigt sein, wenn er die Befugnis aufgrund einer Ermächtigungsvorschrift erhalten hat (insbesondere § 185 I, § 2205, § 1985, § 80 I InsO).

13. Die Eigentumsübertragung muß durch Rechtsgeschäft im Sinne eines Verkehrsgeschäfts erfolgen. Der Rechtsscheintatbestand des Besitzes wird durch die Übergabe der Sache bzw. die Übergabesurrogate gemäß § 932 – 934 gewahrt. Der Erwerber muß hinsichtlich des Eigentums gutgläubig nach § 932 II sein, und die Sache darf dem Eigentümer nicht nach § 935 abhanden gekommen sein.

14. Der Eigentumsübertragung nach § 929 S. 1 entspricht der Rechtsscheintatbestand des § 932 I 1 durch Übergabe der Sache. Bei der Übereignung „kurzer Hand" gemäß §§ 929 S. 2, 932 I 2 muß der Erwerber im Besitz der Sache sein. Der gutgläubige Eigentumserwerb bei Übereignung durch Besitzkonstitut nach §§ 929, 930, 933 ist nur möglich, wenn der Veräußerer die Sache

i. S. v. § 929 S. 1 übergibt. Und beim gutgläubigen Eigentumserwerb durch Abtretung des Herausgabeanspruchs nach §§ 929, 931 enthält § 934 die entsprechenden Rechtsscheintatbestände. Ist der Veräußerer mittelbarer Besitzer, so reicht nach § 934 Fall 1 allein die Übertragung des mittelbaren Besitzes aus (§ 870). Hat der Veräußerer lediglich einen gesetzlichen Herausgabeanspruch gegen den Dritten, so muß der Erwerber zusätzlich den Besitz an der Sache erlangen, § 934 Fall 2.

15. Wird nach einem gutgläubigen Eigentumserwerb das ursprüngliche Schuldverhältnis rückabgewickelt, so stellt sich die Frage, ob nunmehr der Nichtberechtigte das Eigentum an der Sache gemäß §§ 929 ff. erlangt oder ob das Eigentum an den ursprünglichen Eigentümer zurückfällt. Die bisher h. M. verlangt für den Eigentumserwerb des Nichtberechtigten ein selbständiges Rechtsgeschäft, das hier nicht vorliegt. Daher erwirbt der frühere Eigentümer das Eigentum zurück. Eine weit verbreitete Gegenansicht läßt hingegen den Rückerwerb des Nichtberechtigten zu. Der Dritte, der gutgläubig das Eigentum erworben hat, kann nunmehr als Nichtberechtigter über die Sache verfügen. Diese Ansicht läßt sich mit dem im Sachenrecht geltenden Abstraktionsprinzip vereinbaren. Der ursprüngliche Eigentümer hat allerdings einen Anspruch auf Rückübereignung (§§ 812 ff.; 823, 826, 249 S. 1) gegen den Nichtberechtigten.

16. Nach h. M. kann der Erwerber bei der Veräußerung gemäß §§ 929 S. 1, 932 I durch eine vermeintliche Geheißperson gutgläubig Eigentum erlangen. Die Besitzverschaffungsmacht des Veräußerers stellt einen ebenso starken Rechtsschein dar wie der Besitz selbst.

17. Bei dem gutgläubigen Erwerb nach §§ 929, 930, 933 muß neben der Vereinbarung eines Besitzmittlungsverhältnisses die Übergabe der Sache i. S. d. § 929 S. 1 durch den Veräußerer hinzukommen. Die einseitige Besitzergreifung durch den Erwerber reicht nicht aus.

18. Im Gegensatz zu § 933 ist bei dem gutgläubigen Erwerb nach § 934, Fall 1 die zusätzliche Übergabe der Sache durch den Veräußerer nicht erforderlich. Der mittelbar besitzende Veräußerer kann also die nach § 933 notwendige Übergabe dadurch umgehen, daß er die Sache von einem Dritten verwahren läßt und den Herausgabeanspruch gegen den Dritten an den Erwerber abtritt. Daher wird teilweise eine einschränkende Auslegung des § 934, Fall 1 verlangt. Die h. M. lehnt dies jedoch mit der Begründung ab, daß eine einschränkende Auslegung gesetzeswidrig sei.

19. Um den Wertungswiderspruch von § 933 und § 934 Fall 1 zu umgehen, wird von einem Teil der Literatur gleichstufiger mittelbarer Nebenbesitz von Veräußerer und Erwerber angenommen. Denn der Dritte betreibt ein „Doppelspiel", indem er dem Erwerber den Besitz vermittelt und zugleich an seiner besitzrechtlichen Position gegenüber dem Eigentümer festhält. Die h. M.

hingegen lehnt die Konstruktion des Nebenbesitzes ab, da dies im Gesetz nicht vorgesehen ist. Vielmehr verliert der ursprüngliche Eigentümer vollständig den Besitz.

20. Der gute Glaube nach § 932 II muß sich auf die Eigentümerstellung des Veräußerers beziehen. Darüber hinaus ist die Gutglaubensvorschrift des § 932 II aufgrund von Verweisungsvorschriften (insbesondere § 135 II) auf relative Verfügungsverbote entsprechend anwendbar. Der gute Glaube in die Verfügungsbefugnis wird hingegen im BGB nicht geschützt. Eine Ausnahme enthält lediglich § 366 HGB.

21. Der gutgläubige Erwerber erlangt uneingeschränktes Eigentum an der Sache. Er ist dem ursprünglichen Eigentümer nicht zur Rückübereignung verpflichtet. Zwar liegt ein Eigentumsverlust des ursprünglichen Eigentümers vor, aber der Eigentumserwerb ist durch die §§ 932 ff. gesetzlich gestattet. Ein Anspruch aus § 812 I 1, Fall 2 scheidet aus, da der Erwerber Besitz und Eigentum nicht in sonstiger Weise erlangt hat, sondern durch eine Leistung des nichtberechtigten Veräußerers (Subsidiarität der Nichtleistungskondiktion).

Zu § 9

1. Voraussetzung für die Verbindung nach § 946 ist, daß die bewegliche Sache wesentlicher Bestandteil des Grundstücks wird. Das ist nach § 93 grundsätzlich der Fall, wenn eine Trennung nicht ohne Zerstörung oder wesentliche Veränderung möglich ist. Bei Grundstücken erhält der Begriff des wesentlichen Bestandteils zusätzlich eine Erweiterung durch § 94. Hierunter fallen Sachen, die nicht nur zu einem vorübergehenden Zweck mit Grund und Boden fest verbunden (§ 946 I) oder zur Herstellung in das Gebäude eingefügt werden (§ 946 II).

2. Wird eine bewegliche Sache mit einem Grundstück verbunden, so erlangt gemäß § 946 der Eigentümer des Grundstücks auch das Eigentum an der beweglichen Sache. Wenn durch die Verbindung mehrerer beweglicher Sachen eine neue Sache entsteht, erwerben die früheren Eigentümer nach § 947 I Miteigentum nach Wertanteilen. Wird hingegen eine bewegliche Sache derart mit einer anderen verbunden, daß sie wesentlicher Bestandteil einer Hauptsache wird, so erlangt der Eigentümer der Hauptsache das alleinige Eigentum (§ 947 II).

3. Nach h. M. entsteht auch bei der Vermengung von Geld Miteigentum aufgrund der anwendbaren Vorschriften §§ 947 I, 948. Jeder Miteigentümer kann gemäß §§ 749, 752 Aufhebung der Gemeinschaft verlangen. Nach der Lehre von der Geldwertvindikation hingegen bleibt der Wert des Geldes als

solches bei Vermengung erhalten, mit der Folge, daß der Eigentümer Herausgabe nach § 985 verlangen kann.

4. Verarbeitung ist das Zusammenfügen mehrerer Ausgangsstoffe zum Zweck der Herstellung einer neuen Sache. Der Verarbeitungswert darf dabei nicht erheblich geringer sein als der Sachwert der Ausgangsstoffe. Hersteller kann auch derjenige sein, der nicht eigenhändig die neue Sache zusammenfügt, aber den Produktionsprozeß beherrscht und beeinflußt.

5. Verarbeitungsklauseln werden häufig beim verlängerten Eigentumsvorbehalt vereinbart. Damit der Eigentumsvorbehalt des Lieferanten an der neu hergestellten Sache fortbestehen kann, verpflichtet sich der Vorbehaltskäufer, die Herstellung für den Lieferanten vorzunehmen. Der überwiegende Teil in der Literatur ist der Ansicht, daß § 950 nicht auf diese Weise abdingbar ist. Der verarbeitende Vorbehaltskäufer soll das Eigentum erlangen. Die Rspr. erkennt hingegen dennoch das Eigentum des Lieferanten an.

6. § 951 soll einen Wertausgleich in Geld für den Rechtsverlust an den eingebrachten Sachen schaffen. Es handelt sich um einen sog. Rechtsfortwirkungsanspruch. Die Rechtsgrundverweisung in § 951 auf das Bereicherungsrecht soll nach der Rspr. nicht nur auf die Eingriffskondiktion (§ 812 I 1, Fall 2) beschränkt sein, sondern darüber hinaus auch im Fall der Leistungskondiktion (§ 812 I 1, Fall 1) gelten.

7. Grundsätzlich hat der Besitzer das Wegnahmerecht nach § 951 II 2, wenn ein Dritter die Sache mit der Hauptsache verbunden hat. Umstritten ist, ob auch der Dritte selbst wegnahmeberechtigt sein soll. Die Rspr. verneint dies unter Hinweis darauf, daß § 951 II 2 lediglich eine Ausdehnung des Anwendungsbereichs von § 997 darstellt. Anderenfalls würde es zu einer Aushöhlung des § 951 I 2 kommen, wonach die Wiederherstellung des früheren Zustandes nicht verlangt werden kann.

8. Die §§ 953 ff. regeln die Eigentumsverhältnisse an Erzeugnissen und sonstigen Bestandteilen, nachdem sie von der Muttersache getrennt wurden. Damit steht jedoch nicht zugleich fest, wem diese Sachen tatsächlich gebühren. Ob der Erwerber die abgetrennten Sachen auch behalten darf, richtet sich nach der Parteivereinbarung sowie nach § 581 bzw. §§ 987 ff.

9. Das Prüfungsschema zu §§ 953 ff. ist nach dem sog. Schachtelprinzip aufgebaut. Das heißt, grundsätzlich erwirbt der Eigentümer der Muttersache das Eigentum an der abgetrennten Sache, es sei denn, einer der Erwerbstatbestände der §§ 954 – 957 greift ein. Bei der Prüfung ist der Reihe nach von Vorschrift zu Vorschrift vorzugehen.

10. Die Aneignungsgestattung ist die persönliche Erlaubnis des Berechtigten zur Aneignung. Nach der Aneignungstheorie handelt es sich um ein einseitiges Verfügungsgeschäft. Die Übertragungstheorie geht hingegen von einem Rechtsgeschäft im Sinne einer Sonderregelung zu §§ 929 ff. aus. Die Gestat-

tung stellt hiernach erst das Angebot zur Übereignung dar. Hinzukommen muß die Trennung der Sache bzw. die Besitzergreifung als Annahme und zugleich Übergabe der Sache.

Zu § 10

1. Bei der Sicherungsübereignung sind drei grundsätzlich unabhängig voneinander bestehende Rechtsverhältnisse zu unterscheiden: Die Sicherungsübereignung, der Sicherungsvertrag und die gesicherte Forderung. Die Sicherungsübereignung ist das dingliche Rechtsgeschäft, durch das das Eigentum zur Sicherung einer Forderung übertragen wird. Die Übereignung geschieht auf der Grundlage der §§ 929 S. 1, 930 durch Einigung und Vereinbarung eines Besitzkonstituts. Der Sicherungsvertrag (§ 305) stellt den Rechtsgrund für die Sicherungsübereignung dar und enthält die schuldrechtliche Verpflichtung zur Eigentumsübertragung. Die gesicherte Forderung ergibt sich in der Regel aus Darlehensvertrag (§ 607 I). Sie ist nicht der Rechtsgrund für die Sicherungsübereignung.

2. Bei der Verpfändung ist der Eigentümer nach § 1205 verpflichtet, die verpfändete Sache zur Sicherheit für die bestehende Forderung an den Gläubiger zu übergeben. Demgegenüber darf der Sicherungsgeber bei der Sicherungsübereignung die Sache im unmittelbaren Besitz behalten. Er kann sie auf diese Weise weiter wirtschaftlich nutzen und den erzielten Gewinn zur Rückführung der gesicherten Forderung einsetzen.

3. Der Sicherungsgeber ist verpflichtet, das Eigentum auf den Sicherungsnehmer zu übertragen. Da er die Sache in unmittelbarem Besitz behält, muß er sorgfältig mit ihr umgehen und darf sie nicht veräußern. Der Sicherungsnehmer ist seinerseits verpflichtet, nicht über die Sache zu verfügen. Er muß die Sache nach Tilgung der gesicherten Forderung zurückübereignen.

4. Grundsätzlich ist die Sicherungsübereignung in ihrer Wirksamkeit unabhängig von der Wirksamkeit des Sicherungsvertrages. Nur in Ausnahmefällen zieht die Unwirksamkeit des Sicherungsvertrages auch die Unwirksamkeit der Sicherungsübereignung nach sich. Dies ist der Fall, wenn die Parteien einen wirksamen Sicherungsvertrag zur Bedingung (§ 158 I) der Sicherungsübereignung gemacht haben oder beide Rechtsgeschäfte zu einer Einheit i. S. d. § 139 verbunden haben. Insbesondere bei Unwirksamkeit des Sicherungsvertrages wegen Verstoßes gegen die guten Sitten nach § 138 ist auch die Sicherungsübereignung unwirksam. Hier kommen Knebelung, Kredittäuschung oder Übersicherung in Betracht.

5. Grundsätzlich sind auch der Sicherungsvertrag und die gesicherte Forderung in ihrer Wirksamkeit unabhängig voneinander. Die Unwirksamkeit der gesi-

cherten Forderung läßt also die Wirksamkeit des Sicherungsvertrages grundsätzlich unberührt. Ist der Sicherungsvertrag jedoch nur zur Sicherung einer bestimmten Forderung abgeschlossen worden, und wäre der Sicherungsvertrag bei Nichtbestehen der gesicherten Forderung sinnlos, so ist eine Geschäftseinheit nach § 139 anzunehmen, die ausnahmsweise zur Unwirksamkeit auch des Sicherungsvertrages führt.

6. Beim Eigentumsvorbehalt erfolgt die dingliche Einigung über den Eigentumsübergang gemäß §§ 929 S. 1, 158 I unter der aufschiebenden Bedingung der vollständigen Zahlung des Kaufpreises durch den Vorbehaltskäufer. Die Bedingung ist nach der Auslegungsregel des § 455 im Zweifel anzunehmen.

7. Bis zur Übergabe der Sache kann der Eigentumsvorbehalt einseitig durch den Vorbehaltsverkäufer erklärt werden. In der Regel geschieht dies durch einen eindeutigen Vermerk auf dem Lieferschein oder der Rechnung. Im kaufmännischen Geschäftsverkehr reicht bereits der Hinweis in den AGB. Ein nach Übergabe der Sache auf der Rechnung erklärter Eigentumsvorbehalt ist unwirksam.

8. Die Vertragsparteien können nach Lieferung der Sache den Eigentumsvorbehalt einvernehmlich nachträglich vereinbaren. Nach überwiegender Ansicht reicht hierfür ein einheitliches Rechtsgeschäft aus. Die erforderliche Rückübertragung an den Vorbehaltsverkäufer erfolgt auf der Grundlage der §§ 929 S. 1, 930, 158 II auflösend bedingt.

9. Von verlängertem Eigentumsvorbehalt spricht man, wenn im Fall der Verbindung, Verarbeitung oder Weiterveräußerung der Sache der Eigentumsvorbehalt an der neu hergestellten bzw. veräußerten Sache bestehen bleiben soll. Der verlängerte Eigentumsvorbehalt kann durch Einbeziehung einer Verarbeitungsklausel vereinbart werden, in der sich der Vorbehaltskäufer verpflichtet, die Herstellung der neuen Sache für den Verkäufer vorzunehmen. Im Fall der beabsichtigten Weiterveräußerung der Sache einigen sich die Parteien in aller Regel über eine Vorausabtretung der künftigen Forderung. Zugleich wird der Vorbehaltskäufer gemäß § 185 I ermächtigt, über die Sache zu verfügen.

10. Ein Anwartschaftsrecht liegt vor, wenn von einem mehraktigen Erwerbstatbestand bereits so viele Erfordernisse erfüllt sind, daß der Veräußerer die Rechtsposition des Erwerbers nicht mehr einseitig beeinträchtigen kann. Das ist insbesondere zutreffend, wenn wie beim Eigentumsvorbehalt der Bedingungseintritt lediglich vom Erwerber abhängt. Das Anwartschaftrecht ist ein wesensgleiches Minus, nicht ein aliud zum Vollrecht. Aufgrund Gewohnheitsrecht ist das Anwartschaftsrecht als dingliches Recht anerkannt.

11. Das Anwartschaftsrecht entsteht beim Eigentumsvorbehalt durch die bedingte Einigung (§§ 929 S. 1, 158 I) zwischen Vorbehaltsverkäufer und Vorbehaltskäufer. Hinzukommen muß die Übergabe der Sache durch den be-

Zu § 11   275

rechtigten Vorbehaltsverkäufer. Der Käufer erlangt dadurch eine rechtlich gesicherte Position im Hinblick auf den Vollrechtserwerb.

12. Mangels anderweitiger gesetzlicher Regelung wird das Anwartschaftsrecht entsprechend der Vorschriften wie das Vollrecht übertragen, nämlich §§ 929 ff. analog. Dies ergibt sich aus dem Wesen des Anwartschaftsrechts als Vorstufe zum Eigentum. Das Anwartschaftsrecht wird hingegen nicht durch Abtretung nach §§ 413, 398 übertragen.

13. Nach h. M. ist ein gutgläubiger Erwerb des Anwartschaftsrechts vom Nichtberechtigten analog §§ 932 ff. rechtlich möglich, sofern das zu übertragende Anwartschaftsrecht tatsächlich besteht. Ein nur angebliches Anwartschaftsrecht kann der Dritte hingegen nicht gutgläubig erwerben. Der gute Glaube des Dritten muß sich auf die Inhaberschaft des Anwartschaftsrechts beziehen. Schuldrechtliche Mängel können allerdings durch die Gutglaubensvorschriften nicht überwunden werden.

14. Mit Eintritt der Bedingung, also der vollständigen Zahlung des Kaufpreises, erstarkt das Anwartschaftsrecht unmittelbar in der Person des Erwerbers zum Vollrecht. Es findet ein Direkterwerb statt und nicht etwa ein Durchgangserwerb beim Vorbehaltskäufer.

Zu § 11

1. Eine Vindikationslage liegt dann vor, wenn die Voraussetzungen des Herausgabeanspruchs nach § 985 vorliegen. Der Anspruchsteller muß im Zeitpunkt des Herausgabeverlangens Eigentümer sein, der Anspruchsgegner Besitzer, und der Besitzer darf kein Recht zum Besitz haben. Bei Vorliegen einer Vindikationslage ergeben sich die weiteren Sekundäransprüche aus dem Eigentümer–Besitzer-Verhältnis nach §§ 987 ff.

2. Der Herausgabeanspruch nach § 985 ist auf die Besitzverschaffung, das heißt Einräumung des unmittelbaren oder mittelbaren Besitzes, gerichtet.

3. Grundsätzlich kann der Eigentümer von dem mittelbaren Besitzer die Herausgabe des mittelbaren Besitzes verlangen. Dies geschieht nach § 870 durch Abtretung des Herausgabeanspruchs, den der mittelbare Besitzer gegenüber dem Besitzmittler hat. Der Eigentümer kann nach h. M. daneben auch die Herausgabe der Sache selbst verlangen. Die Übertragung des unmittelbaren Besitzes ist allerdings dann ausgeschlossen, wenn dem mittelbaren Besitzer die Herausgabe wegen der Überlassung an den Besitzmittler unmöglich ist und der mittelbare Besitzer gutgläubig im Sinne der §§ 989, 990 I ist. Andernfalls würde den mittelbaren Besitzer im Widerspruch zu den ausschließlichen Regeln des Eigentümer–Besitzer-Verhältnisses eine verschuldensunabhängige Schadensersatzpflicht nach § 283 I treffen.

4. Klagt der Eigentümer seinen Herausgabeanspruch nach § 985 ein und können die Eigentumsverhältnisse im Prozeß nicht geklärt werden, so wird nach § 1006 I 1 zugunsten des gegenwärtigen Besitzers vermutet, daß er mit dem Erwerb des unmittelbaren Eigenbesitzes an der Sache zugleich auch das Eigentum erworben und während der gesamten Besitzzeit behalten hat. Den Anspruchsteller trifft die Beweislast dafür, daß der Anspruchsgegner mit dem Erwerb des Besitzes kein Eigentum erlangt hat. Die Sache darf allerdings nicht einem früheren Besitzer abhanden gekommen sein (§ 1006 I 2). Dem früheren Besitzer der Sache dient die Eigentumsvermutung nach § 1006 II. Sein Eigentum wird vermutet, sofern er nachweisen kann, daß er einmal Besitz erworben hatte und keine bessere Vermutung für den derzeitigen Besitzer spricht. Die Eigentumsvermutung nach § 1006 I und II wird für den mittelbaren Besitzer durch die Regelung in § 1006 III erweitert.

5. Seinem Wortlaut nach enthält § 986 eine Einrede („kann verweigern"). Dennoch sieht die ganz h. M. in dem Besitzrecht nach § 986 I eine Einwendung. Zur Begründung wird der Regelungszusammenhang mit inhaltlich vergleichbaren Vorschriften (§§ 1004 II, 1007 III, 861 II) angeführt. Auch mit dem Wesen der Einwendung läßt sich argumentieren. In der Regel will sich der Besitzer, der auf Herausgabe nach § 985 verklagt wird, selbstverständlich auf sein Besitzrecht berufen. Das Vorliegen eines Besitzrechts nach § 986 ist maßgeblich dafür, ob eine Vindikationslage besteht oder nicht, von der die Ansprüche aus dem Eigentümer–Besitzer-Verhältnis gegen den unrechtmäßigen Besitzer nach §§ 987 ff. abhängen. Die Ansprüche auf Nutzungen und Schadensersatz kann man nicht entstehen oder untergehen lassen, je nachdem ob das Recht zum Besitz nach § 986 geltend gemacht wird oder nicht.

6. Der Besitzer, der auf Herausgabe der Sache in Anspruch genommen wird, kann sich auf ein eigenes (§ 986 I 1, 1. HS) dingliches Recht zum Besitz, ein vertragliches oder ein gesetzliches Besitzrecht berufen. Dingliche Besitzrechte ergeben sich aus dem Pfandrecht (§§ 1205, 1253 I), dem Nießbrauch (§ 1036) sowie der Dienstbarkeit (§ 1018). Vertragsverhältnisse, aus denen sich ein Recht zum Besitz herleiten läßt, sind insbesondere Miete (§ 535) und Pacht (§ 581). Gesetzliche Rechtsverhältnisse, die ein Besitzrecht begründen, sind unter anderem die GoA (§§ 677, 683) oder das zwischen Ehegatten (§ 1353 I). Ein abgeleitetes Besitzrecht liegt vor, wenn der unmittelbare Besitzer dem Herausgabeverlangen des Eigentümers ein Besitzrecht entgegenhalten kann, das zwischen dem Dritten, von dem er den Besitz erlangt hat, und dem Eigentümer besteht. Der Dritte muß allerdings zur Weitergabe des Besitzes befugt gewesen sein (§ 986 I 2). Nach § 986 II setzt sich das Recht zum Besitz auch gegenüber dem Rechtsnachfolger des Eigentümers fort.

7. Die überwiegend in der Literatur vertretene Ansicht geht davon aus, daß das Zurückbehaltungsrecht ein eigenständiges Gegenrecht zum Herausgabeanspruch nach § 985 darstellt. Die Geltendmachung des Zurückbehaltungs-

rechts führt nach § 274 allerdings nur zur Verurteilung Zug um Zug. Die Rechtsprechung kommt zu demselben Ergebnis, verlangt aber, daß der Besitzer sein Zurückbehaltungsrecht als Einrede in den Prozeß einbringt. Nach dieser Auffassung liegt keine Vindikationslage vor. Die Rechtsprechung wendet daher systemwidrig die §§ 987 ff. ausnahmsweise auch auf den berechtigten Besitzer an.

8. Der Herausgabeanspruch nach § 985 steht zu den besitzrechtlichen Ansprüchen des Eigentümers auf Herausgabe der Sache nach §§ 861, 1007 in echter Anspruchskonkurrenz, d. h. der Anspruchsteller kann seinen Herausgabeanspruch auf mehrere Anspruchsgrundlagen nebeneinander stützen. Dasselbe gilt für die Herausgabeansprüche aus gesetzlichen Schuldverhältnissen, also für Ansprüche aus dem Bereicherungsrecht nach §§ 812 ff., aus dem Deliktsrecht nach §§ 823 ff. i. V. m. § 249 S. 1 sowie für den Anspruch auf Herausgabe des durch GoA erlangten Besitzes nach §§ 687 II, 681. Nach heute ganz h. M. besteht auch zwischen den vertraglichen Herausgabeansprüchen und § 985 ein echtes Konkurrenzverhältnis, sofern das Vertragsverhältnis beendet ist. Das heißt, der Eigentümer kann seinen Herausgabeanspruch sowohl auf § 985 als auch auf vertragliche Rechtsgründe stützen.

Zu § 12

1. Nach ganz h. M. ist § 281 nicht auf den Herausgabeanspruch nach § 985 anwendbar. Folgende Argumente werden zur Begründung angeführt. Bei § 281 handelt es sich um eine schuldrechtliche Vorschrift, die auf die Herausgabe des erhaltenen Surrogats gerichtet ist. Für den Besitz als Herausgabegegenstand ist kein Wertersatz als Surrogat denkbar. § 281 setzt das Bestehen eines Schuldverhältnisses voraus, wohingegen der Herausgabeanspruch nach § 985 durch Weiterveräußerung der Sache gerade erlischt. Eine Anwendung des § 281 würde dazu führen, daß beim Anspruchsgegner die gesetzliche Opfergrenze überschritten würde: Er müßte dem Eigentümer das Erlangte herausgeben und würde gleichzeitig dem Erwerber der Sache gegenüber aus §§ 440, 325 haften. Hingegen würde der Eigentümer unbilligerweise begünstigt: Er hätte den Ersatzanspruch aus § 281 gegen den Veräußerer und zugleich den Herausgabeanspruch nach § 985 gegen den gegenwärtigen Besitzer der Sache, den Erwerber. Die h. M. hält § 281 auch dann für nicht anwendbar, wenn ein Anspruch auf Herausgabe des Erlangten nach § 816 I ausgeschlossen ist.

2. Die Vorschriften vervollständigen den Anspruch des Eigentümers auf Herausgabe der Sache. Sie sind neben dem Herausgabeanspruch nach § 985 anwendbar und dienen als Sekundäransprüche dem sachgerechten Ausgleich zwischen dem Eigentümer und dem unrechtmäßigen Besitzer. Bezweckt ist

eine verschärfte Haftung des bösgläubigen Besitzers, der damit rechnen muß, die Sache an den Eigentümer zurückgeben zu müssen. Der redliche Besitzer, der auf sein Recht zum Besitz vertrauen darf, soll demgegenüber privilegiert werden.

3. Das Eigentümer–Besitzer-Verhältnis wirkt hinsichtlich seiner Rechtsfolgen abschließend. Wegen der Privilegierungsfunktion des gutgläubigen Besitzers haben die §§ 987 ff. grundsätzlich Vorrang vor anderen gesetzlichen Ansprüchen auf Schadensersatz sowie auf Ersatz von Aufwendungen und Nutzungen. Weitere Argumente ergeben sich aus dem Umkehrschluß zu § 992 sowie dem Ausschluß durch § 993 I a. E. Es gibt lediglich einige Ausnahmen bei Schadensnormen, die bei vorsätzlichem Handeln des Besitzers eingreifen, insbesondere finden die Vorschriften §§ 687 II, 678; § 826 neben §§ 987 ff. Anwendung, soweit Vorsatz vorliegt. Die §§ 823 ff. sind ausnahmsweise trotz Bestehens eines Eigentümer–Besitzer-Verhältnisses anwendbar beim Fremdbesitzerexzeß.

4. Beim Aufschwungexzeß überschreitet der rechtmäßige Fremdbesitzer den gesetzlich vorgegebenen Rahmen des zugrundeliegenden Schuldverhältnisses und schwingt sich zum unrechtmäßigen Eigenbesitzer auf. In seiner richtungsweisenden Entscheidung in dem sog. Feldlokomotivenfall hat der BGH entschieden, daß das Ergreifen von Eigenbesitz als neuer unrechtmäßiger Besitzerwerb zu werten ist. Bei Fremdbesitz und Eigenbesitz handelt es sich nach Ansicht der Rspr. um grundlegend verschiedene Besitzformen. Für die Haftung nach §§ 987 ff. ist auf den Zeitpunkt des Ergreifens des Eigenbesitzes abzustellen. In der Literatur ist diese Entscheidung auf völlige Ablehnung gestoßen, da lediglich eine Änderung der Besitzart vorliege, jedoch kein neu begründeter Besitz.

5. Auch der Nicht-so-Berechtigte überschreitet die Grenzen seines Besitzrechts. Er verfährt mit der Sache nicht so, wie es in dem vertraglichen Schuldverhältnis mit dem Eigentümer vorgesehen ist. Nach ganz h. M. entfällt das Besitzrecht nicht durch diese Überschreitung.

6. Die Bösgläubigkeit des Besitzers muß sich auf sein Recht zum Besitz beziehen. Grundsätzlich ist der Zeitpunkt des Besitzerwerbs maßgebend. Der Besitzer muß bei Inbesitznahme der Sache vorsätzlich oder grob fahrlässig nicht wissen, daß er zum Besitz nicht berechtigt ist (§ 990 I 1). Ist der Besitzer bei Besitzerlangung gutgläubig und erfährt er erst später von seinem mangelnden Recht zum Besitz, so ist positive Kenntnis erforderlich (§ 990 I 2).

7. Im Falle der Veräußerung einer fremden Sache haftet der bösgläubige unrechtmäßige Besitzer einerseits auf Herausgabe des erzielten Erlöses, andererseits auf Schadensersatz wegen der Unmöglichkeit der Herausgabe der Sache. Der Anspruch auf Erlösherausgabe ergibt sich aus § 816 I 1. Diese Bereicherungsvorschrift ist ausnahmsweise neben §§ 987 ff. anwendbar, da

die Herausgabe des Erlöses keine im Eigentümer- Besitzer- Verhältnis geregelte Rechtsfolge ist. Daneben ist der Besitzer grundsätzlich zur Herausgabe des durch Geschäftsanmaßung Erlangten aus GoA gemäß § 687 II i. V. m. §§ 681, 667 verpflichtet. Ansprüche auf Schadensersatz des bösgläubigen unrechtmäßigen Besitzers ergeben sich aus §§ 989, 990 I. Der Umfang des Schadensersatzes richtet sich nach §§ 249 ff. und betrifft nicht nur den Wertersatz, sondern nach § 252 S. 2 auch den entgangenen Gewinn. Bei Besitzerlangung durch schuldhafte verbotene Eigenmacht oder durch eine Straftat haftet der Besitzer nach §§ 992, 823 ff. Liegt eine Geschäftsanmaßung vor, so ergibt sich des weiteren ein Schadensersatzanspruch aus § 687 II i. V. m. § 678.

8. Beim Fremdbesitzerexzeß überschreitet der gutgläubige, aber unrechtmäßige Fremdbesitzer sein vermeintliches Besitzrecht. Die Problematik ergibt sich aus der Ausschlußfunktion der §§ 987 ff. gegenüber deliktischen Schadensersatzansprüchen. Damit der unrechtmäßige Fremdbesitzer nicht besser gestellt wird als der rechtmäßige, hält die ganz h. M. trotz Vorliegens eines Eigentümer–Besitzer-Verhältnisses die §§ 823 ff. unmittelbar für anwendbar. Der Fremdbesitzer soll so gestellt werden, wie er stehen würde, wenn das zugrunde liegende Vertragsverhältnis wirksam zustande gekommen wäre und er tatsächlich ein Recht zum Besitz gehabt hätte.

9. Nach § 991 II haftet der gutgläubige unrechtmäßige Fremdbesitzer dem Eigentümer gegenüber insoweit, als er im Rahmen eines Besitzmittlungsverhältnisses einem Dritten gegenüber zum Schadensersatz verpflichtet wäre. Zweck der Vorschrift ist es, die Schadensersatzpflicht des unmittelbaren Besitzers auch gegenüber dem Eigentümer zu erweitern. Der unmittelbare Besitzer wird dadurch nicht zusätzlich belastet. Er haftet ohnehin dem mittelbaren Besitzer gegenüber. Die Sachlage entspricht derjenigen der Drittschadensliquidation. Der mittelbare Besitzer hat einen vertraglichen Anspruch gegen den unmittelbaren Besitzer, aber keinen Schaden, da ihm die Sache nicht gehört.

10. Nach der Legaldefinition in § 100 sind Nutzungen alle Früchte und Gebrauchsvorteile, die bei der Nutzung einer Sache oder eines Rechts erzielt werden. Die Sachfrüchte sind wiederum in mittelbare und unmittelbare Früchte zu unterteilen. Unmittelbare Sachfrüchte sind die Erzeugnisse und die sonstige bestimmungsgemäße Ausbeute einer Sache (§ 99 I), mittelbare Sachfrüchte sind die Erträge, die die Sache vermittels eines Rechtsverhältnisses gewährt (§ 99 III). Gebrauchsvorteile sind die Vorteile, die aus dem Gebrauch der Sache gezogen werden (§ 100). Zu dem engeren Nutzungsbegriff der §§ 987 ff. gehören nicht die Rechtsfrüchte gemäß § 99 II.

11. § 988 betrifft grundsätzlich den Fall des unentgeltlichen Besitzerwerbs. Die ständige Rspr. wendet die Vorschrift jedoch analog auf den rechtsgrundlosen Besitzerwerb an. Zur Begründung wird angeführt, daß anderenfalls der

rechtsgrundlos erwerbende Besitzer besser stehen würde als der rechtsgrundlos erwerbende Eigentümer. Letzterer müßte dem ursprünglichen Eigentümer nach Bereicherungsrecht das Eigentum an der Sache zurück übertragen und die Nutzungen herausgeben. Auf den rechtsgrundlos erwerbenden Besitzer ist hingegen die unmittelbare Anwendung der §§ 812 ff. wegen des Vorrangs der §§ 987 ff. grundsätzlich ausgeschlossen. Die überwiegende Ansicht in der Literatur lehnt eine analoge Anwendung des § 988 ab und ist statt dessen trotz Vorliegens eines Eigentümer–Besitzer-Verhältnisses ausnahmsweise für die unmittelbare Anwendung des § 812 I 1.

12. Verwendungen sind freiwillige Vermögensaufwendungen des Besitzers, die darauf abzielen, die Sache in ihrem Bestand zu erhalten, zu verbessern oder wiederherzustellen. Außerdem müssen sie der Sache unmittelbar zugute kommen und der Eigentümer soll daraus Vorteile ziehen können. Nach dem engen Verwendungsbegriff der Rspr. fallen grundlegende Veränderungen nicht unter den Verwendungsbegriff der §§ 994 ff. Eine Verwendung liegt demnach nur vor, wenn die Sache als solche erhalten bleibt.

13. Notwendige Verwendungen sind solche Verwendungen, die objektiv erforderlich sind, um die Sache als solche oder ihre wirtschaftliche Nutzungsmöglichkeit zu erhalten oder zu verbessern (§ 994). Zu den notwendigen Verwendungen gehören die gewöhnlichen Erhaltungskosten einer Sache (§ 994 I 2). Nützliche Verwendungen steigern den objektiven Wert der Sache oder erhöhen ihre Gebrauchsfähigkeit. Luxusverwendungen sind solche Aufwendungen, die nicht wertsteigernd oder dem Eigentümer von Nutzen sind.

14. Der gutgläubige Besitzer hat Anspruch auf Erstattung sowohl seiner notwendigen als auch seiner nützlichen Verwendungen (§§ 994, 996). Die gewöhnlichen Erhaltungskosten kann er nur ersetzt verlangen, sofern er seinerseits zur Nutzungsherausgabe (§§ 987 ff.) verpflichtet ist. Demgegenüber hat der bösgläubige Besitzer lediglich Anspruch auf Ersatz seiner notwendigen Verwendungen. Der Anspruch auf Erstattung von Luxusverwendungen ist ausgeschlossen. Unabhängig davon, ob der Besitzer redlich oder bösgläubig, verklagt oder unverklagt ist, hat er lediglich ein Wegnahmerecht nach § 997.

15. Eine aufgedrängte Bereicherung liegt vor, wenn der Besitzer Aufwendungen auf die Sache macht, die der Eigentümer nicht haben wollte. Dem Eigentümer werden die Verwendungen quasi aufgedrängt. Dies ist häufig der Fall bei grundlegenden baulichen Veränderungen, die in der Regel sehr kostenaufwendig sind. Hat der Eigentümer keinen Anspruch auf Beseitigung der Verwendungen (§§ 989, 990 I, 823 oder § 1004) und ist der Verwendungserstattungsanspruch nach §§ 994 ff. ausgeschlossen, da eine Verwendung im engeren Sinne nach dem Verwendungsbegriff der Rspr. nicht vorliegt, so stellt sich die Frage der Anwendbarkeit der §§ 951, 812 I 1, Fall 2. Die Rspr. und ein Teil des Schrifttums lehnen einen solchen Bereicherungsausgleich des Besitzers ab mit der Begründung, daß die §§ 994 ff. auch dann ausschließen-

de Funktion haben, wenn eine Verwendung im engen Sinne nicht vorliegt. Sie vermeiden unbillige Ergebnisse durch Gewährung einer Entschädigung nach § 242. Anders die h. M. in der Literatur, die die §§ 951, 812 für anwendbar hält, da keine Verwendung i. S. d. §§ 994 ff. vorliegt. Umstritten ist der Umfang des Wertersatzes. Die verschiedenen Auffassungen kommen in der Regel zu demselben Ergebnis, entweder durch Beschränkung des Wertersatzes auf den subjektiven Ertragswert (entsprechend § 818 II) oder durch die Begrenzung der Bereicherung nach § 818 III.

16. Das Zurückbehaltungsrecht nach § 1000 entspricht dem Grunde nach dem allgemeinen Zurückbehaltungsrecht nach § 273 und ist auch daneben anwendbar. Jedoch setzt § 273 neben Gegenseitigkeit und Konnexität auch die Fälligkeit der Ansprüche voraus. Das Zurückbehaltungsrecht nach § 1000 hingegen kann auch schon vor Fälligkeit geltend gemacht werden. Denn der Verwendungserstattungsanspruch wird nach § 1001 erst bei Rückgabe der Sache oder bei Genehmigung der Verwendungen fällig.

Zu § 13

1. Die Funktion des § 1004 besteht in dem Schutz des Eigentums vor Beeinträchtigungen, die nicht in der Entziehung oder Vorenthaltung der Sache liegen. Insofern sind die Vorschriften der §§ 985 ff. vorrangig. Der Eigentumsschutz nach § 1004 umfaßt positive, das heißt tatsächliche Einwirkungen auf den räumlich- gegenständlichen Bereich der Sache, nicht hingegen negative Einwirkungen und ideelle Immissionen.

2. Die Eigentumsbeeinträchtigung kann von einem Handlungsstörer oder von einem Zustandsstörer ausgehen. Der Handlungsstörer verursacht die Beeinträchtigung adäquat kausal durch eigenes positives Tun oder pflichtwidriges Unterlassen. Auch der nur mittelbar Handelnde, der die störende Handlung von einem Dritten ausführen läßt, haftet nach § 1004. Der Zustandsstörer hat willentlich die Beeinträchtigung durch Betreiben einer Anlage herbeigeführt. Von seinem Willen hängt die Beseitigung der Störung ab.

3. Die Rechtswidrigkeit der Eigentumsbeeinträchtigung ist induziert, es sei denn, der Eigentümer hat nach § 1004 II eine Pflicht zur Duldung. § 906 beinhaltet eine zivilrechtliche gesetzliche Duldungspflicht. Nach dieser Vorschrift ist der Eigentümer nur dann zur Duldung verpflichtet, wenn die Beeinträchtigung wesentlich ist (§ 906 I). Aber auch wesentliche Beeinträchtigungen hat der Eigentümer nur zu dulden, wenn sie ortsüblich sind und deren Verhinderung wirtschaftlich zumutbar wäre (§ 906 II).

4. Nach § 1004 I 1 kann der Eigentümer Beseitigung einer bereits eingetretenen, fortdauernden Beeinträchtigung seines Eigentums verlangen. Der Besei-

tigungsanspruch gewährt jedoch keinen Ersatz für Schäden, die als Folge der Beeinträchtigung eingetreten sind. Die Haftung nach § 1004 ist verschuldensunabhängig. Der Unterlassungsanspruch des Eigentümers nach § 1004 I 2 richtet sich gegen drohende, bevorstehende Störungen, wobei die konkrete unmittelbar bevorstehende erstmalige Beeinträchtigung ausreicht. Ist bereits ein Eingriff erfolgt und beruft sich der Anspruchsteller auf eine Wiederholungsgefahr, so wird diese in der Regel vermutet.

Sachverzeichnis

(Die mageren Zahlen verweisen auf die Randnummern)

Abhandenkommen § 4, 4; § 5, 9 ff., 22; § 6, 17 ff., § 8, 46 ff.
Abholungsanspruch § 6, 15
Absolutheitsprinzip § 2, 1
Abstraktionsprinzip § 2, 5; § 8, 70
Abtretung
– der gesicherten Forderung § 10, 13
– des Herausgabeanspruchs § 5, 15; § 8, 3, 22 ff., 52 ff., 71; § 10, 16, 29; § 11, 11, 24, 29
– ~svereinbarung § 5, 15; § 8, 22 ff., 56; § 10, 16
– Vorausabtretung § 10, 23
Abwehrklausel § 10, 21, 23
Alleinbesitz § 5, 16
Alleineigentum § 9, 11
Allgemeine Geschäftsbedingungen § 10, 11, 21
Aneignung § 5, 19; § 9, 33
Aneignungsgestattung § 9, 30
Anspruchskonkurrenz § 11, 33 f.
Anwartschaftsrecht § 10, 18, 24 ff; § 11, 18
– auf den Eigentumserwerb § 10, 18 ff.
– Entstehung § 10, 25
– Ersterwerb § 10, 25
– gutgläubiger Ersterwerb § 10, 25
– gutgläubiger Zweiterwerb § 10, 27
– Übergang § 10, 26
– des Vorbehaltskäufers § 10, 24
– Wirksamkeit § 10, 25
– Zweiterwerb § 10, 26
Arglisteinrede § 10, 30; § 11, 18
Aufschwungexzeß § 12, 2, 16 ff.

Bedingung
– auflösende § 2, 5; § 10, 8, 16
– aufschiebende § 2, 5; § 10, 8, 19; § 12, 20
– Eintritt § 10, 20, 29
Beeinträchtigung des Eigentums § 11, 1 ff.
Beeinträchtigung der Sache
– bevorstehende § 13, 4
– fortdauernde § 13, 4

– unwesentliche § 13, 10
– wesentliche § 13, 10
Bereicherung, aufgedrängte § 9, 18; § 12, 3, 43
Bereicherungsrecht § 5, 13; § 9, 2, 17, 34; § 10, 8; § 12, 30
– Besitzkondiktion § 6, 22; § 11, 34
– Eingriffkondiktion § 6, 22; § 8, 69; § 9, 2, 17
– Kondiktion des Anwartschaftsrechts § 10, 32
– Leistungskondiktion § 6, 22; § 9, 2, 17; § 12, 3
– Rückabwicklung § 2, 5; § 9, 2
Beschädigung § 12, 4 f., 17, 20
Beseitigung § 6, 9, 14; § 10, 33; § 11, 1; § 13, 1
Beseitigungsanspruch § 13, 1, 14
Besitz
– ~aufgabe § 5, 7 f.; § 6, 20; § 8, 8, 11, 23, 40, 65 f.
– ~begründungswille § 5, 4, 10, 22, 25
– ~entzug § 4, 3; § 6, 1, 3, 6, 10
– ~erlangung § 5, 21; § 8, 8; § 12, 8
– fehlerhafter § 5, 21; § 6, 3, 10, 14
– ~konstitut § 8, 2, 17 ff., 23 ff., 40, 49, 54; § 10, 7
– ~konstitut, antizipiertes, § 8, 19 f.
– mittelbarer § 5, 11 ff., 19; § 6, 8, 16; § 8, 11, 18, 22, 47 f., 52 ff., 66, 71; § 10, 2, 7; § 11, 9, 11 ff., 22; § 12, 22, 28
– ~störung § 6, 3, 5, 14
– unmittelbarer § 5, 1 ff.; § 6, 3 ff., 10; § 8, 8 ff., 47, 64; § 9, 34; § 10, 7, 29; § 11, 6 ff., 11 f.
– ~verlust § 5, 7 f.; § 8, 8; § 11, 8
– ~verschaffung § 11, 11 ff.; § 12, 24
– ~wechsel § 2, 2
Besitzdiener § 5, 9; § 6, 7; § 8, 10, 67; § 9, 34; § 12, 11
Besitzer
– bisheriger § 5, 2, 5; § 6, 3, 11, 17, 22
– bösgläubiger § 6, 17 f.; § 11, 28, 31; § 12, 2, 41

- derzeitiger § 6, 17 ff.
- ~ergreifung § 5, 2; § 9, 27, 30 f.
- früherer § 6, 17 ff.; § 11, 8 f.
- gegenwärtiger § 11, 7, 9
- gutgläubiger § 9, 29; § 11, 31; § 12, 2, 29 ff., 35, 39
- jetziger § 6, 17 f.
- nichtberechtigter § 9, 19
- rechtmäßiger § 5, 20; § 6, 21; § 12, 23
- unentgeltlicher § 12, 2
- unrechtmäßiger § 11, 2; § 12, 2 ff., 8, 28 ff.
Besitzerwerb § 5, 2 ff., 10, 15, 22; § 6, 18, 20; § 11, 9; § 12, 8
- rechtsgrundlos § 12, 31
- unentgeltlich § 12, 30
Besitzherr § 5, 9; § 6, 7; § 8, 10, 67; § 9, 34; § 12, 11
Besitzkehr § 6, 4, 6
Besitzmittler § 5, 11 ff., 19; § 8, 11, 29, 64, 66, 71; § 11, 11 f.; § 12, 2, 28
Besitzmittlungsverhältnis § 5, 12 ff., 19; § 8, 11, 17 ff., 22, 26 ff., 53 ff.; § 10, 7; § 11, 23 f.; § 12, 22
Besitzrecht, s. a. Recht zum Besitz § 5, 12, 20; § 6, 1, 12, 17, 20
- Überschreiten § 12, 4, 18, 23
- vermeintliches § 12, 23
- Wegfall § 12, 40
Besitzschutz § 5, 14
- ~ansprüche § 6, 9 ff.
- des Anwartschaftsinhabers § 10, 29, 32
- deliktischer § 4, 3; § 6, 21
- petitorischer § 6, 1, 17
- possessorischer § 6, 1 ff.
Besitzwehr § 6, 4 f.
Bestandteil, wesentlicher § 9, 4 ff.
Bestimmtheit § 1, 3; § 2, 4; § 8, 7, 20; § 10, 3 ff.
Bösgläubigkeit § 11, 13; § 12, 8

Darlehen § 10, 2
Deliktsbesitzer § 11, 31; § 12, 2, 24, 33
Deliktsrecht § 5, 13; § 6, 1; § 12, 2, 24, 33
Dereliktion § 9, 33
Direkterwerb § 10, 28
Drittwerber § 10, 30
Drittwiderspruchsklage § 10, 13 f., 28, 34; § 11, 3
Durchgangserwerb § 8, 20; § 10, 28

Eigenbesitz § 5, 13 f., 18; § 8, 18; § 9, 1, 29; § 10, 7; § 11, 7 ff., 11; § 12, 16, 39
Eigentümer-Besitzer-Verhältnis § 5, 20; § 6, 20; § 9, 19; § 11, 1 ff.; § 12, 1 ff., 16, 26, 31
- Ausschlußfunktion § 12, 3
- Haftungssystem § 12, 2
- Nutzungsersatz § 12, 17, 25 ff.
- Schadensersatz § 12, 4 ff.
- Verwendungsersatz § 12, 34 ff.
Eigentum, aufschiebend bedingtes § 10, 20
Eigentumserwerb
- vom Berechtigten § 8, 3 ff.
- vom Nichtberechtigten § 8, 39 ff.; § 10, 29
Eigentumsschutz § 11, 1
Eigentumsvermutung § 4, 2; § 5, 18; § 11, 6 ff.
Eigentumsvorbehalt § 5, 12; § 8, 61; § 10, 18 ff.
- Begründung § 10, 18
- nachträglicher § 10, 21 f.
- verlängerter § 10, 23
- vertragswidriger § 10, 21
Einigsein § 8, 31 f.
Einigung § 8, 3 ff., 16, 19, 22 f., 27, 31 f., 53 f.; § 9, 23; § 10, 2 ff., 20 ff., 26; § 12, 20
- Bindungswirkung § 8, 32
- rechtsgeschäftliche § 5, 2, 5; § 8, 8
- vorweggenommene § 8, 20
Einrede § 11, 15
Einwendung § 6, 11, 14, 20; § 11, 15
Einwirkungen auf die Sache
- ideelle § 13, 3
- negative § 13, 3
- positive § 13, 3
Entziehung der Sache § 12, 4 f.
Erbenbesitz § 5, 10; § 8, 67; § 12, 13
Erlöserausgabe § 9, 32; § 12, 3, 15
Ermächtigung § 8, 30, 50, 60; § 10, 23; § 11, 29
Ersitzung § 5, 19; § 9, 2
Erzeugnisse § 9, 25; § 12, 27

Fehleridentität § 2, 5
Fehlerunabhängigkeit § 2, 5
Finder § 9, 34
Forderung, gesicherte § 10, 2, 12, 15
Fremdbesitz § 5, 14, 19; § 6, 18; § 8, 18 ff.; § 11, 11; § 12, 16 ff., 23, 28, 39 f.
Fremdbesitzer
- ~exzeß § 12, 2 f., 23
- ~willen § 5, 11 ff.; § 8, 18 ff.; § 12, 16

Sachverzeichnis 285

Fruchterwerb § 9, 20
Fund § 9, 34

Gebrauchsvorteile § 12, 27
Geheißerwerb, § 8, 12
– doppelter, § 8, 13, 25
Geheißperson § 8, 8, 12, 46
– vermeintliche § 8, 46
Geld § 6, 19; § 8, 64, 68; § 9, 13 ff., 37
Geldwertvindikation § 9, 14
Genehmigung § 8, 51; § 11, 20; § 12, 44
Gesamthandsgemeinschaft § 5, 23 ff.
Geschäftsfähigkeit § 5, 4; § 8, 4, 8 f.; § 9, 33
– beschränkte § 8, 65
Geschäftsführung ohne Auftrag, GoA § 5, 13; § 11, 34; § 12, 2 18, 41
Geschäftsunfähigkeit § 8, 32; § 9, 30
Gewahrsam § 5, 9; § 10, 34
Grundbuch § 2, 3; § 9, 29; § 11, 13; § 12, 7
Grundstück § 4, 4; § 6, 15; § 8, 32; § 9, 4, 6, 38; § 11, 24; § 12, 7
Guter Glaube § 8, 38 f., 57 ff., 68 f.; § 9, 29
Gutgläubiger Erwerb § 4, 4; § 5, 18; § 8, 40
Gutgläubiger lastenfreier Erwerb § 8, 41, 71
Gutgläubigkeit § 8, 61, 71; § 9, 1 f., 29; § 10, 25
Gutglaubensgegenstand § 8, 58 ff.
Gutglaubensmaßstab § 8, 61
Gutglaubenszeitpunkt § 8, 63

Herausgabe
– des Besitzes § 6, 21; § 10, 33, § 11, 11, 13
– der Nutzungen § 12, 25 f.
– der Sache § 6, 2, 9, 15
Herausgabeanspruch
– bei Abhandenkommen § 6, 17, 19
– Anwendbarkeit § 11, 3
– besitzrechtlicher § 11, 33
– gegen den bösgläubigen Besitzer § 6, 17 f.
– dinglicher § 8, 22; § 11, 1 ff.
– durchsetzbarer § 5, 11 ff.; § 8, 18
– gesetzlicher § 5, 13; § 8, 22; § 11, 34
– schuldrechtlicher § 8, 22
– des Sicherungsnehmers § 10, 8
– Verjährung § 11, 30
– vertragliche § 11, 35
Herausgabeort § 11, 31
Herrschaftsmöglichkeit § 5, 5
Hersteller § 9, 16
Hoheitsakt § 8, 42; § 9, 37

Inhaberpapiere § 6, 19; § 8, 64, 68; § 9, 23
Insichkonstitut § 8, 20 f.
Insolvenz
– Absonderungsrecht § 10, 13
– Aussonderungsrecht § 10, 14, 28; § 11, 3
– des Besitzers § 11, 3
– ~verfahren § 6, 24; § 8, 59; § 9, 32
– des Vorbehaltskäufers § 10, 28
– des Vorbehaltsverkäufers § 10, 34

Juristische Personen § 5, 22; § 8, 67; § 12, 10

Kaufpreis § 8, 6; § 10, 18 ff., 25, 29; § 12, 42
Kaufvertrag § 8, 6, 14; § 10, 18 ff., 30; § 12, 20
Kausalgeschäft § 10, 19
Kfz-Brief § 8, 51, 61; § 9, 22

Minderjährige § 12, 12
Mitbesitz § 5, 17, 24; § 6, 18; § 8, 16, 18 f.; § 11, 10 f.
Miteigentum § 9, 14; § 11, 10

Nebenbesitz § 8, 56
Nichtberechtigter § 8, 2, 37, 39, 52; § 9, 29, 32; § 10, 30; § 12, 15
Nicht-mehr-Berechtigter § 12, 16, 19
Nicht-so-Berechtigter § 12, 16, 18
Nutzungen
– gezogene § 12, 26
– schuldhaft nicht gezogene § 12, 26
– Übermaßfrüchte § 12, 2, 12, 30
Nutzungsrechte § 1, 2; § 9, 28 f.; § 12, 30

Öffentliches Recht § 13, 13
Offenkundigkeit § 2, 3; § 4, 2; § 8, 30
Orderpapiere § 9, 23
Organbesitz § 5, 22 ff.; § 8, 67; § 12, 10

Personengesellschaften § 5, 23 ff.
Petitorische Widerklage § 6, 12
Pfändung § 5, 12; § 9, 37; § 10, 28, 34
Pfandrecht § 10, 2, 13, 17; § 12, 30
Prozeßbesitzer § 12, 2
Prozeßstandschaft, gewillkürte § 11, 29
Publizität § 2, 3; § 4, 2

Realakt § 5, 7; § 8, 8, 15, 27; § 9, 33
Realofferte § 8, 6
Recht zum Besitz § 6, 20; § 10, 29 f.; § 11, 2, 14 ff.

- abgeleitetes § 11, 14, 23
- dingliches § 11, 17 f.
- eigenes § 11, 14, 16 ff.
- gesetzliches § 11, 21
- gegenüber Rechtsnachfolger § 11, 14, 24
- schuldrechtliches § 11, 19

Rechte
- absolute § 1, 1; § 11, 1, 17; § 13, 2
- beschränkt dingliche § 1, 2; § 8, 71; § 10, 33; § 13, 2, 12
- dingliche § 1, 1 f.; § 3, 2; § 4, 2; § 5, 20; § 10, 24; § 11, 1, 16 ff.
- relative § 1, 1

rechtliche Einheit § 2, 5; § 10, 8
Rechtsfolgenverweisung § 12, 4, 41
Rechtsgeschäft § 5, 5; § 7, 1; § 8, 2 ff., 15, 27, 43; § 9, 39; § 10, 2; § 12, 31
Rechtsgrund § 2, 5; § 4, 3; § 8, 4; § 9, 2; § 10, 2, 8, 12; § 12, 31
Rechtsgrundverweisung § 9, 17; § 12, 14, 21, 24, 33
Rechtsschein des Besitzes § 8, 40, 47 ff.
Rechtsscheintatbestand § 8, 12, 45 ff., 55
Rechtsscheinträger § 4, 2; § 8, 44, 51
Rechtsverlust, Ausgleich für § 9, 17 ff.
Rückabwicklung § 10, 19; § 12, 16
Rückerwerb § 2, 5; § 8, 70
Rücktrittsrecht § 10, 19
Rückübereignung § 8, 69

Sache
- bewegliche § 1, 1; § 9, 3 f., 9 ff., 13, 16 f., 37 f.; § 10, 1 f.; § 11, 2, 6, 11
- Einzelsache § 1, 3
- fremde § 12, 3, 12
- Hauptsache § 9, 8, 15, 20, 24, 27
- herrenlose § 9, 33
- Muttersache § 9, 24 ff.; § 12, 3, 27
- Sachgesamtheit § 1, 3
- Sicherungssache § 10, 17
- unbewegliche § 1, 1; § 2, 3; § 11, 2, 11
- verbrauchbare § 1, 3
- vertretbare § 1, 3

Sachenrecht § 1, 1 ff.; § 3, 1; § 5, 25; § 6, 1; § 10, 24; § 11, 25
Sachfrüchte § 12, 27
Sachherrschaft, tatsächliche § 5, 3; § 8, 8 ff., 28, 65, 67
Schachtelprinzip § 9, 26 ff.
Schadensersatz § 6, 21; § 10, 31; § 12, 2 f., 15 ff.
- wegen Nichterfüllung § 11, 13

Schatzfund § 9, 36
Scheck § 12, 6
Scheinbestandteil § 9, 4, 7
Schuldrecht § 1, 1; § 8, 4; § 11, 25 ff.
Schuldurkunde § 9, 21
Sekundäransprüche § 11, 1; § 12, 1
Selbsthilferechte § 6, 2, 4 ff.
Sicherungseigentum § 10, 1 ff., 13, 15
Sicherungsgeber § 10, 8, 14
Sicherungsnehmer § 10, 8, 13
Sicherungsübereignung § 5, 12; § 10, 2 ff.
Sicherungsvertrag § 5, 12; § 10, 2, 8, 12, 17
Sittenwidrigkeit § 2, 5; § 12, 15
Spezialität § 2, 4
Stellvertreter § 8, 27 ff., 62
Stellvertretung, mittelbare § 8, 30
Störer
- Handlungsstörer § 13, 5 f.
- Zustandsstörer § 13, 5, 7
Störung § 10, 33; § 13, 3
Streckengeschäft § 8, 14, 24

Teilbesitz § 5, 16; § 11, 11
Typenfreiheit § 2, 2
Typenzwang § 2, 2

Übereignung § 8, 4, 6, 13 f., 23, 27, 47, 51; § 10, 18 ff.
- Angebot § 8, 6
- „kurzer Hand" § 8, 3, 16, 48
- durch den mittelbaren Besitzer § 8, 18
- Sonderformen § 8, 3
- bei Streckengeschäften § 8, 23 ff.
- eines Warenlagers § 8, 20
Übergabe § 5, 9; § 8, 3, 8 ff., 25 ff., 31, 40, 44 ff., 49, 54, 57, 63; § 9, 23; § 10, 25; § 11, 11
- ~surrogate § 8, 15 ff., 26 f., 31, 40, 44 ff.
Übersicherung § 10, 9 f.
Unmöglichkeit § 11, 13, 26 f.; § 12, 14, 17
Unterlassung § 6, 9, 14; § 10, 33; § 11, 1; § 13, 1
Unterlassungsanspruch § 13, 1, 14
- negatorischer § 13, 2
- quasinegatorischer § 13, 2

Veräußerung einer fremden Sache § 11, 27; § 12, 15, 27
Veräußerungsverbot
- absolutes § 8, 59
- relatives § 8, 58; § 10, 27

Sachverzeichnis 287

Verarbeitung § 9, 3, 15; § 12, 27
Verbindung § 9, 3
verbotene Eigenmacht § 6, 3, 11; § 11, 34; § 12, 2, 15, 24, 33
Verbrauch § 12, 3, 27
Verbraucherkreditgesetz § 10, 19
Verfügungsbefugnis § 8, 33 ff. 57 ff.; § 10, 25
Verfügungsbeschränkungen § 8, 59
Verfügungsgeschäft § 7, 1; § 8, 3 ff.; § 10, 8, 20
Verjährung § 11, 30; § 12, 19, 23
Verjährungsfrist § 9, 2; § 11, 30
Verkehrsfund § 9, 35
Verkehrsgeschäft § 8, 43
Vermengung § 9, 3, 13
Vermischung § 9, 3, 13
Vermögensopfer § 12, 36
Verpflichtungsgeschäft § 8, 4, 70
Verschulden § 12, 13 f., 24
Versteigerung, öffentliche § 8, 68; § 9, 39
Vertretungsmacht § 8, 36
Veruntreuung § 8, 67
Verwendungen
– enger Verwendungsbegriff § 12, 37
– Luxusverwendungen § 12, 2, 34, 38
– notwendige § 12, 2, 34 f., 38
– nützliche § 12, 2, 34, 38
Verwertung § 10, 17
Verzug § 10, 19; § 11, 28; § 12, 2, 21
Vindikationslage § 11, 2; § 12, 2, 6, 18
Vollbesitz § 5, 16
Volleigentum § 10, 13, 20
Vollrecht § 1, 2; § 10, 24, 26, 28
– Erwerb § 10, 24
Vorbehaltskäufer § 10, 19, 26, 30 f.
Vorbehaltskauf § 10, 18 f.
Vorbehaltsverkäufer § 10, 19, 26, 30 f., 34

Warenangebot, tatsächliches § 8, 6
Wegnahmerecht § 9, 20; § 12, 2, 34

Zerstörung § 12, 4 f.
Zubehör § 9, 4, 8
Zurückbehaltungsrecht § 11, 22; § 12, 44
Zusendung unbestellter Ware § 12, 20
Zwangsvollstreckung § 4, 4; § 9, 37; § 10, 13 f., 34; § 11, 3
Zweiterwerber § 10, 30